Coleção "Gnose" - 69
volumes publicados

1. As Grandes Religiões — Félicien Challaye
2. As Sociedades Secretas — Herman & Georg Schreiber
3. Fenômenos Ocultos — Zsolt Aradi
4. O Poder da Meditação Transcendental — Anthony Norvell
5. O Poder das Forças Ocultas — Anthony Norvell
6. A Bíblia Estava Certa — H. J. Schofeld
7. O Ensino das Mahatmas — Alberto Lyra
8. Mistérios Cósmicos do Universo — Adrian Clark
9. A Evolução Divina da Esfinge ao Cristo — Édouard Schuré
10. Raizes do Oculto A Verdadeira História de Madame H. R. Blavatsky — Henry S. Olcoot
11. O Budismo do Buda — Alexandra David-Nell
12. Diálogos de Confúcio
13. A Sugestão Mental — J. Ochorowicz
14. A Magia e o Diabo no Século XX — Alberto Lyra
15. Catecismo Budista — Henry S. Olcoot
16. Além da Razão O Fenômeno da Sugestão — Jean Lerède
17. Os Grandes Iniciados — Édouard Schuré
18. A Arca da Aliança — Michel Coquel
19. Os Caminhos do Graal — Patrik Riviére
20. Os Mistérios da Rosa-Cruz — Christopher Mcintosh
21. Zoroastro - Religião e Filosofia — Paul du Breuil
22. Qabalah - A Doutrina Secreta dos Judeus numa Perspectiva Ocidental — Alberto Lyra
23. A Alquimia e seus Mistérios — Cherry Gilchrist
24. O Poder da Magia — Israel Regardie
25. Reencarnação e Imortalidade — Alexandra David-Nell
26. A Religião Astral dos Pitagóricos — Louis Rougier
27. Tao Te King / I Ching O Caminho do Sábio — Sérgio B. de Brito
28. A Franco-Maçonaria — Robert Ambelain
29. O Mistério de Jesus — Vamberto Morais
30. A Meditação pela Yoga — Vamberto Morais
31. Retorno ao Centro — Bede Griffiths
32. O Pensamento Védico — Carlos Alberto Tinoco
33. A Primeira Comunidade Cristã e a Religião do Futuro — Vamberto Morais
34. Psicologia Oriental Os Sete Raios — Padma Patra
35. Tarô Esotérico O Livro de Toth — Julio Peradjordi
36. O Sobrenatural Através dos Tempos — Marc André R. Keppe
37. Os Cátaros e o Catarismo — Luciene Julien
38. Santa Verônica e o Sudário — Ewa Kurytuk
39. O Sentido da Vida — Vamberto Morais
40. O Povo do Segredo — Ernst Scott
41. Meditação ao Alcance de Todos — Henepoia Gunarátana
42. A Deusa da Compaixão e do Amor — John Blofeld
43. A Religião do Terceiro Milênio — Vamberto Morais
44. O Poder do Som — Padma Patra
45. Tratado da Pedra Filosofal de Lambsprinch — Arysio N. Santos
46. O Ocultismo Sem Mistérios — Lorena de Manthéia
47. As Upanishads — Cartos Alberto Tinoco
48. Parábolas para Nosso Tempo — Vamberto Morais
49. Pense Grande — Saly Mamede
50. Misticismo à Luz da Ciência — Newton Milhomens
51. Videntes de Cristo — Adelaide P. Lessa
52. Histórias da Bíblia Velho Testamento — Archer W. Smith
53. Histórias da Bíblia Novo Testamento — Archer W. Smith
54. MT - O Despertar para o Conhecimento — Marilia de Campos
55. Manual do Místico — Rogério Sidaoui
56. Yoga - Repensando a Tradição — Acharya Kalyams
57. Sociedade Secreta de Jesus — Romero da C. Machado
58. Khisnamurti, Kardec. O Homem — Durval Zanini
59. Pergunte a seus Sonhos — Rosa de Souza
60. Tarô Carbônico — Adriano C. Monteiro
61. Evolução - A Jornada do Espírito — Paulo G. Almeida
62. Aprendiz de Feiticeiro — André Pércía
63. Testículos Habet, Et Bene Pendentes – A Verdadeira História da Humanidade e Suas Possibilidades — Rosa de Souza
64. Vida e Morte, Verso e Re Verso — Adelaide Petters Lessa
65. A Ciência Sagrada dos Números — Tuball Kaha
66. O Ocultismo e Religião — Mateus S. de Azevedo
67. Energia Quântica X Motivacional — Angela Wilgess
68. As Vias do Yoga — Cartos Alberto Tinoco

AS UPANISHADS DO YOGA II

CARLOS ALBERTO TINOCO

T494u   TINOCO, Carlos Alberto.
         As Upanishads do Yoga. Carlos Alberto Tinoco. – São Paulo : IBRASA, 2021.

         564 p. (GNOSE)
         ISBN 978-85-348-0382-3

         1. Yoga. 2. Hinduísmo. 3. Upanishad. I. Título. II. Série.

                                        CDU 294.527

                                        Vivian Riquena CRB 8/7295

Índice para catálogo sistemático:
   Yoga: 294.527
   Hinduísmo: 294
   Filosofia da mente e do espírito: 13
   Metafísica: 11
   Upanishad: 294.118

AS UPANISHADS DO YOGA II

CARLOS ALBERTO TINOCO

São Paulo | 2021

IBRASA - Instituição Brasileira de Difusão Cultural Ltda.
São Paulo / SP

© Direitos desta edição reservados à

IBRASA

Instituição Brasileira de Difusão Cultural Ltda.
Rua Ouvidor Peleja, 610 – Tel. (11) 3791.9696
e-mail: ibrasa@ibrasa.com.br – home page: www.ibrasa.com.br

Copyright @ 2021 by
Carlos Alberto Tinoco

Nenhuma parte desta obra poderá ser reproduzida, por qualquer meio, sem prévio consentimento dos editores. Excetuam-se as citações de pequenos trechos em resenhas para jornais, revistas ou outro veículo de divulgação.

Imagens diversas:
Banco de Imagens

Capa & Editoração:
@armenioalmeidadesigner

Revisão:
Camilla Fernandez

Publicado em 2021

IMPRESSO NO BRASIL | PRINTED IN BRAZIL

Dedico este livro ao meu querido filho Arjan Goes Tinoco, esperando que algumas dessas *Upanishads* ou todas elas, possam ajudá-lo a encontrar o caminho da sua espiritualidade.

Carlos Alberto Tinoco
Curitiba, verão de 2021 (tempos de Covid– 19)
yogatatva@yahoo.com.br
www.carlostinoco.blogspot.com

APRESENTAÇÃO

O homem na sociedade *védica* passava por quatro fases bem distintas, que estão descritas abaixo.

Fase de *Brahmachârin* – Através de um ritual chamado *Upanayana*, onde o candidato se preparava com banhos, perfumes e roupas novas, o jovem entre os oito e doze anos, era introduzido na fase de *Brahmacharin*. Tinha sua cabeça raspada, ia residir com um mestre espiritual quando então recebia um novo nome. O mestre representava as forças espirituais e pedia a proteção dos *Devas* ou deuses para o jovem, envolvendo-o com um cordão colocado no pescoço e por baixo do braço. Os textos estudados eram, principalmente, os Hinos ou *Samhitâs* de um dos quatro *Védas*. Então, o jovem era iniciado. A obediência ao mestre era sinal de respeito. Essa fase durava até por volta dos trinta e poucos anos, quando então o homem passava à fase seguinte.

Fase de *Grihastha* – Após o noviciado ou fase de *Brahmachârin* o homem podia casar. O mestre julgava que o discípulo sabia um dos Hinos de um dos ramos dos *Védas*. *Grihastha* ou *Grihaspati* significa "Senhor do Lar". O casamento só deveria ocorrer entre pessoas da mesma casta, pelo menos o primeiro. Nos outros casamentos, os homens deveriam provir de casta superior à da mulher. Os filhos herdavam a casta da mãe. Ao *Grihastha* competia várias tarefas tais como, alimentar a família, realizar sacrifícios aos deuses, exercer seu papel de guardião da família. Os sacrifícios eram numerosos. A esposa já estava determinada pelos pais, não havia outra escolha. Nesta fase, estudava-se principalmente os textos conhecidos por *Brâhmanas*, que eram manuais de orientações sobre como proceder nos rituais, primordialmente.

Fase de *Vanaprastha* – Aos primeiros sinais da velhice, quando os cabelos começavam a ficar brancos, a pele enrugada, os netos estavam nascidos, o homem entrava na fase de *Vanaprâstha.* Podia abandonar a família sem constrangimentos, passando a residir na floresta, onde encontrava um mestre espiritual qualificado. A esposa poderia acompanhá-lo ou não. Passava a praticar *Yoga* mais intensamente, onde seu espírito era duramente treinado em técnicas de ascese espiritual. Estudava textos denominados *Upanishads* e *Aranyakas*. Trata-se de livros exotéricos, escritos de forma velada propositalmente, de modo que deveriam ser estudados sob a orientação de um verdadeiro mestre espiritual realizado, um *Sat-Guru*.

Fase de *Samnyasin* – Ao alcançar a iluminação espiritual após intenso treinamento, o homem tornava– se um *Samnyasyn* ou "aquele que renunciou". Era um homem velho. Abandonava a casa ou o *Ashram* da floresta, vestia roupas vermelhas, caso optasse por mendigar nas ruas. Não tinha lar. Era honroso se um *Samnyasin* batesse à porta de uma casa pedindo alimento ou pousada. Era a satisfação de receber um homem santo. Nesta fase, deveria guardar silêncio e falar apenas sobre o Absoluto *Brahman.*

As treze *Upanishads* do *Yoga* que agora apresentamos em português, são esotéricas, profundas, escritas em linguagem quase cifrada e velada de forma proposital, para impedir que os leigos pudessem ensinar seus conteúdos de modo irresponsável e sem vigor espiritual. Não possuem a gnose metafísica das principais *Upanishads* que enfatizam a unidade e identidade entre o *Atman* (impropriamente conhecido como Alma Individual) e *Brahman* (Alma Universal), embora também trate desse tema. As *Upanishads* do *Yoga* tratam, sobretudo, de temas práticos. Ensinam como proceder para se alcançar a Libertação Espiritual, estado conhecido por *Moksha, Mukti, Apavarga* ou *Kaivalya*. Ensinam como ascender a energia *Kundalini*, a energia "enroscada" que se encontra no *Chakra Muladhâra*, localizado no períneo, migrando pelo canal denominado *Sushumna* até alcançar o *Chakra Sahasrara*, situado no topo da cabeça. Portanto, trata-se de um conhecimento exotérico, acessível apenas aos iniciados, aos que praticam o *Yoga* intensamente. Muitas vezes, os textos se tornam incompreensíveis, insondáveis, estranhos, confusos, cheios de metáforas. Certamente, o leitor perceberá isto. Mas, não se trata de má tradução. Até os originais escritos em Sânscrito possuem essas mesmas características. Deve-se ter paciência. As *Upanishads* do *Yoga* devem ser lidas devagar, sem espírito crítico movido pela lógica. Foram escritos dentro de um contexto mágico, iniciático e exotérico. As *Upanishads* do *Yoga* são textos para estudiosos, meditadores, buscadores de Verdade Transcendental e praticantes do *Yoga.*

As *Upanishads* do *Yoga* são pouco estudadas e conhecidas no Ocidente. Não existem muitas traduções para idiomas ocidentais. Ao todo, são vinte e um textos, dos quais, apresentaremos a seguir, os treze restantes, devidamente comentados. Incluímos também a tradução dos capítulos II e III, da *Yogakundalinî Upanishad* uma vez que, no livro "As *Upanishads* do *Yoga*", publicado em 2005 pela Madras Editora, foi apresentado apenas o capítulo I da referida *Upanishad*. Este livro, "As *Upanishads* do *Yoga* II", é um esforço intenso no qual foram gastos dois anos de estudos.

Esperamos, assim, ter contribuído, embora modestamente, para tornar esses textos fantásticos, acessíveis ao leitor de língua portuguesa.

Carlos Alberto Tinoco[1]
www.carlostinoco.blogspot.com

yogatatva@yahoo.com.br

---

[1] Carlos Alberto Tinoco é engenheiro civil, mestre em educação e doutor em história da educação com uma tese sobre o Yoga.

NOTA SOBRE AS PALAVRAS SÂNSCRITAS

As palavras Sânscritas bem como suas derivadas foram escritas em *itálico*, inclusive os nomes próprios, para melhor destacá-los no texto. Os especialistas não encontrarão dificuldade para observar termos técnicos e acrescentar-lhes os sinais diacríticos. Todos os termos Sânscritos foram grafados com inicial maiúscula, de acordo com a importância que lhe foi dada pelo autor *(Prâna, Apâna, Ida, Sushumna,* etc).

As palavras compostas em Sânscrito foram mantidas unidas ou separadas. No título das *Upanishads*, as palavras foram mantidas unidas.

PREFÁCIO

É com grande satisfação que recebi o convite do Professor Tinoco para prefaciar sua última obra sobre o *Yoga*, cujo título indica o êxito de seu trabalho anterior: as *Upanishads* do *Yoga*.

Sua carreira e experiência do *Yoga* são vastíssimas, e ele sabe como poucos, atravessar o campo metafísico do *Yoga* ao encontro do terreno árido da produção acadêmica. Sua obra é, sem dúvida, resultado de anos de compilação e de reflexões sobre os textos sagrados do *Yoga*. Há, portanto, em sua construção intelectual um vínculo de uma profunda análise de investigação, de amor e respeito às antigas tradições da Índia. Mas, nem por isso, perdeu- se a dimensão reflexiva e comparativa sobre as antinomias que marcam os múltiplos caminhos para a construção da experiência mística do *Yoga*.

Neste livro, o autor aprofunda seus estudos, apontando a complexidade do mosaico do *Yoga*: as múltiplas abordagens da anatomia sutil, as distintas técnicas respiratórias e as diferentes possibilidades de se atingir o êxtase espiritual ou *Samadhi* através das asceses espirituais e, não poderia deixar de mencionar, toda a descrição e relação da filosofia metafísica do sagrado.

Além disso, ele aponta uma série de questionamentos sobre as hegemônicas interpretações históricas que identificam a construção da civilização da Índia a partir das invasões arianas. Mas esta obra também é um convite para uma viagem às profundezas da mística espiritual através das *Upanishads* do *Yoga*. É uma oportunidade ímpar para compreender a experiência do sagrado fora do tempo, como observara Mircea Eliade, ou uma experiência mística fora da percepção do espaço como apontara Eliot Deutsch, ou ainda é uma experiência do mito: uma viagem sagrada ao transcendente como frisara Ernst Cassirer. De qualquer forma, é um trabalho de fôlego em que muitas das *Upanishads* são recuperadas, traduzidas e comentadas em língua portuguesa.

Sugiro ao leitor se aperceber de toda a riqueza, diversidade e complexidade das Upanishads, que transitam entre as experiências místicas devocionais ao misticismo filosófico e sobre as orientações peculiares que os ascetas utilizam no processo de entrega à experiência metafísica do *Yoga*.

Para aqueles que passaram pela experiência do *Yoga*, este livro estabelece um prisma de aprofundamento, um olhar de um pico da montanha em que é possível visualizar os múltiplos caminhos que levam ao seu cume para aqueles não iniciados no *Yoga*, é uma oportunidade ímpar em tomar uma visão da dimensão filosófica do *Yoga* que seria dificilmente obtido apenas pela observação externa das práticas.

Dr. Vladimir Luís de Oliveira

*"Om Bhur, Bhuvar, Svat,
Tat savitur Varenian,
Bhargo Devasya Dhimahe,
Dhyo Yo Nah Pratchodaya"*

(*Gayatri Mantra. Rig-Véda,* III, 62, 10)

SUMÁRIO

Introdução 21

CAPÍTULO 1 – A Anatomia Esotérica do Yoga 27
1. Introdução (Capítulo 1) 31
2. Os Prânas 35
3. Nadis ou Canais 39
4. Os Chakras 43
5. Granthis e Marmans 59
6. Kundalinî 60

CAPÍTULO 2 – O Hinduísmo e As Upanishads 65
1. Introdução (Capítulo 2) 69
   1.1. Invasores Indo–Europeus? 69
   1.2. A Literatura Védica 90
   1.3. As Upanishads 95
      1.3.1. Referência ao Yoga nas Upanishads Antigas 100
      1.3.2. As Upanishads do Yoga 105
2. Filosofias da Índia 111
   2.1. Pensamento Ortodoxo 111
   2.2. Escolas Inortodoxas 127

CAPÍTULO 3 – As Upanishads do Yoga II– Plano de Estudo 135

CAPÍTULO 4 – As Upanishads do Yoga II 155

1. As Bindu Upanihads 157

    1.1. Tradução Comentada da Nadabindu Upanishad 157

    1.2. Tradução Comentada da Tejobindu Upanishad 167

2. Grupo de Upanishads onde o som também é importante 173

    2.1. Tradução comentada da Brahmavidyâ Upanishad 173

    2.2. Tradução comentada da Pashupatabrahmãmana Upanishad 178

    2.3. Tradução comentada da Uttara Kândha 193

    2.4. Tradução comentada da Brahmaviddyâ Upanishad 206

3. Grupo de Upanishad que vê o Yoga como um fenômeno luminoso 213

    3.1. Tradução comentada da Advayatâraka Upanishad 213

    3.2. Tradução comentada da Mandalabrâhmana Upanishad 224

4. Grupo de Upanishads que trata da Kundalinî Yoga 263

    4.1. Tradução comentada da Darshana Upanishad 263

    4.2. Tradução comentada da Shândilya Upanishad 300

    4.3. Tradução comentada da Trishikabrâhmana Upanishad 349

    4.4. Tradução comentada da Yogakundalinî Upanishad (Capítulos II e III) 387

    4.5. Tradução comentada da Yogashudamani Upanishad 416

    4.6. Tradução comentada da Yogashikka Upanishad 449

    4.7. Tradução comentada da Varaha Upanishad 455

5. Tradução comentada da Culikâ Upanishad 550

INTRODUÇÃO

No final do ano de 2005, a *Madras* Editora publicou o livro de minha autoria intitulado "As *Upanishads* do *Yoga*" contendo a tradução comentada das seguintes *Upanishads* do grupo "Do *Yoga*":

– *Amritanada Upanishad.*

– *Amritabindo Upanishad.*

– *Dhyanabindo Upanishad.*

– *Mahavakya Upanishad.*

– *Hamsa Upanishad.*

– *Kshirikâ Upanishad.*

– *Yogakundalini Upanishad.*

– *Yogattatva Upanishad.*

Neste livro, que é a continuação do anterior, foram traduzidas e comentadas as seguintes *Upanishads* do *Yoga*, perfazendo vinte e uma:

– *Advayataraka Upanishad.*

– *Brahmavidyâ Upanishad.*

– *Culikâ Upanishad.*

– *Mandalabrâhmana Upanishad.*

– *Nadabindu Upanishad.*

– *PashupataBrahmana Upanishad.*

– *Shandilya Upanishad.*

– *Tejobindo Upanishad.*

– *Trishikibrâhmana Upanishad.*

– *Varâha Upanishad.*

– *Yogachûdamani Upanishad.*

– *Yogashikhâ Upanishad.*

– *Yogakundalinî Upanishad* (Capítulos II e III).

Paul Deussen, estudioso e tradutor de *Upanishads* do *Yoga* alemão, incluiu a *Cûlikâ Upanishad* na lista, com a denominação de *Mântrika Upanishad*.

A relação das *Upanishads* do *Yoga* geralmente é composta de vinte títulos, enquanto outras incluem mais uma, perfazendo vinte e um. Mas isto se deve a uma confusão sobre os nomes dos textos, uma vez que esse fato se deve a um mesmo título possuir dois nomes ou mais, como é o caso das *Upanishads: Brahmabindu, Amritabindo, Amritanada, Amritanadabindu,* que se referem a apenas dois diferentes textos.

As *Upanishads* do *Yoga* são textos medievais escritos por estudantes e mestres sobre *Hatha Yoga* e *Mantra Yoga* que se originaram dentro de comunidades *Brahmanicas*, provavelmente escritos entre os séculos VIII e XVIII d.C.

Onze deles foram escritos entre IX e o XIII século d.C., no Norte da Índia. Tais textos expõem uma forma de *Mantra Yoga* apresentando teoria e prática sobre a recitação do *mantra Om*. Esses onze textos foram substancialmente ampliados entre os séculos XVII e XVIII d.C. na tradição Sulina Indiana. No mesmo período, dez outras *Upanishads* do *Yoga* apareceram, o que teria ampliado a lista para vinte e uma.

Há duas tradições Indianas sobre As *Upanishads* do *Yoga*: a do Sul e a do Norte. Quem as estudou em uma Tese de Doutorado em Filosofia em Estudos Religiosos foi Jeffrey Clark Ruff, defendida em dezembro de 2002. A tradição Sulina amplia a tradição do Norte da Índia, que é mais antiga, especialmente no que diz respeito aos *Natha Siddhas* e várias outras tradições do *Yoga* e do *Tantra*.

As *Upanishads* do *Yoga*, ao contrário do que pensava este autor e outros estudiosos, não são totalmente *tântricas*. Elas assinalam o retorno aos temas desenvolvidos nas *Upanishads* Principais e do ideal de se alcançar a Libertação Espiritual, ou seja, *Kaivalya, Moksha, Mukti* ou *Apavarga*. Representam um retorno ao ideal do "Mundo Como uma Ilusão", expresso no *Vedanta* e nas *Upanishads* Principais. O *Tantra*, ao contrário, além de apontar técnicas para erguer a *Kundalinî*, também se ocupa com a obtenção de poderes paranormais, portanto, um caminho um tanto diferente.

Sobre este assunto, assim escreveu Jefrey Clark Ruff (RUFF, Jeffrey Clark 2002. **History, Text, and Context of Yoga Upanishads**).

Mesmo o *Tantra*, em um significado mais amplo, é a combinação dos *Védas, Darshanas, Âganas* e várias outras tradições intelectuais e movimentos culturais, tais como o *budismo, jainismo,* incluindo-se muitos elementos xamânicos das tradições das aldeias não *védicas.* Infelizmente, é exatamente esta recombinação mimética de modo mais complexo da prática e do pensamento que deixaram as *Upanishads* do *Yoga* mal estudadas, ou mais precisamente mal formuladas, mal explicadas. Para oferecer um exemplo, a atitude de estudiosos sobre o carácter derivado destes textos levou Mircea Eliade a escrever:

> "A maioria destas *Upanishads* do *Yoga* limita-se a repetir os clichês tradicionais, e quer aderir ou resumir os esquemas das mais importantes *Upanishads* do *Yoga* – a *Yogattatva*, a *Dhyanabindu*, e a *Nâdabindu*. Apenas estas três valem a pena ser examinadas mais a fundo.
>
> Outros estudiosos acessam os textos mais seriamente, mas nenhum deles oferece uma discussão sistemática deles".

Diz ainda Ruff que esses textos são de dois tipos: 1– eles incluem a tradição *Brahmanica* das interpretações de *Shankara* e Pós *Shankara* das *Upanishads* Principais e do *Vedanta Sutra*, dos *Yoga Sutra* de *Patañjali* e seus comentários, e sistemas medievais de *Yoga* teístico. 2– significantes influências dos *Âgamas,* vários textos *tântricos* atribuidos a *Gorakshanâth* e os textos posteriores do *Hatha Yoga* oriundos dos *Nâtha Siddhas,* especialmente o *Hatha Yoga Pradipikâ.* Assim, fica clara a existência de uma pequena influência dos textos *tântricos.*

A palavra *Yoga* tem vários significados. Vejamos alguns deles:

1- Segundo os *Yoga Sutra* de *Patañjali* (I.2), *Yoga* é um estado de consciência caracterizado pela cessão das atividades da mente, pela cessação dos pensamentos e emoções.

2- A palavra *Yoga* se origina da raiz *Yuj*, que significa "união", "junção". Assim, *Yoga* seria a união com o Ser Supremo, união com o Absoluto *Brahman*, libertação do *karma*.

3- No século III a.C., o termo foi usado para expressar disciplina espiritual associada a práticas de autorrealização.

4- Como um pré-requisito para práticas rituais e meditação.

Há outros significados para a palavra *Yoga*. Mas, ficaremos por aqui.

BIBLIOGRAFIA

RUFF, Jeffrey Clark (2002). **History, text, and Context of *Yoga Upanishads***. Santa Barbara, California, USA, Tese de Doutorado em "Filosofia em Estudos Religiosos", págs. 3 e 4.

Capítulo 1

A ANATOMIA ESOTÉRICA DO YOGA

O Real é contínuo e não influenciado. É o ego que reencarna, pertencente ao plano inferior, a saber, o pensamento. Em qualquer plano que aconteça de a mente agir, ela cria um corpo para si mesma no mundo físico, um corpo físico, no mundo onírico, um corpo onírico.

Agora, deve estar claro que não há nem nascimento nem morte real. É a *mente que cria e conserva a ilusão pela compreensão de si mesma*

(MARASHI, Ramana 1975. **Be as you are**. **The teaching of Sri Ramana Mahashi**. New York, David Good Men Comp. pág. 192)

O *Yoguin* que aspira à qualidade de Yogue (*Yogitva*) mas não foi iniciado é semelhante a um homem que cerra o punho para o céu e bebe a água de uma miragem".

(*Kryia – Samgraha – Panjika* – Pequeno Compêndio sobre a Ação – texto *tântrico budista*)

INTRODUÇÃO
(Capítulo 1)

A ciência ainda nada tem a dizer sobre o chamado "corpo astral" ou "corpo etérico" dos ocultistas. Partindo da premissa de que o mundo real é aquele acessível aos nossos instrumentos de observação, nada se pode dizer sobre tal assunto. Ainda é um mistério a questão da existência de realidades extrafísicas.

Talvez, as realidades sutis venham a ser uma questão de dimensões do espaço. Dessa forma, uma realidade com cinco ou mais dimensões talvez seja a resposta para a existência de planos extracorpóreos e invisíveis.

Por outro lado, segundo *Patânjali*, o universo possui uma dimensão "interior" e os objetos que percebemos são dotados de certa "profundidade invisível". Essa profundidade vai-se revelando progressivamente aos *Yoguins* através da prática das técnicas do *Yoga*, por meio do esforço de interiorização da consciência.

Essa dimensão extrafísica também diz respeito ao corpo e à mente do ser humano, onde as "dimensões profundas" do corpo do homem estão ligadas às "dimensões profundas" do mundo externo. Sobre isso, vale lembrar que as tradições iniciáticas ou esotéricas afirmam a existência de uma correlação entre o mundo interior e a realidade física, externa. Quando tratou daquilo que chamou de "natureza psicóide", Jung se referiu aos arquétipos do inconsciente coletivo, situando-os numa zona obscura localizada entre a consciência e a matéria, entre os mundos interno e externo.

Para compreender as *Upanishads* do *Yoga*, o leitor necessita antes de mais nada perceber com clareza a anatomia esotérica do homem. Por isso, abordamos tal assunto nesta parte do livro, de forma resumida. Em seguida, resumimos essa anatomia invisível.

Segundo a *Taittirryia Upanishad*, na Parte II, Capítulos 1 a 5, o ser humano possui cinco corpos, que são:

1- Annamaya Kosha = corpo feito de comida

2- Prânamâyâ Kosha = corpo feito de *Prâna*

3- Manomaya Kosha = corpo mental

4- Vijnanamaya Kosha = corpo do intelecto

5- Anandamaya Kosha = corpo de bem-aventurança

Segundo a *Taittirryia*, todos esses corpos são duplicatas do "corpo feito de comida" e interpenetram-se mutuamente. Essa doutrina é aceita, em geral, pelas escolas *vedânticas* e por outras tradições não dualistas, como o *tantrismo*. A "anatomia" desses corpos foi objeto de intensa investigação por parte dos *Yoguins*, especialmente dos praticantes do *Hatha Yoga* e do *Tantra*.

Segundo a literatura *tântrica*, o "corpo de *Prâna*" foi o mais estudado, possuindo uma "anatomia oculta" bem conhecida. Há vários textos tântricos descrevendo a anatomia do *Prânamâyâ Kosha*. Essa anatomia é caracterizada pela presença dos seguintes elementos:

– *Prânas* ou ares vitais

– *Chakras* ou centros de força

– *Nadis* ou circuitos (canais)

– *Granthis* ou "nós"

– *Marmans* ou focos de energia vital

– A energia *Kundalinî*

Logo em seguida, comentamos sobre cada um desses elementos.

OS PRÂNAS

A forma de energia que constitui os *Chakras* e os "canais" do corpo sutil, ainda não é conhecida pela ciência. A literatura védica a denomina por *Prâna*, que etimologicamente significa "vida" ou "força vital". As diversas tradições conhecem essa forma de energia e a denominam de modos diversos. Assim, os chineses chamam-na de "c'hi", os japoneses de "ki", os polinésios de "mana" os ameríndios de "orenda", o pesquisador alemão Reichenbach de "força ódica". Modernamente, o combatido psicanalista Wilhelm Reich a denominou "orgônio". Na década de 70, parapsicólogos russos criaram a noção de *bioplasma*.

Segundo a tradição *védica*, há dez tipos de *Prânas,* sendo cinco principais e cinco secundários. Estes, seriam:

Os principais:

Prâna propriamente dito

Apâna

Vyâna

Samâna

Udâna

Os secundários

Naga

Kurma

Krikara

Devadata

Dhananjaya

Enquanto a ciência tenta de vários modos encontrar uma pista que a conduza aos *Prânas*, os *Yoguins* continuam explorando e desfrutando dessa "energia vital", como vem sendo feito há séculos.

A *Prasna Upanishad* (3) (*Prasna* II, 3 - 7) comenta sobre a localização e função dos *Prânas*. As *Upanishads* do *Yoga Amiritabindu* (95 - 98) e *Amritanada* (34 - 38), comentam sobre a cor e localização dos *Prânas*. Assim diz a *Amritabindu* sobre a denominação e cor dos *Prânas* principais:

– *Prâna* = cor vermelho sangue, como o rubi.

– *Apâna* = cor amarela como a cólera de Indra.

– *Samâna* = cor branca resplandecente como o leite de vaca.

– *Udâna* = cor amarelão.

– *Vyãna* = cor do fogo.

Quanto à localização os textos não são iguais. Há uma certa divergência quanto à essa questão.

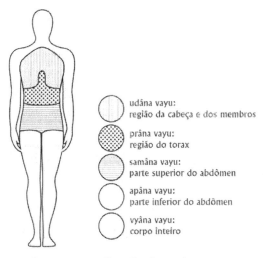

Figura 1: Localização dos *Prânas*.

De um modo geral, pode-se dizer o seguinte sobre os principais ares vitais:

1- Prâna: conduz a energia vital para dentro do corpo, principalmente através da inspiração. Está localizado no coração, na cabeça e na metade superior do corpo.

2- Apâna: conduz a força vital para fora do corpo, principalmente pela expiração. Está localizado no umbigo, na região genital e no abdômen.

3- Samâna: responde pela assimilação dos nutrientes orgânicos, localizando-se no aparelho digestivo.

4- Udâna: localiza-se principalmente na garganta. É responsável pelos atos de falar e arrotar.

5- Vyâna: através do trabalho dos pulmões e do coração, faz circular a força vital. Está localizado em todo o corpo.

Sobre os *Prânas* secundários:

1- Naga: responsável pelo vômito e pelo ato de arrotar.

2- *Kurma*: responsável pelo abrir e fechar das pálpebras.

3- *Krikara*: responde pelo ato de sentir fome.

4- *Devadata*: responde pelo bocejar e pelo desejo de dormir.

5- *Dhananjaya*: responde pelos processos de desintegração e decomposição dos organismos mortos.

Apesar de não haver uniformidade quanto às funções dos *Prânas*, sabe-se que os mais importantes são *Prâna* e *Apâna*.

NADIS ou CANAIS

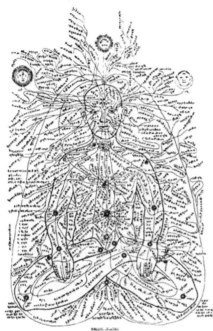

Figura 2: Nadi ou canais sutis.

Os diversos *Prânas* se movimentam dentro do *Prânamâya Kosha*, caminhando ao longo de vias chamadas *Nadis*, em Sânscrito. Etimologicamente, essa palavra significa "conduto". Entretanto, *Nadi* não deve ser compreendida como um "pequeno tubo oco", embora alguns textos do *Yoga* assim se refiram. Não pode também ser compreendida como veia ou nervo. A melhor expressão para designar *Nadi* seria "corrente de energia" que interpenetra o luminoso corpo sutil ou *Prânamâya Kosha*.

Para o olhar paranormal ou supra físico, o corpo de *Prâna* é luminoso, sendo dotado de focos brilhantes e escuros. Estes últimos acusariam aspectos doentios do corpo sutil.

Os textos do *Yoga* se referem à existência de 72.000 *Nadis*, enquanto outros elevam essa quantia para 300 mil.

As *Nadis* mais citadas são:

Sushumna

Idâ

Pingalâ

Gandhari

Hastajihva

Kuhû

Sarasvati

Pusha

Sankhini

Payasvini

Varuni

Alambusha

Vishvodhara

Yasasvini

Taitilia

É na *Ksurikâ Upanishad*, versos 17 e 19, onde há referência à *Nadi Taitilia*.

Segundo a tradição do *Yoga*, as *Nadis* surgem do *Kanda*. Este último localiza-se na interseção entre a *Nadi Sushumna* e o *Chakra Muladhâra*. Outros autores dizem que o *Kanda* se localiza aproximadamente 30 centímetros acima do ânus.

As principais *Nadis* são *Sushumna*, *Idâ* e *Pingalâ*, sendo a primeira o canal central que parte do *Chakra Muladhâra* situado no períneo e termina no topo do crânio. *Sushumna* é traduzida como "a graciosíssima".

Dentro da *Nadi Sushumna* há um outro canal chamado *Vajra* ("canal do raio") e que é reluzente como o sol. Dentro do *Vajra* há um canal chamado *Chitra*. Segundo *Sivananda*, esta *Nadi* tem cor pálida. Diz ainda *Sivananda* que dentro de *Chitra* há um canal axial muito fino que se conhece como *Brahmanadi*. É através dela que a energia *Kundalini* ascende, produzindo a "iluminação" da consciência. A extremidade inferior da *Brahmanadi* se chama *Brahmadvara*. A extremidade superior no topo do crânio se chama *Brahmarandhra*, que significa *"porta de Brahman"*.

À esquerda da *Nadi Sushumna* se localiza *Idâ* e à direita, *Pingalâ*. A primeira é clara e a segunda, avermelhada. Essas duas *Nadis* partem do *Chakra Muladhâra* e sobem enrodilhadas em torno de *Sushumna*.

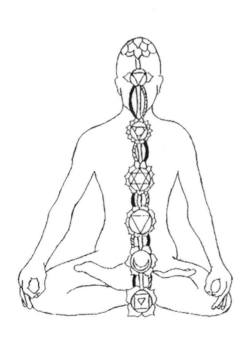

Figura 3: *Chakras* e *Nadis Idâ, Pingalâ e Sushumna*.

Os pontos de encontro das *Nadis Idâ* e *Pingalâ* correspondem aos *Chakras*, os quais, descreveremos posteriormente. *Idâ* e *Pingalâ* terminam no *Chakra Âjña* e *Sushumna* prossegue, terminando no topo do crânio.

Segundo o *Hatha Yoga*, *Idâ* e *Pingalâ* governam, no nível corporal, as reações dos sistemas nervosos simpático e parassimpático, respectivamente. Conscientes disso, os *Yoguins* podem fazer circular os ares vitais por uma ou por outra, para conseguirem efeitos extraordinários tais como: aumentar ou diminuir os batimentos cardíacos (até parar o coração), alterar o peristaltismo digestivo, etc. Esse controle pode ser de tal natureza que o *Yoguin* treinado pode ficar dias inteiros trancafiado em locais hermeticamente fechados embaixo da terra, tendo seus sinais vitais monitorados por pesquisadores localizados na superfície, no nível do solo. Isso pode ser obtido através dos *Prânâyâmas* e outras técnicas do *Yoga*.

Certamente que o uso de *Prânâyâmas* pode levá-los aos resultados acima, mas o verdadeiro *Yoguin*, pretende alcançar a Libertação Espiritual, atingindo o estado de *Moksha* ou *Kaivalya* e não se tornar um faquir, capaz de demonstrações extraordinárias.

OS CHAKRAS

Os *Chakras* são centros de energias psicofísicas. São "redemoinhos" de energia. A palavra *Chakra* significa "roda". Não devem ser confundidos com os plexos nervosos do corpo físico, aos quais, no entanto, estão correlacionados.

A literatura *tântrica* nos indica a existência de muitos *Chakras*. Os mais importantes são sete e estão localizados ao longo da *Nadi Sushumna*.

Cada *Chakra* está associado a um animal, a uma deidade que o preside, a uma *Devi*, a um *Bija Mantra* ou *Mantra* de uma sílaba, tendo relação com certos aspectos e funções do corpo físico, assim como, relações com aspectos psicológicos profundos. Nos *Chakras* está toda uma psicologia oculta, como veremos. Os *Chakras* principais são:

– *Muladhâra*, localizado no períneo.

– *Swadhisthana*, localizado logo abaixo do umbigo.

– *Manipura*, situado na altura do diafragma.

– *Anahat*, situado atrás do coração.

– *Vishudha* ou *Vishudhi*, localizado na faringe.

– *Âjña*, localizado no meio da cabeça, aproximadamente entre as sobrancelhas.

– *Sahasrara*, localizado no topo do crânio.

A seguir estudaremos resumidamente cada Chakra principal, com dados extraídos de *Johari*, Motoyama, *Ozaniec* e apostila de aulas de Gaertner.

Chakra Muladhâra

Figura 4: *Chakra Muladhâra* ("Roda do Apoio da Raiz").

O *Chakra Muladhâra* está associado à "vontade de ser" relacionado à evolução da autonomia, identidade, sobrevivência e vontade de viver dentro do mundo físico.

– Localização: no períneo, entre o ânus e os genitais.

– Elemento: terra.

– Princípio básico: constituição física do ser humano.

– Aspectos internos: senso de realidade e de estabilidade.

– Fase dominante: de 1 aos 7 anos.

– Correlações físicas: ânus, reto, intestinos, coluna vertebral, ossos, dentes.

– Glândulas: suprarrenais.

– Hormônios: adrenalina e noradrenalina.

– Plexo nervoso ao qual está associado: coccígeo.

– Sistema fisiológico ao qual está associado: reprodutivo.

– Sentido: olfato.

– Cor: vermelha.

– *Bija Mantra*: *LAM*.

– Animal: elefante.

– Deidade: *Bala Brahma (Brahma* criança).

– *Devi: Dakini.*

– Número de pétalas: 4.

Aspectos psicológicos decorrentes da disfunção:

– Quando hiperativo, produz: interesse excessivo por bens materiais e segurança, avidez por satisfações pessoais, tendência a se isolar e proteger-se, apego e retenção, reações agressivas, impaciência, competitividade e egocentrismo.

– Quando hipoativo: debilidade física e psíquica, timidez, complexo de inferioridade, medo, remorso, falta de estabilidade e de força de vontade, crise de identidade, perda do senso de realidade.

– Distúrbios físicos decorrentes da disfunção: anemia, deficiência circulatória, hipotensão, problemas nas suprarrenais, prisão de ventre, hemorróidas, dores ciáticas.

Chakra Swadhisthana

Figura 5: *Chakra Swadhisthana* ("Roda Que Fica de Pé Por Si Mesma").

O *Chakra Swadhisthana* está associado à "vontade de ter" relacionado à evolução do desejo pessoal e da força emotiva, à expressão das emoções sensuais, e da sexualidade, à intensidade e qualidade de amor ao sexo oposto.

– Localização: acima do púbis.

– Elemento: água.

– Princípio básico: reprodução crítica do ser.

– Aspectos internos: emoção e sexualidade.

– Fase dominante: dos 8 aos 14 anos.

– Correlações físicas: órgãos reprodutores, rins, bexiga, quadris, sangue e líquidos orgânicos.

– Glândulas: gônadas (testículos e ovários).

– Hormônios: estrogênio, testosterona.

– Plexo nervoso: sacro.

– Sistema fisiológico ao qual está associado: genituri-nário

– Sentido: paladar.

– Cor: laranja.

– *Bija Mantra*: VAM.

– Animal: crocodilo.

– Deidade: *Vishnu*, o preservador.

– *Devi: Rakini*.

– Número de pétalas: 6.

Aspectos psicológicos decorrentes da disfunção:

– Hiperatividade: hipersexualidade, fantasias sexuais exageradas, perversão sexual, sexualidade grosseira.

– Hipoatividade: desinteresse sexual, sexualidade reprimida, frieza sexual, impotência.

– Distúrbios físicos decorrentes da disfunção: problemas geniturinários, tumores na bexiga e nos genitais, prostatite.

Chakra Manipura

Está associado à vontade de saber, relacionado à evolução do poder pessoal, do ego, da personalidade, da identificação social, da afinidade com os outros e com o mundo.

– Localização: plexo solar.

– Elemento: fogo.

– Princípios básicos: afirmação do ser.

Figura 6: *Chakra Manipura* ("Roda da Cidade das Joias").

– Aspectos internos: poder pessoal.

– Fase dominante: dos 15 aos 21 anos.

– Correlações físicas: estômago, baço, fígado, vesícula biliar, diafragma, cavidade abdominal.

– Glândulas: pâncreas.

– Hormônios: insulina, bílis.

– Plexo nervoso: solar.

– Sistema fisiológico ao qual está associado: digestivo.

– Sentido: visão.

– Cor: amarelo.

– *Bija Mantra*: *RAM*.

– Animal: carneiro.

– Deidade: *Shiva Braddha* (*Shiva* Velho).

– *Devi:* Lakini.

– Número de pétalas: 10.

Aspectos Fisiológicos decorrentes da disfunção:

– Hiperatividade: dominação e controle, agitação mental e insatisfação, preocupações e obsessões, rigidez mental, busca de sucesso e reconhecimento, preconceitos, descontrole emocional, irritabilidade, tirania.

– Hipoatividade: ineficácia, dúvidas, culpa, em tudo vê dificuldades, abatimento, rejeição dos sonhos, e emoções vitais, dependência, medo de desafios e de novos desafios, dificuldades intelectivas.

– Distúrbios físicos decorrentes da disfunção: problemas digestivos, úlceras digestivas, Hepatites, diabetes, hipoglicemia, cálculos biliares.

Chakra Anahat

Figura 7: *Chakra Anahat* ("Roda do Som Não Tocado").

O *Chakra Anahat* está associado à vontade de amar e à evolução do amor universal da compaixão e da capacidade de amar a si mesmo e ao mundo.

– Localização: atrás do coração.

– Elemento: ar.

– Princípios básicos: abnegação do ser.

– Aspectos internos: amor.

– Fase dominante: dos 22 aos 28 anos.

– Correlações físicas: coração, pulmões (área inferior),

seios, pele, sistema circulatório e imunológico.

– Glândula: timo.

– Hormônio: timosina

– Plexo nervoso: cardíaco.

– Sistema fisiológico ao qual está associado: circulatório.

– Sentido: tato.

– Cor: verde, rosa dourado.

– *Bija Mantra*: *YAM*.

– Animal: antílope.

– Deidade: *Ishana Rudra Shiva* (Senhor do Nordeste).

– *Devi: Kakini*.

– Número de pétalas: 12.

Aspectos fisiológicos decorrentes da disfunção:

– Hiperatividade: amor em troca de reconhecimento, concede, mas não aceita amor, excesso de simpatia, extrema sensibilidade emocional, euforias, oscilações emocionais intensas, pânico.

– Hipoatividade: vulnerável e dependente de afeto, muito ferido quando rejeitado, afeição impessoal, frieza, indiferença, tristeza e depressão.

– Distúrbios físicos decorrentes da disfunção: problemas cardiovasculares e respiratórios, palpitações e arritmias, rubor, hiperventilação, deficiência imunológica, doenças autoimunes, câncer.

Chakra Vishudha ou Vishudhi

O *Chakra Vishudha* é relacionado à vontade de criar, associado ao foco criativo transpessoal, à capacidade de expressão humana, comunicação e inspiração.

Figura 8: *Chakra Vishudha* ("Roda Pura").

– Localização: faringe.

– Elemento: éter.

– Princípio básico: ressonância do ser.

– Aspectos internos: comunicação, vontade.

– Fase dominante: dos 29 aos 35 anos.

– Correlações físicas: garganta, nuca, cordas vocais, traqueia, boca, laringe, pulmões (área superior), brônquios.

– Glândulas: tireoide, paratireoide.

– Hormônios: tiroxina.

– Plexo nervoso: faríngeo.

– Sistema fisiológico ao qual está associado: respiratório.

– Sentido: audição.

– Cor: azul claro, prateado, azul esverdeado.

– *Bija Mantra*: *HAM*.

– Animal: elefante.

– Deidade: *Shiva Panchavaktra* (possui a pele azul canforado e cinco cabeças).

– *Devi: Shakti Shakini.*

– Número de Pétalas: 16.

Aspectos fisiológicos decorrentes da disfunção:

– Hiperatividade: bloqueio entre a cabeça e o corpo, cisão entre pensamento e emoção, verborragia, linguagem rude ou objetiva e fria, gagueira, voz alta sem conteúdo, mau uso do potencial criativo.

– Hipoatividade: dificuldade de se expressar, nó na garganta, voz oprimida, gagueira, bloqueio criativo, auto reprovação, falta de fé, influenciável pela opinião alheia, frustração, medo do fracasso e do sucesso.

– Distúrbios físicos decorrentes da disfunção: hipo ou hipertireoidismo, laringite, resfriados, gripes, herpes labial, distúrbios da voz.

Chakra Âjña

O *Chakra Ajña* está associado à vontade de liderar, relacionando-se à capacidade de visão clara além das aparências e da percepção extrassensorial.

Figura 9: *Chakra Ajña* ("Roda do Comando").

– Localização: entre as sobrancelhas e no meio da cabeça.

– Elemento:

– Princípio básico: autoconhecimento.

– Aspectos internos: intuição, visão interior.

– Fase dominante: dos 36 aos 42 anos.

– Correlações físicas: olhos, ouvidos, nariz, seios faciais, cerebelo, medula espinhal,

– Glândula: Hipófise (quando o 7º *Chakra* se abre, polariza-se com a pineal).

– Hormônio: pituitrina.

– Plexo nervoso: carotídeo, hipotalâmico.

– Sistema fisiológico ao qual está associado: neurovegetativo.

– Sentidos: todos, incluindo-se os paranormais.

– Cor: índigo, amarelo e violeta.

– *Bija Mantra*: *OM*.

– Deidade: *Ardhanishvara*, ou *Shiva – Shakti*, meio homem, meio mulher.

– *Devi: Shakti Hakini*.

– Número de pétalas: 2.

Aspectos fisiológicos decorrentes da disfunção:

– Hiperatividade: rigidez mental, racionalidade desenvolvida sem percepção espiritual, arrogância intelectual, manipulação mental, ideias fortes, mas negativas, materialismo, alienação.

– Hipoatividade: ideias criativas obstruídas, boas ideias que não funcionam, crença exclusiva no visível, incapacidade de análise mental, rejeição de ideias espirituais, esquecimentos, pensamentos obscuros e confusos.

– Distúrbios físicos decorrentes da disfunção: sinusite, catarata, distúrbios dos órgãos dos sentidos, grandes desequilíbrios endócrinos.

Chakra Sahasrara

Figura 10: *Chakra Sahasrara* ("Roda de Mil Pétalas)

O *Chakra Sahasrara* está associado à unificação transcendente, à conexão com a espiritualidade e integração de todo o ser.

– Localização: no topo da cabeça.

– Elemento:

– Princípio básico: ser puro.

– Aspectos internos: busca espiritual.

– Fase dominante: dos 43 aos 49 anos.

– Correlações físicas: cérebro, córtex cerebral, hemisférios cerebrais.

– Glândula: pineal.

– Hormônio: serotonina.

– Plexo nervoso: córtex cerebral.

– Sistema fisiológico ao qual está associado: sistema nervoso central.

– Sentido:

– Cor: violeta e branco.

– *Bija Mantra*: (não tem).

– Deidade: *Shiva Parana*.

– *Devi: Chaitanya* (outras escrituras dizem ser *Mahashakti*)

– Número de Pétalas: incontáveis.

Aspectos fisiológicos decorrentes da disfunção:

– Hiperatividade: disfunções cerebrais, psicoses, aberrações psicomentais, demência, depressão mórbida, medo de insanidade, possessões, surtos.

– Hipoatividade: insegurança, e desorientação, sensação de falta de sentido na vida, medo da morte – especialmente nas fases dominantes.

– Distúrbios físicos decorrentes da disfunção: pressão na cabeça, derrame cerebral, tumor no cérebro.

A literatura tântrica assinala outros *Chakras* além dos sete acima mencionados. Dentre estes, destacamos os seguintes:

– *Amrita*
– *Ananda*
– *Lalita*
– *Balwana*
– *Brahmadvara*
– *Chandra*
– *Dipaka*
– *Karnamula*
– *Gulhaha*
– *Kuladipa*
– *Kundali*
– *Galabaddha*
– *Kaladada*
– *Kaladhvara*
– *Karangaka*
– *Kalabhedan*
– *Lalana*
– *Mohatsara*
– *Manas*
– *Talana*
– *Mahapadma*

– *Niradhara*

– *Naukula*

– *Prâna*

– *Soma*

– *Triveni*

– *Urdhvarandhra*

– *Vjra*

Segundo a tradição tântrica tibetana, existem sete *Chakras* acima do *Sahasrara*, o que corresponderia à evolução dos seres divinos. Há também referências a sete *Chakras* localizados abaixo do *Muladhâra*, correspondentes aos estágios de evolução animal. Outros textos falam de *Chakras* localizados nas palmas das mãos, nas solas dos pés e em outros locais do corpo.

Como podemos verificar, a questão dos *Chakras* é complexa, desconhecida e a literatura pertinente ainda não foi devidamente estudada no Ocidente.

GRANTHIS E MARMANS

Os *Granthis* são mencionados na literatura do *Hatha Yoga,* referidos como "nós". São constrições ou curvas na *Nadi Sushumna* que impedem o caminhar da força vital e a subida da *Kundalini.* O primeiro *Granthi* se localiza na altura do umbigo e é denominado por *Brahma – Granthi.* Na garganta está localizado o *Vishnu – Granthi* e o *Rudra – Granthi* está entre as sobrancelhas. Estes nós devem ser vencidos pela força da *Kundalinî,* sob pena desta ficar impedida de subir até o *Chakra Sahasrara.* Os textos falam de outros nós, como o do coração. Também especificam outras localizações para os *Granthis* citados.

Livros posteriores sobre *Hatha Yoga* falam de focos bioenergéticos de *energia prânica,* denominados *Marmans.* Segundo Feuerstein, seriam os pontos vulneráveis do corpo. Os *Marmans* se manifestam como bloqueios localizados e devem ser extintos por meio da concentração mental e da prática de *Prânayâmas.* A medicina *Ayurvédica* desenvolveu técnicas para se pressionar com os dedos nesses pontos, objetivando a cura de enfermidades a eles relacionadas.

KUNDALINÎ

É a energia psicoespiritual mais importante do *Prânamâyã Kosha*, está localizada no *Chakra Muladhara* e é denominada *Kundalinî* ou *Kundalinî Shakti*. Etimologicamente, o termo *Kundalinî* significa "enroscada". Essa energia é representada como uma serpente adormecida com três voltas e meia, em torno de um falo ou *linga*. Algumas das *Upanidhads* aqui incluídas falam de mais voltas.

Sob o ponto de vista metafísico, *Kundalinî* é uma manifestação microscópica do poder denominado *Shakti*, a energia primordial. Algumas pessoas pensam que *Shakti* é a manifestação feminina do Absoluto. Trata-se de um poder consciente e inteligente.

Temos o de dever de aqui alertar para a falta de sentido em usar a expressão "energia", pois este termo tem uma conotação física ele foi aqui empregado por dificuldades semânticas. Não existe no nosso idioma nem em idiomas ocidentais, palavras cunhadas para designar essa forma de "poder espiritual". Daí *Kundalinî* ter sido aqui chamada de "energia" psicoespiritual.

Alguns textos *tântricos* dizem ser a experiência humana

máxima, a da elevação da *Kundalinî* através da *Nadi Sushumna*, fazendo-a chegar ao *Chakra Sahasrara*. Há um conjunto de técnicas esboçadas nas *Upanishads do Yoga*, para provocar a ascensão da *Kundalinî*. Estas consistem em *Âsanas*, *Prânâyãmas*, *Bandhas* e *Mudrâs*. Mediante a prática adequada de *Prânayâmas*, por exemplo, a energia vital é extraída das *Nadis Idâ* e *Pingalâ*, despertando a *Kundalinî* e fazendo-a penetrar na *Nadi Sushumna*, migrando por esse canal.

Um exemplo moderno de experiência de *Kundalinî* ocorreu com o conhecido meditador *Gopi Krishna*, funcionário público do Norte da Índia. Após meditar regularmente por 17 anos, *Gopi Krisha* teve uma experiência de ascensão da *Kundalinî*. O fenômeno com ele ocorrido foi de modo súbito e arrasador. A meta do *Hatha* e do *Tantra Yoga* é provocar esse fenômeno de maneira controlada. Assim relata *Gopi Krishna* o que ocorreu com ele.

> *Subitamente, com um fragor como de uma catarata, senti uma torrente de ouro líquido entrando em meu cérebro através da espinha dorsal. A iluminação foi crescendo cada vez mais brilhante, o fragor cada vez mais alto... Eu me tornei um vasto círculo de percepção, no qual o corpo não passava de um ponto, banhado numa luz e num estado de exaltação e felicidade impossíveis de descrever.*

Segundo os textos *tântricos*, quando a adormecida *Kundalinî* desperta, ela migra através da *Nadi Sushumna* até alcançar o *Chakra Sahasrara*, ocorrendo aquilo que é conhecido como a união de *Shiva* com *Shakti*. O despertar da *Kundalinî* é acompanhado de fenômenos ou sensações físicas tais como: calor corporal, visão de luzes, audição de sons, pressão e até dor. É o que se poderá observar da leitura das *Upanishads* do *Yoga*.

Para *Gopi Krisnha*, que de certo modo democratizou o fenômeno da *Kundalinî*, residiria nessa forma de "energia" psicoespiritual a causa primordial da nossa evolução, da evolução da nossa consciência. *Gopi Krishna* tentou despertar a atenção do Ocidente para a importância de se pesquisar cientificamente a questão da *Kundalinî*. Para tanto, necessitamos de mais esforços no estudo dos textos *tântricos* e de mais riqueza conceitual. *Gopi Krishna* admitia que a *Kundalinî* é de natureza biológica, o que é bastante confuso para nós. Entretanto, o ponto de vista tântrico é que o imanente e o transcendente são aspectos de uma mesma realidade. O espiritual e o material são aspectos de um mundo unitário. Enquanto nós mesmos não alcançarmos a experiência da união de *Shiva* com *Shakti*, essência do *Tantra*, nada de concreto podemos dizer sobre *Kundalinî*.

Deve ser aqui assinalado que a *Kundalinî* pode ascender pelas *Nadis Idâ* ou *Pingalâ*. Quando isso ocorre, o praticante passa a ter crises psicóticas graves, após o primeiro momento. Foi isso o que ocorreu com *Gapi Krishna*.

BIBLIOGRAFIA

JUNG, C. G. **A dinâmica do inconsciente**. Petrópolis, Vozes, 1991.

TINOCO, Carlos Alberto. **As Upanishads**. São Paulo, Ibrasa, 1997, págs. 228 a 230.

_____. **Idem**. Pág. 184.

SIVANADA, Sri Swam. **Kundalini Yoga**. Buenos Aires, Kier, 1995, pág. 90.

FEUERSTEIN, Georg. **A tradição do Yoga**. São Paulo, Pensamento, 2001, pág. 430.

SIVANANDA. **Idem**. pág. 97.

JOHARI, Harish. **Chakras** – centros energéticos de transformação. Rio de Janeiro, Ed. Bertrand do Brasil, 1990.

MOTOYAMA, Hiroshi. **Teoria dos Chakras**. São Paulo, Pensamento, 1990.

OZANIEC, Naomi. **O livro básico dos Chakras**. São Paulo, Pensamento, 1994.

GAERTNER, Gilberto. **Chakras** (Apostila do autor), Curitiba, 1999.

SIVANADA, Sri Swami. **Kundalinî Yoga**. Buenos Aires, Kier, 1995.

_____**Idem**. Pág. 107.

FEUERSTEIN, Georg. **A tradição do Yoga**. São Paulo, Pensamento, 2001. pág. 433.

KRISHNA, Gopi. **O despertar da Kundalinî**. São Paulo, Pensamento, 1988, pág. 2.

Capítulo 2

O HINDUÍSMO E AS *UPANISHADS*

Do irreal, conduza-me ao Real,
Das trevas, conduza-me à Luz,
Da morte, conduza-me à Imortalidade

(*"Asatô Ma Sat Gamaiâ, Tamasô Ma Djotir Gamaiâ, Mritior Ma'm Ritam Gamaiâ"*)

(*Brhâdaranyaka Upanishad*, I,3,28)

Rudra, Ó Tú, terrível, rasga em dois este véu escuro e que o raio salvador do Teu sorriso de graça rompa através desta noite de trevas e desperte a minha alma"

(*TAGORE, Rabindranath* 1985. **O Significado da Vida**. Brasília, Thesaurus, pág.35.

INTRODUÇÃO
(Capítulo 2)

Invasores Indo-Europeus?

A população da Índia é formada por muitos povos de diversas origens e tempos, procedentes de vários locais. Alguns desses povos foram invasores ou dela fazem parte, originando uma mistura étnica e cultural de vasta complexidade.

Dentre os povos que integram a complexa etnia da Índia, destacamos o de origem indo-europeia conhecidos como arianos *védicos*. Foi esse povo que criou quase toda a famosa literatura metafísica, religiosa e jurídica escrita no idioma Sânscrito, legando à Índia um monumento literário que influenciou, influência e influenciará todos os povos do mundo.

Até muito pouco tempo atrás, a maioria dos estudiosos ocidentais e Indianos tendiam a considerar uma descontinuidade como um fator de evolução cultural da Índia. Tais estudiosos, (e dentre eles deve-se destacar Max Müller) afirmava ter havido em conflito armado entre a civilização do Vale do Indo e a "cultura ariana" *védica* invasora, de origem Indo-europeia, o que resultou no domínio completo e escravização dos povos autóctones, habitantes do Vale do Indo, ou do rio Indo. Os arianos *védicos* seriam, segundo essa teoria invasionista, um povo nômade e bárbaro.

Para os estudiosos que aceitam o embate com os arianos, as invasões da Índia estão especificadas na cronologia a seguir.

Data da Invasão	Povo Invasor	Procedência	Região Ocupada
?	Mundas	–	Decan
5.000 a.C.	Dravidianos	–	Norte e Leste
2.000 a.C.	Arianos	Sul da Rússia (?)	Norte e Oeste
512 a.C.	Persas	Pérsia	Pendjab
325 a.C.	Gregos	Grécia	Bactriana Pendjab
150 a.C.	Partas	–	–
415 d.C.	Hunos	Sul da Rússia	–
1.000 d.C.	Muçulmanos	Atual Paquistão	Noroeste
1.505 d.C.	Mongóis	Mongólia	Nordeste
1.615 d.C.	Ingleses	Toda a Índia	Inglaterra

Repetindo, vale destacar a invasão ariana como a de maior influência no pensamento e na literatura Indiana. Antes de penetrar na Índia, os arianos já haviam dominado a Pérsia. Desse local, passaram à Índia por volta de 2.000 a 1.500 a.C., e lá estabeleceram uma civilização de elevada espiritualidade. No entanto, não sabemos como um povo nômade e bárbaro teria criado uma civilização de expressiva espiritualidade.

Os textos *védicos* são os primeiros monumentos literários da Índia e um dos mais antigos do mundo. A religião *védica*, também chamada *Brahmanismo,* é aquela que os invasores arianos levaram consigo quando irromperam no Noroeste Indiano, primeiramente no vale do rio Indo e no *Punjab*, por volta de 2.000 ou 1.500 anos antes de Cristo. Teriam vindo do Sul da Rússia, após habitarem o Irã que antigamente chamava-se Pérsia. Há muitos elementos comuns ao pensamento *védico* e à antiga religião persa. Por suas origens, o pensamento *védico* é também chamado "indo-iraniano" ou "indo-europeu".

Figura 11: Cernunnos.

Em Paris, foi encontrada a imagem que talvez seja a mais conhecida deidade celta continental: **Cernunnos**, o "deus com Chifres". Senhor das forças da natureza, das florestas, dos animais, da fertilidade e da prosperidade. Seu culto é comprovado por achados arqueológicos que vão desde as ilhas britânicas até o leste europeu. Sua imagem mais conhecida é a que está estampada no **"Caldeirão de Gundestrup"**.

Naquele artefato, confeccionado por volta do século I d.C., Cernunnos possui chifres de gamo e senta-se em meio a diversos animais numa posição semelhante à 'posição de lótus' das práticas meditativas orientais. Isso não é coincidência.

Um selo da milenar cultura de **Mohenjo-Daro** (Índia) traz uma representação de uma deidade chamada *Pashupati* (*Figura 12*), sentado em posição idêntica, também ostentando chifres (bovinos) e, assim como o Cernunnos do Caldeirão de Gundestrup, rodeado de animais. O nome *Pashupati* significa "pai dos rebanhos" e esta deidade é também conhecida como proto-*Shiva*, o "Senhor dos Animais". Entre uma imagem e a outra, há cerca de mil e oitocentos anos – e mais de seis mil quilômetros. As semelhanças entre ambas talvez indiquem uma remota origem comum Indo-ariana.

Figura 12: Selo de esteatita encontrado no Vale do Indo ou mais precisamente, nas ruínas da cidade de Mohenjo-Daro, onde se pode ver um homem sentado com o pênis ereto, cercado de animais (proto-*Shiva*).

O termo indo-europeu se refere a uma cultura que teria existido ao Norte do mar Cáspio, de acordo com especulações de estudiosos, da qual teriam surgido elementos linguísticos e culturais comuns ao Oriente e ao Ocidente. Os arianos invasores seriam de origem indo-europeia. Em contato com as culturas autóctones (habitantes o vale do rio Indo) que existiam na Índia há milhares de anos antes da chegada dos arianos, o pensamento dos invasores absorveu também uma parte daquilo que podemos chamar de "hinduísmo primitivo" – do qual quase nada se conhece. Alguns elementos autóctones podem ser identificados nos textos *védicos* e dentre eles, destacamos o deus *Rudra* (*Shiva*) e a deusa *Kali*. Esta última, provavelmente, um vestígio da antiga "deusa – mãe", cujos elementos remontam à pré-história. Tudo leva a crer que o hinduísmo primitivo atravessou todo o período *védico* como um fenômeno periférico, na clandestinidade, emergindo tempos depois, plenamente integrada ao *védismo* tardio ou hinduísmo.

Portanto, o pensamento *védico* é baseado em três elementos básicos: a) o indo-europeu; b) o indo-iraniano; c) cultura autóctone que se desenvolveu ao longo do vale do Indo, abrangendo uma área que "se estendia sobre ampla superfície geográfica – do mar Arábico ao pé do *Himalaya* e do limite Oriental do Irã às proximidades do vale de rio *Ganges*", de acordo com Naqvi. Esta superfície era muito maior que a ocupada pelas civilizações do Egito e da Mesopotâmia. Os vestígios dessa civilização datam de 6.000 a.C. ou mais.

Para que possamos ter uma ideia da antiguidade dessa civilização do vale do Indo, o jornal do Paraná, "A Gazeta do

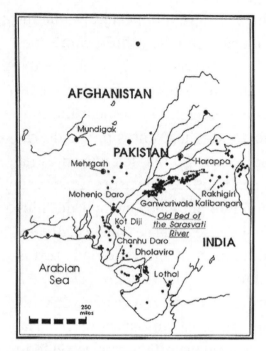

Figura 13: Mapa da localização da Civilização do Indo. Os pontos escuros são cidades (Extraído de FEUERTEIN, G. *KAK, Subash*. FRAWLEY, David 2001. **In seach of cradle of civilization**. Illinois, Quest Books, pág. 88).

Povo" na sua edição de 17 de janeiro de 2002, publicou uma nota do Governo da Índia, onde se pode ler o seguinte:

"Uma civilização que remonta a 7.500 a.C. (portanto, 9.500 anos na contagem geral) foi descoberta afundada no mar, em frente à costa Ocidental da Índia, informaram fontes governamentais Indianas. Os vestígios submersos a 40 metros sob o nível do mar revelam um tipo de civilização humana, um pátio, uma escadaria, um banheiro e algo parecido com um templo', informou Murlin Manohar Joshi, ministro Indiano de Recursos Humanos e Desenvolvimento do Oceano.

"Assemelha-se a uma civilização do tipo Harrapa, mas é mais antiga, remontando a 7.500 a.C., acrescentou".

As cidades mais importantes dessa vasta civilização são Mohejo-Daro e Harapa, embora outras cidades de menor expressão possam ser apontadas. Acredita-se que quando os invasores arianos dominaram os habitantes do vale do Indo, estes já estavam decadentes.

Figura 14: Ruinas de Mohenjo-Daro.

Portanto, a Civilização do Vale do Indo é a mais antiga da Terra, (anterior à do Egito e Mesopotâmia), abrangendo uma área superior à Assíria, Suméria e Egito juntos. Até agora, aproximadamente 65 sítios arqueológicos foram explorados, de um total de 2.600. O rio Indo era a via que interligava Mohenjo-Daro a Harapa, 560 Km ao Sul. As escavações mostraram um sofisticado sistema de drenagem e esgoto e ainda, locais específicos para se depositar o lixo, fato que era

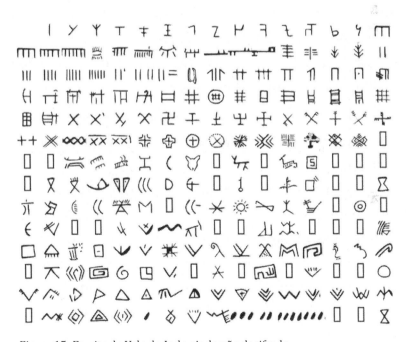

Figura 15: Escrita do Vale do Indo ainda não decifrada.

desconhecido na época pré-Romana. Haviam edifícios com três andares sem janelas feitos com tijolos cozidos, também tinham muitas salas de banho, talvez para rituais e abluções, coisa que ainda existe no hinduísmo atual. Mohenjo-Daro tinha uma grande piscina com 70,0m x 24,0m, com salões de reunião, uma grande estrutura talvez, para ser usada por sacerdotes, e um grande celeiro. Seus habitantes fabricavam joias com pedras semipreciosas de sofisticada beleza.

Os textos *védicos* mais antigos são o testemunho mais arcaico da religião que se chama ora *Brahmanismo*, ora hinduísmo. Não há um divisor claro entre as duas formas religiosas. Em certo período, ambas se confundem.

Por razões de maior clareza, Renou (2) considera o *Brahmanismo* como a religião dos tempos antigos, confundindo-se, em parte ou totalmente com o *védismo*. O hinduísmo representaria a evolução religiosa caracterizada principalmente pelo período pós-*védico*. Arriscamos dizer que o hinduísmo tem seu início a partir do começo da redação do *Mahabharata*, o monumental épico.

O *Véda* é o conjunto de conhecimentos existentes na literatura antiga da Índia. *Védismo*, religião dos *Védas* ou religião *védica*, caracteriza-se por ser os aspectos mais antigos sob os quais nos são apresentados os primeiros monumentos literários da Índia e um dos mais antigos do mundo. Nenhuma civilização estabeleceu tantos meios de contato com o divino quanto a Indiana antiga. Etimologicamente, a palavra *Véda* é oriunda do termo *vid*, de origem sânscrita e significa "sabedoria". Toda a literatura *védica* foi escrita no idioma Sânscrito.

Para compreender melhor a literatura *védica*, é importante destacar alguns aspectos básicos, conforme faremos em seguida.

Existem quatro ramos dos *Védas* ou quatro *Védas*, que são:

1- *Rig – Véda*

2- *Sâma – Véda*

3- *Yajur – Véda* { Branco (*Sukla*)

Negro (*Krishna*)

4- *Athârva – Véda*

Cada um desses ramos é formado por um conjunto de textos, elaborados e escritos em épocas diferentes e classificados do seguinte modo:

TEXTO *VÉDICO*	DATA DE ELABORAÇÃO (PROVÁVEL)
– *Samhitas* ou Hinos primitivos	1.300 a 1.000 a. C.
– *Brâhmanas*	872 a 772 a.C.
– *Aranyâkas*	900 a 600 a.C.
– *Upanishads* (primeiras)	800 a 200 a.C.
– *Sutras*	500 a.C. a 500 d. C.

– *Mahabharata* }   400 a.C. a 400 d.C.

– *Ramayana* } *Itihasas*   274 a.C. a 237 a.C.

– *Puranas*   }   350 d.C. e depois

– *Tantras*   527 d.C. e depois

A cronologia acima foi extraída de Zimmer, tendo sido proposta por Joseph Campbell. Ela não é aceita por muitos estudiosos do hinduísmo. É importante salientar que fazer a datação dos textos *védicos* não é tarefa fácil, pois, não existe muita base para tanto.

A teoria "invasionista" foi posta em dúvida pela primeira vez no ano de 1921, quando vestígios arqueológicos das cidades de Mohenjo-Daro e Harapa foram descobertos nas margens do rio Indo, no atual Paquistão. Em vez de questionarem sobre a origem dos arianos *védicos,* alguns pesquisadores decidiram recuar a data da suposta invasão em alguns séculos, com a finalidade de conciliar com os dados da arqueologia. Os sinais de violência encontrados em alguns estratos de Mohenjo-Daro seriam as principais evidências da famosa invasão dos arianos

Uma teoria mais recente pode ser assim resumida: a antiga e persistente teoria da invasão ariana tem sido contestada por estudiosos modernos, dentre eles Georg Feuerstein, *Subasha Kak* e David Frawley e outros, que passaram a encarar a referida invasão como uma fantasia científica, construída sem o apoio de evidências empíricas suficientes, sendo um fator de deturpação da história e da cultura da Índia antiga. Essa corrente moderna de pensadores afirma que os arianos *védicos* que falavam o Sânscrito e escreveram os antigos hinos ou *Samhitas*, não eram nômades primitivos que vieram de fora, provocando morte e destruição aos povos autóctones. Para esse grupo de estudiosos da atualidade, os dados apontam para o fato de que os arianos eram oriundos da própria Índia, sendo eles os naturais habitantes da fabulosa civilização do Vale do Indo. Segundo Feuerstein, os povos dravidianos ou do vale do Indo floresceram aproximadamente entre 2.800 a.C. e 1.900 a.C., convivendo com os arianos *védicos* nesse período. Esta última data ainda é incerta, pois, as escavações ainda continuam e dos 2.600 sítios arqueológicos existentes, apenas uns 65 foram explorados, como já foi dito anteriormente. Não se sabe com clareza sobre as relações que havia entre as tribos arianas que falavam o Sânscrito e a chamada civilização do Vale do Indo.

Essa nova teoria exige uma reformulação total do entendimento que temos das origens da civilização Indiana. Neste caso, a invasão dos arianos *védicos* nunca ocorreu, o que leva a concluir que este povo já estava estabelecido no solo Indiano desde muito tempo. Nada impede que os sinais de violência encontrados em Mohenjo-Daro sejam oriundos de conflitos ocorridos entre os próprios arianos.

Os arianos *védicos* falavam um idioma do grupo indo-europeu, compartilhando muitas características étnicas com os povos da mesma família. Pertenciam ao mesmo grupo dos celtas, godos, persas e outros. Todos os povos que falavam idiomas indo-europeus são descendentes dos chamados protoindo-europeus, que podem ter existido, segundo Feuerstein, já no 7º ou 8º milênio antes da era cristã.

Os dados indicam datas mais antigas para a civilização *védica*. Segundo a nova linha de pensamento consubstanciada na teoria mais recente, as datações para a historiografia da Índia podem ser divididas em nove períodos. A seguir, transcrevemos o texto de Feuerstein sobre as novas datações:

1. Era Pré-Védica (7.500 a.C. - 4.500 a.C.)

Há pouco tempo, escavações arqueológicas realizadas no Beluquistão Oriental (Paquistão) trouxeram à luz uma cidade do tamanho de Stanford na Califórnia, datada dos primórdios do sétimo milênio a.C. Essa antiga cidade neolítica, chamada de Mehrgarh pelos arqueólogos, prefigurou de diversas maneiras a civilização urbana que depois se constituiu ao longo de dois grandes rios da Índia Norte-ocidental: Indo e, a Leste dele, o *Sarasvati*, já extinto.

Estima-se que a população de Mehrgarh fosse de cerca de 20.000 pessoas, um número enorme para aquela época. Além de ter sido um grande centro de importação e exportação de mercadorias, a cidade foi um centro de criação e inovação tecnológicas. Os diligentes habitantes de Mehrgarh já cultivavam o algodão em primórdios do quinto milênio a.C. Estatuetas de terracota datadas de 2.600 a.C. dão mostras de uma maravilhosa continuidade estilística com a arte da civilização do Indo-*Sarasvati* e também do hinduísmo posterior. Outros vestígios encontrados no mar apontam uma civilização datada de 7.500 a.C., como já foi comentado.

2. Era Védica (4.500 a.C. - 2.500 a.C.)

Este período se define pela criação e pela proeminência cultural da tradição de sabedorias que se consubstanciou nos hinos dos quatro *Védas.* Certas referências astronômicas que constam do *Rig-Véda* dão a entender que a maior parte dos hinos foi composta no quarto milênio a.C., e que alguns deles talvez datem até do quinto milênio a.C. O máximo limite posterior do período *védico* é determinado por uma grande catástrofe natural: o completo esgotamento do grande rio *Saravasti,* aparentemente determinado por modificações climáticas e tectônicas ocorridas no decurso de várias centenas de anos. Parece que por volta de 3.100 a.C., o rio *Yamuna* mudou de curso e deixou de verter suas águas no *Saravasti,* tornou-se, em vez disso, tributário do *Ganges.* Em meados de 2.300 a.C., o *Sutlej,* que era o maior afluente do *Saravasti,* também passou a desaguar no Ganges. Já em 1.900 a.C., o *Saravasti,* que já tinha sido a maior corrente de água da Índia setentrional, secou completamente. Logo, os numerosos assentamentos que estavam sendo se erguidos ao longo de suas margens foram abandonados e por fim foram cobertos pelas areias do grande Deserto de Thar.

Dada a antiguidade dos hinos *védicos* e o fato de que os arianos que falavam o Sânscrito não eram invasores estrangeiros, só há uma conclusão a que podemos chegar: os povos *védicos* estavam presentes na Índia concomitantemente à chamada civilização do Indo. Mais ainda: os vestígios arqueológicos deixados por essa civilização não se opõem de modo algum ao universo cultural retratado nos hinos *védicos*. Somos obrigados a concluir daí que os habitantes de Harapa e de Mohenjo-Daro, bem como, as centenas de outras cidades que se erguiam nos vales do Indo e do *Saravasti*, por um lado, e os arianos *védicos*, por outro, eram um único e mesmo povo.

Além disso, como já demonstramos, a matemática *védica* influenciou a matemática da Babilônia, o que significa que o núcleo dos *Shulba-Sutras*, que contém a teoria matemática *védica*, já devia existir por volta de 1.800 a.C. Como os *Sutras* são considerados posteriores aos *Brâhmanas*, a data de composição dos *Védas* pode ser recuada para o terceiro milênio a.C., a fim de permitir um tempo suficiente para que ocorressem esses desenvolvimentos. De acordo com alguns estudiosos, o fim da Era *Védica* (incluindo-se nesta os *Brâhmanas* e as *Upanishads*) foi marcada pela famosa guerra que consta do *Mahâbhârata* e que a tradição data de 3.102 a.C. Isso coincide com o início da *Kali-Yuga*, a era de trevas da qual falam os *Puranas* posteriores, os *Tantras* e outros textos. É possível, porém, que essa data seja recuada demais; o mais provável é que a guerra e a redação final dos quatro hinários *védicos* tenham ocorrido por volta de 1.500 a.C.

3. Era Brahmanica (2.500 a.C. - 1.500 a.C.)

"Com o colapso dos assentamentos que se erguiam às margens do Indo e do *Sarasvati*, o centro da civilização *vé-*

dica deslocou-se para o Leste, para as férteis margens do rio *Ganges* (*Gangâ*) e dos seus afluentes. Como seria de esperar, as condições ambientais das novas áreas de assentamento provocaram mudanças no sistema social, o qual foi tornando-se cada vez mais complexo. Neste período, a classe sacerdotal transformou-se numa elite profissional, altamente especializada que logo dominou a cultura e a religião *védicas*. As especulações teológico-mitológicas e as ocupações rituais dos sacerdotes consubstanciaram-se na literatura dos *Brâhmanas*, que em geral dá nome a esse período. Os últimos séculos desta era assistiram à redação dos *Aranyâkas* (textos rituais para os ascetas que residiam nas florestas) e dos muitos *Sutras* que tratam das ciências, das artes e das questões éticas e jurídicas.

4. Era Pré-Clássica ou Épica (1.000 a.C. - 100 a.C.)

Durante o quinto período desse esquema cronológico, o pensamento metafísico e ético entrou em efervescência na Índia. Atingiu um grau de complexidade que permitiu um fértil confronto entre as diversas escolas religiosas e filosóficas. Ao mesmo tempo, vemos nessa época uma saudável tendência à integração dos diversos caminhos psicoespirituais, especialmente das duas grandes correntes que eram a renúncia ao mundo (*Samnyasin*), por um lado, e a aceitação das obrigações sociais (*Dharma*), por outro. Foi nesse campo que ocorreram o desenvolvimento pré-clássico do *Yoga* e do *Samkhya*. O melhor exemplo desse espírito sintético e integrador são as doutrinas contidas no *Mahâbhârata*, do qual faz parte a mais antiga obra completa sobre *Yoga*, o *Bhagavad-Gitâ*. Foi nesse período que o gigantesco *Mahâbhârata*, tal como o conhecemos, foi criado, embora o seu núcleo que conta a grande guerra entre os *Pândavas* e os *Kauravas* venha de uma época muito anterior. Devido à importância dessa epopeia para esse período, ele pode ser chamado de Era Épica.

A epopeia do *Ramâyana* é posterior ao *Mahâbhârata*, embora o seu núcleo histórico diga a respeito que uma era antecedeu em quase trinta gerações a do *Mahâbhârata*.

5. Era Clássica (100 a.C. - 500 a.C.)

Durante essa era, a longa batalha que as seis escolas clássicas da filosofia hindu travavam pela supremacia intelectual chegou a um ponto crítico. O *Yoga-Sutra de Patânjali* e o *Brahma-Sutra de Bâdarâyana* foram mais ou menos na metade deste período, cujo fim foi marcado pela composição do *Samkhya-Kârikâ* de *Îshvara Krishna*. Foi nesse período também que o *Budismo Mahâyâna* se cristalizou, dando origem a um diálogo muito ativo entre hindus e *budistas*. O fim da Era Clássica coincide com o declínio da Dinastia *Gupta*, cujo último grande governante, *Skandagupta*, morreu por volta de 455 d.C. Sob os *Guptas*, cujo reinado teve início em 320 d.C., as artes e as ciências floresceram extraordinariamente. Embora os reis fossem adeptos fervorosos do *Vaishnavismo*, exerciam a tolerância para com as outras religiões, o que permitiu que o *Budismo*, em especial, florescesse e deixasse sua marca na cultura da Índia. O peregrino chinês Fa-Hien ficou muitíssimo impressionado com o país e seus habitantes. Em seus escritos, ele fala de cidades prósperas e da existência de várias instituições de caridade, bem como, de hospedarias para os viajantes ao longo das estradas.

6. Era Tântrica / Purânica (500d.C. - 1.300 d.C.)

Em meados do primeiro milênio d.C., ou talvez um pouco antes, testemunhamos o início da grande revolução cultural do *Tantra*, ou *Tantrismo*. Essa tradição, cuja psicotecnologia foi extraordinária (acréscimo do autor), representa o impressionante resultado de muitos séculos de esforço em prol da criação de uma síntese filosófica e espiritual a partir de diversas escolas divergentes que existiam na época. Em específico, o *Tantra* pode ser considerado uma integração das ideias e ideais mais elevados com as crenças e práticas populares (rurais). O *Tantra* apresentava-se ainda como o evangelho da era das trevas (*Kali-Yuga*). Na virada do primeiro milênio d.C. as doutrinas *tântricas* já haviam tomado todo o subcontinente Indiano, influenciando e transformando igualmente a vida espiritual dos hindus, dos *budistas* e dos *jainas*.

Por um lado, o *Tantra* deu continuidade ao processo milenar de amálgama e síntese; por outro, foi uma autêntica inovação. Embora não tenha acrescentado muita coisa ao repertório filosófico da Índia, teve uma importância enorme no nível das práticas espirituais. Fomentou um estilo de vida espiritual que se contrapunha radicalmente a tudo o que até então foi considerado legítimo nos contextos do Hinduísmo, do *Budismo*, e do *Jainismo*. Em particular, deu legitimidade filosófica ao princípio psicocósmico feminino (chamado *Shakti*), que já era reconhecido havia muito tempo nos cultos locais a divindades femininas.

Esta era também pode ser chamada de Era *Purânica*, pois foi nesta época que as grandes compilações enciclopédicas chamadas *Purânas* foram criadas com base em tradições *purânicas* muito mais antigas (datadas da era *védica*). No seu âmago, os *Purânas* constituem uma história sagrada em torno da qual se teceu uma teia de conhecimentos filosóficos, mitológicos e rituais. Muitas dessas obras evidenciam uma influência do *Tantra* e contêm informações preciosas sobre o *Yoga*.

7. Era Sectária (1.300 d.C. - 1.700 d.C.)

A redescoberta do princípio feminino na filosofia e na prática de *Yoga* por parte do movimento *Tântrico*, abriu caminho para a fase seguinte da história cultural Indiana: o movimento *bhâktico*. Esse movimento de devoção religiosa fez culminar as aspirações monoteístas das grandes comunidades sectárias, em especial os *Vaishnavas* e os *Shaivas*; daí o nome de Era Sectária. Ao incluir a dimensão emocional no processo psicoespiritual, o movimento devocional – ou *Bhakti-Mârga* – completou a síntese pan-Indiana que tivera início na Era Pré-Clássica ou Épica.

8. Era Moderna (1.700 d.C. - Época Atual)

A efervescência provocada pelo sincretismo do movimento *bhâktico* foi seguida pelo colapso do império mongol no primeiro quarto do século XVII e pela presença cada vez maior das nações europeias na Índia, que culminou com o ato da Rainha Vitória intitular-se Imperatriz da Índia em 1880. A rainha era fascinada pela espiritualidade hindu e recebia de bom grado os *Yoguins* e outras pessoas espirituais que iam visitá-la. Depois da fundação da Companhia das Índias Orientais no ano de 1.600, em Londres, e da Companhia Holandesa das Índias dois anos mais tarde, o imperialismo profano ocidental fez sentir a sua mão cada vez mais pesada sobre as antiquíssimas tradições religiosas da Índia. O resultado disso foi uma destruição progressiva do sistema educacional ocidentalizado (voltado para a ciência e essencialmente materialista) e da monstruosa tecnologia moderna. Isso só nos faz lembrar do comentário de Carl Gustav Jung:

"A invasão europeia do Ocidente foi um ato de violência em grande escala e impôs sobre nós

o dever *(noblesse oblige)* de compreender
a mentalidade oriental. Talvez isso seja ainda
mais necessário do que nos parece atualmente".

O gênio criativo da Índia, porém, não se curvou passivamente a esses acontecimentos. Um promissor renascimento espiritual criou pela primeira vez na história um espírito missionário entre os hindus: desde que a figura majestosa de *Swami Vivekananda* apareceu perante o Parlamento das Religiões no ano de 1893, em Chicago, constatamos um fluxo constante da sabedoria hindu – especialmente sob as formas do *Yoga* e do *Vedánta* – para os países da Europa e das Américas. Jung, com a perspicácia que o caracterizava, observou:

"Ainda não nos ocorreu o pensamento de que, enquanto estamos predominando sobre o Oriente pelo exterior, é possível que ele esteja estreitando suas amarras sobre nós no interior."

Teríamos ainda muitas coisas a dizer acerca da moderna ressurreição da tradição hindu e dos seus efeitos sobre o Ocidente, mas este tema está fora do âmbito deste livro.

As divisões de tempo esboçadas acima não passam de uma aproximação, e é preciso dar uma certa folga às datas. Sabe-se que a cronologia da Índia é toda conjectural até o século XIX. Os historiógrafos hindus quase nunca se dedicaram a registrar datas propriamente ditas e tendiam a fundir fatos históricos, com a mitologia, o simbolismo e as ideologias. Os estudiosos ocidentais já fizeram inúmeras observações acerca do caráter "atemporal" da consciência e da cultura hindu. Não obstante, essa ideia acabou se tornando uma espécie de ponto cego, pois nos impediu de estudar a sério as informações cronológicas contidas nos textos hindus, especialmente nos *Purânas*.

* * *

A linha central de pensamento dos pensadores que militam em teorias mais modernas, está apoiada nos seguintes dados genéricos:

1- Referências astronômicas encontradas nos hinos ou *Samhitâs*, especialmente *do Rig-Véda*, remetem ao quarto e quinto milênio a.C.

2- Citações de genealogias dinásticas citadas nos *Puranas* apontam para datas recuadas.

3- As listas de Sábios referidas nos *Brâhmanas* e *Upanishads*, indicam datas mais remotas.

4- O rio mais exaltado pelo *Samhitâ* do *Rig-Véda* é o *Sarasvati*, cujo leito mudou de curso por volta de 1.900 a.C. Esse texto sagrado deve ter sido composto, antes dessa data.

5- A matemática babilônica que floresceu por volta de 1.700 a.C., foi influenciada pela matemática da Índia. Os

Shulba-Sutras que contém os conhecimentos matemáticos *védicos*, já deviam existir por volta de 1.800 a.C. Como os *Sutras* são posteriores aos *Brâhmanas*, a data de composição dos hinos *védicos*, anteriores aos *Brâhmanas*, pode ter ocorrido no quarto milênio a.C.

6- A descoberta arqueológica da cidade de Mehrgar, situada no extremo Noroeste da Índia, revela data em torno de 6.500 a.C. Há outra cidade mais antiga.

7- De acordo com a teoria invasionista, os arianos *védicos* formavam um povo nômade e bárbaro que destruiu a civilização do Vale do Indo. Como poderia esse povo rude, nômade, atrasado, ter criado uma escrita e uma literatura espiritual e filosófica que deslumbra o mundo inteiro, em relativamente pouco tempo?

8- Como pode haver herança literária por parte dos arianos *védicos*, sem base material que lhe sirva de suporte?

A LITERATURA VÉDICA

O que são os textos da literatura *védica*, anteriormente especificados? Como descrever cada um deles?

– Os "*Samhitâs*" ou primitivos hinos: são os textos elaborados em períodos mais remotos. São formados por hinos dedicados aos deuses *védicos*, fórmulas mágicas e invocações diversas. Cada ramo do *Véda* possui um *Samhitâ*.

– Os *"Brâhmanas"*: são textos contendo instruções rituais detalhadas. São manuais para serem seguidos pelos sacerdotes, contendo orientações sobre práticas, rituais etc.

– Os *"Aranyâkas"*: são textos filosóficos conhecidos como "os textos das florestas". Foram compilados por meditadores que viveram nas florestas da Índia, ou teriam sido redigidos para serem usados nas florestas. Os *Aranyâkas* eram ensinados em segredo, longe das aldeias. Suas doutrinas enfatizam o Eu, sujeito do sacrifício e não à realização dos rituais propriamente ditos. De acordo com esses textos, os deuses estão na consciência do indivíduo. No interior do homem, no seu Eu, é onde residem os deuses e a Verdade. Os rituais, importantes nos *Samhitâs* e *Brâhmanas*, perdem aqui sua importância. Os rituais aos deuses devem ser endereçados ao interior do homem.

– As *"Upanishads"*: são textos considerados pela tradição Indiana como a própria essência filosófica da antiga sabedoria dos *Védas*. Alguns pensadores as consideram como esotéricas. Esses antigos textos, de difícil compreensão, tentam expressar em palavras um conhecimento que está além das palavras, o que transforma a tentativa de fazê-lo em algo aparentemente absurdo. Certamente, nenhum texto pode transmitir algo que está além dos limites do pensamento e das palavras. São textos de grande profundidade metafísica e pode-se dizer que são a essência do *Véda*. Uma *Upanishad* pode ou não estar contida em um *Aranyâka* ou podem ser uma coisa só.

– Os *"Sutras"*: são textos quase sempre pequenos e muito resumidos, versando sobre assuntos diversos, como por exemplo, gramática, literatura, astronomia, astrologia, manuais de geometria, arquitetura, leis éticas e sociais e *Yoga*.

– O *"Mahâbhârata"*: é o maior poema épico do mundo, a mais longa epopeia da literatura universal, possuindo aproximadamente cem mil versos duplos. É oito vezes maior que a Ilíada e a Odisseia juntas. Como nos é apresentado, o texto contém retoques e numerosas interpolações, sobretudo nos cantos XII e XIII. Não é possível recompor a forma primitiva dessa vasta obra. Possivelmente, já estava pronta por volta do século IV a. C., adquirindo sua forma atual entre os séculos IV a.C. e IV d.C. O *Mahâbhârata* foi escrito durante um intervalo de tempo que abrange grandes transformações sociais ocorridas na Índia. Essa vasta obra descreve uma batalha desenvolvida no campo de *Kurukshetra*. Alguns estudiosos admitem que a batalha descrita no *Mahâbhãrata* provavelmente se refere àquela travada os invasores arianos e os exércitos dos povos autóctones. *Kurukshetra* situava-se entre os rios *Sutlej* e *Jumma*, onde se localizava o centro da cultura indo-ariana no período dos *Brâhmanas*. O *Mahâbhârata*, nos últimos 1.500 anos, tem inspirado poetas, romancistas, teatrólogos, orações e meditações, gerando representações teatrais, entretenimentos palacianos, fábulas, literatura de toda espécie, pinturas, canções, aforismos para *Yoguins*, influenciando ainda a conduta de milhões de pessoas em toda a Índia. Atualmente, ainda se diz naquele país: "Se não está no *Mahâbhârata*, não pode ser encontrado em nenhuma parte do mundo".

– O *"Ramayana"*: é outro poema épico muito importante. Possui vinte e quatro mil dísticos. Foi redigido muito provavelmente no século II a.C. e sua autoria é atribuída a *Valmiki*. Contém sete capítulos abordando o drama do rei *Râma* e seu combate contra o mortal demônio *Ravana*.

– Os *"Puranas"*: a palavra *Purana* significa "antiguidade". Contém de modo prolixo, ensinamentos mitológicos, lendas, genealogia de deuses, informações sobre peregrinações e informações sobre práticas espirituais. Também são encontradas biografias de deuses conhecidos como integrantes da *trimurti*, tais como, *Shiva, Vishnu, Krishna*. Os *Puranas* possuem certa pretensão histórica, genealogia de reis, história das dinastias baseadas em seu passado mítico. Com o decorrer do tempo, sofreram várias interpolações, enriquecendo-se com elementos de diversas origens. São antologias comparáveis à Bíblia. Diz a tradição que existem apenas vinte e dois *Puranas* superiores, classificados em *Vishnuístas, Shivaístas* e *Brahmanicos*, de acordo com os deuses da *trimurti* ao qual se dediquem. O mais conhecido deles no Ocidente é o *Bhagavata Purana*, também chamado *"Shrimad Bhagavatam"*.

– Os *"Tantras"*: são textos recentes, escritos após o século VI d.C. Dentre eles podem ser distinguidos aqueles considerados *Shivaístas*, conhecidos como "coletâneas", e os *Vishnuístas*, denominados *"Âgamas"* ou "tradições", assim como os *"Tantras"* propriamente ditos. Os *Tantras* possuem rituais diversos, métodos para "despertar os *Chakras*", adquirir poderes paranormais (*Siddhis*), alterar a consciência, além de elementos doutrinários e éticos. O *tantrismo* é uma forma de expressão religiosa rica em elementos esotéricos, onde se desenvolveu um verdadeiro vocabulário "oculto", cujos ensinamentos são mantidos afastados da sociedade "profana". De acordo com os praticantes do *tantrismo*, essas técnicas podem desencadear forças mágicas poderosas, podendo conduzir à Liberação ou Libertação Espiritual, de modo imediato. Algumas das suas práticas podem conter elementos envolvendo a sexualidade, onde se recomenda sejam orientadas por pessoas experientes, um *Guru*. Alguns estudiosos dizem ser os textos *tântricos,* remanescentes do "hinduísmo primitivo", isto é, da religião dos antigos povos autóctones, que existiam antes da invasão ariana, podendo haver um traço de união entre os textos *tântricos* e os ritos sexuais pré-históricos, praticados pelos dravidianos. *Samhiâs, Brâhmanas, Aranyãkas* e as *Upanishads* são considerados "*Srutis*" ou "revelações". Os demais textos *védicos* são considerados como "*Smritis*", ou seja, foram "ouvidos".

As diferenças entre o *Yajur-Véda* Branco e Negro é que o *Samhita* do primeiro é mais fácil de ser lido. No *Samhita* do *Yajur-Véda* Negro, existem em meio às suas orações, alguns comentários e interpretações que dificultam sua leitura.

Os *Puranas*, o *Mahabharata* e o *Ramayana*, são conhecidos como *Itihasas*.

Cada ramo dos *Védas* contém seu *Samhitâ*, seus *Brâhmanas*, seus *Arayâkas*, suas *Upanishads*, seus *Sutras* etc.

AS UPANISHADS

A palavra *Upanishad*, etimologicamente, possui alguns significados. O mais aceito é: "sentar-se próximo e em nível inferior" (*Upa* = perto. *Ni* = abaixo, com humildade; *Shad* = assentar-se). Provavelmente, o termo se refere ao fato de o discípulo sentar-se junto ao seu mestre, com humildade, sendo um de cada vez.

Como as *Upanishads* entraram no Ocidente? É o que responderemos abaixo.

Em 1641, quando a Índia estava sob o domínio muçulmano, o príncipe Mohammed Dara Shakor, filho do imperador Mogul Shah Jahan, um mulçumano de espírito aberto e que seguia o misticismo dos sufis, interessou-se pelas *Upanishads* e pediu aos seus Sábios que traduzissem do Sânscrito para o persa (idioma falado pelos muçulmanos) cinquenta *Upanishads* dentre aqueles mais recomendados pelos Sábios hindus. A tradução deve ter sido um trabalho coletivo, feito com a ajuda dos *Pandits* (eruditos em Sânscrito) e foi terminada em 1657. Em 1801/1802, o orientalista Anquetil Duperron traduziu esses cinquenta textos do persa para o latim, introduzindo-os na Europa. A coleção ficou conhecida por "Oupnek`hat".

Figura 16: Abraham Hyacinthe Anquetil-Duperron (7 de dezembro de 1731– 17 de janeiro de 1805).

Foi esse o texto lido e muito elogiado por Arthur Schopenhauer. Segundo Paul Deussen, a tradução da coleção Oupnek'hat para o latim é difícil de ser lida e Schopenhauer necessitou de um verdadeiro insight para perceber o núcleo principal ou a essência do texto latino. Criticando a tradução latina de Duperon, Deussen compara a essência oculta do texto a um caroço, envolto em repelente casca.

As *Upanishads* são consideradas pela tradição Indiana como a essência filosófica da mais antiga sabedoria dos *Védas*. Esses antigos textos, algumas vezes de compreensão difícil, procuram exprimir com palavras um conhecimento que ultrapassa as palavras. De fato, nenhum texto pode transmitir algo situado além dos limites da linguagem, do pensamento e da fala. Entretanto, há um sentido nesse absurdo: por meio de palavras, um Mestre que conhece a Realidade Suprema (*Brahman*) pode transmitir ao discípulo sua sabedoria, através de uma oração, de um ritual, de um gesto sutil, do silêncio ou pela leitura das *Upanishads*. Esse ensinamento ocorre quando acontece a correta união entre Mestre e Discípulo e quando na ocasião certa, nesse estado alterado de consciência, o Mestre entra em uma situação interior de vivência da Realidade Suprema, acompanhado pelo Discípulo.

Não se pode admitir que as *Upanishads* possam ser compreendidas do mesmo modo que se compreende um texto de filosofia ocidental. Uma *Upanishad* somente pode ser compreendida através de uma transformação daquele que a escuta ou lê. As *Upaishads* procuram, simultaneamente, falar sobre aquilo que não pode ser descrito (*Brahman, Atman*) e transportar o leitor a vivenciar essa Realidade.

Sob esse aspécto, as *Upanishads* se assemelham à música, conforme diz *Sivananda Yaksa*. Não se pode captar o significado de uma bela melodia, pensando racionalmente sobre ela, mas percebendo sua mensagem estética e emocional que o seu autor pretende transmitir. Dizemos que "sentimos" uma sonata quando estamos captando e vivenciando a mesma emoção do seu autor, sem participação racional de nenhuma espécie. Assim como alguns compositores admitem que não são os verdadeiros autores das suas próprias músicas, mas, simplesmente afirmam tê-las recebido de outras fontes, assim também os autores das *Upanishads* foram apenas intermediários entre a Sabedoria Suprema e os homens.

A analogia entre as *Upanishads* e a música, de fato, é algo ainda imperfeito. A música atinge a parte emocional do homem. Uma *Upanishad* pretende atuar em algo além das emoções e além de tudo que pode ser descrito. Ela procura abrir as portas do conhecimento do núcleo mais profundo do ser humano, algo que não é o seu inconsciente, nem seu raciocínio, seus desejos, sua vontade. É o seu *Atman* que deve ser alcançado, algo situado além de toda experiência humana comum.

São 108 as *Upanishads* consideradas mais autênticas, embora há quem admita ser algo em torno de 300, o número delas. N. S. *SuBrahmanian* acredita, surpreendentemente, que foram escritas um total de 1.180 *Upanishads*, todas fieis à tradição *védica*, de acordo com o seguinte esquema:

Ramo do *Véda*	Nº de *Upanishads*
Rig – Véda	21
Yajur –Véda	109
Sâma – Véda	1.000
Athârva– Véda	50
Total de *Upanishads*	1.180

A maioria dos estudiosos consideram apenas 108 *Upanishads* como sendo autenticamente fieis à tradição. O conhecido filósofo *Radhakrisna*, admite a existência de mais de duzentas *Upanishads*.

A *Mukti Upanishad* relaciona nominalmente as 108 *Upanishads* referidas acima. Esta relação se encontra no livro "As *Upanishads*", publicado pela Ibrasa, em São Paulo - SP, em 1996:

As *Upanishads* estão classificadas por grupo do seguinte modo:

GRUPO DAS *UPANISHADS*	QUANTIDADE
1– AS DEZ MAIS IMPORTANTES OU PRINCIPAIS	10
2– *SAMANYA VEDANTA*	25
3– *SHAIVA*	14
4– *SHAKTA*	08
5– *VAISHNAVA*	14

6– DO *YOGA*	20
7– *SAMNYASIN*	17
TOTAL	108

As *Samnyasin Upanishads* são constituías por textos breves sendo elas espécies de manuais para uso dos meditadores e ascetas, seguidores do *Vedanta* ou do *Yoga*.

O grupo das *Samnyasin* é formado por 17 textos, conforme já vimos anteriormente. Olivelle amplia esta lista, incluindo mais quatro que não estão relacionadas entre às 108 do grupo. Estas são:

1– *Laghu-Samnyasin*

2– *Kathasruti*

3– *Asrama*

4– *Laghu-Avadhuta*

Na relação de Olivelle não consta a *Katha-Rudra Upanishad*. Assim, sua relação é formada por 20 *Upanishads*.

Feuerstein classifica as *Upanishads* em apenas cinco grupos, do seguinte modo:

1– *Samanya Vedanta*, que expõem o *Vedanta* em geral.

2– *Samnyasa* que detalham o ideal da renúncia.

3– *Shakta Upanishads*, que expõem ensinamentos ligados à *Shakti*, o aspecto feminino da divindade.

4– *Upanishads* Sectárias, que revelam doutrinas ligadas

a cultos religiosos específicos e são dedicados a divindades como *Skanda* (deus da guerra), *Ganesha* (o deus de cabeça de elefante que é invocado especificamente para a remoção de obstáculos materiais e espirituais), *Surya* (o deus do sol) ou até mesmo Allah (o deus do monoteísmo islâmico), etc.

5- *Yoga Upanishads*, que exploram os diversos aspectos do processo *yogue* e especialmente o *Hatha*-Yoga".

Sobre as *Upanishads* do *Yoga*, falaremos posteriormente.

Referências ao Yoga nas Upanishads Antigas

As *Upanishads* que tratam diretamente do *Yoga*, conforme já foi visto, são posteriores a *Patânjali* e as datas de composição se situam entre os séculos VIII e XVIII d.C. aproximadamente. No entanto, elementos do *Yoga* podem ser encontrados nas *Upanishads* antigas, tais como: *Katha*, *Svetasvatara* e *Maitri*. Vejamos quais são esses elementos:

a) Maitri Upanishad

As *Upanishads Maitri* (*M.U.*) e *Culikâ*, ao que tudo indica, foram escritas na mesma época. A *Culikâ* não pertence ao grupo das 108. Na primeira, pode-se encontrar um início de *Yoga* teísta, conforme podemos observar nos seguintes versos:

M.U. IV, 4: "*Brahman* é, disse aquele conhecedor de *Brahman*. Isto é a porta para *Brahman*, diz aquele que libertou a si mesmo do mal através da prática de austeridade.

Om (A + U + M) é a manifestação da grandeza de *Brahman*, diz aquele que, completamente absorvido, sempre medita nele".

M.U. VI, 25: "A unificação é proveniente da estabilização da respiração e da mente bem como, dos órgãos dos sentidos e o abandono de todas as formas de existência, isto é chamado de *Yoga*".

M.U. VI, 34: "Assim como o fogo se extingue sem combustível, da mesma forma a mente se extingue em sua própria fonte pela cessação das suas atividades (*Vritis*). Mesmo em uma mente que busca a realidade e a acalma, surgem falsas ideias pela ilusão dos sentidos, devido às ações passadas (*Karma* remanescente). O pensamento, de fato, é o processo de renascimento (*Samsara*). Ele deve ser purificado pelo esforço. Tornamo-nos em aquilo que pensamos pelo poder do pensamento, este é o eterno mistério.

"A mente tem dois estados, pura e impura. É pura quando livre dos desejos, e impura pelo contato com o desejo.

"A mente deve ser controlada dentro do coração, até atingir sua finalidade (que é a sabedoria), que é a Libertação.

Todo o restante é apenas uma continuação dos nós que nos prendem à esta vida".

b) Katha Upanishad:

A expressão Katha ou *Kathaka Upanishad* é oriunda de uma antiga escola *védica* associada ao *Yajur-Véda* Negro, sendo considerada como a mais antiga *Upanishad* a tratar explicitamente do *Yoga*. Se bem, que se costuma datar sua composição em torno dos séculos IV ou V a.C., Feuerstein considera que esta data pode ser revista para 1.000 a.C.

Esta *Upanishad* é um diálogo entre *Yama*, o deus da morte e o menino *Naciketas*. Seu pai se irrita com ele e o envia ao reino dos mortos, controlado por *Yama*. Ao chegar lá, *Yama* está ausente, retornando após três dias e três noites. Com isso, *Yama* deixa de cumprir suas obrigações de anfitrião (servir aos hóspedes), de acordo com os preceitos *védicos*. Para se penitenciar, *Yama* oferece a *Naciketas* a realização de três desejos. O primeiro é o de poder voltar vivo ao seu pai e que este o perdoe. O segundo é o de aprender a realizar rituais de sacrifícios como "O Ritual do Fogo". *Yama* lhe concede a realização desse desejo. O terceiro pedido do menino é conhecer os segredos da morte e superar a roda dos nascimentos e das mortes. *Yama* reluta, dizendo para ele formular outro pedido. Oferece-lhe riquezas e prazeres, reinos, presentes, mulheres, mas *Naciketas* não desiste do seu terceiro pedido. Convencido de que o menino estava firme na sua decisão, *Yama* dá a ele uma longa explicação, que é a parte central da *Katha Upanishad*, onde se encontram os ensinamentos do *Yoga*, no sentido dado por *Patânjali*. Nessa parte, é usada a palavra *Yoga* como "técnica de Libertação". Diz o texto que a conquista da Liberdade Espiritual (*Moksha, Kaivalya*) ocorre pela contemplação do "Ser Interno" (K. Up. I, 2, 12), usando a expressão "*Adhyâtma Yoga*". Em outro trecho, é dito que a Libertação consiste em conhecer o *Atman*, na famosa metáfora onde o homem é comparado a uma carruagem (K. Up. I, 3, 3): "Conhecer o *Atman* é como aquele que dirige a carruagem; o corpo, é a carruagem, o *Buddhi*, o cocheiro, a mente, as rédeas". Diz a

Katha que os sentidos são os cavalos (*K. Up.* I, 3,4) que podem arrastar a carruagem, dependendo do controle que a mente possa ou não exercer sobre esta.

Na Primeira Parte, Capítulo III diz a *Katha Upanishad*.

"Os órgãos sensoriais são comparados aos cavalos; os objetos do mundo são a estrada. O Sábio chama o *Atman*, unido ao corpo, aos sentidos e à mente, de o "Desfrutador".

"Se o *Budhi*, está sempre associado à mente que a todo momento fica distraída, perde-se em discriminações, então, os sentidos ficam descontrolados, como os cavalos viciosos de uma carruagem".

"Mas, se o *Buddhi* está associado a uma mente sempre controlada, sem discriminações, então os sentidos permanecem sob controle, semelhante aos cavalos dóceis da carruagem".

"Se o *Buddhi* está relacionado a uma mente distraída e perde sua capacidade de controlar as discriminações, permanecendo sempre impuro, então o *Atman* encarnado nunca atingirá o seu objetivo, permanecendo preso à roda dos nascimentos".

"Se o *Buddhi* está ligado à mente disciplinada e possuidora de discriminação, embora permaneça sempre puro, então, o *Atman* alcança o seu objetivo final, não renascendo novamente".

A palavra *Yoga* (implícita ou explicitamente) aparece na *Katha Upanishad* nos seguintes trechos:

K.U. II, 3, 10. "Quando os cinco sentidos estão concentrados com a mente, e quando o intelecto não está em movimento, produzindo divagações, então esse é o momento que a pessoa alcança o Supremo Estado, em condição de concentração segura e penetrante.

"Esse estado caracterizado por firme controle dos sentidos, é obtido através da prática do *Yoga*; quem assim procede, torna-se vigilante. A prática do *Yoga* pode ser benéfica ou injuriosa, dependendo de quais são seus objetivos".

"Após receber estes ensinamentos do rei da Morte, os quais estão associados a técnicas do Y*oga*, *Naciketas* tornou-se livre das impurezas e da morte, alcançando *Brahman*. A mesma coisa ocorrerá com todas as pessoas que perceberem, em si, a presença do *Atman*."

c) Svetasvatara

Esta *Upanishad* foi escrita em verso, sendo considerada como um dos mais belos textos *upanishádicos*. O termo *Svetasvatara* significa "o cavalo mais branco". Julga-se que sua composição está situada entre os séculos II e IV a.C. Feuerstein considera tal datação muito tardia. Vejamos em quais textos, podemos encontrar referência ao *Yoga*:

S.U. II: "O homem Sábio mantém seu corpo firme, com as três partes eretas (cabeça, pescoço e tronco) e com a ajuda da mente, volta seus sentidos para o coração e com a ajuda da balsa de *Brahman,* atravessa a torrente assustadora do mundo".

"O *Yoguin* que possui esforço espiritual bem controlado, consegue regular os *Prânas*; quando eles estão sob controle, o *Yoguin* respira pelas narinas. Então ele, estando concentrado, mantém fixa a sua mente como o condutor da carruagem controla os cavalos rebeldes".

"O *Yoga* sempre que possível deve ser praticado dentro de uma caverna, protegida dos ventos fortes, ou em local puro, plano, seco, sem seixos e fogo e livre de perturbações de barulho, em ambiente prazeroso aos olhos".

As Upanishads do Yoga

As *Upanishads* do *Yoga* são as seguintes:

Nº	NOME	RAMO DO VEDA A QUE PERTENCE	FORMA EM QUE FOI ESCRITA
1-	*Yoga-chudamani*	S	?
2-	*Mahavâkya*	A	?
3-	*Dhyanabindu*	YN	Verso
4-	*Nadabindu*	R	Verso
5-	*Advayataraka*	YB	Prosa e Verso
6-	*Mandala Brahmana*	YB	?
7-	*Brahmavidya*	YN	Verso
8-	*TrishikhaBrahmana*	N	?

9– *Amritabindu*	YN	Verso
10– *Amritanada* (ou *Amrita- Nada-Bindu*)	YN	Verso
11– *Kshurika*	YN	Verso
12– *Darshana*	S	?
13– *PasupataBrahmana*	A	?
14– *Yogakundalini*	YN	?
15– *Yogashika*	YN	Verso
16– *Yogatattva*	YN	Verso
17– *Tejobindu*	YN	Verso
18– *Varaha*	YN	?
19– *Hamsa*	YB	Prosa e Verso
20– *Shandilya*	A	?
21– *Culikâ*	A	Verso

Quanto à cronologia das *Samnyasin* e das *Upanishads do Yoga*, Mircea Eliade especula que são muito antigas, considerando-as contemporâneas nos trechos didáticos do famoso poema épico *Mahâbhãrata* (Essas datações de Eliade podem ser consideradas muito antigas e duvidosas). Tais *Upanishads* apresentam os mesmos traços do ecletismo devocional do contexto histórico onde foram criadas. Dentre o grupo das vinte *Upanishads* do *Yoga*, Eliade destaca como mais importantes, as seguintes: *Amritabindu, Ksurika, Tejobindo, Brahmavidya, Nadabindu, Yogashica, Yogatattva, Dhyanabindu* e *Amritanada*. A *Amritabindu*, segundo Paul

Deussen, é também denominada *Amritabindu* por *Shankarananda*, Anquetil Duperron, pelas edições telugu e em outros manuscritos. Quase todas as restantes, repetem os aspectos da tradição *Yóguica*, resumindo ou acompanhando as mais importantes já mencionadas. Dentre as restantes, podem ser evidenciadas a *Yogatattva*, a *Dhyanabindu* e a *Nadabindu*, que merecem um exame mais acurado.

Ao contrário das principais *Upanishads*, deve ser evidenciado o caráter técnico e experimental das *Upanishads* do *Yoga*. Nestas, apesar das referências à equação *Atman = Brahman*, não são mais encontradas, segundo Eliade:

> "A identidade *Atman – Brahman* não se adquire mais pela contemplação pura e simples: ela se realiza experimentalmente, por meio de uma técnica ascética e uma fisiologia mística; ou seja, por meio de um processo de transformação do corpo humano em um corpo cósmico. Nesse corpo, as veias, as artérias e os órgãos reais têm um papel claramente secundário em relação aos centros e às "veias" nos quais podem ser experimentadas ou acordadas forças cósmicas e divinas. Essa tendência ao concreto e ao experimental – mesmo se o "concreto" significa a localização quase anatômica de certas forças cósmicas – é própria de toda corrente mística da Idade Média Indiana. A devoção, o culto pessoal e a fisiologia sutil substituem o ritual fossilizado e a especulação metafísica. O caminho para a liberação torna-se um itinerário ascético, uma técnica que se aprende mais facilmente que a metafísica do *Vedanta* ou do *Mahayana*."

As *Upanishads* do *Yoga* pregam uma espécie de "*Yoga Vedântico*" e estão baseadas nas *Upanishads* mais antigas. Não foram suficientemente estudadas nem objeto de críticas.

Feuerstein classifica as *Upanishads* do *Yoga* do seguinte modo:

1– *Bindu Upanishads*: expõem a doutrina esotérica do ponto (*bindu*). Propõem o uso de *Mantras* para transcender a mente. São elas:

– *Amritabindu*

– *Amrita-Nada-Bindu* (ou *Anritanada)*

– *Dhyanabindu*

– *Nadabinbu*

– *Tejobindu*

2– Grupo onde o som também é importante, dentre outras coisas são:

– *Hamsa*

– *Brahmavydia*

– *Mahavakhya*

– *PashupataBrahmana*

3– Grupo que expõem o *Yoga* como fenômeno luminoso são:

– *Advayataraka*

– *MandalaBrahmana*

4– *Upanishad* que resume todas as formas de *Yoga* e propõe o uso da mente para "cortar" o corpo até que reste o *Atman* é a:

– *Ksurika*

5– Grupo que trata da *Kundalini Yoga* são:

– *Yogakundalini*

– *Darshana*

– *Yogashikka*

– *Yogatattva*

– *Yogashudamani*

– *Varaha*

– *TrishikaBrahmana*

– *Shandilya*

No capítulo 3 apresentaremos 13 *Upanishads* do *Yoga*, com traduções integrais.

FILOSOFIAS DA ÍNDIA

Os *Védas* são como um divisor de águas, dividindo as principais correntes filosóficas da Índia em duas grandes vertentes. Assim, pode-se dizer que o pensamento filosófico da Índia está constituído por:

a) Pensamento Indiano Ortodoxo

b) Pensamento Indiano Heterodoxo

Pensamento Ortodoxo

O pensamento ortodoxo é formado por escolas filosóficas que procedem dos *Védas*. Segundo Campbell e a maioria dos estudiosos do *Védas*, existem seis escolas de pensamento consideradas ortodoxas, conhecidas também como "os seis *Darsanas*" ou seis "pontos de vista". Todas são baseadas nos *Védas*, aceitando a autoridade e a veracidade deles, enfocando-os sob aspectos diferentes. Essas escolas filosóficas são:

ESCOLA	TEXTO BÁSICO	DATA EM QUE FOI ESCRITO	FUNDADOR
NYAYA	Nyaya- Sutra	Sec. VII a.C.	Gautama (*)
VAISESIKA	Vaisesika-Sutra	Sec. II a.C.	Kanada
MIMANSA	Purvamimansa-Sutra	Sec. II a V d.C.	Jaimini
VEDANTA	Brahma-Sutra, Bagavad Gita, Upanishads antigas	Sec. VII a II a.C.	Badarayana
SAMKHYA	Sastitantra (desaparecido)	(?)	(?)
YOGA	Yoga Sutra	Sec. II d.C.	Patânjali (**)

(*) Não se trata de *Sidarta Gautama*, o *Buda*.

(**) O *Yoga* existia desde muito antes de Cristo. Foi *Patânjali* quem codificou o *Yoga*, recolhendo e sistematizando seus conhecimentos milenares. *Patânjali* incluiu o *Yoga* no seio da ortodoxia *védica*, através dos seus *Yoga Sutras*.

Em seguida, fizemos uma exposição resumida de cada uma dessas escolas:

1- "Nyaya"

É uma escola analítica e não especulativa. Contribui

muito para o desenvolvimento do pensamento racional e científico. Defende a concepção de que é possível atingir o Absoluto através do pensamento lógico. É uma escola adequada ao debate, admitindo que todas as formas de conhecimento são simples instrumentos de revelação da realidade. O que percebemos é a realidade filtrada através dos nossos sentidos e condicionamentos modificados. De certa maneira, a escola *Nyaya* estabeleceu uma teoria do conhecimento, quando diz que existem quatro fontes de conhecimento corretos, que são: a) percepção (*pratiaksha*); b) inferência (*anumana*); c) analogia (*upamana*); d) o testemunho fidedigno (*sabda*). O fundador da escola *Nyaya*, Gautama, era chamado pela alcunha de "*aksapada*", cujo significado é "o de olhos fixos nos pés". É uma escola teísta que mantém um ponto de vista semelhante ao *Yoga*, onde Deus é uma alma individual, sendo onisciente, onipotente e eterna como todas as outras. A Liberação Espiritual apresentada no *Nyaya Sutra*, Livro IV, é o desapego associado ao ascetismo, o que conduz a um estado de absoluta inconsciência, parecida muito com a concepção do *Samkhya*. A escola *Nyaya* usa no desenvolvimento dos seus raciocínios, pensamentos semelhantes ao silogismo.

2- "Vaisesika"

Na natureza, existem seis categorias eternas que se combinam em diferentes proporções, a saber:

a) substâncias (*Padhatha*) compreendendo: terra, água, fogo, ar, éter, tempo, espaço, alma e mente.

b) qualidades (*Gunas*) abrangendo: cor, paladar, olfato,

tato, número, extensão, individualidade, conexão, separação, prioridade, posterioridade, conhecimento, prazer, dor, aversão e vontade.

c) movimento e ação (*Karma*).

d) associação (*Samanya*).

e) diferença (*Visesa*).

f) inerência (*Samavaya*).

É uma escola atomística. Segundo esta escola, os átomos das diversas substâncias são desprovidos de extensão, mas quando se combinam uns com os outros, adquirem extensão e visibilidade. Etimologicamente, a palavra *Vaisesika* procedente do termo Sânscrito "*vivesa*" (categoria), significa e expressa as diferenças, traços distintos ou manifesta a natureza das coisas individuais, segundo Campbell. *Kanada*, fundador desta escola que organizou diversas ideias e conceitos existentes de modo desordenado, os quais são encontrados em vários livros *védicos* existentes na época, codificando a escola *Vaisesika*. Sobre a possibilidade de se alcançar o Supremo Bem, assim diz o *Vaisesika Sutra*:

O Supremo Bem, resulta de um conhecimento produzido por um *dharma* particular, da essência dos predicados, substâncias, atributos, espécie e combinação de suas semelhanças e diferenças. O Supremo bem é a paz que resulta da compreensão do que é. Qualquer coisa é a resultante instantânea de uma série de componentes em constante alteração. A impressão em mim causada é deformada pelos condicionamentos, pela deformação dos meus sentidos que, consequentemente, produzem uma imagem falsa do fato puro. Quando, através de uma lei (*dharma*) o homem conseguir compreender essa configuração instantânea de causas e efeitos, o Supremo Bem foi por ele atingido. Sobre o atomismo, diz a escola *Vaisesika* que os átomos das várias substâncias não têm extensão e visibilidade. Durante os períodos de dissolução cósmica, entre os ciclos cosmológicos, os átomos não se combinam, não podendo haver universo visível. Entretanto, as almas conservam seus méritos e deméritos e, como consequência, se unem aos diversos átomos. Assim, estes renovam seus movimentos e um novo ciclo de criação é iniciado no universo. As diversas migrações e atos das almas no mundo material terminam por esgotá-las, fatigá-las, tornando-se necessário o início de nova noite cósmica de dissolução, para recompô-las. As ligações Inter atômicas são dissolvidas e, assim, o universo desaparece.

3- "Mimansa"

Há duas linhas de pensamento com esta mesma denominação: *Uttara-Mimansa* e *Purva-Mimansa*. A palavra *Mimansa* significa: "pensamento profundo", "reflexão", "exposição" e quando aplicado à filosofia, quer dizer: "reflexão" ou "exposição sobre o *Véda*". Apenas para usar expressões ocidentais para esclarecer melhor, podemos dizer que *Mimansa* é uma espécie de ciência escolástica sacerdotal que define os cânones ortodoxos da liturgia do *Brahmanismo*. Por esta razão, a palavra *Mimansa* já aparece nos *Brâhmanas* mais recentes, com o significado de uma discussão a respeito de práticas rituais. Segundo Campbell, o estilo do *Pur-*

va-Mimansa é semelhante à Suma Teológica de São Thomas de Aquino. Sua unidade ou subdivisões são o *adhikarana* (encabeçamento) que se divide em cinco partes: 1– Formula-se uma proposição. 2– As dúvidas são refutadas quanto à sua legitimidade. 3– As maneiras errôneas de tratá-las são abordadas. 4– Estas são refutadas. 5– Finalmente, apresenta-se a solução verdadeira como inevitável conclusão a toda discussão. A escola *Mimansa* admite a existência da alma e aponta a necessidade de libertá-la dos egos, gerados nas encarnações anteriores. Trata-se de uma escola que tem uma grande quantidade de rituais. Segundo *Jaimine*, fundador da escola *Mimansa*, ela possui uma gnosiologia ou teoria do conhecimento, onde admite-se a existência de três maneiras de se atingir o conhecimento, ou três *pramanas*, que são: a) "Percepção" – é a apreensão direta produzida pelo contacto sensorial. Nesse modo de aquisição do conhecimento devemos levar em conta o contato sensorial entre o objeto e o órgão sensorial implicado no processo juntamente com as suas diferentes qualidades. b) "Dedução" – O raciocínio lógico que se extrai como decorrência da relação entre dois objetos, ou quando se percebe uma qualidade num objeto e, assim, deduzimos a existência de outra qualidade, no outro objeto. c) "Testemunho" – usado na demonstração da existência do *dharma*. Este, não pode ser compreendido através dos órgãos sensoriais. Com semelhança à escola *Samkhya*, não admite a existência de Deus como Espírito Supremo, embora aceite a existência dos deuses e seres espirituais. Não admite a concepção cíclica da criação e sim um processo de vir a ser e dissolução, sem base para organizar e sistematizar esse processo, aborda sob a forma dos ciclos de evolução e involução. Ela, no entanto, possui elementos de uma axiologia capaz de fornecer ao homem, um modo correto de se portar em relação ao *dharma*.

4- "Samkhya"

É uma escola que apresenta uma exposição teórica da natureza humana, especificando, enumerando seus elementos (*Bhandas*) e descrevendo sua condição quando alcança a iluminação (*Moksha, Kaivalya*). Antes de ser sistematizada esta escola, usava a terminologia encontrada na *Katha Upanishad*, por volta do século IV a.C. É na *Svetasvatara Upanishad* que encontramos elementos referentes ao *Yoga* e ao *Samkhya*. Muita pouca coisa sabemos a respeito da história desta escola ortodoxa, até o aparecimento do primeiro trabalho sistematizado, escrito por *Ishvarakrishna* possivelmente no século V d.C., com o título de *Samkhya-Karikâ*. Os estudiosos aceitam a existência de um *Samkhya* antigo, anterior à sua sistematização por *Isvarakrishna*. Elementos desse período antigo podem ser encontrados no *Mokshadharma*, um dos livros integrantes do épico poema *Mahâbhârata*. Procurando uma relação entre as *Upanishads* e o *Samkhya*, diz Mircea Eliade:

> Em resumo, o *Samkhya* prolonga as *Upanishads* insistindo no papel decisivo do conhecimento na obtenção da liberação. A originalidade dos primeiros mestres *Samkhya* reside na sua convicção de que a verdadeira 'ciência' pressupõe uma análise rigorosa das estruturas e dinamismos da Natureza, da vida e da atividade psicomental, completada por um esforço no sentido de delimitar a modalidade sui generis do espírito (*Purusha*)"

A palavra *Samkya* pode ser traduzida por "desmembramento" ou "discriminação". No *Mahâbhârata* a palavra *Samkhya* significa "conhecimento filosófico". No texto *védico* intitulado *Santiparvan, Samkhya* e *Yoga* significam "os dois conhecimentos eternos", sendo o primeiro, a teoria filosófica e o segundo, a prática espiritual.

É importante assinalar que o *Samkhya* e o *Yoga*, são considerados complementares, formando o sistema *Samkya-Yoga*. As diferenças entre estas duas escolas filosóficas são as seguintes: 1– o *Samkhya* clássico é ateu e o *Yoga*, é teísta, postulando a existência de um Senhor da Natureza denominado *Ishvara*. 2– de acordo com o *Samkhya*, o único caminho para se alcançar a Libertação é o conhecimento metafísico. Por outro lado, o *Yoga* atribui muita importância às técnicas de meditação, como veículo para a Libertação. Estas são as principais diferenças básicas entre as duas escolas, dentre outras.

5– "Yoga"

A palavra *Yoga* é originária do verbo sâncrito *"yuj"*, que significa unir, juntar e é do gênero masculino. Esta escola tem por objetivo o despertar da consciência através da libertação do homem, da roda do *Sansara*, ou "roda dos nascimentos e mortes". Muito usada pelo hinduísmo, a palavra *Samsara* aparece apenas nas *Upanishads*, significando a transmigração da alma, seu processo contínuo de encarnar e desencarnar devido à lei do *Karma*. A doutrina do *Samsara* tem origem desconhecida, e as tentativas de explicá-la através dos elementos ou raízes não arianas foram infrutíferas. Decorrente da ignorância central do ser humano denominada *Avidyâ*, surge de modo compulsório o ato contínuo de encarnar, desencarnar e assim sucessivamente, arrastando a alma individual a mergulhar nesse ciclo terrível. *Avidyâ* é uma consequência do envolvimento do *Atman* ou *Purusha* nos processos psicomentais do Ego, que o faz confundir-se com tais processos.

A origem do *Yoga* é remota, tendo surgido, provavelmente do xamanismo pré-histórico. O *Yoga* sempre foi muito respeitado pelas religiões ortodoxas e inortodoxas. Algumas dessas escolas assimilaram o *Yoga* com o objetivo de angariar prestígio. Assim, existe um *Yoga Brahmanico* ou *védico*, um *Yoga jainista,* um *Yoga budista* e um *Yoga no Vedanta*. O *Yoga* ao qual este texto se refere, é o *Yoga védico*, ou seja, o *Yoga* visto dentro do *Brahmanismo*.

Há vários textos *védicos* sobre o *Yoga*. Os principais são:

TEXTO	AUTOR	DATA EM QUE SURGIU
Yoga-Sutra	*Patânjali*	Séc. II ou III a.C.
Upanishads do Yoga	Diversos	Séc. VII a XIII d.C.
Yoga Bhasya	*Vyasa*	Séc. VII d.C.
Tattwa-Vaisharadi	*Vacaspati Mishram*	Séc. IX d. C.
Goraksha-Shataka	*Gorakshanatha*	Séc. X d.C.
Yoga Varttika	*Vijnana Bhiksu*	Séc. XVI d.C.
Hatha-Yoga-Pradipka	*Svatmarana*	Séc. XVI d.C.

Maniprabha	*Ramananda Sarasvati*	Séc XVIII d.C.
Shiva Samhita	(?)	(?)
Gheranda Samhita	(?)	(?)

Referências ao *Yoga* na literatura *védica* podem ser encontradas desde os Hinos do *Rig-Véda* e do *Athârva-Véda*, segundo Feuerstein, permeando crescentemente a literatura *védica* desde os primeiros textos ou Hinos (também chamados *Samhitâs*), densificando-se nas *Upanishads, Itihasas* e *Tantras*. Foi nas *Upanishads* onde o *Yoga* foi aprofundado de modo mais explícito, sobretudo nas *Upanishads do Yoga*.

O *Yoga* é um conjunto de ensinamentos ou técnicas objetivando a percepção do Si Mesmo ou *Purusha*, situado além do Ego. O *Yoga* clássico de *Patânjali* é dualista, pois ele admite *Purusha* e *Prakritî* (matéria primordial) como elementos distintos. Nada sabemos sobre o *Yoga* anterior aos *Védas*, embora evidencias apontem sua existência em tempos remotos. Ele aparece de forma sistematizada nos textos acima descritos. Sem sombra de dúvidas, o *Yoga* foi de tal forma assimilado pelos *Brahmanismo* que podemos dizer sob muitos aspectos que ele resume os *Védas*, como sendo sua maior síntese.

6- "Vedanta"

A palavra *Vedanta* significa "fim do *Véda*" e designava, no passado, as *Upanishads*, pelo fato delas estarem localizadas no final dos textos *védicos*. Primordialmente, *Vedanta* designava o conjunto de ensinamentos encontrados nas

Upanishads. Com o decorrer do tempo e somente mais tardiamente, durante os primeiros séculos antes de Cristo, *Vedanta* passou a ter a denominação específica de um sistema filosófico que se opõe aos outros *Darsanas*, especialmente ao *Samkhya* e ao *Yoga* clássico.

A descoberta em Mohenjo-Daro de um entre os 1200 selos de esteatita provavelmente usados para marcar as cargas marítimas, apresentou em um deles, a representação plástica de um *Yoguin*, parecendo ser um protótipo do deus *Shiva*, conforme já foi visto anteriormente. A imagem apresenta três faces, estando sentado na postura de um *Âsana* conhecido por *Samanâsana*, apresentando seus órgãos genitais em evidência. Um par de grandes chifres coroa sua cabeça. A figura esta ladeada por outras de animais, tais como um tigre, um rinoceronte, um búfalo, um elefante e alguns cervos. Há também uma escrita não decifrada. Este selo, bastante conhecido, evidencia que o *Yoga* já existiria na Índia desde tempos remotos. Divindades como *Shiva* e *Kali*, a deusa mãe, não são arianas e devem ter sido assimiladas pelo panteão *védico* no seu processo de sincretismo. Tanto na literatura jurídico-teológica como nos trechos didáticos e religiosos do famoso poema épico conhecido por *Mahâbhârata*, pode-se como que realizar uma espécie de rastreamento da expansão e penetração do *Yoga* no panteão do hinduísmo. No entanto, é muito difícil precisar o início e as etapas dessa expansão. Evidentemente, essa expansão que permeia grande parte da história do pensamento *védico*, não se deu sem certa resistência. Muitas vozes se elevaram contra a divulgação dos ascetas *Yoguins*, que apregoavam não ser possível a obtenção da Liberação

Espiritual (*Moksha*) nem a obtenção dos poderes ocultos (*Siddhis*), sem as práticas do *Yoga*. Essa reação se verifica primeiro nos círculos oficiais do *Brahmanismo* ortodoxo, formado principalmente por metafísicos *vedantinos*. Estes, guardavam distância das técnicas ascéticas e meditativas características do *Yoga*, consideradas contrárias ao ideal do *Vedanta*. No comentário ao *Vedanta-Sutra* (*Brahma Sutra*), *Shankarasharya*, famoso *vedantino*, diz que o *Yoga* "conduz à posse de poderes extraordinários", mas que "as beatitudes supremas não podem ser alcançadas pelo caminho do Yoga". O verdadeiro *vedantino* escolheria, certamente, o caminho da metafísica e não o do *Yoga*. (In: ELIADE, Mircea. **Yoga - imortalidade e liberdade.** São Paulo, Palas Athenas,1996, pág. 128). Neste caso, o *Vedanta* opõe-se ao *Yoga* e ao *Samkhya*, pois estas duas escolas estão muito próximas. Muito pouco se sabe sobre a história mais antiga dessa escola, também chamada escola *vedantina*. As diferenças principais entre os sistemas *Samkhya-Yoga* e o *Vedanta*, que são opostos, podem ser resumidas no esquema a seguir:

O *Vedanta* mais antigo também é chamado de *Vedanta* não Sistemático e a sua literatura consiste dos seguintes textos:

– As *Upanishads* (antigas)

– O *Brahma-Sutra* (ou *Vedanta-Sutra*)

– O *Bhagavad Gitâ* (incluido no cap. VI do *Mahabharata*)

O *Brahma-Sutra* foi redigido no início da era cristã. Atribui-se sua autoria a *Badarayana*. É um texto de difícil compreensão, sendo formado por 555 aforismos bastante enigmáticos. Provavelmente a interpretação desses textos cabia aos mais versados no *Vedanta*. Enquanto o *Samkhya* no que se refere aos seus elementos, não estava definido sistematicamente entre os séculos IV e VII d.C., o *Vedanta* conhece seu desabrochar a partir de *Shankaracharya*.

O *Vedanta* Sistemático poderia ter seu marco inicial aproximadamente no século I da era cristã. Um dos principais Sábios do *Vedanta* Sistemático foi *Shankaracharya* (788 a 820 d.C.). Apesar do seu vasto conhecimento, *Shankaracharya* ou simplesmente *Shankara*, não esgotou as possibilidades místicas e filosóficas do *Vedanta*. Durante vários séculos depois dele, muitos mestres espirituais tiveram a oportunidade de elaborar sistemas paralelos. Muitas críticas dos Sábios *vedantinos* posteriores foram feitas à relação equação *Atman* = *Brahman*, conduzindo o *Vedan-*

VEDANTA	SANKHYA-YOGA
1- *Brahman* (*Upanishads*) é o Espírito Supremo.	1– Não há *Brahman* Supremo. Há *Ishvara*, Deus sem importância (Yoga). Não há Deus (*Samkhya*).
2- Há apenas *Brahman*, pois tudo é *Brahman*. Toda a diversidade do mundo é fruto de *Mâyâ*, a ilusão provocada pelos sentidos. O mundo, tal como percebemos, é irreal.	2– Há *Purushas* (espíritos individuais) incontáveis e a *Prakritî* (matéria primordial). Ambos são eternos e não tiveram princípio, sendo incriados. Ambos são reais.
3- *Âtman* e *Brahman*, além de idênticos, são pura consciência. Há 4 estados de consciência para o *Atman*: *Vaishvanara* = vi-	3– *Purusha* é inconsciente. Está oculto pela *Prakriti* que é formada pelos três *Gunas*: *Rajas*, *Tamas* e *Sattwa*. *Purusha*

gília; *Taijasa* = sono com sonho; *Prâjña* =s ono sem sonho; *Turya* = *Samadhi* (Ver *Mandukhya Upanishad*).

4- Há cinco corpos ou envoltórios do *Âtman* (ver *Taittiriya Upanishad*):

-*Anamâyã-Kosha*

-*Prãnamãyâ-Kosha*

-*Manomâyã-Kosha*

-*Vijñanamâyã-Kosha*

-*Anandamaya-Kosha*

5- O mundo foi criado por *Brahman* (*Aitareya Upanishad*).

6- *Âtman* é uma partícula do *Brahman* Supremo, sendo ambos idênticos (*Bhagavad Gita* e várias *Upanishads*, por exemplo: *Isha, Katha, Mundaka, Mandukya, Taittiriya, Aitareya, Svetasvatara* e outras).

7- O *Âtman* é super consciente, imensamente sábio e cheio de Bem-aventurança. Sua natureza é *SAT-CHIT-ANANDA* (consciência que existe eternamente e é pura Bem-aventurança).

8- O *Vedanta* é ariano, apesar de sofrer influências dos dravidianos.

e *Prakritî* são heterogênios e distintos. Quando a atividade dos *Gunas* cessa (*Nirodâ*), percebe-se o *Purusha*, diferente de *Ahamkâra* (ego).

4- Dentro do corpo material que desaparece com a morte, há o corpo sutil, formado por:

- 5 *jnanendryas*

- os cinco *Prânas*

- órgão interno, formado por *Manes, Ahamkâra* e *Buddhi*

5- O mundo é incriado e existiu sempre.

6- *Purusha* (o âmago espiritual do ser vivente) está em oposição à *Prakritî*.

7- *Purusha* não pensa sendo inconsciente.

8– O *Samkhya* e o *Yoga* são autóctones, e não arianos.

ta a reformulações constantes. Sobre essa relação, fundamentações sistemáticas e rigorosas foram sendo elaboradas gradativamente ao longo dos anos, estabelecendo uma ontologia, que era também uma teologia, uma cosmologia ou, resumidamente, uma soteriologia. Com isso, surgiu o *Vedanta* Sistemático, consolidando- se com *Shankara*.

As seis escolas ou *Dársanas* podem ser agrupadas em três pares, de acordo com a sua semelhança ou afinidade do seguinte modo:

1- Sistema *Samkhya-Yoga*

2- Sistema *Mimansa-Vedanta*

3- Sistema *Vaisesika-Nyaya*

Os seis *Darshanas* ou seis "pontos de vista" são considerados aspectos de uma única tradição ortodoxa. Embora aparentemente ou até abertamente contraditórios, eles são tidos como "projeções complementares da verdade única em vários planos de consciência, intuições válidas a partir de diferentes pontos de vista, como a experiência dos sete cegos que tocam o elefante na popular fábula *budista*".

Embora existam cinco principais escolas do *Vedanta*, este é caracterizado pela ideia monista, ou seja, tudo é *Brahman*. Apesar da grande diversidade do mundo e da existência das almas individuais (*Jivas*), tudo que existe é *Brahman*, o fundamento transcendente e imanente do mundo. A identificação entre *Atman* e *Brahman*, é a equação fundamental das *Upanishads* principais, o que caracteriza tais textos como sendo *vedânticos*. *Atman* não é a alma individual, pois ele é idêntico ao Absoluto *Brahman*, segundo o *Vedanta*. A alma individual é o *Jiva*, que contém a mente, os corpos sutis e os *Prânas*. Segundo os *Yoga Sutras*, a alma individual é *Purusha*, distintos do *Atman*.

O *Yoga* clássico que está consubstanciado nos *Yoga-Sutras* de *Patânjali*, não aceita a identificação *Upanishádica* ou *vedantina* entre Atman e *Brahman*. A metafísica de *Patânjali* é dualista, ou seja, ele admite a existência da alma individual ou *Purusha* e de um ser ou Deus denominado *Ishvara*, distintos. Como já foi abordado anteriormente, o *Yoga* também admite distinção entre *Purusha* (alma individual) e *Prakritî* (matéria primordial). A maioria das escolas do *Yoga*, tanto da época de *Patânjali* como em períodos subsequentes, adotaram uma postura monista ou não-dualista, doutrina que já se encontrava nos hinos do *Rig-Véda*. As escolas do *Yoga* que vieram depois de *Patânjali* e que adotaram uma postura dualista, podem ser consideradas como um *Yoga* Pós-Clássico. Os textos mais importantes do *Yoga* Pós-Clássico são as *Upanishads* do *Yoga*. Foram escritos em épocas diversas e em regiões diferentes que possuíam pontos de vista diferentes dentro da tradição do *Yoga* (embora todos eles sejam de forte tendência não-dualista).

Escolas Inortodoxas

O pensamento Indiano heterodoxo ou inortodoxo é constituído por aquelas escolas filosóficas que não seguem a ortodoxia do *Véda*.

O século VI a.C. na Índia foi uma espécie de divisor de águas, do ponto de vista da ortodoxia *Brahmanica*. Foi nesse período que apareceram escolas filosóficas em desacordo com a poderosa tradição *védica*. Os "*shramanas*", filósofos ambulantes, passaram a discutir abertamente a supremacia dos *brâhmanes*. Alguns deles criaram sistemas filosóficos que sobreviveram ao tempo, até os dias atuais. *Sidarta Gautama*, o *Buda*, era conhecido na sua época por *Gautama Shramana*. Foi *Buda* um príncipe que abandonou o palácio onde vivia para encontrar a iluminação. Ele é considerado, com muita propriedade, um reformador do hinduísmo. A cidade de *Maghada* parece ter sido uma espécie de ponto de encontro dos *shramanas*. É importante assinalar que a casta dos *Vaishyas*, enriquecida pelo seu papel de classe social que movimentava as riquezas, passou a financiar os debates públicos dos *shramanas* com os *brâhmanes*. Certamente, foram os *Vaishyas* que financiaram os movimentos de reforma do hinduísmo. Foram eles que fizeram decisivas doações ao *budismo*, por exemplo, doações estas que foram muito importantes para a propagação e sobrevivência da doutrina do *Buda*.

As principais escolas de pensamento heterodoxo são, resumidamente, as seguintes:

1– "Budismo"

Escola fundada por *Sidarta Gautama*, o *Buda* (563 a 483 a.C.). Foi a única doutrina filosófico-religiosa da Índia que se difundiu além das suas fronteiras originais, dominando toda a Ásia, incluindo o Japão. O Cânone *Budista* é enorme, não sendo possível dominá-lo no espaço de uma vida apenas. Dentre as Escolas Inortodoxas, o *Budismo* foi a que mais floresceu, sendo hoje uma religião mundial. Há um *Yoga budista* composto de muitos textos, de acordo com as ramificações desta escola. *Buda,* por ser um príncipe, pertencia à casta dos *kshâtyas.*

2– "Jainismo"

Foi *Vardhamana Mahavir* (553 a 480 a.C.), também conhecido por *Jaim*, contemporâneo de *Buda,* o fundador dessa religião. De acordo com o *jainismo, Mahavir* é considerado não o primeiro, mas o último de uma série de 24 Sábios, seguidores de uma mesma tradição pré-ariana, denominados *Thirtankaras*. Como *Buda, Mahavir* nada escreveu. Filho da nobre e prestigiosa tribo licchavi da casta dos *kshátryas* abandonou a família e aceitou a vida ascética, submetendo-se a rigorosas disciplinas e exercícios espirituais. O *jainismo* é rigorosamente contra a destruição da vida, o que passou a ser interpretado com extremo rigor, devendo o devoto tomar todas as precauções para não destruir o mais elementar e diminuto inseto. Diz o *jainismo* que nada é verdadeiro, exceto sob um ponto de vista particular. Sob outro ponto de vista, qualquer verdade se torna mentira. Todos os juízos são limitados e condicionados. Apenas os *Thirtankaras* podem atingir a verdade. Nem mesmo os *Védas* expressam a Verdade, uma vez que não são inspirados pelo Absoluto. O *jainismo* não aceita a existência de Deus e sim, de deuses. Aceitando a dualidade espírito-matéria como algo presente em todo o mundo, o *Karma* desempenha papel importante, cuja cessação acontece mediante a liberação da matéria, mediante uma série de austeridades extremas. O neófito que ingressa na vida monástica recebe uma tigela para com ela pedir esmolas e uma vassoura, para afastar insetos que não devem ser mortos ao caminhar. Recebem também um pedaço de tecido para cobrir a boca, evitando assim, engolir pequenos insetos. Andavam nus (*digambaras*) ou vestidos de branco (*svetambaras*). Para alcançar libertação espiritual, o *jainismo* aceita o suicídio, sobretudo pela inanição, o que representaria a maior vitória do espírito sobre a matéria, derrotando a forte vontade de viver. Muitos *jainistas* morreram dessa forma, o que chocava até mesmo o povo da Índia.

Há um *Yoga jainista*, muito semelhante ao do hinduísmo. Alguns autores do *Yoga jainista*, como *Hahibadra Suri* (aproximadamente 750 d.C.) utilizaram-se de algumas ideias de *Patânjali*. Os principais textos do *Yoga jainista* são os seguintes: *Yoga-Bindu e Yoga-Drshti-Samucaya* de *Hahibhadra*, *Yoga-Sastra* de *Hemacandra*, *Nyiama Sara* de *Kunda Kunda*. Todos são muito pouco estudados no Ocidente.

3– "Carvaca"

É uma doutrina materialista, cuja obra básica é o *Brhaspati Sutra*, escrita no ano 600 a.C. A doutrina principal desta escola é a *Lokayata*. Defende a concepção de que este mundo é o único que existe, nada havendo além dele. A vida após a morte é uma mentira aceita por ignorantes que se apegam às ideias dos ultrapassados *Védas*. A alma não existe. Só é real o que se pode perceber. No *Bhraspati Sutra*, quase desaparecido, há denúncias contra os sacerdotes *brâhmanes* em linguagem livre de qualquer obstáculo metafísico. Os prazeres sensoriais e os sofrimentos são os fatos mais importantes da vida. Os prazeres são os únicos que devem ser cultivados. Os principais elementos são: ar, água, fogo e terra. A doutrina hedonista *Carvaca* se adequaria muito bem à pós modernidade.

4- "Ajvikas"

Este é o nome dado aos seguidores de *Maskarin Gosala*, contemporâneo de *Mahavir*, sendo seu amigo. *Gosala*, após grandes austeridades, adquiriu poderes mágicos. De acordo com textos *budistas* e *jainistas,* ele matou um dos seus discípulos com o seu "fogo mágico", vindo a falecer em decorrência de uma "batalha de bruxaria" travada contra *Mahavir* e da maldição deste, por volta de 485 a.C. *Gosala* pregava um rigoroso fatalismo. Todos os homens, todas as criaturas evoluem, não por esforço próprio, mas devido às forças do destino. Com isso ele recusa a doutrina do *Karma*. Após percorrerem um ciclo de 8.400.000 (*Mahakalpas*), todos os seres evoluem. Foi fortemente combatido por *Buda* que considerava falsa a doutrina fatalista dos *Ajvikas*. Estes sobreviviam pedindo esmolas, andavam nus e seguiam regras alimentares rigorosas, onde alguns deles se suicidavam por fome. O processo de iniciação na ordem era algo bastante violento: os neófitos deveriam queimar as próprias mãos, apertando um objeto quente. Eles eram enterrados até o pescoço e seus cabelos eram arrancados um por um. Possuíam tradições ascéticas e técnicas de meditação, embora estas sejam ignoradas. Existem referências a um *Nirvana*, comparável à beatitude das outras místicas. Exceto por algumas referências mantidas em alguns livros de outras escolas, nada acabou sobrevivendo da doutrina de *Maskarin Gosala*.

5- "Doutrina de Ajita Kesambava"

Esta escola dizia que todas as coisas eram constituídas pelos cinco elementos básicos: terra, ar, fogo, água e éter. Era uma doutrina materialista, pois, afirmava existir apenas a matéria e nada mais restando do homem após a morte. Daí, nada importa se é praticado o bem ou o mal durante a vida.

Outras doutrinas que podemos mencionar, são a de *Sanjaia Velatthiputa*, *Purana Kassapa* e *Paduka Kaccaiana*. Todas elas estavam em oposição aos *Védas*, desafiando sua autoridade de forma ostensiva e pública, nesse período onde a Índia foi sacudida por livres pensadores (*shramanas*).

BIBLIOGRAFIA

(Ver final do Capítulo 3)

Não percebi, a princípio, o momento
em que transpus o limiar desta vida.

Que força foi essa que me fez despertar,
neste imenso mistério, como um
botão de flor numa floresta à meia-noite?

Quando, pela manhã, olhei para a luz
senti que não era um estrangeiro
neste mundo; que o Insondável, que não
tem nome nem forma, me tomara em seus
braços sob a forma de minha mãe.

Assim também, na morte, o mesmo
Desconhecido há de aparece-me, como
alguém que sempre conheci. E porque eu
gosto desta vida, sei que também gostarei
da morte.

A criancinha, quando a mãe a retira
do seio direito, chora, para logo em depois
achar no seio esquerdo o seu consolo.

(*TAGORE, Rabindranath* 1948. **Gitanjali**.. Rio de Janairo-RJ, José Olímpio, poema 95, págs. 110 – 111).

Capítulo 3

**AS *UPANISHADS* DO *YOGA*
PLANO DE ESTUDO**

Do *Om* nascem os deuses,
do *Om* nascem os astros,
do *Om* nasce todo este Universo,
composto de três mundos
e seres animados e inanimados"

(*Dhyanabindu Upanishad,* verso 15)

Em línguas ocidentais, só existem seis livros contendo *Upanishads* do *Yoga,* além deste. Os livros, com as respectivas traduções são os seguintes:

1– DEUSSEN, Paul. **Sixty *Upanishad* of the *Veda*.** Delhi, Motilal Banarsidas Publishers, 1995.

Trata-se de uma tradução do *Sânscrito* para o alemão e deste para o inglês. O texto original em alemão, ou a primeira edição, data de 1897. As *Upanishads* do *Yoga* que contém são as seguintes:

– *Brahmavidya*

– *Ksurika*

– *Culikâ* (Observação: não pertence à relação dos 108)

– *Nadabindu*

– *Brahmabindu (*denominado por *Sankarananda,* Anquetil e outros por *Amritabindu)*

– *Amritabindu*

– *Dhyanabindu*

– *Tejobindu*

– *Yogasikha*

2– VARENNE, Jean (trad.) ***Upanishads du Yoga***. Paris, Gallimard, 1971 (UNESCO).

Trata-se de uma tradução do *Sânscrito* para o francês, publicado pela editora Gallimard. Contém as seguintes *Upanishads* do *Yoga:*

– *Yogatattva*

– *Dhyanabindu*

– *Yogakundalini*

– *Ksurika*

– *Hamsa*

– *Amritanada*

– *Amritabindu*

– *Mahavakya*

3– *AYYANGAR, T.R. Srinivasa* (trad.) **The Yoga *Upanishads***. The Adyar Library, Adyar (Madras), 1952.

Trata-se de uma editora sediada na Índia, ela segue o pensamento teosófico da Helena Petrovna Blavatisky. Nesta tradução as *Upanishads* foram transformadas em prosa. As *Upanishads* do *Yoga* que contém, são os seguintes:

– *Advayataraka*

– *Amritanada*

– *Amritabindu*

– *Ksurika*

– *Tejobindu*

– *Trisikhibramano*

– *Dashana*

– *Dyanabindu*

– *Nadabindu*

– *PashupataBrahmana*

– *Brahmavidya*

– *MandalaBrahmano*

– *Mahavakya*

– *Yogakundalyni*

– *Yogashudamani*

– *Yogattatva*

– *Yogashika*

– *Varaho*

– *Sandilya*

– *Hamsa*

4– AIYAR, K. *Narayanasvami.* **Thirty Minor Upanishads**. *Madras*, Santaresa Publication, 1980. Trata-se de um livro muito bom, o qual contém uma razoável introdução. Apresenta traduções integrais das seguintes *Upanishds* do *Yoga*:

– *Amritabindu*

– *Tejobindu*

– *Sandilya*

– *Yogatattva*

– *Dhyanabindu*

– *Hamsa*

– *Amritanada*

– *Varaha*

– *MandalaBrahmana*

– *Nadabindu*

– *Yogakundalini*

5– FEUERSTEIN, Georg. **A tradição do *Yoga*.** São Paulo, Pensamento, 2001.

Trata-se de um livro excelente sobre o *Yoga* em geral. Contém no capítulo 15, comentários sobre as vinte *Upanishads* do *Yoga*. Apresenta a tradução integral das seguintes *Upanishads* do *Yoga*:

– *Amritanada* ou *Amrita-Nada-Bindu*

– *Advayataraka*

– *Ksurika*

– *Amritabindu*

6– KRIYANANDA, Goswami. **The *Kriya Yoga Upanishad*.** Chicago, The Temple of *Kriya Yoga* de Chicago,1993. Trata-se de um livro que cita dez *Upanishads* do *Yoga* de modo muito resumido, nele encontramos as seguintes *Upanishads do Yoga*, de acordo com a tradição do Norte da Índia:

– *Brahmavidyã*

– *Amritanada*

– *Kshurikâ*

– *Yogattatva*

– *Tejobinuo*

– *Brahmabindu*

– *Dhyanabindu*

– *Nadabindu*

– *Yogashika*

– *Culikâ*

7- TINOCO, Carlos Alberto (2005). *As Upanishads do Yoga.* São Paulo – SP. Madras Editora.

Contêm a tradução, do francês para o português de oito *Upanishads* do *Yoga*, Traduzidos de: VARENNE, Jean (1971). **Upanishads du Yoga**. Paris: Gallimard.

8- TINOCO, Carlos Alberto. **As Upanishads do Yoga II**. São Paulo – SP – Editora Ibrasa, 2021.

Apresentamos a seguir, um quadro com o resumo da quantidade de versos de cada *Upanishad* do *Yoga,* de acordo com seus respectivos tradutores:

NOME DA *UPANISHAD*	TRADUTOR	Nº DE VERSOS	OBS.
1– *ADVAYATARAKA* (*)	*Ayyangar*	19	
	Feuerstein	19	
2– *AMRITANADA*	Varrene	38	

	Ayyangar	38
	Feuerstein	38
3– *AMRITATABINDU*	Varenne	24
	Feuerstein	22
	Ayyangar	22
	Deussen	38
	Kriyananda	38
4– *BRAHMAVYDIA* (*)	*Ayyangar*	111
	Deussen	14
	Kriyananda	14
5– *CULIKÂ* (*)	Deussen	21
	Kriyananda	21
5– *DARSHANA* (*)	*Ayyangar*	224
6– *DHYANABINDU*	Varenne	106
	Ayyangar	106
	Deussen	23
	Kriyananda	23
7– *HAMSA*	Varenne	21
	Ayyangar	20
	Deussen	11
8– *KSURIKÂ*	Varenne	25
	Feuerstein	24
	Ayyangar	24
	Deussen	25
	Kriyananda	25

9– *MAHAVAKIA*	Varenne	12	
	Ayyangar	12	
10– *MANDALA-BRAHMANA* (*)	*Ayyangar*	96	
11– *NADABINDU* (*)	*Ayyangar*	51	
	Deussen	20	
12– *PASHUPATA BRAHMANA* (*)	*Ayyangar*	46	
13– *SHANDILYA* (*)	*Ayyangar*	47	
14– *TEJOBINBU* (*)	*Ayyangar*	344	
	Deussen	14	
	Kriyananda	14	
15– *TRISHIKA BRAHMANA* (*)	*Ayyangar*	158	
16– *VARAHA* (*)	*Ayyangar*	263	
17– *YOGAKUNDALINI*	*Ayyangar*	171	
	Varenne	87	Apenas o 2º capítulo (*)
18– *YOGASHIKA* (*)	*Ayyangar*	390	
	Deussen	10	
	Kriyananda	10	
19– *YOGASHUDAMANI* (*)	*Ayyangar*	121	
20– *YOGATTATVA*	Varenne	144	
	Ayyangar	142	

(*) *Upanishads* que serão traduzidas e comentadas neste livro.

Deussen	15
Kriyananda	15

* * *

O livro "As *Upanishads do Yoga*", apresenta a tradução de Jean Varenne, onde se traduziu do Sânscrito para o francês, que por sua vez, foi traduzido do francês para o português.

Examinando-se esses seis primeiros livros citados, disponíveis em idiomas ocidentais, verifica-se que *Upanishads* iguais não possuem o mesmo número de versos, quando são comparadas as traduções de Deussen e *Ayyangar*, o que certamente dificultaria o trabalho de uma versão para o português. No entanto, uma comparação entre os textos de *Ayyangar,* Varenne e Feuerstein, apresenta uma razoável concordância no que se refere ao número de versos e igualdade de conteúdo. Isso certamente indica a existência de uma unidade global nos textos mais novos, inclusive os de Paul Deussen que são mais os antigos. Essa diferença no número de versos se deve às tradições do Norte e do Sul da Índia, como já foi visto anteriormente.

Sobre o modo como estão divididas as *Upanishads do Yoga,* assim escreveu Ruff (págs.19 e 20).

> "A divisão feita nas *Upanishads* do *Yoga* foi primeiramente sugerida por Albrecht Weber e posteriormente elaborada por Paul Deussen. Os textos foram nominados de acordo com as suas características comuns. A classificação de

Paul Deussen incluiu as *Samnyasa, Vedanta, Yoga, Shiva Vishnu* e *Upanishads*. Essa divisão é útil por dois motivos: 1- ela existiu por tempo suficiente para ser adotada como uma convenção acadêmica, tanto no Ocidente quanto no Sul da Ásia. 2- essa divisão foi baseada em temas dentro dos textos que os diferenciam do corpo maior das *Upanishads*. Uma desvantagem dessa divisão é que ela tende a sugerir uma única ou proposital voz ou comunidade de autores, por de trás dos textos, e isto é problemático".

O livro de *Ayyangar* foi uma tradução feita do Sânscrito para o inglês, sem os comentários de *Upanishads Brahmayogin,* sendo publicado em 1920 e depois, em 1952. Esta última edição é a mais ampla disponível sobre os textos ali contidos. Trata-se de uma tradução de textos da tradição Sulina dos séculos XVII e XVIII. Estes textos foram ampliados muitas vezes em relação ao tamanho original, pela inclusão de materiais *tântricos* e vários outros de natureza *yóguica*. Não existem críticas a essa tradução. Por outro lado, não até hoje não foram encontradas evidências de traduções sânscritas na tradição do Norte da Índia desses textos, que são mais curtos. Segundo ainda Ruff (pág. 21), a tradução de *Ayyangar* tem muitos erros. Usa inglês arcaico, o que torna a referida tradução enganosa e obscura, apresentando várias interpolações em muitas das *Upanishads* ali apresentadas.

Outras traduções para o inglês não possuem todas as *Upanishads* do *Yoga,* apresentando um inglês arcaico e alguns erros. É o caso da tradução de *K. Narayanaswami Aiyar*, publicada em *Madras* em 1914, sob o título de "Thirty

Minor *Upanishads"*, escrita antes da tradução de *Ayyangar*. *Aiyar* apresentou também textos da tradição Sulina ampliados. Georg Feuerstein apresentou no seu monumental livro intitulado "A Tradição do *Yoga*", a tradução de textos de *Ayyangar*. A tradução de Paul Deussen de onze *Upanishads* do *Yoga* foi extraída de textos da tradição do Norte da Índia, e foi publica em 1897, do Sânscrito para o alemão e depois do alemão para o inglês. Deusssen comenta em várias partes do seu livro que os textos Sânscritos de onde ele fez a sua tradução eram corrompidos ou ilegíveis. Enquanto a tradução de Deussen apresenta textos com 10 ou 20 versos, a de *Ayyangar* apresenta os mesmos textos com 50 a quase 500 versos, uma vez que se tratam de tradições diferentes.

A tradução de *Ayyangar* de 1914 originalmente incluiu os comentários de *Upanishad Brahmayogin*, o que não ocorreu com as publicações posteriores.

Os critérios de escolha foram os seguintes:

1- *Ayyangar* e Feuerstein, apresentam aproximadamente, o mesmo número de versos entre si, o que não ocorreu com Paul Deussen e *Kriyanada*.

2- O trabalho de Paul Deussen apresenta outra dificuldade: foi traduzido do sânscrito para o alemão e deste para o inglês, o que torna o texto menos aceitável, caso fosse feita a tradução do inglês para o português.

3- Uma análise dos conteúdos indica que os textos de *Ayyangar* e Feuerstein são muito próximos, o que indica certa unidade entre os eles.

4- A tradução de *Ayyangar* foi feita sob a forma de prosa,

do Sânscrito para o inglês, o que, de certo modo, desfigurou o conteúdo original das *Upanishads*.

5- A escolha final recairia entre *Ayyangar*, Feuerstein, Deussen e *Kriyananda*. Como Feuestein contém apenas quatro *Upanishads*, a escolha decisiva recaiu sobre Deussen e *Kriyanada* que apresentam quase todas as *Upanishads* restantes, pertencentes à tradição do Norte, mais antiga e, provavelmente, a correta.

6- Portanto, a escolha final pelo trabalho de *Kriyanada* e Deussen apresentados neste livro, representam traduções feitas do Sânscrito para o inglês e deste, para o português.

7- Caso os textos de Deussen e *Kriyanada* não apresentem as *Upanishads* do *Yoga* que faltem traduzir, recorreremos às traduções de *Ayyangar e Aiyar*.

8- Foram aqui traduzidos os versos da *Yogakundalinî Upanishads*, capitulos II e III, extraídos de *Sivananda* (*Sivanada, Sri Swami* 1990. **Kundalinî Yoga**. Buenos Airesw, Kier, págs. 241 a 263. *Yogakundalini Upanishad*, Capítulos II e III)

O texto de Varenne, contendo apenas oito das vinte e uma *Upanishads* do *Yoga*, constitui o Volume 1 do trabalho de tradução. As demais *Upanishads* foram publicadas neste volume. Em todas as *Upanishads* do *Yoga* presentes no Capítulo 4, foram apresentados o seguinte:

1– De cada verso, serão feitas duas ou mais traduções de autores diferentes. Essas traduções de cada verso foram comparadas entre si e, depois, este autor extraiu a sua versão do referido verso, de acordo com o seu entendimento. Não existe apenas uma tradução de um mesmo verso.

2– Após isto ter sido feito, será realizado por este autor o comentário do verso em questão, de acordo com a sua interpretação.

Nada podemos dizer sobre os autores das *Upanishads* do *Yoga*. Eles escreveram textos em regiões e datas diferentes. Talvez, uma forma que esses antigos *Rishis* encontraram para expressar suas ideias tenha sido a do verso.

BIBLIOGRAFIA

1– NAQVI, Sied A. **Mohenjodaro - Capital milenar em perigo.** O Correio da UNESCO, setembro, 1985. ano 13, Nº 9. Págs. 32-35.

2– RENOU, Louis. **O hinduísmo**. Lisboa,Europa-América, 1979. Págs. 13-14.

3– ZIMMER, Heinrich. **Filosofias da** Índia. SP, Palas Atenas, 1986. Págs. 427-430.

4– FEUERSTEIN, Georg. *KAK, Subhash*. FRAWLEY, David. **In seach of the cradle of civilization**. Wheaton, III (EUA): Quest Book, 1995.

5– FEUERSTEIN, Georg. **A tradição do** *Yoga*. São Paulo, Pensamento, 2001. Pág. 141.

6– _____ **Idem**. Págs. 102-6.

7– JUNG, C.G. **Psychology and the east.** Princeton, Princeton University Press, 1978. Pág. 57.

8– _____ **Modern man in search of a soul.** New York, Harvest Book, 1933. Págs. 215-216.

9– DEUSSEN, Paul, **The phylosophy of** *Upanishads*. New York, Dover Publication Inc., 1990 (?). Pág.37.

10– *YAKSA, Sivananda*. In: TINOCO, C.A. **As** *Upanishads*. São Paulo, Ibrasa, 1997, Introdução.

11– *SUBrahmanIAN, S*. **The encyclopaedia of** *Upanishads*. New Delhi, Sterling Publisher Private ltd., 1985. Págs. v (Preface).

12– *RADHAKRISHNAN, S*. **The principal** *Upanishads*. New Jersey (NJ), Humanities Press, 1992. Págs. 20-21.

13– TINOCO, Carlos Alberto. **As** *Upanishads*. São Paulo, Ibrasa, 1997. Págs. 86-89.

14– OLIVELLE,Patrick. ***Samnyasa Upanisad***. New York, Oxford University Press, 1992. Págs. x-xi.

15– FEUERSTEIN, Georg. **A tradiçãodo** *Yoga*. São Paulo, Pensamento, 2001. Pág. 174.

16– RADHAKRISHNAN, S. **Idem**. Pág. 811.

17– IDEM, **Ibidem.** Pág. 835.

18– IBIDEM. **Ibidem**. Pág. 845.

19– TINOCO, Carlos Alberto. **Idem**. Págs. 164-5.

20– IDEM. **Idem**. Págs. 172-4.

21– FEUERSTEIN, Georg. **Idem**. Pág.183.

22– TINOCO, C.A. **Idem.** Págs. 299-300.

23– ELIADE, Mircea. ***Yoga*-Imortalidade e Liberdade.** SP, Palas Athenas,1997. Pág. 114.

24– IDEM. **Idem**. Pág. 115.

25– IBIDEM. **Ibidem**. Págs. 120-121.

26– FEUERSTEIN, Georg. **Idem**. Pág. 384.

27– CAMPBELL, Joseph: In: ZIMMER, Heirich. **Filosofias da Índia**. São Paulo, Palas Athenas, 1986. Págs. 419-424 (Apêndice A).

28– CAMPBELL, Joseph. In: ZIMMER, Heirich. **Idem**. Pág. 421.

29– AZEVEDO, Murilo Nunes. **O olho do furacão**. Rio de Janeiro, Civilização Brasileira, 1973. Págs. 213-214.

30– GARBE, Richard. In. ZIMMER,Heinrich. **Idem**. Pág.421.

31– CAMPBELL, Joseph. In: ZIMMER, Heinrich. **Idem**. Pág. 420.

32– AZEVEDO, Murilo Nunes. **Idem**. Pág. 219.

33– ELIADE, Mircea. **História das crenças e das ideias religiosas**. SP, Zahar, tomo 2, vol. 1, 1979, vol.1, 1979. Pág. 66.

34– FEUERSTEIN, Georg. **Manual de *Yoga***. SP, Cultrix, 1977.

35– CAMPBELL, Joseph. In: ZIMMER, Heinrich. **Idem**. Apêndice 2. Págs. 419-424

Tendo lido todos os livros,
e tendo estudado a todos, mais e mais,
o Sábio os deixa de lado
– quando discerniu claramente
o que é o *Brahman* Supremo
como se abandona uma tocha
quando chega a luz.

(*Amritanada Upanishad,* verso 1)

Sob a forma de sílaba breve
Om consome os pecados.
Sob a forma de sílaba longa,
Om, sem esforço, traz riquezas.
Provido de ressonância nasal,
Om traz liberação"

(*Dhyanabindu Upanishad,* verso 17)

Capítulo 4

AS *UPANISHADS* DO *YOGA* II

Apresentamos a seguir, a tradução das treze *Upanishads* do *Yoga* restantes, incluindo inclusive os capítulos II e III da *Yogakundalinî Upanishad*, que foram traduzidas e comentadas de acordo com o grupo ao qual pertencem, seguindo a classificação de Gerge Feuerstein.

Grupo Bindu Upanishads

1. Nadabindu Upanishad

Nâda é uma palavra sânscrita que designa os sons místicos que os *Yoguins* avançados escutam principalmente no ouvido esquerdo e no meio da cabeça durante suas práticas espirituais. São os "Sons *Nâda*" e dentre eles os "Sons *Anahat*", que escutamos na altura do coração. Também podemos escutar o som nasal do *Mantra Om*, igualmente chamado de *Omkara*. A palavra sânscrita *Bindu* significa "Ponto", essencialmente o *Anus-*

Representação gráfica do som *Om*, onde se pode ver o *Anusvâra* em cima.

vâra, é o ponto localizado na parte superior da sílaba sânscrita que representa o som *Om*, que pode ser visto na figura.

A palavra *Bindu* também significa sêmen e está localizado no topo atrás da cabeça.

O *ATMAN* COMO PÁSSARO

1- A sua asa direita é o som *A*,
o *U* é a sua asa esquerda,
o som *M* são as penas da cauda,
e a sua cabeça é o segundo *M* do *mantra Om*.

COMENTÁRIO: Nesse verso é feita uma comparação, uma analogia entre as três sílabas do *Om-kara*, o som *Om* (*AUM*), com um pássaro, que é o *Atman*, da seguinte forma:

O "*A*" é a sua asa direita.
O "*U*" é a sua asa esquerda.
O "*M*" são as penas da cauda.
O segundo "*M*' é o meio som final do *Mantra Om*.

Portanto, o *Atman* aqui é comparado a um pássaro onde cada parte sua é uma letra do *Mantra Om*. Diz *Kriyanada* que esse pássaro é o cisne, o *Hamsa* em Sânscrito, ou ainda, o *Atman*. O *Mantra Om* é aqui descrito como sendo formado por três sílabas, *A, U, M* e mais o *M* cantado pelo prolongamento do som nasal do *Mantra Om*. Diz ainda *Kriyanada* que as letras *A, U, M, M* podem ser interpretadas do seguinte modo (Pág. 74):

A = Agni (elemento fogo).
U = Vâyu (elemento ar).

M = Surya (o sol).

M = Varuna (elemento éter).

2- *Rajas* e *Tamas* são os seus pés,

o *Sattvas* é o seu corpo,

os deveres espirituais são o seu olho direito,

as não observâncias (os enganos) são o seu olho esquerdo.

COMENTÁRIO: Neste verso, continua o autor anônimo desta *Upanishad* a fazer a analogia entre as partes do corpo do pássaro com os *Gunas,* os deveres e os enganos espirituais. Os *Gunas* são as "energias" ou as três "forças" que atuam na matéria e na mente, fazendo-os funcionar. Esses três *Gunas* são os seguintes:

Rajas = atividade, luminosidade, centrífuga, afirmação, ação, masculino.

Tamas = passividade, obscuridade, centrípeta, negação, inação, feminino.

Sattva = sabedoria, equilíbrio, harmonia.

Quando predomina um deles na pessoa, esta apresenta as inclinações do *Guna* dominante. Se predomina um deles em um objeto ou aspecto do mundo físico, este apresentará as características do *Guna* dominante. Neste verso, os pés do pássaro são os *Gunas Rajas* e *Tamas*. O seu olho direito, representa os deveres e os erros espirituais, respectivamente.

3- No nível dos pés do pássaro,

está o plano de consciência denominado *Bhur Loka*.

No nível dos seus joelhos,
está o plano de consciência denominado *Bhuvar Loka*.

No nível dos seus quadris,
está o plano de consciência denominado *Svar Loka*.

No nível do seu umbigo,
está o plano de consciência denominado *Mahar Loka*.

COMENTÁRIO: Diferentemente de Deussen, *Kriyanada* associa cada uma das partes do pássaro, os pés, os joelhos, os quadris e o umbigo, em um nível de consciência. De fato, os chamados *Lokas* são planos de realidade, não de consciência. Assim, o *Bhur Loka* é o plano terráqueo, o *Bhuvar Loka* é o plano do ar, *Svar Loka* é o plano do éter e o *Mahar Loka* é o Plano Maior, o Plano Superior. O verso aqui traduzido é o de *Kriyanada*.

4- No nível do coração está o *Jana Loka*.

No nível do pescoço está o *Tapas Loka,* entre a testa e as sobrancelhas está o *Satya Loka*.

COMENTÁRIO: Aqui continua a comparação, a analogia entre diversos planos e partes do corpo do pássaro. De acordo com o *Vishnu Purana,* existem três regiões transitórias: 1– Aquela que os pés dos seres vivos podem pisar. 2– A região compreendida entre a terra e o sol é onde os *Siddhas* e outros seres celestiais se movem. 3– O intervalo entre o sol e o *Dhruva*, compreendendo quatorze centenas de milhares de léguas, é conhecida por aqueles que habitam as esferas celestiais. As três mais elevadas são: 4– *Janar Loka*. 5– *Tapas Loka*. 6– *Satya Loka*, que também são as mais duráveis. Além dessas, há ainda o *Mahar Loka*, que é a sétima região, situada entre os dois grupos citados e tem características mistas. Essas sete esferas, juntamente com os *Pâtâlas*, formam a totalidade do universo. *Jana Loka* é o local onde moram os *Rishis* Sábios. *Tapas Loka* é a região onde se praticam austeridades com a finalidade de se alcançar um maior crescimento espiritual. *Satya Loka* ou *Brahma Loka* é onde reside *Brahma*.

5- Ele se espalha com a largura de mil dias;
neste hino, que significa:
É o pássaro sobre o qual ascende.
O conhecedor do *Yoga*.

COMENTÁRIO: Aqui é citada uma frase de hino do *Athârva-Véda*, significando que aquele que conhece o *Yoga*, ascende sobre o pássaro que tem a largura de mil dias, ou seja, com a prática do *Yoga*, ele tem grande alcance.

6- Ele não é escravo do trabalho (do *Karma*).
E mil *Karmas* não restringem o pássaro.
(As três silabas e meia do *mantra Om*).
A primeira sílaba é o sagrado *Agni*.
A segunda é o sagrado *Vâyu*.

COMENTÁRIO: O *Atman* ou o pássaro não é alcançado pelo *Karma* e mil deles não o restringem. Daí se segue outra analogia entre as sílabas do *Mantra Om* (*AUMM*) e alguns *Devas*, como *Agni*, o *Deva* do figo e *Vâyu*, o *Deva* do vento.

AS TRÊS SÍLABAS E MEIA DO MANTRA *OM*

7- A sílaba que aparece como a terceira.
Tem o brilho da órbita solar.
A terceira e meia, a mais elevada.
O Sábio declara que é *Varuna*.

COMENTÁRIO: Continua a analogia entre a terceira e a terceira e meia sílabas do *Mantra Om*.

AS 12 SÍLABAS PARCIAIS DA PALAVRA *AUMM*

8- Cada uma das três sílabas, têm o seu próprio aspecto em três subdivisões.
É assim como o *Mantra AUMM* (*Om*) é interpretado, ouça isto com atenção e medite profundamente.

COMENTÁRIO: Aqui o autor anônimo explica que cada uma das quatro sílabas do *Mantra AUMM* possuem três subdivisões. Que se ouça isto com atenção e se medite profundamente.

9- A primeira sílaba é rica em som (*Om*).
A segunda está entrelaçada com a luminosa (*Na*).
A terceira segue aquela que é o desfrutador do voo (*Mo*).
A quarta é rápida como o vento (como o *Prâna*) (*Bha*).

COMENTÁRIO: Aqui são especificadas as sílabas que são subdivisões das do *Mantra AUMM*.

10- A quinta sílaba é a inominável (*Ga*).
A sexta é dita sagrada para *Indra* (*Ba*).
A sétima é sagrada para *Vishnu* (*Te*).
E a oitava é sagrada para *Shankara* (*Shiva*) (*Bay*).

COMENTÁRIO: Idem.

11- A nona é chamada "a Grande" (*Su*).
A décima é considerada como "a Firme" (*De*).
A décima primeira é "a Silenciosa" (*Va*).
E a décima segunda é chamada "a *Brahmânica*".

COMENTÁRIO: À medida que nos aproximamos de sílabas mais elevadas, elas se tornam mais e mais profundas e mais espiritualizadas.

12- Se o *Yoguin* renuncia à vida,
enquanto medita na primeira,
então, em *Bhârata Varsa*
renascerá como o Grande Soberano.

COMENTÁRIO: *Bhârata* refere-se ao grande imperador *Bhârata,* cujo império chamava-se *Bhârata Varsa*, que compreendia toda a extensão do mundo, segundo as mitologias da Índia antiga. Portanto, o *Yoguin* que renuncia à vida enquanto medita na primeira sílaba, renascerá como um Grande Soberano em *Bhârata Varsa*.

13- Se o *Yoguin* renuncia à vida,
enquanto medita na segunda,

torna-se um elevado *Yaksha.*
Se medita na terceira, torna-se um *Vidyadhara.*
E se medita na quarta, torna-se um *Gandhârva.*

COMENTÁRIO: *Yaksha* é o nome de uma classe de espíritos da natureza, usualmente benevolentes e que cuidam de tesouros ocultos na terra e em raízes de árvores. Eles aparecem nas mitologias do hinduísmo, *budistas* e *jainistas.* *Vidyadharas* são grupos de seres sobrenaturais da mitologia hindu. Possuem poderes mágicos e moram nos *Himalayas.* São os servidores de *Shiva. Gandhârvas* são seres espirituais masculinos, esposos das *Apsaras.* São parte pássaro ou cavalo, sendo excelentes músicos. São os guardiões do *Soma.* A palavra *Gandhârva* significa um cantão da corte dos *Devas.* Na mitologia hindu, são os mensageiros que atuam entre os deuses e os humanos. São amplamente mencionados no *Mahâbhârata.*

14- O *Yoguin* que renuncias à vida,
enquanto medita na quinta,
vive entre os *Devas,* e caminha,
magnificamente no *Soma Loka.*

COMENTÁRIO: *Soma Loka:* Lugar do *Soma. Soma* era uma bebida ritual de natureza alucinogênica, um enteógeno, usado e bebido em rituais *védicos* pelos sacerdotes.

15- O meditador que renuncia à vida,
enquanto medita na sexta sílaba,
vive com o Rei dos *Devas,* o Senhor *Indra.*

Mas, meditando na sétima, vive com *Vishnu*.

Se medita na oitava, vive com *Rudra* e *Pashupati*.

COMENTÁRIO: *Indra* é considerado o Rei dos *Devas*. *Rudra* e *Pashupati* (o Senhor dos Animais) são outros nomes de *Shiva*.

16- Se o *Yoguin* renuncia à vida, enquanto medita na nona, isso o conduzirá ao Mundo dos Grandes (*Maha Loka*).
Meditando na décima, o *Yoguin* vai a um "Lugar Firme".
Meditando na décima primeira, ele vai ao *Tapas Loka*.
Meditando na décima segunda, enquanto renuncia à vida, o *Yoguin* vai até *Brahman*.

COMENTÁRIO: Meditando sucessivamente em sílabas cada vez mais elevadas, o *Yoguin* alcança estados cada vez mais elevados, até atingir o *Brahman absoluto*.

17- Então, após tudo isso, o *Yoguin* vai para o Puro, completo, Onipresente, Sagrado e
eternamente Luminoso *Brahman*,
do qual, tudo o que é luminoso se origina.

COMENTÁRIO: Esta *Upanishad*, além de fazer uma analogia entre o *Atman* e um pássaro, as sílabas do *mantra* AUMMM definem neste verso, o local para onde vai o *Yoguin* que, após a meditação em todas as sílabas, medita na última, após renunciar à vida. Quando isso acontece, ele alcança o Absoluto *Brahman*, Puro, Completo, Onipresente, Sagrado e Eternamente Luminoso.

O *YOGA* E OS SEUS RESULTADOS

18- Quando, livre dos sentidos e dos *Gunas*,
a mente (*Manas*) é dissolvida em si mesma,
não compreendendo nem imaginando,
isto é chamado de o Correto *Yoga*.

COMENTÁRIO: Fica claro neste verso que a interpretação que o autor anônimo dá ao *Yoga*, é a mesma de *Patañjali*. Nos seus *Yoga Sutra*, *Patañjali* diz, no verso 2 do capítulo I, que *Yoga* é um estado de consciência caracterizado pela ausência e pensamentos e emoções. Um estado onde se está livre dos *Gunas*, dos apegos, dos pensamentos e das emoções.

19- Livre das ligações mundanas,
servindo ao Espírito (*Atman*) e se ligando a Ele,
o *Yoguin* gradualmente se liberta dos grilhões do corpo,
prosperando na prática do *Yoga*,
liberto das ligações com o mundo.

COMENTÁRIO: Ao alcançar estados elevados de consciência, ou seja, o *Samâdhi* mais profundo, o *Yoguin* se desliga dos grilhões deste mundo, servindo e se concentrando contínua e espontaneamente no *Atman*, prosperando na prática do *Yoga*.

20- Então, todos os vínculos são rompidos
e o *Yoguin*, Puro, Sem Mácula e Livre,
torna-se *Brahman*, indo até Ele,
pela Elevada Graça e
pela mesma Graça.

COMENTÁRIO: É citação recorrente nas *Upanishads* o fato de que, quem conhece o *Atman*, conhece também *Brahman*, uma vez que ambos são idênticos. Em outras palavras, quem conhece *Brahman*, se torna uno com Ele. Sobre isto, transcrevemos a seguir um verso da *Svetasvatara Upanishad* (TINOCO, Carlos Alberto 1996. **As Upanishads**):

> "Ele é o Supremo *Brahman*, puro, imaculado, enaltecido pelas *Upanishads*. Nele está o aspecto tríplice. *Brahman* é o imutável fundamento, o imperecível. Ao realizar *Brahman*, os Sábios percebem *Brahman* como a essência dos fenômenos, tornado-se unos com Ele, Imersos em *Brahman*, eles libertam-se do renascimento".
>
> (*Svetasvatara Upanishad*, I,7)

BIBLIOGRAFIA:

TINOCO, Carlos Alberto (1996). **As Upanishads**. São Paulo-SP. Ibrasa, pág. 296.

2. *Tejobindu Upanishad*

A *Tejobundu Upanishad* pertence ao *Yajur-Véda* Negro (*Krishna Yajur-Véda*). *Tejobindu Upanishad* significa "*Upa-*

nishad da Pujança do Ponto *Bindu*". Esta *Upanishad* acrescenta sete novos *Angas* aos oito de *Patañjali*, nos seus *Yoga Sutra*. A tradução aqui apresentada pertence à tradição do Norte da Índia, mais antiga, extraída de Deussen.

1- No Poder do Ponto (*Bindu*) está o objetivo da elevada meditação,
supremamente entronizada no coração.
Sutil, Graciosa, Poderosa,
primeiramente grosseira, daí, fina e daí, super sutil.

COMENTÁRIO: A *Upanishad* se inicia com um verso sobre o Ponto *Bindu* e a meditação sobre ele. Essa meditação entronizada no coração, no princípio é grosseira, depois fina e depois muito sutil.

2- Mesmo para os reclusos e os Sábios,
o estágio super sutil dessa meditação
é difícil de alcançar, difícil de realizar, difícil de perceber,
difícil de executar e, muito difícil de estabelecer.

COMENTÁRIO: Este verso informa da grande dificuldade de alcançar o estágio de meditação super sutil, fato que apresenta dificuldade tanto para os Sábios quanto para aqueles que se retiram para práticas espirituais, os reclusos.

3- Alguém que conquista a ganância, a ira,
apego mundano e a luxúria dos sentidos,
que deixa de lado a dualidade, eu-consciência,
livre de expectativas por esposa e filhos.

COMENTÁRIO: O verso é uma referência àquele *Yoguin* que dominou a ganância, a ira, o apego mundano, se libertando da dualidade Ego-Consciência, que está livre dos anseios por esposa e filhos.

4- Que faz o inacessível ser acessível,
esforçando-se apenas por respeitar o *Guru* e novamente,
ultrapassando os três portões,
torna-se o pássaro (*Hamsa*) morador dos três mundos.

COMENTÁRIO: Este verso é a continuação do anterior. Os três portões são a renúncia, a paciência e o respeito para com o *Guru*, de acordo com o verso. Os três mundos é uma citação recorrente nas *Upanishads* e outros textos do hinduísmo, podendo ser, por exemplo, o mundo dos humanos, o mundo dos antepassados (*Manes*) e o mundo dos *Devas*.

O LUGAR DE *BRAHMAN*

5- Misterioso é o lugar,
do *Brahman* sem forma e imanifesto,
com partes sutis como o éter,
ele é Vishnu, de passos grandes.

COMENTÁRIO: A *Upanishad* é *Vaishnava*, ou seja, *Vishnuista*. O verso trata do misterioso lugar onde se encontra o *Brahman* sem forma e imanifesto, que é *Vishnu*, de grandes passos. Segundo o *Bhagavata Purana*, uma das encarnações de *Vishnu* foi como o anão *Vamâna*. Ele encarnou-se especificamente para vencer o demoníaco *Bali*, que havia usurpado o lugar das divindades e obtido o domínio sobre o universo. *Vamâna* pediu a *Bali* que lhe desse o quanto de terra que fosse possível transpor com três passos. Achando graça no pedido, o demônio imperador o atendeu. *Vamâna* deu dois passos e transpôs com eles toda a criação; com o terceiro passo, plantou o pé sobre a cabeça de *Bali*, empurrando-o para os mundos infernais. Como *Bali* tinha algumas virtudes, *Vamâna* concedeu-lhe o império sobre o mundo inferior. Os três passos de *Vishnu* são mencionados já no *Rig-Véda* (I.23.17-18, 20).

6- Ele tem três olhos, três *Gunas*,
é rodeado por três mundos,
imóvel, Imutável,
sem adereços e sem fundações.

COMENTÁRIO: O verso segue comentando sobre *Vishnu*. Os seus três olhos são os *Védas, Rig, Yajur* e *Sâma*. Ele possui os três *Gunas* e é rodeado pelos três Mundos, sendo ainda imóvel, imutável, sem adereços e sem fundações.

7- Nenhuma palavra pode nomeá-Lo,
nenhuma malha de palavras pode prendê-Lo.
Livre de todas as determinações,
ele pode ser apreendido apenas por *Yoguins* que são auto realizados pela Meditação.

COMENTÁRIO: Apenas o *Yoguin* que se auto realizou através da meditação é capaz de percebê-Lo. Nenhuma palavra é capaz de descrevê-Lo ou nomeá-Lo.

8- Arrebatamento de fato, está além do prazer.
Difícil de ver, sem fim, sem começo.
Livre dos movimentos da mente,
eterno, firme, impossível de ser abalado.

COMENTÁRIO: O verso continua a descrevê-Lo.

A ENIGMÁTICA E CONTRADITÓRIA NATUREZA DE *BRAHMAN*

9- Este *Brahman* que reside no Ser.
Esta causa primeira, este objetivo mais elevado,
de impensável pensamento, é o Espírito (*Atman*),
e o mais elevado céu, o refúgio.

COMENTÁRIO: O verso tenta expressar com palavras, Aquilo que está além das palavras e além do pensamento, que é o Absoluto *Brahman,* idêntico ao *Atman,* o mais elevado refúgio, sendo impensável e inconcebível.

10- Pleno – Ele aparece como vazio,
acima de vazio, ele está, majestosamente,
além do pensamento, além do pensar,
inconcebível e ainda, de fato, concebível.

COMENTÁRIO: Continua a descrição do indescritível.

11- Ele é todas as coisas e também, nada,
não há nada acima Dele,
ele é impensavelmente adormecido,

ele não é real e nem compreensível.

COMENTÁRIO: A tentativa de descrever o Absoluto, continua.

RETRATO DE QUEM ESTÁ LIBERADO E VIVO

12- Essencialmente associado à solidão,
Ele que é o Supremo e certamente o Mais Elevado.
À ganância, ilusão, orgulho, medo,
raiva, amor e ao pecado renunciando.

COMENTÁRIO: Uma série de condições que deve ter o *Yoguin,* para alcançar o Absoluto.

13- Livre do quente, do frio, da fome e da sede,
e de intenções que sempre mudam,
livre do orgulho e da palha dos textos religiosos,

COMENTÁRIO: Ainda uma descrição do *Yoguin* que aspira alcançar o Absoluto.

14- Não conhecendo o medo, nem a luxúria, nem o pecado, mantendo igual respeito por todo e por todos, o *Yoguin* é livre.
Estando livre das emoções, ele alcança o elevado *Brahman, Brahman,* que é o objetivo após o esforço.

COMENTÁRIO: Aqui são descritas as qualidades daquele que alcaçou o Absoluto *Brahman,* o objetivo após o esforço.

Grupo das Upanishads em que o som também é importante, dentre outros aspectos

1. Brahmavidyâ Upanishad

A *Brahmavidyâ Upanishad* pertence ao *Yajur-Véda* Negro. A expressão *Brahmavidyâ* significa "Conhecimento de *Brahman*". Portanto, *Brahmavidyâ Upanishad* significa "*Upanishad* do Conhecimento de *Brahman*". Também pode ser *Upanishad* do Conhecimento Exotérico de *Brahman*. A versão aqui apresentada, pertence à tradição do Norte da Índia, menor e extraída de Deussen.

1- Eu proclamo o Conhecimento de *Brahman*,
o qual é onisciente, o qual é o mais elevado.
Ele é a origem, o meio e o fim,
Brahma (o criador), *Vishnu* (o mantenedor) e *Shiva* (o destruidor).
COMENTÁRIO: Aqui apresentamos o Conhecimento de *Brahman*. Em seguida, o verso diz quem são os *Devas* da *Trimurti: Brahma, Vishnu* e *Shiva*.

2- *Vishnu,* trabalhando com seus miraculosos poderes, encarna sobre a terra como ser humano por compaixão. Seu segredo é o fogo do *Om* (*AUMM*),
que reside no Conhecimento de *Brahman.*

COMENTÁRIO: Trata-se de uma *Upanishad Vishnuísta.* Pelos seus poderes, *Vishnu* encarna sobre a terra como ser humano. O seu segredo é o *Mantra Om* que está no conhecimento de *Brahman.*

3- A sílaba *Om* é *Brahman.*
Assim, verdadeiramente, ensinam os conhecedores de *Brahman:*
corpo, localização, tempo e morte.
Desta sílaba, Eu proclamarei.

COMENTÁRIO: O verso vai descrever o *Mantra Om,* que é *Brahman.* Há um narrador, o eu nomeado.

O CORPO ESPIRITAL (*SHARIRAM*) E O SOM *OM*

4- Existem três *Devas* e três mundos.
Três *Védas* e três fogos.
Três sílabas e meia.
Neste trissilábico gracioso.

COMENTÁRIO: O verso comenta que existem três *Devas,* três mundos, três *Védas* e três fogos nas três sílabas e meia do *Mantra Om.* Os três *Devas* são os da *Trimurti.* Os três mundos são o da terra, o da região intermediária (atmosfera) e o celeste. Os três *Védas* são: *Rig, Sâma* e *Yajur*. As três sílabas são *A, U, M + M*. Os três fogos são *Gârhapatya, Dakshina, Âhavanya*, que são os tipos de fogos do ritual do fogo denominado Âgnihotra.

5- O *Rig-Véda, Gârhapatya.*
A terra e *Brahma* como *Deva.*
Este é o corpo do som *A.*
Como exposto pelos conhecedores de *Brahman.*

COMENTÁRIO: O verso está explicando sobre os componentes da primeira sílaba do som *AUMM.*

6- O *Yajur-Véda* e a região intermediária,
e o fogo *Dakshina,*
é o Sagrado Senhor *Vishnu.*
Assim é o som *U*, que nos foi proclamado.

COMENTÁRIO: A seguir veremos, de que é composta a sílaba *U.*

7- O *Sâma-Véda* e o céu,
e o fogo *Âhavaniya* também,
e *Ishvara*, o Elevado Senhor,
Assim é sílaba *M*, que nos foi proclamada.

COMENTÁRIO: A seguir veremos, de que é formada a sílaba *M.*

A LOCALIZAÇÃO DO SOM *OM*

8- Em meio à concha do cérebro,
semelhante ao esplendor do brilho do sol, o *A*.
Dentro do qual está situada
o som *U* como o esplendor do brilho da lua.

COMENTÁRIO: O verso descreve como são formadas as sílabas *A, U.*

9- O som *M* também, semelhante ao fogo.
Sem fumaça, semelhante a um brilho de raios.
Assim brilham as três sílabas.
Semelhante à lua, ao sol e ao fogo.

COMENTÁRIO: Idem sobre a sílaba *M*, semelhante ao fogo, sem fumaça, como um brilho de raios. Assim brilham as três sílabas do *Mantra AUMM.*

10- Então, uma chama despontou
Semelhante à tocha de luz existente.
Conhecê-la é a meia sílaba
Sobre a qual alguém escreveu sobre ela.

COMENTÁRIO: O verso fala sobre o outro som ou sílaba *M*, o ponto *Anusvâra* colocado em cima da sílaba *Om.*

O TÉRMINO DO SOM *OM*

11- No entanto, uma chama despontou,
e, sutil como uma fibra do lótus, brilhou
o sol como uma *Nadi* do cérebro.
(Passando através dele), e penetrando no *Om*.

COMENTÁRIO: Aqui existe uma referência a uma *Nadi* do cérebro que passa através dele e penetra no *Om*. O *Mantra Om,* ao ser cantado de modo nasalizado, faz vibrar a caixa craniana, dando a impressão de que o cérebro vibra.

12- Através do sol, setenta e duas mil
Nadis, irrompem através da cabeça,
e ali permanecem como portadoras de bênçãos a todos,
permeando a totalidade do universo.

COMENTÁRIO: Os textos do *Hatha Yoga* falam de 300 mil *Nadis* que partem do coração, irradiando-se por todo o corpo. Outros falam de 72 mil. Aqui, essas *Nadis* descritas caminham através do sol, irrompendo na cabeça e ali permanecem como portadoras de bênçãos, permeando em todo o universo, uma descrição muito diferente dos citados textos que as limitam ao corpo do *Yoguin,* saindo um pouco fora deste.

O DESAPARECIMENTO DO SOM *OM*

13- Semelhante ao som de um utensílio de metal,
ou o de um gongo que morre no silêncio.
Assim, ele, que procura pelo Todo,
permite que o som *Om* desapareça no silêncio.

COMENTÁRIO: Aqui, há uma referência ao *Yoguin* que canta o *Mantra Om,* permitindo que esse som desapareça no silêncio, como o som de um utensílio de metal ou, o de um gongo, que morre no silêncio.

14- Aquele em quem o som desaparece à distância, este é *Brahman,* o mais Elevado.
Sim, a totalidade do som é *Brahman,*
que conduz à Imortalidade.

COMENTÁRIO: Aquele em que o som do *Mantra Om* desaparece à distância, ou seja, o som de todo o *Mantra AUMMM* é o Absoluto *Brahman,* que conduz à Imortalidade.

2. PashupataBrahmana Upanisahd

A *PashupataBrahmana Upanishad* pertence ao *Athârva-Véda.* Sua primeira parte foi escrita em prosa. A palavra *Pashupati* é um dos nomes de *Shiva* e significa "Senhor dos Animais". *Pashupata* seria o seguidor de *Pashupati*. *Pashupata Brahmana Upanishad* significa "*Upanishad* dos *Brâhmanes* seguidores de *Pashupati*". Trata-se de uma *Upanishad Shivaísta;* nas traduções de Deussen e de *Kriyanada,* não existe esta *Upanishad.* Ela é a de número sessenta e seis, na relação das 108. A tradução comentada que apresentaremos é a de *Ayyangar,* pertencente à tradição Sulina da Índia.

INVOCAÇÃO

Om! Ó *Devas,* que possamos nós ouvir com nossos ouvidos.

O que é auspicioso.

Que possamos ver com nossos olhos, o que é auspicioso.

Ó digno de adoração!
Que possamos aproveitar o prazo de vida atribuído a nós pelos Devas.

Louvando-os com nosso corpo e membros firmes!
Que o glorioso *Indra* nos abençoe!
Que o dom da onisciência nos abençoe!
Que *Garuda*, o raio para o mal, possa nos abençoar!
Que *Brihaspati* conceda-nos bem-estar!
Om! Que haja paz dentro de mim!
Que haja paz em meu ambiente!
Que haja paz nas forças que agem sobre mim!

1-2- Então, *Brahman,* o *Svayambhû* (aquele que se origina de si mesmo), alimentou o desejo: "Deixe-me gerar descendência". Daí entrou no ser *Kâmeshvara* (o *Rudra*) e *Vaishravana*. Este, o filho de *Brahma,* o *Vâlakhila* indagou a *Svayambhû*: "Qual é o *Vidyâ* (conhecimento) dos mundos? O que é a divindade? Quem é o *Deva* deste, o *Jagrat* e o estado de *Turya*? Sob cujo controle estão estes? De que comprimento são as durações do tempo? Sob cujas ordens o sol, a lua, os corpos planetários brilham? Qual grandeza assume a forma da extensão do céu? Sobre isso, eu quero ouvir. Ninguém sabe isso. Por favor, diga-me vós, Ó *Brahman*!"

COMENTÁRIO: *Svayambhû,* alimentou o desejo de gerar decendência. Então ele pediu para gerar filhos. Depois disso, entrou em *Kâmashvara,* que é *Shiva* ou *Rudra* e em *Vaishravana,* o filho de *Brahma,* o *Deva* criador, e assim *Vâlakhia* indagou a ele o seguinte: "Qual é o *Vidyâ* (conhecimento) dos mundos? O que é a divindade? Quem é o *Deva* deste, o *Jagrat* e o estado de *Turya*? Sob cujo controle estão estes? De que comprimento são as durações do tempo? Sob cujas ordens o sol, a lua, os corpos planetários brilham? Qual grandeza assume a forma da extensão do céu? Sobre isso, eu quero ouvir. Ninguém sabe isso. Por favor, relate-me vós, Ó *Brahman*! "

3-10- Daí, *Svayambhû* disse: "O *Vidyâ* de todos os mundos é o Alfabeto, as bases de toda fala articulada. A palavra composta de duas ou três letras, uma, isto é, a de duas letras é "*O*" composta por "*A*" e "*U*", uma das três letras (quando "*M*" é adicionado), o *Omkâra* de quatro medidas, é a divindade que é a minha própria vida. Eu sou o monarca dos três mundos. Todas as *Yugas* também estão sob meu controle, como também todas as durações, envolvendo concepções humanas, tais como Dias, Noites e semelhantes. A radiância do Sol, o brilho da Lua, das estrelas, dos planetas, são as Minhas Formas. A extensão do céu é a forma dos Meus Três Poderes Ilusórios (*Jñâna, Icchana, Kriyâ* ou *Durga, Lakshimi, Saraswatî*), que caracterizam Minha Grandeza. Fora de Mim, nada mais existe. *Rudra* possui a *Mâyâ* de *Sattva* ou rítmo e *Brahma* possui a *Mâyâ* de *Rajas* ou mobilidade. *Indra* e outros *Devas* são dos *Gunas* da inércia e mobilidade. Nenhum outro senão *Vishnu* é *Aghora* (pacífico) ou pertence a todos os devotos.

COMENTÁRIO: Aqui, é *Svayambhû* quem fala que o alfabeto são as bases articuladas de compreensão da fala. Também o é, quanto a ser o *Vidyâ*, o conhecimento de todos os mundos, uma vez que é através da escrita que aprendemos sobre eles. Depois, os versos falam sobre o *Mantra Om*, o *Omkara*, tanto o de duas quanto o de três sílabas. O de quatro, é a própria divindade, a própria vida de *Svayambhû*, que é o monarca dos três mundos: o terrestre, o atmosférico e o celestial. Todas as *Yugas* estão sob o Seu controle, a *Krita Yuga* (Era de Ouro), a *Tetra Yuga* (Era de Prata), a *Dvapara Yuga* (Era do Bronze) e a *Kali Yuga* (Era de Ferro). Todos os ciclos de tempo, como o dos dias e das noites, também estão sob Seu controle. Os brilhos do Sol, da Lua, das estrelas e dos planetas, são a Sua Forma. A extensão do céu é a forma dos Meus Três Poderes ilusórios e, a tradução de *Ayyangar* cita cinco. Esses poderes caracterizam Sua Grandeza. Fora Dele, nada há. Finalizando, os versos associam os três *Gunas* a três *Devas*, concluindo que *Vishnu* é pacífico, pertencendo a todos os devotos.

11- *Rudra* é o *Pashu-Kartâ* de todos os sacrifícios, *Vishnu* é o Deus das principais oferendas dos rituais e o *Adhvaryu* é o protetor deles, evitando excessos e defeitos. *Indra* é o *Hotri*, que conduz os rituais. A deidade *Pashupati* é o *Yajñabhuj*. Deve-se Conhecer *Brahman* como a Testemunha Silenciosa. Deve-se conhecer *Brahman*, como *Maheshvara* (*Shiva*, a Testemunha de Tudo).

COMENTÁRIO: A palavra *Kartâ*, significa a mais velha pessoa da indivisa família hindu, que toma as decisões relativas aos aspectos sociais e econômicos da família. Creio que *Pashu– Kartâ* aqui, é *Rudra*, que é *Shiva*, como o diretor espiritual de todos os sacrifícios. *Vishnu* é o *Deva* das principais oferendas dos rituais. O *Adhvaryu*, sacerdote do *Yajur-Véda*, é o protetor deles. Esse sacerdote era responsável pela construção do altar dos sacrifícios, da escolha dos animais a serem sacrificados, pela correção dos erros cometidos durante o cantar dos hinos, e preparar a comida e a bebida para todos os participantes. *Indra* é aqui considerado como o *Hotri*, que é o sacerdote do *Rig-Véda*, o que conduzia os rituais. A deidade *Pashupati* é *Yajñabhuj*, aquele que desfruta do sacrifício, ou seja, *Vishnu*. Daí, o verso conclui, dizendo que se deve conhecer *Brahman* como sendo a Testemunha Silenciosa, como *Maheshvara* ou *Shiva*, que é a testemunha de tudo.

12- A atitude mental: "Eu sou Ele, Ele sou Eu, Eu sou Ele", a constante aplicação da mente no som da palavra *Hamsa*, é o sacrifício mental. O *Jiva*, pelo recurso constante da tal aplicação da mente e, pela inspiração necessária e expiração do ar vital se transforma Nele (o *Hamsa*).

COMENTÁRIO: A atitude mental, o pensar repetidamente nas frases: "Eu sou Ele, Ele sou Eu, Eu sou Ele" e a contínua concentração no *Mantra "Hamsa"*, representa um sacrifício para a mente, um ritual para a mente. O *Jiva*, através da concentração nas palavras e no *Mantra "Hamsa"*, e pela inspiração e expiração, um *Prânâyâma*, se transforma Nele, o Supremo, o *Hamsa*.

13- A forma real do *ParamAtman*, é a do *Hamsa*. O *Hamsa* se move para dentro e para fora, como é o *Prâna* e *Apâna*, ou permeia todas as coisas movendo-se para dentro e fora delas, de acordo com o texto da *Upanishad*: "O *Nârâyana* encontra seu descanso, permeando tudo, dentro e fora". O *Hamsa* possui a forma de *Suparna*, que, tendo ido para o interior do corpo, encontra um pequeno espaço para ele no interior e tem, portanto, quem matar a serpente encontrará seis inimigos: luxúria, ira, ganância, ilusão, paixão e ódio, assim como os objetos do desejo, da forma do som, toque, forma, sabor e cheiro (fortemente alojados lá).

COMENTÁRIO: A real forma do *ParamAtman* ou do *Atman*, é a do Absoluto, ou *Hamsa*. Ele se move para dentro e para fora, como faz o *Prâna* e o *Apâna*, permeando tudo, de acordo com um verso extraído das *Upanishads*: "O *Narayana*, encontra seu descanso, permeando tudo". *Narâyan*, *Narâyana* ou *Naraian*, é um importante nome de *Vishnu*. Ele também é identificado como o homem original. Os *Puranas* apresentam visões divergentes sobre *Narâyana*. Aqui, é *Vishnu*. *Hamsa* é da forma de *Suparna*, o pássaro da mitologia hindu. Ele penetrou no corpo, ali encontrando um pequeno espaço, tendo que matar no interior do corpo os seis grandes inimigos do ser humano: luxúria, ira, ganância, ilusão, paixão e ódio, assim como, os objetos do desejo, como, som, toque, forma, sabor e cheiro (fortemente alojados lá).

14-15- O *Yajña Sutra* (o fio sacrificial) é distinto, sendo feito de 96 fios de quatro dígitos de comprimento. O *Brahma Sutra* é um fio de 96 dígitos (*Tattvas* - Princípios).

O *Yajña Sutra* é formado por três fios trançados uns nos outros. O *Brahma Sutra* é formado por três fios de consciência, o *Turya, Turya-Turya* e *Avikalpa,* trançados em uma meada de consciência. O *Yajña Sutra* contém nove fios feitos de três voltas de três fios cada. O *Brahma Sutra* contém as nove Grandes Verdades (*Turya, Vishva, Vijâj, Otri,* etc.) nas três voltas (*Turya-Prajña, Bijânujña* e *Ekarasa*) e cada uma das três, feitas pelos triplos fogos (*Dakshina, Gârhapatya* e *Âhavanya*), da trindade, *Brahma, Vishnu* e *Shiva,* com os três *Kalas* cada, presa pelo nó de consciência, com *Brahamâ* como o nó, assim como o fio de sacrifício tem o nó de *Brahma.* A característica comum dos sacrifícios dos dois tipos, externo e interno, é o brilho de fogo, externo com o *Yajña Sutra* e no caso de sacrifícios externos e internos com o *Brahma Sutra,* e no caso de sacrifício interno (*Brahma Yajña*). O *Hamsa* é da forma do *Brahma Sutra,* que é o indicador do sacrifício interno.

COMENTÁRIO: Verso obscuro. O *Yajña Sutra* era um fio que passava no centro de contas, formando uma espécie de colar usado pelos sacerdotes durante a realização dos rituais. Aqui, é dito que ele é formado por 96 fios com quatro dígitos de comprimento. Há outro fio, o *Brahma Sutra,* formado pelos 96 *Tattvas* ou princípios universais. O primeiro é formado por três fios trançados uns nos outros. O *Brahma Sutra* é formado por três fios de consciência. *Turya, Turua-Turya* e *Avikalpa,* trançados em uma meada de consciência. A palavra *Avikalpa* significa, dentre outras coisas, preceito positivo, ausência de alternativas. Aqui, pode ser entendido como preceito positivo. O *Yajña Sutra* contém nove fios feitos com três voltas de três fios cada. O *Brahma Sutra* contém nove Grandes Verdades, *Turya, Vishva, Vijâj, Otri,* etc. *Vishva* e *Turya* são dois estados de consciência, a vigília e a Consciência Superior. Tudo, nas três voltas *Turya-Prajña, Bijânujña* e *Ekarasa*) e cada uma das três, feitas pelos triplos fogos (*Dakshina, Gârhapatya* e *Âhavanya*), da trindade, *Brahma, Vishnu e Shiva,* com os três *Kalas* cada, presa pelo nó de consciência, com *Brahma* como nó. Do mesmo modo, o *Yajña Sutra* possui o nó de *Brahma. Kala* é uma palavra sânscrita que significa "tempo". Esse último trecho é obscuro, com vários significados. Há uma referência aos três tipos principais de fogos sacrificiais. Diz o verso que, assim como existe o nó de *Brahma* ou, *Brahma Granthi,* o *Yajña Sutra* também possui um nó. *Ekarasa* significa inclinação única ao prazer ou, que só tem prazer. *Bijânujña* é relativo a *Bija,* semente, germe ou, palavra que se pronuncia no início de um *Mantra,* para produzir efeitos que se quer obter.

16- Sacrifícios externos conduzidos pelo *brâhmane* que usa o fio que forma o *Upavîta,* investido com o fio do sacrifício. Ele, que possui as qualificações indicadas nos *Vedângas,* usa o fio sacrificial. É só ele que é qualificado também, para o *Brahma Sutra.* O *Brahma Yajña* se refere a *Brahman,* que está relacionado com a *brâhmane* vestindo o *Yajña Sutra.* Assim, Ele torna-se *Brahman.*

COMENTÁRIO: Os sacrifícios ou rituais conduzidos pelo *brâhamane* que usa o *Yajña Sutra,* é investido pelo *Upavita. Upavita* é o fio sagrado usado em rituais de iniciação, que o jovem *brahmacharyn* o recebia das mãos do seu mestre. Para isso, o mestre deve possuir as qualidades indicadas nos *Vedângas*. Os *Vedângas* são as Ciências Sagradas consideradas como partes acessórias dos *Védas*. Estas ciências são seis: a primeira trata da pronúncia, a segunda, das cerimônias religiosas, a terceira, da gramática, a quarta, da prosódia, a quinta, da astronomia e a sexta, da explicação das palavras e frases difíceis dos *Védas*. Ele também está qualificado para usar o *Brahma Sutra*. O *Yajña Sutra* se refere ao Absoluto, estando relacionado ao *brâhmane* que o usa. Usando-o, ele se torna durante o ritual da investidura do *Upavîta*, o próprio *Brahman*.

17- As partes do ritual são os *Mantras*. Do sacrifício mental (interno), o fio sacrificial é o *Hamsa*. O *Prânava* é o *Brahma Sutra*, o qual está fora também do *Brahma Yajña*. O *Hamsa* é aquele que é inerente ao *Prânava*, é o *Brahma Sutra*. Aquele que é cheio do *Bramân Yajña*, isto é, do conhecimento do não qualificado *Brahman*. O *Hamsa* são os meios corretos a serem empregados para se alcançar a Libertação Espiritual.

COMENTÁRIO: As partes do ritual são os *Mantras*, ou seja, são as sílabas do *Mantra Om* (*AUM*). O fio sacrificial do sacrifício mental ou interno, é o *Hamsa*, o Absoluto. O *Prânava*, o *Mantra Om*, é o *Brahma Sûtra* que está fora do *Brahma Yajña*. O *Hamsa* é aquele que é inerente ao *Prânava*, ou seja, o *Prânava* é a representação sonora do Absoluto, sendo também o *Brahma Sutra*. Aquele, ou seja, o *Hamsa*, é cheio do conhecimento do inqualificável *Brahman*. Aqueles, ou seja, as partes do *Prânava*, o *Brahma Sûtra* e o *Brahma Yajña*, são os meios corretos usados para se alcançar a Libertação Espiritual. Verso obscuro.

18-22- O fio sacrificial é o *Prânava*. Aquele que pratica as observâncias do *Brahma Yajña*, é o *brâhmane*. Aqueles que se engajam em habitar em *Brahman*, são os *Devas*. Os sacrifícios internos são as observâncias, que significam caminhar para *Hamsa*. Não existem diferenças entre *Hamsa* e o *Prânava*. Temos três caminhos de abordagem para pedir o aparecimento do *Hamsa, Shravana, Manana* e *Nididhyâsana*. As três durações (passado, presente e futuro) são as três letras *A, U, M*. A manutenção dos três fogos (*Vishva, Virâj* e *Otri*) é o sacrifício interno. A concentração da mente no *Hamsa* implícita no *Prânava*, cujas características, aparência e cores são partes constitutivas dos três fogos. Isso é o sacrifício interno. Assim como a forma da consciência é feita de *Vishva, Viraj, Otri*, etc, a forma do *Turya* é feita Daquele. O *Hamsa* (o *ParamAtman*) é da forma do esplendor do Sol interno. O sacrifício interno é o meio para a realização de *Brahman*. Assim, aqueles que estão na busca, devem meditar em *Brahman* manifesto internamente, somente através do *Prânava* é assim, o conhecimento de que existe apenas o *Absoluto*, se revela.

COMENTÁRIO: O fio sacrificial, o *Yajña Sutra,* é o *Prânava.* Quem pratica as observâncias do *Brahma Yajña,* é o *brâhmane.* Os que procuram penetrar em *Brahman,* são os *Devas.* Os sacrifícios internos são essas observâncias. Elas significam um caminhar para o Absoluto. Como o *Prânava* é a manifestação sonora do Absoluto, não há diferença entre o *Prânava* e *Hamsa,* que é o Absoluto. Existem três vias para fazer aparecer o Absoluto: *Shravana, Manana* e *Nididhyâsana. Shravana* é o poder de ouvir, a capacidade de se concentrar para ouvir. *Manana* significa, de modo cuidadoso, atento. *Nididhyâsana* significa contemplação da Verdade, que é o *Atman*. Estes versos fazem uma equivalência entre os tempos, passado, presente e futuro, com as três sílabas do *Prânava, A, U, M.* Manter acesos os três fogos (*Vishva, Virâj* e *Otri*) é o sacrifício interno. Concentrar-se no Absoluto ou no *Hamsa,* está associado ao *Prânava,* cujas características, aparência e cores são partes constitutivas dos três fogos. Isso é o sacrifício interno. Assim como a consciência é feita de *Vishva, Viraj, Otri,* etc., a forma do *Turya,* a Consciência Suprema, é feita Daquele, do Absoluto. O *Atman* ou, o *ParamAtman* possui a forma do esplendor do Sol interno, da Luz Interior. Através do sacrifício interno, se alcança o Absoluto. Os buscadores, os *Yoguins,* devem meditar em *Brahman,* o Absoluto, que se manifesta internamente no coração das criaturas, cantando o *Mantra Om, o Prânava.* Assim fazendo, o conhecimento de que existe apenas o Absoluto, se revela. *Virâj* é o *Deva* criado na porção feminina do corpo de *Brahma. Vishva* é o estado de vigília. Este autor não conseguiu saber o significado da palavra *Otri.*

23-24- O Sábio *Vâlakhilya,* o filho de *Brahma,* novamente perguntou-lhe: "Vós, que sois o Conhecedor de Todas as Coisas, Ó Senhor. Quantos são, em número, os fios de *Hamsa* e qual é a sua extensão?" O Senhor replicou: "O número de formas do feixe é noventa e seis. As expirações através das narinas, fora dos *Chit Sutras* do coração, apoiadas pelo *Prânava,* são de seis dígitos de comprimento e dez mais oitenta, ou seja, 96 tipos correspondentes aos 96 primeiros princípios (*Tattvas*).

COMENTÁRIO: O verso é uma pergunta feita ao Sábio *Vâlakhilya,* filho de *Brahma,* indagando a seu pai. Quantos são os fios do *Hamsa* e, qual é a sua extensão? Era uma pergunta sobre a natureza do Absoluto. *Brahma* respondeu, dizendo ao seu filho que, o número de formas do feixe de fios de *Hamsa* é 96. O que seriam os *Chit Sutras* do coração? São os fios da mente, as emoções que estão no coração. As expirações feitas pelas narinas, não devem estar maculadas por emoções geradas pelo coração. Elas são realizadas cantando-se o *Mantra Om,* o *Prânava.* Possuem 96 dígitos de comprimento, o que corresponde aos 96 *Tattvas.*

25-26- Fora dos *Cit Sutras* do coração O *ParamAtman,* ou seja, o *Hamsa,* move-se entre o braço esquerdo e o quadril direito sobre toda a região, que faz parte do corpo externamente, bem como internamente, como o fio ritual; esse segredo esotérico de *Brahman* não é conhecido por mais ninguém. Aqueles que conhecem o *Hamsa,* como sendo outro senão o *ParamAtman,* colhem o fruto da imortalidade. Deve-se saber que o *Hamsa* não se manifesta a si mesmo, sempre. Assim, a Libertação Espiritual não está ao alcance de qualquer um, mas da pessoa que desenvolveu a faculdade de meditar sobre o *Prânava Hamsa* e no *Hamsa* interno, como idênticos.

COMENTÁRIO: Aqui, o *ParamAtman* ou o *Hamsa,* é assimilado ao cordão sacrificial, que é colocado entre o braço esquerdo e o quadril direito, sobre o pescoço. Isso é um segredo esotérico sobre o Absoluto, que não é conhecido por ninguém, exceto os adeptos do *Yoga,* os Sábios e os

Rishis. Aqueles que conhecem o *Hamsa* como sendo o *ParamAtman,* se tornam imortais. Ele não se manifesta facilmente. A Libertação Espiritual não está ao alcance de qualquer pessoa, mas daquele que desenvolveu a faculdade de meditar sobre o *Mantra Ham-Sa* e no *Hamsa* interno, como sendo idênticos.

27-30- Fora dos *Sit Sutras* do coração aqueles que olham para os nove tópicos selecionados após uma investigação sobre o *Atman*, alcançam o *Brahman* que buscam. A forma de *Âditya* (sol) interno da consciência, não é conhecido pelos homens. Sabendo que o sol do mundo fenomênico brilha, esses homens e os *Devas,* com orações endereçadas ao Sol da Consciência, estão em busca da Suprema Verdade subjacente à tudo. *Vâjapeya* (o ritual que leva ao conhecimento do *Brahman* sem qualidades, é alcançado por esse conhecimento sobre a essência de tudo), é o matador do animal do sacrifício, o falso conhecedor do *Atman,* que o compreende como sendo o corpo. *Indra, Parameshvara* a deidade, é o condutor do sacrifício. *Ahimsâ* ou não violência, é o *Dharma Yâga* que conduz à Libertação Espiritual. O *Para Hamsa* é o condutor. *Pashupati,* o *ParamAtman,* é a deidade. Os tratados que se referem a *Brahman* constituem *Brahman. Brâhmanes* bem versados no conhecimento dos *Védas* e do *Vedanta*, participam do sacrifício.

COMENTÁRIO: Este autor não conseguiu saber o que seriam os nove tópicos selecionados após investigar o *Atman.* Quem olha para esses nove tópicos, alcançam o Absoluto. O Sol Interno da Consciência, o Absoluto, não é conhecido pela maioria dos homens. Esses homens e os *Devas* endereçam orações ao Sol da Consciência, ao invés de fazê-lo ao sol do mundo material. Eles estão em busca da Verdade Suprema, subjacente a tudo. O ritual *Vâjapeya*, é aqui considerado como o matador do animal do sacrifício, o falso conhecedor do *Atman*, como aquele que percebe o *Atman* como sendo seu corpo. Uma clara condenação aos sacrifícios de animais nos rituais *védicos*. *Ahimsâ* ou não violência, é o *Dharma Yaga* (*Dharma Yoga?*), que leva à Libertação Espiritual. O *Para Hamsa*, o Absoluto, é aquele quem conduz. *Pashupati*, ou *Shiva*, o Senhor dos Animais, é a Suprema Deidade. Os *Shastras*, os tratados que falam de *Brahman*, são o próprio *Brahman*. Os sacerdotes *brâhamanes*, bem versados no conhecimento dos *Védas* e do *Vedanta*, participam do ritual.

31- O *Ashvamedha*, o sacrifício do cavalo, é onde o mundo fenomênico deve ser sacrificado, e cuja realização não pode ser dita para ter lugar amanhã, ou no dia seguinte, tem a fama de ser o grande sacrifício. Aqueles que ganharam o favor do rei do ritual, o incondicional, o *Atman* não qualificado, participam da busca de *Brahman*. Eles sabem que o caminho para Libertação Espiritual, é a destruição de todas as mentiras que se encontram no caminho para o *Brahma Yajña*, prescrito acima.

COMENTÁRIO: *Ashvamedha* foi o mais importante dentre os rituais *védicos*, onde um cavalo era sacrificado. Está relativamente bem descrito na *Brhâdaranyaka Upanishad*, I, 1, 1. É descrito em detalhes no *Yajur-Véda*, VII, 1-5 e é comentado no *Shatapata Brahmana*, XIII, 1-5. O cavalo a ser sacrificado era um garanhão, com mais de 24 anos e menos de 30 anos de idade. Era aspergido com água e o sacerdote *Adhivaryu* cantava *Mantras* no seu ouvido. Qualquer um que montasse no cavalo era ritualmente amaldiçoado e um cão era morto, simbolicamente, como punição dos pecadores. O cavalo era então solto em direção ao Nordeste, para ir na direção que ele quisesse, pelo período de um ano (ou meio ano, de acordo com alguns comentaristas). O cavalo era associado com o Sol, em seu curso anual. Se o cavalo adentrava nas províncias vizinhas hostis ao sacrificador, eles deviam ser subjugados. O cavalo errante era acompanhado por cem homens, filhos de príncipes ou oficiais da Suprema Corte, incumbidos de guardar o cavalo de todos os perigos e inconveniências. Durante a ausência do cavalo, uma série ininterrupta de cerimônias era realizada na casa do sacrificador. Após o retorno do cavalo, mais cerimônias eram realizadas. O cavalo era amarrado a três outros cavalos, e os versos do *Rig-Véda*, I, 61-2 eram recitados. Depois, levavam o cavalo para a água para banhá-lo. Após isso, era passada nele manteiga clarificada pela Rainha e dois outros consortes reais. A Rainha passava a manteiga nos quartos dianteiros e outras partes do cavalo. Eles também embebiam a cabeça do cavalo, pescoço e a cauda, com ornamentos de ouro. O sacerdote que realizava o ritual, oferecia ao cavalo, os grãos remanescentes das oferendas noturnas. A Rainha fingia manter relação sexual com o cavalo. Durante o ritual, as partes do corpo do cavalo eram associadas a diversos aspectos terrestres e atmosféricos. Daí o verso dizer: "onde o mundo fenomênico é sacrificado". Depois, o cavalo e um boi eram presos a uma estaca do sacrifício, próximo ao fogo. Dezessete outros animais eram amarrados ao cavalo. Um grande número de animais, domésticos e selvagens, eram presos a outra estaca, sendo 609, no total. Depois, o cavalo era abatido.

32- O filho de *Brahma* disse então: "O *Hamsa*, o vidente, manifesta a Si mesmo". *Svaymbhû* então, desapareceu de vista. *Vaishraravana Rudra* também entendeu, a partir da boca de *Svayambhû* assim: "O último objetivo das *Brahma Upanishads*, que é o *Prânava Târaka*, o brilho de *Hamsa*, é eu sou *Pashupati*."

COMENTÁRIO: Verso obscuro. Aqui, o filho de *Brahma*, continua ensinando a *Svayambhû*, dizendo-lhe que o Absoluto, o vidente, manifesta a Si mesmo". Ao ouvir isso, ele desapareceu. *Vaishvarana Rudra* ouviu da boca de *Svayambhû*, o seguinte: "O objetivo último das *Brahma Upanishads*, que é o *Prânava Tarakâ*, é Eu sou *Pashupati*", ou seja, "Eu sou *Shiva*, o Senhor dos Animais".

3. Uttara Kândha

1-2- *Brahman*, que possui a forma do *Hamsa*, indicado pelo conjunto de sílabas do *Omkara*, é *Ishvara* que solicita aos homens que evitem ações, que os levem a perder o seu bem-estar e consequentemente os tornem miseráveis. O conhecimento que surge do Absoluto, leva a convicção de que *Ishvara* não é outro senão *ParamAtman,* e é o que leva alguém a tornar-se idêntico a *Brahman.* Este é o modo de procedimento para se alcançar *Brahman*, que é o *Atman.* De que proveito são as meras palavras dele?

COMENTÁRIO: *Brahman,* que é *Hamsa,* indicado pelas sílabas do *Mantra Om,* é *Ishvara,* o Senhor, que pede aos seres humanos que não pratiquem ações que os levem ao bem-estar ou à miséria. O conhecimento do Absoluto leva a perceber que o Senhor é *ParamAtman,* o *Atman.* Isso leva as pessoas a tornarem-se idênticas ao Absoluto. É assim que se procede para se alcançá-Lo, Ele que é o *Atman.* Qual proveito se pode tirar de palavras diferentes dessas?

3-5- A luz do Conhecimento de *Brahman,* é conhecida como o crepúsculo na reunião das consciências interior e exterior. O tempo dos iluminados *Jivamuktis* já passou. Quando o que é conhecido como *Hamsa* alcança sua própria divindade interna (a Consciência Auto Luminosa, o *Brahman*), conhecido como o *Atman,* como pode haver toda a descendência, como *Vishva, Viraj,* etc., decorrentes de *Atman-Tattva,* a verdade do *Atman?* O *Hamsa* que é conhecido como o *Prânavananda* Interno (de oito *Mâtrâs* no *Nâradaparivrâjaka Upanishad*), é o *Hamsa* Interno, que induz ao Conhecimento. A consciência interna é o escondido talo de lótus do conhecimento, que não é capaz de ser suficientemente bem-visto. A forma que é nitidamente vista é a de *Shiva,* junto com a *Shakti,* é revelada como: "Eu sou o Graça da Consciência", pelo intelecto aguçado e sutil daqueles dotados de uma visão sutil. O som *Nâda,* o *Bindu* e o *Kalâ,* esses três são o resultado dos atos do mundo desperto, como também os três corpos (bruto, sutil e causal), os três *Shikas* (*Vishva, Taijasa* e *Prajña*), as formas externas, em número de cinco (os cinco elementos e todas as suas variantes) e todos esses mencionados e não mencionados acima. O *Hamsa* o qual uma vez assumiu a forma da consciência interna, concebeu todos os seres, manifestando a Si mesmo, exteriormente, como *Brahman,* como testemunho suportados pelas *Sruti*: "*Satya* ou existência, o *Jñana* ou conhecimento, e *Ananta* o infinito, são o *Brahman*".

COMENTÁRIO: Versos obscuros. A Luz do Conhecimento de *Brahman,* é conhecida como o crepúsculo, a interface das consciências interior e exterior. A consciência interior é a consciência da Verdade, do Absoluto. A consciência exterior é a percepção da realidade externa. Dessa forma, a percepção do Absoluto é algo que se situa entre as duas consciências. Pode-se percebê-Lo interna ou externamente. Os versos não dizem porque o tempo dos iluminados *Jivamuktis* já passou, nem a descendência, como *Vishva, Viraj,* etc. O *Hamsa,* que é conhecido como o *Prânavananda,* ou seja, como a bem-aventurança do *Prânava* Interno, é Ele mesmo, que induz ao conhecimento da Verdade. A Consciência Interna, a Consciência do Absoluto, é o oculto talo do lótus do Conhecimento, incapaz de ser percebido facilmente. A união *Shiva-Shakti,* é revelada pela frase: "Eu Sou a Graça da Consciência". Isso é percebido pelo intelecto que se tornou aguçado pela prática da meditação, daqueles que são dotados de visão sutil. O som *Nâda* do *Bindu* e *Kalâ* (o tempo), resultam de atividades do mundo desperto. Se percebe o som *Nâda* estando desperto. O *Bindu,* ou seja, a ressonância do ponto nasal do *Mantra Om,* se ouve quando estamos despertos. O tempo (*Kâla*), está associado ao mundo desperto. Os três, também resultam da atividade dos três corpos, o grosseiro, o sutil e o causal. Portanto, podemos ouvir o som *Nâda,* a ressonância nasal do *Mantra Om* e medir o tempo, também no mundo sutil. Idem, para os estados de consciência *Vishva, Taijasa e Prajña.* Certa vez, o *Hamsa* assumiu a forma da Consciência Interna, o Absoluto, quando então, criou todos os seres, manifestando a Si mesmo, exteriormente, como *Brahman,* como testemunha do que está escrito nos *Shastras, na Sruti:* "*Satya* ou existência, o *Jñana* ou conhecimento, e *Ananta* o infinito, é *Brahman*".

6-7- O *Hamsa* (*Hamsarkapranvadhyâna*), deve ser conhecido como meditação em *Brahman,* como está escrito nas escrituras, do seguinte modo: "Isto tudo é o *Atman,* que deve ser realizado pela atitude: "Eu sou *Brahman*". A quem recorre a este tipo de meditação é dito estar imerso no oceano da *Jñana* (Conhecimento), ou seja, *Brahman.* O buscador, após a Libertação Espiritual, deve repetir: "Eu Sou *Brahman*", encontra a outra margem do Conhecimento (a Beatitude Final).

COMENTÁRIO: O *Hamsa* deve ser conhecido através da meditação, da forma que está escrito nas escrituras sagradas: "Tudo isso, é o *Atman*". O *Yoguin* que recorrer a esse tipo de meditação está imerso no oceano do Conhecimento, ou seja, ele se torna *Brahman.* Aquele que busca a Verdade, após conquistar a Libertação Espiritual, deve repetir a seguinte frase: "Eu Sou *Brahman*".

8-14- *Shiva,* o Senhor dos *Pashus* (dos animais), é a testemunha de todas as coisas, sempre, de acordo com a sua própria vontade. Dirigido por Ele do seu próprio modo, a mente de todos prossegue em direção às suas funções: o *Prâna* se move em seu curso habitual; o órgão da fala funciona; os olhos veem as formas; o ouvido escuta os sons. Todos os outros órgãos dos sentidos, dirigidos por Ele, caminham, cada um, na direção ao cumprimento das suas funções, continuamente. Essa direção deles não está fora das suas inclinações naturais, mas se deve à ilusão. O *Pashupati*, ou seja, o *Purusha*, por sua própria vontade, entra nos ouvidos colocados à sua disposição e *Shiva* dá aos ouvidos, a capacidade de ouvir. O *Parameshvara* entra na mente que repousa Nele, dá-lhe a capacidade de funcionar, como mente regular, estabelecendo-se em sua própria existência. No entanto, Ele é diferente do que é conhecido, como também do que é desconhecido, o *Ishvara*, assumindo a forma de todos os outros órgãos criados, no sentido de ação motora, e dá, de forma regular a cada um deles, as suas capacidades de funcionar como tal.

COMENTÁRIO: *Shiva,* o Senhor dos Animais, é a Testemunha Silenciosa de todas as coisas, sempre, de acordo com a sua vontade. Daí, os versos falam das funções dos órgãos dos sentidos, dirigidos por Ele, assim como a mente e o *Prâna*. As funções dos órgãos dos sentidos são realizadas, por causa da ilusão. *Pashupati* ou *Shiva* é aqui dito ser o *Purusha* do *Yoga* e do *Samkhya*. Ele entra nos ouvidos à sua disposição e *Shiva* lhes dá a capacidade de ouvir. Dessa forma, não é o ouvido que ouve, mas porque *Shiva* lhe dá essa capacidade. Sobre isso, assim diz a *Kena Upanishad* (TINOCO, Carlos Alberto 1996. **As *Upanishads***, pág. 144):

> "DISCÍPULO: Ó *Guru,* quem comanda a mente para que ela encontre os seus objetivos? Quem faz o *Prâna* pulsar com a vida? Quem faz o homem falar? Qual é o poder que dirige os olhos e os ouvidos?"
>
> "MESTRE: É o Ouvido do ouvido, a Mente da mente, a Fala da fala, a Vida da Vida e o Olho do olho. (É o *Atman,* o Ser Interno). Abandonando a ligação do Ser (com os sentidos), renunciando ao mundo o homem Sábio atinge a Imortalidade".
>
> (*Kena Upanishad,* I, 1-2)

Os versos falam em *Parameshvara,* que é o Supemo Senhor, é *Shiva* que entra na mente, dando-lhe a capacidade de funcionar. Ele é diferente de tudo e de todos, seja conhecido, seja desconhecido. Ele é *Ishvara* e assume a forma de todos os órgãos da ação motora, dando-lhes a capacidade de funcionar.

17-21- O *Atman* interno é a radiância transcendente, enquanto o que é conhecido como *Mâyâ,* é escuridão intensa. Entretanto, como pode haver a ocorrência de *Mâyâ* no *Atman* Interno? Por isso, por meio do raciocínio lógico e outros testemunhos, bem como, de sua própria experiência com o *ParamAtman,* que é a consciência palpável e está bem estabelecido por seu brilho próprio, nele não há *Mâyâ.* Esta experiência da existência e da não existência de *Mâyâ*

Nele, é apenas devido ao erro de concepção na mente do povo e não de ninguém mais. Do ponto de vista da verdade, isto não existe no seu todo. Apenas a Verdade existe. O erro popular é devido aos comentários indevidos sobre a Luz do Conhecimento. A Luz sempre existiu e, portanto, é não-dual. Mesmo a menção do estado não-dual é devido à divulgação indevida da Luz do Conhecimento. A Luz sempre existiu. Assim, o silencio é atitude apropriada a ser assumida nesta controvérsia.

COMENTÁRIO: O *Atman* é a luz da radiante transcendência, enquanto a ilusão dos sentidos, *Mâyâ*, é intensa escuridão. Daí, os versos indagam se existe *Mâyâ* no *Atman*, que é Puro, Infinito e não-dual. A resposta é que, tanto pelo raciocínio lógico e de outras testemunhas, assim como, pela própria experiência em percebê-Lo, se pode dizer que Nele não existe a ilusão. É a mente do povo que faz essa confusão, sobre a existência ou não existência de *Mâyâ* no *Atman* e de mais ninguém. Do ponto de vista da verdade, isso não existe totalmente. O que existe é a Verdade, o Absoluto. Esse erro da mente do povo se deve aos comentários impróprios sobre a Luz do Conhecimento, sobre o Absoluto. A Luz do Conhecimento é eterna, intemporal, por isso, sempre existiu, sendo assim, não-dual. Sobre qualquer controvérsia sobre o *Atman*, a melhor atitude é sempre o silêncio, uma vez que Ele está acima do pensamento, além das palavras.

22-31- Este grande e importante segredo é revelado pela Sua própria vontade. Ele, não é mais o *Jiva*, nem *Brahman*, nem é nada mais. Para ele, não há *Varna*, nem

Ashrama, nem *Dharma* e nem *Adharma* para ele, nem *Nisedha* ou proibições nem *Vidhi* ou prescrições. Enquanto tudo o que caracteriza *Brahman* revela-se pela Sua própria vontade, por não muito tempo, mesmo a aparência das diferenças, como as da miséria, pode aparecer. O conhecedor do *ParamAtman*, mesmo que ele olhe para o mundo como feito de formas, como *Jiva*, não as vê, mas vê apenas a forma da Consciência, a substância de *Brahman*. Mesmo o tema do *Dharma* e o *Dharmin* (aquele que mantém tal conduta) serão quebrados em pedaços, não havendo entre eles, a menor diferença. Diferença e não diferença e a distinção entre os dois, não existe para *Brahman*. Além do Ser, há sempre o Ser, sempre *Brahman*. Ele existe, em substância e também em não substância. Assim também, o que pode o homem Sábio, que conhece *Brahman* tirar dele o que renunciar? Aquele, o qual é do mesmo tipo que a mente como a mente de que depende, que transcende o alcance da fala e da mente, que não pode ser visto, nem compreendido, não tem linhagem e não tem forma, que está além do alcance do olho e do ouvido, que está além de todo o significado, que não tem nem as mãos nem os pés, que é eterno, que tem todos os poderes, que é permanente, que é o sutil, o Imortal, é a suprema felicidade de *Brahman*, antes e por trás dele também, a suprema Graça de *Brahman* à sua direita e a suprema Graça de *Brahman*, à sua esquerda. Quando se vê tudo, sempre em seu próprio *Atman* sem medo, então ele é liberado. Libertação Espiritual, é apenas para aquele que está vinculado a Ele.

COMENTÁRIO: Para aquele a quem esse importante segredo foi revelado ele se torna tudo, além do *Jiva*, além de qualquer concepção sobre o Absoluto. Ao alcançar esse Supremo Estado de Consciência, para ele não existirá mais as castas, nem as fases da vida obrigatórias para o homem, nem o *Dharma* ou os deveres a cumprir, nem o contrário; não existem proibições, pois tudo lhe é permitido, estando acima da ética humana e das prescrições. Tudo sobre o Absoluto se revela pela sua própria vontade, mesmo a aparência das diferenças, como as da miséria humana, podem ser por ele percebidas. O conhecedor do *Atman* quando olha para o mundo feito de formas diversas, não as vê, percebendo nele apenas a Consciência Suprema, a substância do Absoluto. Para ele, não existe os temas sobre o *Dharma* nem sobre aquele que o pratica, sendo todos eles quebrados em pedaços, não havendo entre eles, nenhuma diferença. Isso não existe para aquele que se tornou idêntico ao Absoluto. Além do Absoluto, existe sempre o Absoluto. Ele é substancial e ao mesmo tempo, insubstancial. O ser humano que O conhece, tira de si mesmo, aquilo que deve renunciar, não do Absoluto. Aquele que é da natureza da mente como a mente do Absoluto, que transcende a fala e a mente, que é invisível e não pode ser compreendido pela razão, que não tem linhagem nem forma, que está além do alcance do olho e do ouvido, que está além de qualquer significado, que não tem mãos nem pés, que é eterno, que é onipotente, que é permente, sutil e Imortal, é a Suprema Felicidade de *Brahman,* que está à direita e à esquerda, na frente e atrás. Quando tudo é observado como pertencente ao *Atman,* o *Yoguin* é liberado. A Libertação Espiritual é somente para aqueles que estão ligados ao *Atman.* A frase: "Enquanto tudo o que caracteriza *Brahman* revela-se pela Sua própria vontade", é um pensamento que nos remete à concepção cristã da Graça, pois Ele se revela aos seres humanos, de acordo com a sua vontade.

32-33- O *Parâ Vidyâ* deve ser atingido desta maneira, por meio da veracidade, da penitência austera, e adotando formas corretas de conduta, como o *Brahmacharya* e seguindo o caminho que está previsto na *Upanishad*. Somente aqueles que destruiram as manchas dos seus erros e não os outros, que estão revestidos pela ilusão, podem ver em seus próprios corpos, a forma auto luminosa da Verdade Mais Elevada.

COMENTÁRIO: *Para Vidyâ,* ou seja, o que está além da ignorância, deve ser alcançado da maneira descrita, ou seja, pelo conhecimento do Absoluto, da veracidade, penitências austeras, adotando formas corretas de conduta, como se tornar uma pessoa casta e seguindo o caminho que está especificado nas *Upanidhads*. Somente aqueles que destruíram os seus erros, não os outros que ainda estão na ilusão de *Mâyâ,* podem ver estampado em seus próprios corpos, a forma luminosa da Mais Elevada Verdade, a Verdade de *Brahman*.

34-35- Aquele *Yoguin,* que cresceu até à sua máxima estatura espiritual, o qual alcançou o pleno Conhecimento da Verdade Mais Elevada, não há nada mais a ser buscado, em qualquer lugar. Como um céu cheio e eterno, não vai a lugar algum, assim também o conhecedor do exaltado *Atman* Supremo, o *Brahman*, se move para onde quiser.

COMENTÁRIO: O *Yoguin* que, pela prática do *Yoga*, alcança a sua mais elevada estatura espiritual, atingindo a Verdade Mais Elevada, para ele não há nada que deva ser buscado, pois chegou à meta final da vida humana. Como um céu amplo e eterno, não vai a lugar algum, da mesma forma, aquele que conhece o *Atman,* se move para onde desejar, pois adquiriu muitos poderes psíquicos para se deslocar para onde quiser.

36-43- Evitando os alimentos proibidos, o coração se torna puro. Ao consumir o alimento puro, a clareza da mente pensante é alcançada por sua própria conta. A mente se torna clara, o conhecimento vem no seu rastro, no seu curso usual. O nó do umbigo, o coração, etc., distintamente, abrem caminho. A proibição sobre alimentos se aplica apenas ao caso em que o mortal, é desprovido do conhecimento do *Brahman*. Não no caso de alguém que sabe muito bem sobre *Brahman*, como quando se sabe que tudo é o *Atman*: "Eu sou o alimento. Eu sou o comedor do alimento" – este é, de fato, o conhecimento de *Brahman*. O conhecedor de *Brahman* come de tudo, ao perceber que ele é *Brahman*. Ele sempre olha para o *brâhmane* e *o kshâtrya* como o seu pão de cada dia, e olha para a morte como a bebida para lavar-se dos seus erros, é um iluminado, sempre imutável. Pois, pelo conhecimento da forma de *Brahman*, o mundo se torna, de fato, digno de ser considerado como alimento. O mundo brilha como se fosse o *Atman,* quando se torna digno de ser considerado como alimento. *Brahman* é eterno e da mesma natureza do *Atman.* Assim, todas as coisas tornam-se dignas de serem consideradas como alimento. Enquanto o mundo for apenas uma aparência, o mundo não se torna apto a ser considerado como alimento. O *Atman* brilha por si mesmo, podendo ser comparado a tudo que existe, sendo incapaz de ser medido e, certamente, torna-se comida. O *Atman* come a sua forma, pela sua própria vontade. Não há nada além do *Atman* que deva ser comido. Caso haja qualquer forma de existência, é só *Brahman* que existe.

COMENTÁRIO: A questão dos alimentos puros, é uma constante no pensamento do hinduísmo e, pincipalmente das *Upanishads* e do *Yoga*. Vários são os textos sobre *Hatha Yoga* que se referem aos alimentos impuros. Estes versos não fogem à regra. Evitando alimentos impuros, o coração se torna puro e a mente se torna clara, o conhecimento da Verdade aparece. O nó do umbigo, ou seja, o *Granthi* do *Chakra Manipura* é desfeito, juntamente com o do coração. Aqueles que conhecem o Absoluto, a prescrição de alimentos pode ser dispensada. Depois, vem uma frase que faz lembrar a *Taittiriya Upanishad,* quando diz (TINOCO, Carlos Alberto 1996. **As *Upanishads***, pág. 235):

> "Ele compreendeu que o alimento é *Brahman;* pois do alimento, verdadeiramente, nascem esses seres. Pelo alimento, depois de nascidos, eles vivem; ao alimento retornam, quando se dissolvem, fundindo-se com ele".

(*Taittiriya Upanishad,* III, 2, 1)

Aquele que conhece *Brahman,* tudo come, pois, percebe que ele e tudo são *Brahman.* Ele olha para qualquer pessoa pertencente a qualquer casta, como o seu pão de cada dia, olhando para a morte como uma bebida que vai lavá-lo dos seus erros, pois é um iluminado. Ao conhecer *Brahman*, percebe que tudo pode por ele ser comido. Tudo brilha como se fosse o *Atman*, quando se percebe que tudo pode ser comido. Até mesmo o *Atman*, desse modo, pode ser considerado como alimento, o alimento do espírito. Tudo que pode ser comido, é idêntico ao *Atman*, pois Ele é tudo. Nada existe além do *Atman*, que é o Absoluto.

44-46- A qualidade do Ser, é *Sattva* ou existência. Existência é *Brahman* e nada mais. Não há existência fora disso. Na verdade, tudo o que existe materialmente, é *Mâyâ*. *Mâyâ* é criada pelo *Atman* do *Yoguin*. Se ele sempre pratica meditação sobre o *Atman*, brilha na forma de uma Testemunha Silenciosa, quando alcança o conhecimento de *Brahman*. Ele se vê em tudo o que percebe, como sendo Ele, o seu próprio *Atman* – Esta é a *Upanishad*.

COMENTÁRIO: A qualidade do Ser, do Absoluto, é equilíbrio, equanimidade, é *Sattva* ou existência. Existência é *Brahman*, nada havendo além disso. Todo o mundo material, é ilusão, é *Mâyâ*. A ilusão é criada pelo *Atman* do *Yoguin*. Mas, se ele pratica meditação, concentrando-se no *Atman*, se torna uma Testemunha Silenciosa, se identifica com Ele, alcançando o conhecimento do Absoluto. Quando isso ocorre, ele percebe tudo como se fosse o *Atman*.

Esta é a *Upanishad*.

BIBLIOGRAFIA

TINOCO, Carlos Alberto 1996. **As Upanishads**. São Paulo-SP, Ibrasa, pág.144

IDEM. IDEM, pág. 235.

4. *Brahmavidyâ Upanishad*

A tradução comentada da *Brahmavidyâ Upanishad* que apresentamos abaixo, pertence à tradição do Norte da Índia. Foi traduzida do Sânscrito para o inglês por *Swami Madhavananda* e do inglês para o português, por uma pessoa que se denomina "Uma *Yoguini* em *Seva* a *Sri Shiva Mahadeva*". O texto é possível ser encontrado na internet (*Upanishad* do *Krishna Yajur-Véda*), sendo uma outra versão do texto de *Goswami Kriyananda*.

INVOCAÇÃO

Om! Que Ele possa proteger-nos, a ambos, juntos.
Que Ele possa nutrir-nos, a ambos, juntos.
Que nós possamos trabalhar conjuntamente com a grande energia.
Que nosso estudo seja vigoroso e efetivo.
Que nós não possamos disputar mutuamente
(ou não odiarmos ninguém).
Om! Deixe haver Paz em mim!

Deixe haver Paz em meu ambiente!

Deixe haver Paz nas forças que atuam em mim!

1- Eu proclamo o conhecimento de *Brahman*, que é onisciente e o mais elevado. Ele mostra como é a origem e o fim – *Brahma, Vishnu* e *Mahesvara (Shiva)*.

COMENTÁRIO: Aqui existe um narrador, que proclama o Conhecimento de *Brahman*, o Supremo. É Ele quem aponta a origem e o fim, ou seja, *Brahma*, o criador; *Vishnu*, o mantenedor e *Shiva*, o que destrói para que haja a renovação.

2- *Vishnu*, trabalhando com seus poderes miraculosos, torna-se, em intervalos, um ser humano, por meio da compaixão. Seu segredo, como o fogo *Om*, encontra-se no conhecimento de *Brahman*.

COMENTÁRIO: Todos os *Devas* do panteão do hinduísmo, por serem deuses, possuem poderes miraculosos; *Vishnu*, usando os seus poderes miraculosos, desce à terra em formas humanas, como *Avatares*, por ter compaixão pela raça humana. Seu segredo é como o fogo do *Mantra Om*. Neste *Om*, está o Conhecimento de *Brahman*. Sobre a encarnação do Supremo, periodicamente, vale citar os seguintes versos da *Bhagavad Gitâ:* (PRABHUPADA, Baktivedanta Swami 1993. **Bhagavad Guitâ como ele é**, págs. 215 a 217).

> IV. 7. *Krishna* falando: "Sempre e onde quer que houver um declínio na prática religiosa, Ó descendente de *Bharata*, e um aumento predominante da irreligião – neste momento Eu próprio desço.

IV. 8. Para libertar os piedosos e aniquilar os canalhas, bem como para restabelecer os princípios da religião, Eu mesmo apareço, milênio após milênio.

IV. 9. Aqueles que conhecem a natureza transcendental do Meu aparecimento e atividades, ao deixar o corpo não voltam a nascer neste mundo material, alcançando Minha morada, "Ó *Arjuna*".

3- A sílaba *Om* é *Brahman*, assim, verdadeiramente, ensinam os *brâhmanes* conhecedores da Realidade. Eu agora proclamo o segredo desta sílaba: o corpo, o lugar, o tempo e a morte.

COMENTÁRIO: Os *brâhmanes* ensinam que a sílaba *Om*, é *Brahman*. O narrador diz então que vai proclamar o segredo do *Om*, que é o corpo, o lugar, o tempo e a morte.

I– O CORPO, OU *SHARIRA*, DO SOM *OM*

4- Existem três deuses, três mundos, três *Védas* e três fogos. Três moras e meia mora. Naquele trissílabo, está o Bem-aventurado Único.

Mora é uma unidade de som usada na fonologia que determina o peso silábico em alguns idiomas.

COMENTÁRIO: Trata-se de uma apologia ao número três. Os três deuses são: *Brahma, Vishnu* e *Shiva*. Os três mundos são: o terrestre, o atmosférico e o celeste; os três *Védas* são o *Rig*, o *Sama* e o *Yajur;* os três fogos são:

Âhavanya, *Gahapatya* e *Dakshina*; existe também as três sílabas do *Mantra Om* (*A, U, M*), incluindo-se a meia sílaba da ressonância nasal do ponto *Bindu*, o ponto sobre a sílaba *Om*. Nele, está o Bem-aventurado, *Brahman*.

5- Os conhecedores da Realidade explicam que o corpo da sílaba "*A*", é o Senhor Criativo, O *Rig-Véda*, o fogo *Gahapatya* e o mundo inferior.

COMENTÁRIO: A sílaba "*A*" do *AUM*, é o Senhor Criador, que é *Brahma*. É também o *Rig-Véda*, o fogo *Gahapatya* e o mundo inferior, ou seja, a terra. Assim foi explicado por aqueles que conhecem a Realidade.

6- O *Yajur-Véda*, a região média, o fogo *Dakshina*, e o sagrado deus *Vishnu*, a sílaba "*U*" é proclamada por aqueles que conhecem a Realidade.

COMENTÁRIO: Os que conhecem a Realidade, proclamam que a sílaba "*U*" é o *Yajur-Véda*, a região média, ou seja, a atmosfera, o fogo *Dakshina* e o sagrado *Vishnu*.

7- O *Sâma-Véda*, o mundo celestial, o fogo *Âhavaniya* e *Ishvara*, o mais elevado (ou Supremo) Senhor, é a sílaba "*M*", a nós proclamada.

COMENTÁRIO: Os que conhecem a Realidade proclamam que o *Sâma-Véda*, o mundo celestial, o fogo *Âhavanya* e *Ishvara* (aqui, identificado como *Shiva*), são a sílaba "*M*".

II– A LOCALIZAÇÃO DO SOM *OM*

8- No meio da concha do cérebro, como um sol brilhante, brilha o *"A"*. Dentro dele está situado o som *"U"*, com esplendor da lua.

COMENTÁRIO: Quando cantamos o *Mantra Om*, é possível sentir a caixa craniana vibrar. Diz o verso que ao se cantá-lo, no meio do cérebro, brilha a sílaba *"A"*. Dentro do cérebro, vibra a sílaba *"U"*, que possui o esplendor da lua. O *Chakra Sahasrara* é branco, brilhante. Daí a cor da lua.

9- O som *"M"* também, é como fogo sem fumaça, semelhante ao brilho de relâmpago. Assim, brilham as três sílabas, como a lua, o sol e o fogo.

COMENTÁRIO: A sílaba *"M"* é como o fogo sem fumaça, assemelhando-se ao brilho do relâmpago. Desse modo, brilham as três sílabas *A, U, M*, como a lua, o sol e o fogo.

10- Lá em cima, uma chama aguçada como uma tocha de luz, existe. Conhecendo-a como a meia sílaba, ela se escreve acima da sílaba *Om*.

COMENTÁRIO: O verso se refere à meia sílaba, o ponto *Bindu*, colocado acima do *Mantra Om*.

III– O TEMPO, OU *KALA*, DO SOM *OM*

11- No entanto, como uma chama afiada e sutil como a fibra de lótus, brilha a *Nadi* cerebral, que é o Sol e, passando por ela, penetra no *Om* do *Âjña Chakra*.

COMENTÁRIO: A *Nadi* cerebral é como o sol, afiada e sutil como a fibra do lótus, ao ser atravessada, penetra-se no *Om*, que sai do *Âjña Chakra*. Meditadores em profundo transe, percebem o *Mantra Om* saindo do *Chakra Âjña* e preenchendo tudo.

12- Através do Sol e das setenta e duas mil artérias (*Nadis*), irrompe através da cabeça e permanece como o produtor de bênçãos para todos – permeando todo o Universo.

COMENTÁRIO: O som do *Mantra Om*, passando através da *Nadi* cerebral que é o sol e das 72 mil *Nadis*, irrompe através da cabeça, permanecendo como aquilo que produz bênçãos para todos, permeando todo o universo. É mais uma referência ao poder do *Mantra Om*.

IV- O DESAPARECIMENTO, O DESVANECIMENTO, OU *LAYA*, DO SOM *OM*

13- E assim como o som de um utensílio de metal, ou de um gongo, morre no silêncio, assim é aquele que busca o Todo, ao deixar o som do *Mantra Om,* morrer no silêncio.

COMENTÁRIO: Assim como o som produzido por um

utensílio de metal, como um gongo, desaparece e morre no silêncio, aquele que procura o Absoluto, ao cantar o *Mantra Om,* deixa-o desaparecer no silêncio.

14- Aquele em quem o som do *Om* se desvanece, é *Brahman*, o mais elevado. Sim, o som por inteiro é *Brahman*, e conduz à Imortalidade.

Om Shanti! Shanti! Shanti!

COMENTÁRIO: Quando cantamos o *Mantra Om,* ao final, ele se desvanece, ele se desvanece no Absoluto, o mais elevado som, o som por completo que conduz à imortalidade.

BIBLIOGRAFIA

PRABHUPADA, Baktivedanta Swami 1993. **Bhagavad Guitâ como ele é**. São Paulo-SP, The *Bhakivedanta* Book Thust, págs. 215 a 217.

Grupo de Upanishads que vê o Yoga como um fenômeno luminoso

1. Advayatâraka Upanishad

Advayatâraka Upanishad significa *Upanishad* do libertador não-dual. Este texto é o 53º dentre as 108 *Upanishads* citadas pela *Mukti*. Ela pertence ao *Yajur-Véda* branco, e procura expor a essência do *Raja-Yoga*. Foi escrito em forma de prosa e verso, misturados. A versão aqui apresentada é a de *Ayyangar*, portanto, pertencente à tradição Sulina.

INTRODUÇÃO

1- Elegibilidade do *Târaka-Yoga*

Então, e pelos poderes paranormais do *Purusha*, nós apresentaremos a exposição daquilo que alcança o asceta, que controlou seus sentidos e é cheio das seis qualidades e outras, explicadas aqui, nesta *Advayatâraka Upanishd*.

COMENTÁRIO: As seis qualidades são: 1– *Sama*, quietude, autocontrole da mente; 2– *Dama*, domínio de si mesmo, autocontrole; 3– *Uparati*, conformação, resignação; 4– *Titiksa*, tolerância, alegria; 5– *Samadhana*, presteza, decisão; 6– *Sharada*, fé, fidelidade. Aqui, os autores anônimos desta *Upanishad* farão uma exposição daquilo que o praticante atinge, quando controla os seus sentidos e é cheio das seis qualidades e de outras. Vale destacar que a palavra *Taraka* significa a Realidade Transcendente, ou seja, o Absoluto *Brahman*.

2- Os meios e os fins do *Yoga*

Sempre compreendendo o significado de "Eu possuo a forma de *Chit* (Consciência Transpessoal)", com os seus olhos bem fechados, ou com os seus olhos ligeiramente abertos, enxergando o transcendental *Brahman* através da introspecção acima do centro das sobrancelhas, e tendo a forma do efulgente *Sat-Chit-Ananda* (Ser Eterno-Consciência – Bem-aventurança), o praticante torna-se da mesma forma de *Târaka* (forma da Realidade Transcendental).

COMENTÁRIO: Neste trecho, há uma referência a *Sat-Chit-Ananda* (Ser Eterno-Consciência – Bem-aventurança). Trata-se de uma expressão que tenta designar as propriedades do Ser-Interno, o *Atman*, idêntico ao Absoluto *Brahman*. O *Atman* está em tudo, seres vivos, coisas inanimadas etc., sendo Ele, idêntico ao Absoluto *Brahman*. Vale assinalar aqui que o *Yoga* aceita a existência de *Chitta* e de *Chit*. *Chitta* é a mente pessoal, o Ego, a nossa identidade como indivíduo. *Chit* é uma "mente" transpessoal, além de *Chitta*.

3- A forma de *Târaka*

Porque isso permite que alguém atravesse o grande medo de experienciar o ciclo da existência, ou seja: nascimento, velhice e morte. Isto é da forma de *Târaka*; tendo percebido aquelas duas (entidades), *Jiva* e *Ishwara* são ambos o resultado da ilusão, e desprezando todas as coisas perceptíveis com "não isto, não isto", o que permanece é Aquele. É o *Brahman* não-dual.

COMENTÁRIO: Aqui, o texto se refere a uma afirmação do famoso Sábio *vendantino Shankarasharya* "não isto". Esta expressão se refere ao fato de o Absoluto *Brahman* não ser nada daquilo que se possa pensar que Ele seja. Quando o praticante alcança *Sat-Chi-Ananda,* rompe o ciclo da existência pré-natal, nascimento, velhice e morte. *Jiva* é a alma individual. *Ishwara* é uma palavra do *Yoga* Clássico e significa o Absoluto *Brahman*. Aqui, não é o caso, os autores anônimos a empregaram em um outro sentido.

4- Como alcançar

Para alcançar este estado, deve-se ter os três tipos de percepção (*Lakshya*).

COMENTÁRIO: Neste trecho, os autores anônimos dizem que para se alcançar *Târaka*, deve-se ter os três tipos de percepção, que serão descritas em seguida.

5- Descrição da percepção interna

Existe, no meio do corpo, *Sushumna*, a *Nadi* de *Brahman,* da forma do Sol e do brilho da Lua. Partindo do *Chakra Muladhâra* (roda do apoio da raiz), ascende na direção do

Brahma-randhra (porta de *Brahma*) localizado no topo da cabeça. Localizada no seu centro, está a celebrada *Kundalinî*, muito radiante como miríade de flashes luminosos, possuindo delicada forma, tal como o fino talo da flor de lótus. Tendo observado isto através da mente, o homem se liberta de tudo que o prende a este mundo, através da destruição de todos os seus enganos. Assim, o praticante percebe, incessantemente, a totalidade da efulgência do *Târaka-Yoga*, uma radiância na região facial da testa, e assim se torna um *Siddha* (dotado de poderes), um ser realizado. Um som semelhante a "*Phoo*" é gerado nos seus dois ouvidos, parando com a introdução da ponta de seus dedos. Quando a mente está harmonizada com aquele estado, percebendo uma radiância azul no espaço entre os olhos, ele alcança, através da introspecção, uma bem-aventurança de extraordinária qualidade. E o mesmo acontece com o seu coração. Assim, aquele que procura, se liberta pela prática da Percepção Interna.

NOTA: A expressão "uma radiância na região facial da testa, e assim se torna um *Siddha* (dotado de poderes), um ser realizado", se refere ao fato do praticante se tornar um ser dotado de poderes psíquicos, após perceber uma radiância localizada no *Chakra Ajña*, situado entre as sobrancelhas.

COMENTÁRIO: Aqui, o texto se refere à anatomia exotérica do *Yoga*. Segundo a tradição do *Yoga*, o ser humano possui três corpos: *Sthula Sharira* = corpo grosseiro (corpo físico); *Sukshma Sharira* = corpo sutil; *Karana Sharira* = corpo causal. Assim como o corpo físico possui uma anatomia, o corpo sutil também possui a sua anatomia, como já abordado antes.

6- Descrição da percepção externa

E assim, descrevemos a percepção externa para tornar-se um adepto *Yoguin*: aquele que percebe o espaço etéreo de cor azul próximo da cor índigo aparentemente brilhando semelhante a uma onda da cor do vermelho-sangue, mas de fato alaranjada, em frente ao seu nariz, há uma distância de quatro, seis, oito, dez ou doze polegadas de distância. Existem radiações à frente do alcance da visão de uma pessoa, que irradiam dos seus olhos na direção do céu eterno. Percebendo tais raios, o praticante torna-se um *Yoguin*. Ele vê tais cintilações semelhantes a ouro fundido, como se fossem os raios de sol vistos sobre a Terra. Tal visão torna-se fixa. Por ele que vê através de uma distância de doze polegadas de comprimento à frente de sua testa, é alcançada *Amritatva* (imortalidade). Onde quer que ele possa estar, verá a radiância do etéreo céu à frente de sua testa, e assim se torna um *Yoguin*.

COMENTÁRIO: Este item descreve a chamada "percepção externa". Muito obscuro.

7- Descrição da percepção intermediária.

Segue-se agora a descrição da Percepção Intermediária: ele (o praticante) percebe algo semelhante ao vasto disco solar do amanhecer, resplandecente com variedade de muitas cores, como uma enorme fogueira e semelhante às regiões do meio-etéreo vazias disto. Ele permanece com a forma idêntica à deles. Por vê-los várias vezes, aparece o *Akasha* (éter) vazio de qualidades; seguindo-se ao transcendental *Akasha,* semelhante à escuridão palpável trazida pelo esplendor da radiante forma de *Târaka.* Consequentemente o grande *Akasha* brilha como o fogo da desilusão; em seguida, aparece o *Tatvakasha* (Éter da Veracidade) refulgente e de transcendente esplendor que está acima de tudo; ali então, se encontra o *Suryakasha* (Sol da Veracidade) brilhando com o esplendor de cem mil sóis. Assim, os cinco *Akashas,* externa e internamente, tornam-se visíveis à introspecção do *Taraka-Yoguin.* Ele que assim percebe, liberta-se dos frutos da ação, e torna-se semelhante ao *Akasha*. Portanto, a percepção do *Taraka* torna o praticante doador do fruto da mente sem desejo.

COMENTÁRIO: Neste item, está a descrição da Percepção Intermediária. Aqui há referências ao *Akasha*, o éter que é brilhante e possui a forma de *Târaka*. Há uma comparação entre o *Akasha* e *Târaka*.

8- Dois aspectos de *Târaka*

Târaka tem dois tipos: a primeira metade, *Târaka*, e a segunda, a variedade sem desejo. Aqui está o verso que responde ao seguinte objetivo: conhecer então que aquele *Yoga* é de dois aspectos, na ordem de prioridade e posterioridade; o primeiro deveria ser conhecido como *Târaka*, e o último, *Amanaskâ* (variedade sem desejo).

COMENTÁRIO: Item muito obscuro de interpretação complexa.

9- O prêmio do *Târaka-Yoga*

Sob as pupilas, no interior dos olhos, reflete-se a luz do sol e da lua. A visão pela pupila dos olhos, dos discos solar e lunar, consiste na visão deles pelo *Yoguin*, após concluir que, como no Macrocosmo (*Brahmanda*), existe um par correspondente de discos solares e lunares no *Akâsha* do meio da cabeça do *Yoguin* no Microcosmo (*Pindanda*). Aqui ele deveria também contemplar com uma mente olhando acima dos dois como essencialmente um, como sem tal mente, não existe finalidade para o papel dos sentidos. Então, *Târaka* deveria ser construído como possível somente com a Percepção Interna.

COMENTÁRIO: Aqui há referência à identidade entre o macro e o microcosmo. O macrocosmo é o universo inteiro e o microcosmo, é o corpo do *Yoguin*. Verso obscuro.

10- Os dois que devem ser distinguidos como o Corpóreo e o Incorpóreo *Târaka*, possuem dois aspectos: *Murti-Târaka* (Corpóreo) e *Amurti-Târaka* (incorpóreo). Aquele que culmina com os sentidos é corpóreo; aquele que está além das sobrancelhas é incorpóreo. Em qualquer dos casos, em essência a prática da meditação é desejável. Com os *Târakas*, poderia ser descoberto o que existe acima deles, o *Brahman* da forma *Sat-Cit-Ananda*, o qual é o resultado da introspecção da mente. Então, fica claro que *Brahman* é puro como luz branca. *Brahman* torna-se conhecido por meio da introspecção do olho focado pela mente. Assim é a *Amurti-Târaka* (incorpóreo). Ele é apenas percebido com a ajuda da mente, e aquele *Dahara* e outras similares formas de Âkasha, tornam-se conhecidas. A percepção da forma, sendo dependente da mente e do olho, externamente e internamente, é apenas pela conjunção do Atman da mente e dos olhos, que a percepção da forma é alcançada. Portanto a percepção interna em conjunto com a mente, é essencial para a manifestação de *Târaka*.

COMENTÁRIO: Aqui, há uma referência ao poder da meditação e da sua capacidade de levar o praticante a alcançar estágios superiores de consciência. O autor deste texto, não encontrou a tradução da palavra "*Dahara*". Aqui fica claro que os autores anônimos desta *Upanishad* dizem que a mente do observador constrói a realidade externa. Esta afirmação está de acordo com o conhecido problema da medida em Mecânica Quântica, onde a escolha do observador "cria" a realidade externa. Verso obscuro.

11- A real forma de *Târaka-Yoga*

Focando o olhar intensamente entre as sobrancelhas, o que se manifesta através disto é aquela irradiação que permanece acima das sobrancelhas, é *Târaka-Yoga*. Após provocar a união do *Târaka* com a mente, com um cauteloso esforço, o praticante ergue sua sobrancelha levemente. Esta é a primeira variedade de *Târaka-Yoga*. A posterior, que é incorpórea, é chamada de *Amanaska* (sem desejo). Há uma grande irradiação acima da raiz do palato. Isso é algo que vale a pena ser meditado pelos *Yoguins*. A partir daí, flui um poder sobrenatural, tal como *Animâ* e similares.

COMENTÁRIO: Aqui, o autor anônimo desta *Upanishad* descreve uma técnica que consiste em focar a mente entre as sobrancelhas, no *Chakra Ajña*. Em consequência disso, aparece uma luz muito brilhante e o praticante adquire poderes psíquicos.

12- O *Mudrâ* de *Shambû*

No caso das percepções interna e externa, quando ambos os olhos estão entreabertos, isto é o *Mudrâ* de *Shambû*. Já o lugar onde moram os Sábios que praticam este *Mudrâ* é sagrado. Pelos seus olhares, todos os mundos são santificados. A qualquer pessoa a quem seja dada a oportunidade de adorar estes grandes *Yoguins,* torna-se liberta espiritualmente.

COMENTÁRIO: Este item faz referência a um Mudrâ de *Shambû* ou *Shiva*. *Mudrâ* aqui se refere a um gesto feito com os olhos mantidos semicerrados pelos praticantes. De um modo geral, *Mudrâs* são gestos feitos com o corpo, com as mãos ou com os olhos, objetivando afetar as energias *prânicas* do praticante. Pode ser também os grandes brincos usados pelos membros da ordem *Kamphata*, ou ainda os cereais tostados usados nos rituais sexuais do *tantrismo* da linha *Vama* (esquerda). Aqui, diz o autor anônimo que aqueles que praticam esse *Mudrâ*, santificam os lugares onde estão.

13- Forma da percepção interna

As duas formas da percepção da radiação brilhante. Através da instrução comunicada por um grande mestre espiritual a Percepção Interna assume a forma de uma radiação emanada do *Sahasrara Chakra*, ou irradiada por *Chit*, oculta na caverna de *Buddhi* ou o *Turiya-Chaitanya* (a quarta consciência) habitando no *Sodhasanta*.

COMENTÁRIO: *Sodhasanta*, onde o *Turya-Caitanya* habita, é evidentemente, um ponto situado a dezesseis polegadas à frente da testa. A expressão *"Turya-Chaitanya"*, significa o Absoluto *Brahman*. Aqui, os autores anônimos desta *Upanishad* descrevem a Forma da Percepção Interna. Faz referência ao mestre espiritual, o *Guru*. Diz que a Percepção Interna possui a forma de uma luminosidade emanada pelo *Chakra Sahasrara*, ou também irradiada por *Chit*, a Consciência transpessoal. *Buddhi* é a parte nobre da mente. Aqui existe uma impropriedade, pois sendo *Chitta* a mente pessoal, que contém *Buddhi*, ela não pode abrigar *Chit*, *Turiya-Chaitanya*. Vale destacar que a palavra mente é usada indistintamente de consciência.

14-15- Descrição de *Achârya*

Ele é o *Achârya*, bem-versado nos *Védas*, um verdadeiro devoto de *Vishnu*, destituído de malícia, que conhece o *Yoga*, que tem afeição pelo *Yoga*, que sempre tem o *Yoga* na intimidade do seu puro ser; que é cheio de devoção pelo seu mestre espiritual é ele que especialmente conhece o *Purusha*; ele que possui tais qualidades, é conhecido como *Guru*.

COMENTÁRIO: Nestes dois versos, os autores anônimos desta *Upanishad* descrevem as qualidades do verdadeiro *Guru*. Dentre os vários tipos de mestres espirituais ou

Gurus, vale destacar o *Achârya*, um tipo de professor. Aqui é dito que o *Achârya* é um devoto de *Vishnu*, o que indica que os autores anônimos eram *Vaishnavas*. Para eles, o verdadeiro *Guru* é aquele que tem devoção ao seu mestre, numa clara alusão a uma linhagem de mestres espirituais denominada *Sampradâya*, onde um ensina ao outro, formando uma cadeia discipular.

16- A sílaba "*Gu*" indica escuridão, e a sílaba "*Ru*" dignifica o dispersador.

Por causa da qualidade de dispersador da escuridão, o *Guru* é assim chamado.

COMENTÁRIO: Aqui, os autores anônimos descrevem a etimologia da palavra "*Guru*".

17- O *Guru* representa o *Brahman* Transcendental.

O *Guru* é o supremo objetivo; o *Guru* é a transcendental sabedoria, e o *Guru* é o último recurso.

18- O *Guru* é o limite final.

O *Guru* é elevada abundância. Pela razão que ele ensina sobre Aquele, o *Guru* está acima de qualquer coisa.

COMENTÁRIO: Nestes dois itens, os autores anônimos desta *Upanishad* descrevem as qualidades do *Guru*. Segundo o hinduísmo, a presença do *Guru* representa a presença do Absoluto *Brahman*. O *Guru* é perfeito, possui uma sabedoria infinita, etc.

19- Frutos nascidos pelo estudo desta *Upanishad*

Aquele que lê esta *Upanishad* apenas uma vez, torna-se liberto do ciclo de nascimentos e mortes. Nesse exato momento, desaparecem todos os enganos cometidos em suas vidas passadas. Ele alcança todos os desejos do seu coração. Ele alcançou o objetivo e o fim da existência humana. Ele que conhece isto e esta é a *Upanishad*.

COMENTÁRIO: Neste último item, os autores anônimos descrevem quais são os resultados obtidos por aquele que lê esta *Upanishad*, mesmo que por uma vez apenas. Esse leitor afortunado, após a leitura, torna-se liberto do ciclo de mortes e de renascimentos, desaparecendo todos os erros por ele cometidos em suas vidas anteriores. Ele alcança todos os desejos do seu coração e atinge o objetivo da existência humana. Tudo isso simplesmente, por conhecer esta *Upanishad*.

2. Tradução comentada da MandalaBrahmana Upanishad

A palavra *Mandala* significa "Círculo", "Símbolo". *MandalaBrahmana Upanishad* significa "*Upanishad* da *Mandala Brahmanica*". Ela pertence ao *Sukla Yajur-Véda* ou *Yajur-Véda* Branco, sendo a de número quarenta e oito dentre as 108 mais citadas. A versão aqui apresentada, pertence à tradição Sulina da Índia, sendo a tradução de *Ayyangar*.

BRÂHMANA I
SEÇÃO I

1- *Om.* O grande *Muni Yajñavalkya* foi para *Âḍityaloka* (mundo do sol) e, saudando o resplandecente sol, disse: "Ó senhor reverendo Sol, descreva-me a Verdade do *Atman*".

COMENTÁRIO: *Yâjñavalkya* é um Sábio muito respeitado em algumas *Upanishads*, principalmente na *Brihâdaranyaka Upanishad*. Aqui, ele é considerado um *Muni*, um Sábio silencioso que guardou voto de silêncio. Ele foi até o mundo do sol, chamado *Âdityaloka*, para lhe indagar sobre a Verdade do *Atman*.

2- *Nârâyana*, o Senhor *Surya* (sol) respondeu:

"Eu vou descrever o *Yoga* óctuplo (de oito *Angas*), começando por *Yâma*, repleto do conhecimento: "Tudo é *Brahman* e não há outra existência fora de *Brahman*", o que agora descrevemos.

COMENTÁRIO: iniciaremos agora, os ensinamentos sobre o *Yoga* de oito *Angas* ou de oito partes, começando por *Yâma*, caracterizado pela frase: "Tudo é *Brahman*; não há outra existência fora de *Brahman*".

3- O quádruplo *Yâma* consiste do seguinte:

A conquista do frio e do calor, bem como da fome e do sono, resulta na preservação da paciência e da serenidade sempre e na restrição dos órgãos a partir de objetos sensoriais. Tudo isso é *Yama*.

COMENTÁRIO: Nos *Yoga Sutra, Patañjali* fala de cinco tipos de *Yâmas*, mas aqui colocamos somente quatro.

4- Devoção ao Guru.

O amor ao verdadeiro caminho, o gozo de objetos que produzem felicidade e satisfação interna, a suprema satisfação por desfrutar de *Brahman*, viver em um lugar afastado, o controle da mente, parada das atividades da mente com firme convicção, não ter anseio pelos frutos das ações e um estado de renúncia ou *Vairagya*. Todos estes constituem os nove *Nyâmas*.

COMENTÁRIO: Aqui são descritos os nove *Nyâmas*, discordando dos *Yoga Sutra*, que aponta somente cinco.

5- Transportando a mente confortavelmente ao Supremo *Atman*, sentando-se em qualquer postura agradável e vestindo roupas simples, deve-se praticar *Prânâyâma*, pela inspiração, retenção de ar e expiração, que têm respectivamente 16, 64 e 32 (*Matras*).

COMENTÁRIO: Sentado em postura agradável, levando a mente ao Supremo *Atman*, vestido de roupas simples, deve-se praticar *Prânâyâma*, fazendo *Pûraka, Kumbhaka* e *Rechaka*, de acordo com a seguinte contagem de tempo: 16, 64, 32. *Matra* é uma medida de tempo para ser usada na contagem de tempo nas práticas do Yoga, como os *Prânâyâmas*.

6- A restrição da mente dos objetos dos sentidos é *Pratyahara* (subjugação dos sentidos).

COMENTÁRIO: *Pratyahara* é uma técnica do *Yoga* que objetiva inverter o fluxo normal da produção das percepções dos sentidos. Consiste em colocar a pessoa em um estado de relaxamento profundo, e mediante sugestões mentais, fazê-la imaginar sensações como toque, odores, visões, audição de sons, tudo produzido com a imaginação, uma inversão do fluxo dos sentidos que é feito de fora para dentro. Em *Pratyahara*, esse fluxo se processa de dentro para fora.

7- Inibindo a mente (*Chitta*) dos objetos do desejo, fixando-a firmemente no Supremo. Isso é concentração ou *Dhâranâ*.

COMENTÁRIO: Concentração é unidirecionar a mente, focando-a em uma só direção, como o Supremo *Brahman*. Nesse caso, a mente deve ser retirada dos objetos dos sentidos.

8- A mente tendo sido atraída para longe dos objetos dos sentidos e fixando-se em *Chaitanya* (consciência Suprema). Isso é *Dhâranâ*.

COMENTÁRIO: Outra definição de concentração.

9- A contemplação da Unicidade da Consciência em todos os objetos, é *Dhyâna*.

COMENTÁRIO: Uma definição de meditação ou *Dhyâna*.

Isso consiste na contemplação da Unicidade da Consciência, na percepção de que o Absoluto está em tudo.

10- O estado mental onde há a absorção provocada quando se está perdido em *Dhyâna*, é o *Nirvikalpa Samâdhi*.

COMENTÁRIO: Uma tentativa de escrever o que seja o *Samâdhi*. Aqui, ele é descrito como sendo o estado da mente onde a pessoa se perde em *Dhyâna*, ou seja, na meditação profunda.

11- Assim, as sutis subdivisões foram descritas.

Aquele que então, sabe as oito partes sutis do *Yoga*, alcança a Libertação Espiritual.

COMENTÁRIO: Assim, foram expostos as oito *Angas*. Aquele que sabe disso, alcança a Libertação Espiritual.

SEÇÃO II

1-2- O corpo tem cinco máculas: paixão, a raiva, a expiração interferindo com o controle da respiração, o medo e o sono. A remoção destes pode ser efetuada respectivamente por ausência de todas as soluções impregnadas de desejo, perdão, alimentação moderada e uma visão espiritual devotada a encontrar a Verdade relativa ao supremo fim da existência, o que remove a raiz do sono e da ignorância.

COMENTÁRIO: Aqui foram especificadas as cinco máculas do corpo, que atrapalham o crescimento espiritual: paixão, ira, respiração inadequada, medo e sono excessivo. A remoção deles pode ser realizada, respectivamente, pela vontade destituída de desejos, perdão, moderação na alimentação e uma visão espiritual dedicada a encontrar a verdade referente ao fim da existência. Isso remove a raiz do sono e da ignorância.

3-4- A fim de atravessar o oceano do *Samsara*, onde o sono e o medo são as serpentes rastejantes, violência e qualidades semelhantes são como as ondas, ganância pelo ouro é como um perigoso redemoinho, e a mulher como submersa no pântano, depois de superar *Sattva* ou Ritmo, deve-se olhar para o barco de *Târaka*, pronto para seu uso. Como um barco (*Târaka*) em sua mão, assim é *Brahman*, visto na ponta do nariz e no meio da testa, na forma de uma chama do esplendor de *Sat-Chit-Ananda*, ou Consciência da Existência Suprema e Graça.

COMENTÁRIO: Para atravessarmos o oceano da existência ou do *Samsara*, cheio de perigos, onde o sono e o medo são como serpentes rastejantes, onde a violência é como as ondas, onde a ganância de ouro é como um perigoso redemoinho e a mulher é como se estivesse submersa em um pântano depois de ultrapassar os *Gunas*, como fez *Sattva*, deve-se olhar para o barco de *Târaka* que está pronto para ser usado. Um barco em sua mão para atravessar o oceano do *Samsara*, é semelhante a *Brahman*, que pode ser visto pela concentração na ponta do nariz e no meio da testa, no

Chakra Ajña. Alí, Ele é visto com a forma de uma chama que tem o esplendor de *Sat-Chit-Ananda*.

5- Os meios a serem empregados para a sua realização é a visão espiritual, fazendo uso dos seus três tipos de introspecção (interna, externa e intermediária).

COMENTÁRIO: Os meios para se alcançar a realização do Absoluto, é a visão espiritual, onde se faz uso dos três tipos de introspecção, dos três tipos de concentração.

6-7- *Sushumna*, que vai desde o *Muladhâra* até o *Brahmarandhra*, é resplandecente como o brilho do sol. No centro dela, está a *Kundalinî*, brilhando como miríades de relâmpagos e sutil como o fio na haste do lótus. Quando a mente está concentrada, ocorre a dissipação da escuridão da nossa própria ignorância. Quando os dois ouvidos estão fechados pelas pontas dos dedos indicadores, um som *Nâda* é ouvido. Quando a mente está fixa nele, o *Yoguin* vê uma luz azul entre os seus olhos, como também no coração.

COMENTÁRIO: A *Nadi Sushumna* é longa, se estendendo desde o *Chakra Muladhâra* até o *Brahmarandhra*, no topo da cabeça. Ela é resplandecente como o brilho do sol. No seu centro (na base), está a *Kundalinî*, que brilha como miríades de relâmpagos, e é sutil e fina como o fio da haste do lótus. Quando o *Yoguin* tem a sua mente concentrada, a escuridão da sua própria ignorância é dissipada. Ao vê-la, todos os pecados são expiados. Fechando os dois ouvidos com as pontas dos dedos indicadores, o *Yoguin* escuta um som *Nâda* que é por ele ouvido. Quando sua mente está fixa nesse som, ele vê uma luz entre seus olhos, e também no coração.

8-10- No que se refere à introspecção externa: quando o praticante olha para a ponta do seu nariz vê um espaço etéreo de quatro, seis, oito, dez e doze dígitos de comprimento, em sucessão, primeiro na cor azul e então em cor azul escura, lembrando *Shyâma*, em seguida, de um sangue ondulado de cor vermelha, depois vem uma latejante cor amarela brilhante e por último a cor laranja assim, tal pessoa torna-se um *Yoguin*. Quando a pessoa olha o espaço etéreo com os olhos em movimento, existe estrias de radiância para serem vistas na borda dos olhos. Seu olhar, em seguida, atinge estabilidade. Sobre o topo da sua cabeça, ele vê a radiância, medindo doze dígitos de comprimentos, então, ele alcança a Imortalidade.

COMENTÁRIO: Aqui está uma descrição da introspecção externa: quando o *Yoguin* olha para a ponta do seu nariz, vê o espaço etéreo com diversos tipos de comprimentos, em sucessão, cada um com a sua respectiva cor. A palavra *Shyâma* significa "escuro". Vê também o sangue ondulado e vermelho, depois uma latejante cor amarela brilhante e, por fim, da cor laranja, e assim, quando olha o espaço etéreo movimentando os olhos, vê raios de luz na borda dos olhos. Depois, seu olhar se estabiliza. Sobre o topo da sua cabeça, ele vê a radiância, com doze dígitos de comprimento, tornando-se Imortal. Trata-se da descrição de uma experiência luminosa vivenciada pelo *Yoguin*.

11-14- No que diz respeito à introspecção intermediária: Ele vê, não muito longe e na frente dele, o Espaço Etéreo, com um halo de cores variadas como o esplendor do Sol, como os raios da luz fria da Lua e, com o brilho deslumbrante do fogo flamejante, e o espaço etéreo do meio, sem auréola. Ele torna-se possuidor de tal aspecto, assumindo-o. Pela prática constante, ele vê e se torna o Imutável, o *Akâsha* primordial, sem qualidades. Ele se torna o transcendente *Akâsha*, semelhante a uma profunda escuridão, pulsando como uma estrela. Ele se torna a Grande Extensão do *Akâsha*, brilhando como a conflagração diluviana. Ele se torna o *Akâsha* da Verdade, o brilhante, todo poderoso, transcendente e inigualável. Ele se torna o *Akâsha* do Sol, resplandecente como a refulgência da coroa do Sol. Assim, pela constante prática, ele torna-se, inteiramente feito do quíntuplo *Akâsha*.

COMENTÁRIO: Aqui, a descrição da experiência luminosa chamada introspecção intermediária, vivida pelo *Yoguin*, durante suas práticas. Está relacionada ao éter ou *Akâsha*.

SEÇÃO III

1- Aquele Yoga que resulta da prática do *Akâsha* quíntuplo acima referido, é de dois tipos, por conta de serem classificados como *Pûrva* ou anterior e *Uttara* ou mais tarde (posterior). O anterior é *Târaka* e o posterior é *Amanaska* (o irracional). *Târaka* é dividido em *Mûrti–Târaka* (com limitações) e *Amūrti-Târaka* (sem limitação). Aquele que é sem os sentidos, é da variedade *Mûrti-Târaka*. Aquele que está além do meio das sobrancelhas é da variedade *Amūrti-Târaka*.

COMENTÁRIO: O Yoga do quíntuplo *Akâsha* citado anteriormente, tem dois tipos: *Pûrva* ou anterior e *Uttara* ou mais tarde (posterior). O verso não explica aqui, o que sejam esses dois tipos.

2- Devem ser praticados conjuntamente, concentrando a mente em cada um deles. Introspecção, juntamente com a concentração da mente, conduzirá à *Târaka*, quando então esta será revelada.

COMENTÁRIO: Os dois tipos referidos, devem ser praticados conjuntamente, concentrando-se a mente em cada um deles. A introspecção e a concentração da mente, leva à revelação de *Târaka.*

3- A manifestação de luz na caverna entre as sobrancelhas, isso é *Pûrva Târaka*.

COMENTÁRIO: Quando aparece uma luz entre as sobrancelhas, isso é *Pûrva Târaka*.

4- *Uttara Târaka* é uma variedade mediana. Na parte superior da raiz do palato, há uma grande e refulgente radiância. Um sinal disso, é a obtenção de poderes místicos, como *Animâ* ou atenuação.

COMENTÁRIO: Aqui, a descrição de *Uttara Târaka*. *Animâ* é o poder psíquico de se tornar diminuto e que se adquire com a prática do *Yoga*.

5- Com a introspecção interna e com os olhos abertos, mas sem abrir nem fechar as pálpebras, realiza-se o *Shambhâvi Mudrâ*. Este *Mahâvidyâ* (Grande Conhecimento) é, dentre todos os *Tantras*, o que é digno de ser mantido em segredo profundo. Com o conhecimento deste, se alcança a libertação do estado da existência mundana. Pelo fato do *Yoguin* se tornar devotado a este *Mudrâ*, seu oculto concede o fruto da Libertação Espiritual.

COMENTÁRIO: O verso fala sobre o *Shambhâvi Mudrâ*, descrito pelos textos do *Hatha Yoga*, também chamado aqui de *Mahâvidyâ*. Ele é, dentre todos os conhecimentos do *Tantra*, aquele que é digno de ser mantido em segredo, pois a sua prática confere a Libertação Espiritual. Sobre esse *Mudrâ*, assim diz o *Gheranda Samhitâ* (TINOCO, Carlos Alberto. 2007. **Gheranda Samhitâ**, págs. 65-6):

> 15: Fixar o olhar entre as sobrancelhas. Contemplar a existência do *Atman*. Este é *Shambhâvi Mudrâ* que é cautelosamente guardado em todos os *Tantras*.
>
> Os *Védas*, as escrituras, os *Puranas*, são como mulheres públicas. Mas este *Shambhâvi Mudrâ*, deverá ser guardado como se fosse uma dama de família respeitável.

6- Aquilo que está além dos sentidos internos e externos dos mortais comuns, capaz de ser compreendido apenas por grandes Sábios, e que tem a forma de irradiação líquida, é a busca final de introspecção interna.

COMENTÁRIO: O verso se refere ao Absoluto *Brahman*, que está além dos sentidos internos e externos e que é compreendido apenas pelos Sábios, sendo brilhante como irradiação luminosa líquida.

SEÇÃO IV

1- O objetivo final da introspecção interna é a radiância do centro de energia de milhares de pétalas, no *Brahmarandhra*: assim dizem os *Yoguins*. O objetivo final da introspecção interna é o *Purusha*, lindo e encantador em todas as suas partes, situado na caverna que é a sede do intelecto, dizem os outros, os *Vaishnavas*. O objetivo final da introspecção interna é o esquisito e tranquilo pescoço azul de *Shiva* com cinco faces o companheiro da *Umâ*, habitando no meio do halo de esplendor da cabeça, dizem alguns outros, como os *Shaivas*. O objetivo final da introspecção interna é o *Purusha*, do tamanho de um polegar, dizem outros devotos de *Dahavidyâ*.

COMENTÁRIO: O objetivo final da introspecção interna é o brilho que emana do *Chakra Sahasrara*, de acordo com os *Yoguins*. De acordo com os *Vaishnavas* esse objetivo é alcançar o *Purusha* belo e encantador, situado na caverna que é a sede do intelecto, ou seja, o *Chakra Âjña*. De acordo com os *Shaivas,* esse objetivo é alcaçar *Shiva*, de pescoço azul e de cinco faces, o companheiro da Deusa *Umâ,* habitando no halo da cabeça. Segundo os devotos de *Dahavidyâ,* esse objetivo é alcançar o *Purusha* localizado no coração e do tamanho de um polegar. Sobre isso, assim diz a *Katha Upanishad* (TINOCO, Carlos Alberto 1996. **As** *Upanishads*, pág. 168):

> O *Purusha*, do tamanho de um polegar, reside no corpo. Ele é o Senhor do passado e do futuro.
>
> Aquele que consegue conhecê-Lo, não pode ocultar-se de si mesmo, nunca mais.
>
> O *Purusha*, do tamanho de um polegar, é semelhante a uma chama pura sem fumo. Senhor do passado e do futuro, Ele é sempre o mesmo, hoje ou amanhã. Ele, verdadeiramente, é aquele que deve ser conhecido.
>
> (Katha Upanishad, II, 1, 12-13)

2- Todas as variedades acima referidas, são o *Atman*. Aquele que vê o objetivo final da introspecção interna do ponto de vista do *Atman*, Puro e Simples, está firmemente fixado em *Brahman*.

COMENTÁRIO: Todas as variedades acima especificadas são o *Atman* ou *Brahman*. Todo aquele que vê o objetivo final da introspecção interna do ponto de vista do Absoluto, que é Puro e Simples, se identifica com Ele.

3-4- O Jiva, os vinte e cinco *Tattvas* ou eternas verdades, depois de desistir das 24 verdades eternas da sua própria criação, após ser convencido pela frase: "Eu sou o *Atman* transcendente, e as vinte seis verdades eternas", torna-se um *Jivamukti*. Assim, pela visão da introspecção interna, tendo-se tornado o objetivo final da sua própria introspecção interna, enquanto permanece no estado de *Jivamukti*, ele se torna Mandala Invisível do Transcendente *Akâsha* (*Brahman*).

COMENTÁRIO: Verso obscuro. As 24 verdades aqui referidas, são: os cinco sentidos internos de percepção (*Jnãnendryas*), os cinco sentidos internos da ação motora (*Karmêndryas*), os cinco *Prânas,* os cinco elementos, a mente ou volição, o pensamento, o raciocínio (*Buddhi*) e a autoconsciência). Quando o *Jiva,* a alma individual, desiste das 24 verdades citadas por repetir a frase: "Eu sou o *Atman* transcendente", torna-se um *Jivamukti,* ou seja, um ser humano que alcançou a Libertação Espiritual em vida. Assim, ele se torna a *Mandala,* a roda ou símbolo do Transcendente *Brahman.*

BRÂHMANA II
SEÇÃO I

1-2- Agora, *Yajñavalkya* indagou ao *Purusha* da *Mandala* Solar, do seguinte modo: "Ó Senhor, o objetivo da introspecção interna foi descrito de muitos modos. Isso não foi compreendido por mim. Peço-lhe, diga-me o que o é isso". O Senhor lhe respondeu assim: "A causa primeira dos cinco elementos, o *Atman,* da forma de um aglomerado de raios brilhantes de luz, possui quatro assentos também brilhantes. Bem no meio desse *Atman* radiante, é revelado o *Turya*, a auto luminosa Verdade, eclipsando o brilho em seu redor. Aquele é o mistério profundo que também é imanifesto.

COMENTÁRIO: Aqui está um diálogo entre o Sábio *Yajñavalkya* e o *Purusha* da *Mandala*. O primeiro não compreendeu a descrição dos objetivos da introspecção interna, descrito de maneiras diferentes. Daí, o *Purusha* da *Mandala* lhe explica melhor, atendendo seu pedido. Segundo ele, trata-se de um mistério profundo, ou seja, o *Atman*.

3-4- Ele deve ser conhecido como a outra margem alcançada por aqueles que embarcaram no barco do conhecimento, após atravessar o oceano da ignorância. Esse é o objetivo da busca através das introspecções externa e interna. No meio disso, se encontra a resposta do mundo. Isso é, o que está além do alcance do *Nâda*, *Bindu* e *Kâla*, a extensão indivisível (a essência da consciência). Ele é da forma do *Atman*, qualificado e não qualificado. Ele é aquele que sabe que está liberado.

COMENTÁRIO: Os versos se referem ao *Atman*, aqui denominado como a margem alcançada por aqueles que embarcaram no bote do conhecimento, após atravessar o oceano da ignorância. Ele é o objetivo da busca das introspecções externa e interna. Ele está além do alcance do som místico *Nâda*, do ponto *Bindu* e do tempo *Kâla*. Ele é a essência da consciência. Ele é o *Atman*, sob qualquer ponto de vista, seja com qualidades ou sem elas. Assim, ao ser percebido pelo *Yoguin*, este se torna Liberado Espiritualmente.

5- Quando o *Yoguin* assume a postura *Siddhâsana* e realiza *Sanmukhi Mudrâ,* vê primeiramente, a região do fogo. Depois disso, vê a Região Solar. No meio dela, vê a região da Lua ambrosial. No meio dela, novamente, vê a região da radiância ininterrupta de *Brahman.* Ela brilha com esplendor branco semelhante a um raio de luz. Isso é a característica de *Shâmbhavi,* que traz o estado além do espírito.

COMENTÁRIO: Em *Siddhasana,* o *Yoguin* deve realizar *Sanmukti Mudrâ.* O *Sanmukhi Mudrâ* é um *Mudrâ* complexo. É feito da seguinte maneira: primeiro, o *Yoguin* assume a postura de *Swasticâsana* ou, *Siddhasana,* forçando a mente e o *Apâna* para cima, cantando um *Mantra.* Depois disso, deve manter os ouvidos e outros sentido, cobertos com as mãos. Fechando os dois ouvidos com os polegares os dois olhos com os dedos indicadores, as duas narinas com os outros dedos mantendo firme a cabeça, fazendo o ar vital entrar no *Brahmarândhra.* Então, o som *Nâda* também é produzido na cabeça. O som se assemelha, primeiramente, ao som de uma concha em explosão. Depois, seguem-se outros sons. Depois, deve pressionar o freio do prepúcio com os tornozelos, direito e esquerdo. Ele deve colocar os tornozelos direito e esquerdo nas juntas sob os joelhos. Após realizar esse *Mudrâ,* o *Yoguin* verá na região do fogo o *Chakra Manipura.* Depois, verá a região solar e no seu meio, vê a região da lua ambrosial. No meio desta, verá a radiância de *Brahman,* que brilha com o esplendor branco como um raio de luz. Isso é a característica de *Shambhavi Mudrâ.*

6-7- Para se ter uma visão sobre isso, existe três tipos de olhares, conhecidos como *Amâ, Pratipad* e *Pûrnimâ* (lua nova, primeira fase e lua cheia). Olhando para ele com os olhos fechados é o olhar *Amâ*. Com olhos semiabertos é o *Pratipad* e com os olhos totalmente abertos é *Pûrnimâ*. Destes, a prática de *Pûrnimâ* é a que deve ser feita. O objeto de tal visão é a ponta do nariz. Então, é vista uma escuridão profunda na raiz do palato. Pela prática constante desse, é vista uma radiância com a forma de uma região indivisível e expansiva. Aquilo torna-se *Brahman* ou *Sat* (existência), *Chit* (Consciência) e *Ananda* (Bem-aventurança).

COMENTÁRIO: Aqui está a descrição de três técnicas, denominadas *Amâ, Pratipad* e *Pûrnimâ* (lua nova, primeira fase e lua cheia), de acordo com os olhos estarem fechados, semiabertos e abertos. A mais importante é a última aqui referida. Nela, se olha para a ponta do nariz, quando então, é vista uma escuridão profunda na raiz do palato. Pela prática constante desse, é vista uma radiância com a forma de uma região que se expande. Isso é o Absoluto, ou *Sat-Chit-Ananda*.

8- Quando a mente procura repousar na Graça não nascida, então ocorre o *Shâmbhavî*: Isso que eles chamam de *Kecharî*.

COMENTÁRIO: Aqui, há referência a dois *Mudrâs*: *Shâmbhavi* e *Kecharî*.

9-10- Ao praticá-los é atingido a firmeza de *Manas* ou mente. Daí, surge a firmeza de *Buddhi* ou intelecto. Suas indicações, são as seguintes: Primeiro é visto o que parece ser uma estrela, e então, o que se parece com um bem cortado diamante e um espelho brilhante. A partir daí, aparece o que se parece com um disco de lua cheia. Então, o que se parece com o brilho circular de gemas. Daí, o que se parece com um esplendor de sol. Então, é visto algo como o esplendor do meio-dia. Depois, é visto um anel de fogo flamejante, como o próximo, na ordem.

COMENTÁRIO: Ao se praticar os referidos *Mudrâs*, o *Yoguin* adquire firmeza na sua mente. Daí, aparece a firmeza do intelecto, do raciocínio. As indicações de que isso acontece, são citadas nos versos.

SEÇÃO II

1- Quando o *Yoguin* está com a sua mente concentrada no *Prânava*, a sua importância é vista nas seguintes indicações: o brilho do cristal, a cor da fumaça, o *Bindu* (a verdadeira natureza da mente), o *Nâda*, (a verdadeira natureza do intelecto), o *Kâla* (a verdadeira natureza do *Mahat*), o brilho da estrela, a mosca de luz, a lâmpada, os olhos, ouro, nove pedras preciosas, e daí então, é experienciada a radiância interna. Isso é a forma real do *Prânava*.

COMENTÁRIO: Quando o *Yoguin* concentra sua mente no *Mantra Om*, a importância disso é percebida pelas indicações apontadas no verso, ou seja, aparecimento de um brilho como o do cristal, uma cor como a da fumaça, o *Bindo*, ou a verdadeira natureza da mente, o som místico *Nâda,* ou a verdadeira natureza do intelecto, *Kâla,* ou a verdadeira natureza de *Mahat,* um brilho de estrela, uma mosca ou um ponto e luz, uma lâmpada, ouro, nove tipos de pedras preciosas, daí aparece a radiância interna. Isso surge com o *Prânava.*

2- Tendo realizado a união do *Prâna* com o *Apâna* e firmemente realizando a retenção do ar (*Kumbhaka*), o *Yoguin* deve, com firme resolução, manter a introspecção externa na ponta do nariz, fazendo *Sanmukti Mudrâ* com os dois polegares e ouvindo o som do *Prânava,* enquanto sua mente encontra repouso final, em *Brahman,* ao final do *Nâda.*

COMENTÁRIO: Unindo o *Prâna* com o *Apâna* mediante uma técnica de *Prânâyâma* e retendo o ar, o *Yoguin* resolutamente, deve se concentrar na ponta do seu nariz, fazendo o *Sanmukti Mudrâ,* com os dois polegares e ouvindo o som do *Prânava.* Assim, sua mente encontra repouso no Absoluto, quando o som *Nâda* termina.

3- Para o *Yoguin,* cuja mente repousa em *Brahman,* não há mácula ao realizar ritos religiosos de qualquer tipo. Por outro lado, rituais de qualquer tipo, devem ser realizados ao pôr do sol. Assim, para um conhecedor do *Atman,* não há o nascer nem pôr do sol da Consciência, há ausência de ação, sob a forma de rituais de todos os tipos.

COMENTÁRIO: Quando o *Yoguin* alcança o Absoluto, para ele, não há máculas se realiza rituais de qualquer tipo. Esses rituais *védicos* devem ser realizados ao pôr do sol. Assim, para quem conhece o *Atman*, ou seja, para o *Yoguin* que repousa no Absoluto, não há nascer ou pôr de sol da Consciência. Para ele, os rituais podem ser realizados em qualquer período do dia, pois, para ele, não há mácula se realiza esses rituais fora do horário prescritos pelos textos sagrados. Ele está no Absoluto, livre, liberto que qualquer mácula.

4- Com a dissolução da percepção do som e da concepção de duração, devido a ter alcançado um estado que não é acordado, nem sonhando, nem dormindo e, como tal, não é afetado pelo dia nem pela noite, quando o *Yoguin* é inteiramente absorvido no estado de *Unmanî*, em consequência da aquisição de conhecimento perfeito de todas as coisas, existe a união com *Brahman*. Através do estado do repleto conhecimento da Verdade (*Unmanî*), aparece o estado de não-mente (*Amanaskatâ*), que é definido pelo *Sruti* como: "Esse estado do *Atman*, onde não há máculas, trazidas pelo conhecimento imperfeito", em outras palavras, o estado de *Brahman*.

COMENTÁRIO: Com a intensificação das práticas, o *Yoguin* alcança um estado mental onde não mais percebe os sons nem o fluir do tempo, não estando desperto nem sonhando, nem dormindo. Nesse estado, ele não é afetado pelas noções de dia e noite. Esse estado é aqui chamado de *Unmanî*, também caracterizado pela aquisição do conhecimento perfeito de todas as coisas, ou seja, a união com o Absoluto. Através desse conhecimento, aqui chamado de "conhecimento da perfeita Verdade", aparece o estado de não-mente, ou seja, o estado de "vazio da mente", denominado pelos *budistas* por *Shunyata*. De acordo com as escrituras sagradas da Índia, esse estado é denominado "estado onde não há máculas, trazidas pelo conhecimento imperfeito".

5- A completa ausência de cuidados é o método a adoptar para a sua *Dhyâna* ou meditação. O desprezo a toda a ação como os rituais, é o método a ser adotado para o *Âvâhanya* ou invocação de *Brahman*. O Conhecimento adquirido pela convicção, é o *Âsana* ou assento a ser oferecido. O estado de completo conhecimento da Verdade é o *Pâdya* ou água a ser oferecida para lavar o assento. A não mente perpétua é o *Arghya* ou água sagrada a ser oferecida durante a adoração. O funcionamento da mente na imensurável e radiante expansão do néctar de *Brahman*, é *Snâna* ou ablução a ser oferecida. A ideação da presença de *Brahman* em toda parte é *Gandha* ou a pasta de sândalo a ser oferecida. *Brahman* que é em forma de conhecimento, é *Aksâta* ou o arroz tingido com açafrão, para ser despejado sobre ele. A conquista da consciência do Absoluto são as flores oferecidas. O fogo da consciência é o *Dhûpa* ou incenso a ser queimado. O Sol da Consciência é o *Dîpa,* a luz da lâmpada oferecida. A acumulação de todo o néctar que flui dos raios da lua cheia brilhando na região entre o lótus de mil pétalas e o meio das sobrancelhas é *Naivedya* ou a comida oferecida. Estar imóvel é *Pradakshina* ou caminhar em círculo. A frase: "Ele sou Eu" é *Namaskâr* ou saudação. Silêncio é o *Stuti* ou os hinos das preces. Satisfação universal é o método a ser adotado para *Visarjana* ou a invocação da deidade a ser adorada. Aquele que sabe disso, torna-se *Brahman*.

COMENTÁRIO: Aqui, é feita uma analogia entre certos estados de consciência do *Yoguin* e certos aspectos do ritual do fogo. Alguns desses estados do *Yoguin*, como por exemplo, o fogo da consciência, o Sol da Consciência e a mente perpétua, representam o estado de luminoso *Samâdhi*.

SEÇÃO III

1- Uma vez que o conhecedor de *Brahman* escapa das garras de *Triputi* (a tríade de diferenças relativas à contemplação, contemplador, e as coisas contempladas em cima, ou seja, quando o conhecimento resultante da contemplação do caráter relativo a *Brahman* não deixa de ser condicionada pela tríade), ele torna-se o esplendor do estado de *Kaivalya*, que é imóvel, cheio e sem a própria concepção de existência e não existência, assemelhando-se ao mar calmo com suas ondas em repouso, e a constante chama de uma lâmpada, em um local sem vento.

COMENTÁRIO: Quando o *Yoguin* escapa das garras da confusão entre sujeito, objeto e a imagem que se faz do objeto, aqui denominado *Triputi*, ele se torna como o esplendor de *Kaivalya*, que é sem movimento e pleno, assemelhando-se a um mar calmo com ondas em repouso, e com a chama constante de uma lâmpada, em local sem vento. A palavra *Kaivalya* tem o mesmo sentido que *Moksha*, *Mukti* ou *Apavarga*, ou seja, a Libertação Espíritual.

2- Pelo conhecimento parcial de *Brahman,* adquirido durante o estado desperto que termina após o sono, ele se torna o Conhecedor de *Brahman,* enquanto pelo completo conhecimento de *Brahman* adquirido através de todos os estados de consciência, ele se torna o próprio *Brahman.*

COMENTÁRIO: Desperto, o *Yoguin* adquire apenas um conhecimento parcial sobre o Absoluto. Mas, através dos quatro estados de consciência, ele adquire o conhecimento completo do Absoluto. O estado desperto é apenas um dos estados possíveis de consciência. Nele, o *Yoguin* só pode adquirir um conhecimento parcial sobre Ele. Nos demais estados juntos, o *Yoguin* adquire um conhecimento mais amplo sobre Ele.

3-4- Mesmo que haja concordância entre *Susupti* (sono) e o *Samâdhi,* onde há a dissolução da mente, ainda existe grande diferença entre os dois, onde o primeiro repousa em *Tamas* ou escuridão, não sendo o meio para a realização da Libertação Espiritual. No *Samâdhi,* a dissolução do mundo fenomênico, com seus *Vikâra* de *Tamas* ou escuridão atenuada, tem lugar na consciência, a qual é a Testemunha Silenciosa que é o Absoluto, assim como a mente transformada pela concentração é como o mundo fenomênico, criado pela mente do liberto.

COMENTÁRIO: No sono, existe a dissolução da mente de vigília. Mesmo nesse estado onde pode ocorrer o *Samâdhi* no sono, existe grande diferença entre os dois estados, ou seja, entre o sono e o *Samâdhi.* O sono é um estado de consciência caracterizado pelo domínio de *Tamas,* da inércia. Esse estado não é adequado para se conquistar a Libertação Espiritual. No estado de *Samâdhi*, ocorre a dissolução do mundo fenomênico. Isso tem lugar na consciência, a qual é a Testemunha Silenciosa, o Si Mesmo, que é o Absoluto. A mente transformada pela concentração é como o mundo fenomênico, criado pela mente do liberto, ou seja, vazia e calma.

5- Então, devido à ausência dessa diferença, embora ocasionalmente, seja atraído para fora da unidade com a Consciência Suprema devido à percepção dos fenômenos falsos por sua mente, o conhecedor de *Brahman*, em busca de sua meta suprema – a vivência da Graça da existência que se manifesta em um flash – torna-se *Brahman*, a Graça.

COMENTÁRIO: Devido a semelhança citada entre o sono e o *Samâdhi*, embora seja atraído ocasionalmente para fora da Unidade, com o Absoluto devido à percepção errônea dos fenômenos por sua mente, o *Yoguin*, em busca da meta suprema, se torna o Absoluto, após o fim da sua busca.

6-7- Para ele, que tem todos os seus desejos destruídos, a liberação está na palma da sua mão, ao desistir das suas próprias ideias de existência e não existência, e ao meditar sobre o *ParamAtman*, tornando-se liberado. Ao renunciar completamente, de novo e novamente, em todos os estados (vigília, sonho, sono sem sonho e *Turya*), os aspectos pares do conhecimento e o que tem de ser conhecido, a contemplação e o que tem de ser contemplado, o qual é o objetivo principal e que o é o secundário, o que é visível e o que não visível, é o raciocínio e assim, ele se torna um *Jivamukti*. Ele que sabe assim, é um *Jivamukti*.

COMENTÁRIO: Para o *Yoguin*, que eliminou seus desejos e paixões, a Libertação Espiritual está na palma da sua mão, uma vez que desistiu das suas próprias ideias de existência e não existência, meditando no *ParamAtman*. Ao renunciar sempre e sempre, em todos os quatro estados de consciência citados, os aspectos duais do conhecimento, como sujeito - objeto, o *Yoguin* se torna um *Jivamukti*.

SEÇÃO IV

1- Desperto, sonhando, dormindo sem sonhos, *Turya* e *Turyatitâ* (o que está além dos quatro), são os cinco estados de consciência que são os meios de *Bandha* ou escravidão, assim como o contrário, é *Moksha* ou Libertação Espiritual.

COMENTÁRIO: Aqui, são citados cinco estados de consciência, e não apenas quatro, como é mais conhecido. Esses cinco estados são os meios de *Bandha* ou escravidão. A palavra *Bandha* significa dobrar, prender, capturar, colocar junto, etc. Aqui, se refere a uma técnica do *Hatha Yoga*. Estando nesses cinco estados, se fica preso, atado, preso ou escravo. O contrário, é a Libertação Espiritual. Há aqui, uma certa confusão do autor anônimo desta *Upanishad*. *Turya* e *Turyatitâ*, são estados de consciência superior, considerados os estados dos libertos.

2- O *Jiva*, ocupado com o estado desperto, propenso a ser ligado ao caminho da vida mundana, ansiosamente deseja, da seguinte maneira: "Que não haja inferno, ou os frutos dos pecados para mim. Que haja o céu, os frutos de atos de mérito religioso para mim". Assim desejando, o homem ignorante do mundo é preso na armadilha da mentalidade mundana.

COMENTÁRIO: O *Jiva* ou alma individual encarnada, está preso, preponderantemente, ao estado de consciência desperto. Ele ansiosamente deseja: "Que não haja inferno para mim. Que haja o céu, ou os frutos dos atos meritórios adquiridos em atividades religiosas, para mim". Assim pensando e desejando, o homem ignorante é preso na armadilha da mentalidade mundana. Por quê? Em qualquer dos casos, ele estaria gerando *Karmas*, bons e ruins, para si, uma vez que recusa um e aceita o outro. Esses atos de recusar e de desejar, geram *Karmas*. Mas, deve-se libertar de ambos, tanto do ruim quanto do bom.

3- Enquanto isso, o *Jiva*, desgostoso com tal vida, volta-se e toma o caminho do *Nivritti* na direção da libertação, com a resolução: "Já renasci muitas vezes. Isso é fruto do minhas próprias ações. O que basta a cada dia é a escravidão, decorrente do ciclo de nascimentos e mortes". Assim, o espírito de desapego vem sobre ele.

COMENTÁRIO: O *Jiva*, desgostoso com a vida que leva, volta-se e toma o caminho do *Nivritti*, ou seja, o caminho que leva à Libertação Espiritual, tomando a seguinte resolução: "Já renasci muitas vezes. Isso é o resultado das minhas ações passadas. O que me basta em cada dia, é saber que sou escravo dos meus erros, uma decorrência do ciclo de nascimentos e mortes, o ciclo do *Samsara*". Assim procedendo, o espírito do desapego recai sobre ele.

4- O mesmo *Jiva,* que procura abrigo sob o *Guru*, com a finalidade de ser liberado do *Samsara*, abandonando a luxúria e outros paixões pecaminosas que tendem a amarrá-lo no mundo e, executando as tarefas prescritas pelo *Guru*, equipado com as quatro *Sâddhanas*, atinge a forma do Senhor, permanecendo como existência absoluta no meio do lótus do coração. Assim, é capaz de ser visto apenas através da introspecção interna, recebendo, mais uma vez a Bem-aventurança de *Brahman* descrito nas *Upanishads.* Isso é vivenciado por ele no estado *Susupi* e em consequência, como está escrito nos textos sagrados: "Eu sou o um sem segundo. Por conta da recorrência de ignorância por algum tempo e em consequência de esquecer a impressão mental formada durante o meu estado de vigília, eu sou o *Atman Taijasa* no presente. Desses dois (*Vishva* e *Tayjasa*), eu sou o *Prajña*; além de atingir o diferente de Estado de *Jagrat,* fui para *Svapa* e daí para *Susupi*, devido à diferença dos dois corpos *Sthula* e *Sukshma* e daí, para *Karana*. Nada há além de mim; com o meu poder de discernimento, eu sou *Brahman*, puro e não dual". Desta forma, ao ter destruído a impressão das diferenças em um mundo dual, meditando constantemente sobre o *Bhanu Mandala* (Sol), ele encontra o *Brahman* Transcendente e, tomado o caminho correto, conhecido como Sabedoria Perfeita, o *Yoguin* encaminha-

-se para a Libertação Espiritual, livrando-se totalmente das suas máculas.

COMENTÁRIO: Verso longo, contendo algumas afirmações. O *Jiva* procura abrigo nos ensinamentos do *Guru*, com a finalidade de se libertar da roda do *Samsara*. Assim, abandona suas ações pecaminosas que tendem a prendê-lo ao mundo material. Equipado com as quatro *Saddhanas* aqui não especificadas, ele alcança a forma do Supremo, permanecendo como existência absoluta, no lótus do coração. Isso, porque ele se identifica com o *Atman* que reside no coração. Nesse elevado estado, ele só pode ser percebido através da introspecção interna, ou seja, através da meditação. Assim, ele recebe a Bem-aventurança de *Brahman*, descrita nas *Upanishads*. Esse elevado estado é vivenciado por ele, no estado de *Susupi*, ou seja, no estado de sono profundo ou sem sonho. Daí, o verso cita um texto desconhecido e obscuro, sobre os demais estados de consciência, como *Vishva*, *Taijasa* e *Prajña*, dizendo que cada um desses estados de consciência corresponde aos corpos grosseiro, sutil e causal (*Sthula, Shkshma, Karana*). Nada há além de mim, diz o *Yoguin* pensando sobre o Si Mesmo. Meditando sobre o sol, o *Jiva* encontra o Absoluto, quando então, se dirige pelo caminho correto, o da Sabedoria Perfeita, encaminhando-se para a Libertação Espiritual, livrando-se das suas máculas.

5-6- A mente, a raiz de todos os desejos, é a causa da escravidão. A mente, ao se libertar de tudo, conduz à Libertação Espiritual. O *Yoguin*, com uma mente livre de todos os desejos, privando a mente das impressões dos fenômenos nascidos no mundo fenomênico e olhando para o universo inteiro como sendo *o Atman*, desistindo de seu egoísmo, deve focalizar a sua mente no pensamento: "*Brahman* sou Eu". Deve tratar de tudo isso em relação a ele como: "Isso é o *Atman*". Assim, cumpre seus deveres, no momento em que ele assim percebe.

COMENTÁRIO: É na mente onde se encontram os desejos, as emoções e os pensamentos. Por isso ela é a causa da escravidão. Libertando-se de tudo o que prende ao mundo, isso conduz à Libertação Espiritual. Assim, com a sua mente livre de todos os desejos, o *Yoguin*, privando-a das impressões dos fenômenos nascidos no mundo material e olhando para o universo como se fosse o Absoluto, ele deve focar sua atenção na frase: "Eu sou o Absoluto". Deve encarar tudo, com o pensamento: "Isso é o *Atman*". Dessa forma, ele cumpre os seus deveres, no instante em que percebe isso.

SEÇÃO V

1-2- Após se integrar no pleno e completo *Turyâtita Brahman,* o *Yoguin,* que é idêntico a Ele, torna-se o próprio Absoluto. Os Conhecedores de *Brahman,* O glorificam como o Absoluto. Ele se torna o receptáculo apropriado para o louvor de todo o mundo, tornando-se capaz de viajar através de todo o mundo e, meditado no seu *Bindu* (provoca a dissolução da mente) no Éter da Consciência Suprema, experimenta para sempre, o estado de Graça indivisível resultante da prática de *Yoganidra* (*Yoga* do sono). Com isso, penetra na pura e não dualista senciência inerente à não não-mente, conhecida como *Nirvikalpa Samâdhi*. E assim, torna-se o conhecedor de *Brahman* de uma ordem superior, conhecido como um *Jivamukti*.

COMENTÁRIO: Integrado no *Turyâtita Brahman*, o *Yoguin* se torna idêntico a Ele, que é o Absoluto. Aqueles que O conhecem O glorificam como sendo o Absoluto. O *Yoguin* se torna o receptáculo apropriado para o louvor de tudo o que existe, adquirindo poderes psíquicos que o fazem viajar por todo o mundo. Meditando no ponto nasal do *Mantra Om*, conhecido como *Bindu*, provoca a dissolução da sua mente no éter da Consciência Suprema, onde ele experimenta, para sempre o estado de Graça indivisível, por praticar *Yoganidrâ*, que é o *Yoga* do sono. Após isso, ele penetra na pura e não dualista senciência, peculiar à não–mente, conhecida por *Nirvikalpa Samâdhi*. E assim, torna-se um conhecedor do Absoluto de um tipo superior, ou seja, ele se torna um *Jivamukti*.

3-4- O *Yoguin,* mergulhado no Oceano da Graça, torna-se idêntico a *Brahman,* o qual se caracteriza por ser como o oceano da Graça sem ondas. Comparado com isso, *Indra* e outros *Devas* são felizes apenas de forma limitada. Aquele que alcançou essa Graça, torna-se um *ParaYoguin* (o conhecedor de *Brahman*). Assim é esta *Upanishad*.

BRÂHMANA III
SEÇÃO I

1-2- O grande Sábio *Yajnavalkya,* indagou ao *Purusha* de Âtyamandala, do seguinte modo: "Venerável Senhor, embora a descrição do que seja a não-mente tenha sido dada por vós, eu a esqueci". Depois, o *Mandala Purusha* disse: "Assim será. Essa não–mente é um profundo e secreto conhecimento, o qual está associado ao *Shâmbhavi Mudrâ.*

COMENTÁRIO: Aqui, continua o diálogo entre o Sábio *Yajñavaljya* e o *Purusha Âtyamandala.* O primeiro indaga ao segundo, dizendo-lhe para repetir-lhe o que foi dito sobre a não-mente, uma vez que este já esqueceu. Daí, o segundo passa a explicar, dizendo que se trata de um conhecimento secreto, associado ao *Shâmbhavi Mudrâ.*

3- Olhando para as experiências adquiridas com o conhecimento do *ParamAtman*, ele vê o seu próprio *Atman* como sendo o Transcendente *Brahman*, o Senhor de tudo, o imensurável, o sem origem, o auspicioso, o Éter transcendente, que não depende de nada, o inigualável, o objetivo comum de *Brahma, Vishnu, Rudra* e a principal causa de todos. Assim, ao adquir um conhecimento seguro de vagar na caverna do intelecto, tendo ido além do alcance dos pares de opostos, tais como, existência e não existência, tendo entendido o estado em que a mente alcança o estado *Unmani* (sem desejos), extinguindo todas as impressões dos sentidos, o *Yoguin* atinge o Transcendente *Brahman.* Este, é imóvel como a chama de uma lâmpada em um local sem vento, sendo como a confluência do rio da mente com o oceano de Bem-aventurança de *Brahman*. Assim, alcança a felicidade da não-mente.

COMENTÁRIO: Quando o *Yoguin* adquire a experiência do conhecimento do *Atman*, ele o vê como sendo o Transcendente *Brahman*, o Senhor de tudo, o imensurável, o sem origem, o Éter transcendente que de nada depende, o inigualável, o objetivo dos três *Devas* da *Trimurti*. Ao adquirir um conhecimento sobre a caverna do intelecto, que é o *Âjña Chakra*, ele vai além do alcance dos pares de opostos, como existência e não-existência, extinguindo todas as impressões dos sentidos, ele atinge o estado *Unmani* (sem desejos), alcançando o Absoluto. Este, é imóvel como a chama de uma lâmpada em local sem vento, a confluência do rio da mente com o oceano de Bem-aventurança de *Brahman*. Quando isso ocorre, ele atinge a felicidade da não–mente, do vazio na mente.

4- Então, como uma árvore seca, tendo perdido a propensão para o conhecimento relativo, em consequência da cessação do topor do sono, e na ausência de inspiração e expiração, em estado de imobilidade, tendo adquirido uma tranquilidade perfeita, o *Yoguin* se identifica com *Brahman*. Assim, ele se perde no *Nirvikalpa Samadhi* de longa duração, quando a sua mente, finalmente, descansa no *ParamAtman*.

COMENTÁRIO: Como uma árvore seca, ele não mais se interessa pelo conhecimento relativo, que ocorre quando cessa o torpor do sono. Ele, em imobilidade, não inspira nem expira, adquirindo tranquilidade perfeita, se identificando com o Absoluto. Nesse estado, ele se perde no *Nirvikalpa Samâdhi* de longa duração, quando então, sua mente descansa no *ParamAtman*.

5-6- Ele se torna a não-mente, onde: como o leite no úbere da vaca, após ser derramado fora dele em sua totalidade, as sensações são destruídas, a mente repousa, mas não é aniquilada, e o *Yoguin*, sempre puro, deve repetir: "Eu sou *Brahman*", e adotando o caminho do *Târaka Yoga,* deve repetir o preceito: "Eu sou Vós (*Brahman*), Vós sois eu". Isso é o sentido da realização. Então, é preenchido com a extensão indivisível da Graça e torna-se aquele em quem foi totalmente destruídas as suas máculas.

COMENTÁRIO: Ao descançar no *ParamAtman,* ele adquire a não-mente, Assim, suas sensações são destruídas, como o leite do úbere da vaca é derramado em sua totalidade fora dele. Daí, sua mente repousa sem ser aniquilada. Então, o *Yoguin* deve repetir as seguintes frases: "Eu sou Vós (*Brahman*), Vós sois eu". Esse é o sentido da Realização Espiritual. Então, ele é preenchido pela indivisível Graça, tornando-se aquele em que foram destruídas as suas máculas.

SEÇÃO II

1- Com a sua mente imersa no profundo e transcendente éter (*Akâsha*), tendo alcançado o estado de *Unmani* (*Nirvikalpa Samâdhi* de longa duração), tendo renunciado às sensações e repetido os frutos de *Kaivalya,* amadurecido pelos méritos acumulado por várias encarnações anteriores, com todos os seus sofrimentos e pecados eliminados pela indivisível extensão da Graça, e pensando: "Eu sou

Brahman", o *Yoguin* torna-se aquele que se livrou das suas máculas. E assim, repete: "Eu sou Vós, Vós sois eu, e não há diferenças entre nós dois, devido à minha plenitude, pois sou o *ParamAtman*". Então, falando e abraçando seu discípulo (*Yajnavalkya*) calorosamente, o *Purusha Mandala* leva-o ao perfeito conhecimento, da forma: "Eu sou *Brahman* ".

COMENTÁRIO: O éter aqui, é o Absoluto. Com sua mente imersa nele, após alcançar o estado de *Unmanî*, que é o *Nirvikalpa Samâdhi* de longa duração, renunciando às suas sensações, etc., etc, o *Yoguin* pensando."Eu sou o Absoluto", livra-se das suas máculas, dos seus erros, quando então, deve repetir: "Eu sou Vós, Vós sois eu, e não há diferenças entre nós dois, devido à minha plenitude, pois sou o *ParamAtman*". Depois disso, o *Purusha Mandala* abraçou calorosamente seu discípulo *Yajñavalkya* e o conduziu ao Conhecimento Perfeito, que é integrá-lo em *Brahman*.

2-4- Então, *Yajnavalkya* indagou ao *Purusha Mandala* assim: "Por favor, relate para mim em detalhes, sobre as verdadeiras características do quíntuplo *Akâsha*". Ele replicou, com o seguinte: "Há cinco tipos de Éter conhecidos por *Akâsha, Parâkâsha, Mahâkâsha, Sûryâkasha* e *Paramâkâsha*. *Akâsha* é externamente e internamente, cheio de escuridão (que produz o estupor). *Parâkâsha* é, no interior e no exterior, semelhante ao fogo do dilúvio (que produz a ilusão que eclipsa o estupor). Aquela existência que no exterior e no interior além da medida se assemelha à Radiância (que produz o prazer eclipsando o estupor), é *Mahâkâsha*. Aquele, que no interior e no exterior assemelha-se ao sol e produz felicidade perpétua que eclipsa o estupor, é *Sûryâkâsha*. Essa radiância transcende qualquer descrição. Ela permeia todas as coisas e é da natureza da Graça (que produz *Tripâdbhûti,* que eclípsa todas as outras experiências), é *Paramâkâsha*. Assim, pela introspecção interna, o *Yoguin* torna-se qualquer coisa.

COMENTÁRIO: Aqui está uma classificação do éter ou *Akâsha,* em cinco tipos, onde são apresentadas as características de cada um deles. O verso conclui, afirmando que através da meditação, o *Yoguin* se torna qualquer coisa.

5- Os nove *Chakras,* os seis *Âdhâras,* os três tipos de introspecções, os cinco tipos de éter, aquele que não os conhece bem, só é um *Yoguin* no nome.

COMENTÁRIO: A tradução de *Ayyangar* relaciona os nove *Chakras,* assim: *1- Mulâdhâra.2-Svâdhistâna. 3- Manipûra. 4- Anâhat. 5- Vishuddha. 6- Âjñâ. 7- Tâlu. 8- Âkâsha. 9- Bhrûcakra.* Os dois últimos não constam da relação apresentada neste livro. *Âdhâras* são as seis regiões, com seus suportes: Norte, Sul, Leste, Oeste, Nadir e Zênite. As três introspecções são, externa, intermediária e interna. Os cinco éteres, já foram citados. Aquele que desconhece tudo isso, é apenas um *Yoguin* no nome, ou seja, que adquiriu conhecimento nos livros, sem a ajuda da experiência.

BRÂHMANA V

1-3- A atividade da mente leva à servidão e a ausência de atividades na mente leva à Libertação Espiritual. Por isso, tudo está dentro dos limites de *Chitta* (a mente pensante). *Chitta*, quando não depende de qualquer coisa (por meio da pureza adquirida pela prática de *Yoga*) e quando amadureceu em *Unmani,* o estado da mente em *Nirvikalpa Samadhi,* torna-se apta para *Laya* ou dissolução. Essa dissolução deve ser bem praticada em Mim (o *ParamAtman* na forma de *Purusha Mandala*), que sou pleno. Eu sou a causa da dissolução da mente.

COMENTÁRIO: Aqui, o *Purusha Mandala* continua explicando.

Como o *Yoga,* segundo *Patañjali,* é a cessação das atividades da mente, a existência dessas atividades leva à servidão, à prisão ao mundo material. A ausência dessas atividades, leva à Libertação Espiritual. Por isso, tudo o que existe está dentro dos limites da mente pensante, pois, ela cria a realidade. Quando ela não depende de nada, por causa da prática do *Yoga* e quando amadureceu pelo *Nirvikalpa Samâdhi,* a mente se torna capaz de ser dissolvida (*Laya*). Essa dissolução deve ser bem realizada Nele, o Absoluto, que é pleno, a causa da dessa dissolução.

4-5- Do som produzido no *Chakra Anâhat*, temos a reverberação desse som; há uma penetrante radiação no interior dessa reverberação. A mente penetra o interior dessa radiação. Ela é o executor do ato de criar, sustentar e destruir os mundos. Quando a mente encontra sua dissolução, isso é o estado supremo de *Vishnu* (*Brahman*).

COMENTÁRIO: O som produzido no *Chakra Anâhat* é

um tipo de som *Nâda*. Quando esse é produzido, há a uma reverberação e uma penetrante radiação no interior dessa reverberação. A mente penetra o interior da reverberação. É a mente que constrói, destrói e sustenta os mundos. Quando a mente encontra sua dissolução, isso é o estado de encontro com o Absoluto. Sobre a mente ser o construtor, o destruidor e o mantenedor dos mundos, escreveu o físico *Amit Goswami* (*GOSWAMI, Amit* 2003. **A janela visionária**, pág. 53):

> Um elétron é uma onda?". "Sim", diz Borh, "se você observar por um aparato de medição de ondas". "Um elétron é uma onda?". "Não", diz Bohr, "se você observar por um aparato de medição de partículas.

> ....

> O matemático John Von Neumann disse que essa pergunta tem apenas uma resposta sensata: a consciência escolhe-nós escolhemos onde um elétron vai se manifestar em cada evento.

> ....

> Se a consciência é essencial para determinar como se manifesta a realidade, onde foi parar a objetividade da física? E, se a consciência tem o poder causal de escolher a realidade material, como é possível que ela seja um epifenômeno da matéria?

6-8- Pela dissolução da mente no *ParamAtman*, ao ser extinta, verificamos o aparecimento do estado puro e não dual. Essa é a verdade maior, que ele me pediu para te explicar. Aquele que admite que a verdade mais alta vai conduzir a si mesmo através do mundo como uma criança, um homem louco ou um espírito maligno, comporta-se como um homem estúpido. Assim, pela prática do *Nirvikalpa Samâdhi* o conhecedor disso, sempre contente, urina muito pouco e produz poucas fezes, ingerindo pequena quantidade de alimento, ficando dotado de um físico forte, sem torpor, tendo pouco sono. Com os olhos e os ares vitais imóveis, é atingido o conhecimento da Graça, decorrente da visão de *Brahman*.

COMENTÁRIO: Com a dissolução da mente no *ParamAtman*, surge o estado puro e não dual. Diz o *Purusha Mandala* que essa é a verdade maior que *Yajnvalkya* lhe pediu para explicar. Certamente, essa verdade maior não vai conduzir ninguém, como se fosse uma criança, um homem louco ou um espírito maligno. Quem assim pensa, é um homem estúpido. Quando acontece o *Nirvikalpa Samâdhi*, o *Yoguin*, sempre contente, urina pouco, produz poucas fezes, se alimenta frugalmente, adquire um corpo forte e dorme pouco. Com os olhos e os *Prânas* imóveis, ele alcança o conhecimento da Graça, ao se integrar em *Brahman*.

9- Assim, este *Yoguin* realizado, sempre com a intenção de beber o néctar de *Brahman* produzido pela longa prática do *Nirvikalpa Samâdhi* de longa duração, torna-se um *Paramahansa* (asceta) ou um *Avadhûta* (asceta nu). Ao vê-lo, todo o mundo torna-se puro e até mesmo uma pessoa ignorante que serve a ele, é libertado das amarras da roda do *Samsara*. Ele (o asceta) permite aos membros de sua família por 101 gerações que atravessem o oceano do *Samsara*; e sua mãe, pai, esposa e filhos, todos estes são igualmente libertados.

Assim é a *Upanishad*.

COMENTÁRIO: Com a realização do *Nirvikalpa Samâdhi*, o *Yoguin*, sempre com a intenção de beber o néctar do Absoluto, torna-se um *Paramahansa*, um asceta ou um *Avadhûta*, ou asceta nu. Ao vê-lo, todos se tornam puros, até mesmo uma pessoa ignorante que o serve. Esses se libertam da roda do *Samsara*. Pelo seu poder, esse asceta faz com que os membros da sua família, por 101 gerações, atravessem o oceano do *Samsara*. Assim, seus parentes mais próximos, como mãe, pai, esposa e filhos, serão Libertos Espiritualmente. Um belo verso, que nos dá esperança e coragem para buscar a libertação no oceano do *Samsara*! E assim termina esta *Upanishad*.

BIBLIOGRAFIA

TINOCO, Carlos Alberto. 2007. ***Gheranda Samhitâ***. Limeira-SP - Conhecimento Editorial Ltda., págs.65-6.

IDEM (1996). **As *Upanishads*.** São Paulo -SP, Ibrasa, pág.168.

GOSWAMI, Amit 2003. **A janela visionária** (2003). São Paulo-SP, Cultrix, pág.53.

Grupo que trata da Kundalinî Yoga

1. Darshana Upanishad

A *Darshana Upanishad* ou *Yoga Darshana Upanishad* é composta de seis capítulos e pertence ao *Sâma-Véda*. Contém uma detalhada exposição do sistema *Ashtanga* de *Yoga Patañjali* ou, o Sistema de Oito Membros. Os ensinamentos contidos nesta *Upanishad* foram dados por *Datatreya* a *Samkriti*. A palavra *Darshana* significa "Ponto de Vista". Assim, *Yoga Darshana Upanishad* significa "*Upanishad* do Ponto de Vista do *Yoga*". Entretanto, foram interpolados em alguns locais do texto, ensinamentos do *Yoga Sutra*. A *Upanishad* faz um esforço para conciliar o *Yoga* com o *Vedanta*. A versão aqui apresentada é a de *Ayyangar,* pertencente à tradição Sulima da Índia.

CAPÍTULO I
YAMA

1- O grande *Yoguin Datatreya* magnífico senhor, é o *Vishnu,* o Grande de Quatro Braços, que reina absoluto sobre a Ciência do *Yoga*.

COMENTÁRIO: Trata-se de uma *Upanishad* onde *Vishnu*, o Senhor de quatro braços, **é** considerado "O Grande", o que reina absoluto sobre a Ciência do *Yoga*.

2- Assim, seu discípulo favorito *Samkriti Mahashi*, um dia em que estava a sós com o seu santo *Guru*, inclinando-se diante dele, lhe falou (...), juntando as palmas das mãos em sinal de respeito.

COMENTÁRIO: *Samkriti* faz *Pronam Mudrâ*, ou seja, juntou as palmas das mãos e inclinou-se para o seu *Guru*.

3- "Ensina-me, Senhor, esta ciência do *Yoga* com os seus oito membros, pois se me concede-a, me converterei em um Liberto em vida, um '*Jivamukti*'.

COMENTÁRIO: Na tradição hinduísta, o respeito ao mestre era extremo. Sobre isto, vejamos o que diz o *Manarva Dharma Sastra* ou "Código de *Manû*":

> **II.194-** O discípulo deveria usar sempre, roupas, comida e ornamentos piores que os do seu *Guru*, quando em sua presença. Deveria acordar mais cedo e dormir mais tarde que o seu *Guru*.
>
> **II.195-** Ele não deveria ouvir nem falar com o seu *Guru*, quando estivesse deitado em sua cama, sentado, comendo ou estando em pé, voltando o rosto para o outro lado.
>
> **II.196-** Ele deveria ouvi-lo falar em pé, quando o *Guru* estiver sentado, levantando-se para encontrá-lo quando

vem em sua direção, sempre correndo atrás dele quando ele corre.

II.197- Só deve encará-lo quando seu rosto se volta de lado, aproximando-se dele somente quando está longe, curvando-se perante ele quando está em uma cama ou em lugar mais baixo.

II. 198- A sua cama e o seu assento devem ser sempre mais baixos que os do seu *Guru,* quando na presença do mesmo.

II. 199- Ele não deve pronunciar o nome do seu *Guru,* mesmo quando este estiver fora do seu alcance, nem imitar seus modos, maneira de falar e movimentos, mesmo se ele se comportasse mal, fazendo uso da luxúria e não possuísse boas qualidades.

4- *Vishnu* lhe respondeu: "Escuta-me bem, *Samkriti,* pois vou te ensinar o *Yoga".*

5- Os oito membros são: abstenções (*Yâma*), observâncias (*Nyâma*), posturas (*Âsana*), controle da energia vital (*Prânâyâma*), abstração sensorial (*Pratyahara*), concentração (*Dhâranâ*), meditação (*Dhyâna*) e interiorização completa (*Samâdhi*).

COMENTÁRIO: Aqui destacamos uma apresentação de um tipo de *Yoga* com oito membros ou *Angas,* igual ao *Patañjali* que também possui oito.

6 - As dez abstenções são: 1- no causar dano (*Ahimsa*).

2- veracidade (*Sâtya*). 3- abstinência. 4- celibato. 5- compaixão. 6- retidão. 7- paciência. 8- firmeza. 9- temperança na alimentação. 10- limpeza. Estes constituem os dez *Yamas.*

COMENTÁRIO: Aqui, uma explanação dos *Yâmas.* Nos *Yoga Sutra,* são cinco abstenções ou *Yâmas.*

7- Não causar dano a ninguém, em ação, palavra ou pensamento, é *Ahimsa,* segundo o *Véda,* pois deve estar presente em tudo.

COMENTÁRIO: Uma explicação do que seja a não violência, *Ahimsa.*

8- Reconhecer que o *Atman* permeia tudo, é indivisível e não pode ser compreendido, é dito ser a melhor forma de não violência, por aqueles versados no *Vedanta.*

COMENTÁRIO: A melhor forma de *Ahimsa* é reconhecer que o *Atman* que tudo permeia, é indivisível e está presente em tudo. É a melhor forma de *Ahimsa.* Assim dizem os Sábios versados no *Vedanta.* Aqui, esta *Upanishad* faz uma aproximação entre o *Yoga* e o *Vedanta.*

9-10- O verdadeiro é o que se percebe pela visão, pelo ouvido e os outros sentidos, pois, tudo o que existe é *Brahman,* como dizem os Sábios.

COMENTÁRIO: Aqui é exposta uma espécie de Teoria do Conhecimento empirista.

11- Não cobiçar com o pensamento o bem alheio, seja palha, ouro, joias ou pérolas, é a honradez.

12- Não ver o contrário, é ser mais honrado ainda; assim se expressam os Sábios.

COMENTÁRIO: Aqui, a explicação de porque não se deve cobiçar o bem alheio.

13- Praticar a moderação sensual, aplicando teu espírito sem distração à busca de *Brahman*, e abstendo-se de mulheres em ato, palavra e pensamento, incluindo-se tua própria esposa, salvo nos dias seguintes à regra.

COMENTÁRIO: Deve-se evitar as relações sexuais até mesmo com a esposa, ou seja, um verso machista. Com a esposa: estas devem ocorrer quando a esposa não estiver menstruada.

14- Ter compaixão é se apiedar do próximo em ato, palavra ou pensamento, como se fosses tú mesmo: assim se expressam os que sabem.

15- Comportar-se sempre da mesma forma com respeito a qualquer pessoa, filho, amigo, esposa, inimigo é equanimidade.

COMENTÁRIO: Aqui o verso sugere equanimidade até mesmo para com os inimigos. Isto se assemelha aos dogmas do cristianismo e do *budismo*.

16- A oitava abstenção (firmeza) é não ceder à fraqueza de encolerizar-se contra os inimigos, mesmo quando eles te provoquem.

17-18- Firmeza é saber que o conhecimento desperta a renuncia ao mundo e o estudo das escrituras sagradas, conjuntamente com a fé no que afirma o *Véda*: "Eu sou o *Atman* e nada mais".

COMENTÁRIO: Uma explicação sobre a firmeza.

19- Progredirá no caminho do *Yoga*, fugindo da gula do alimento que se serve.

COMENTÁRIO: O praticante de *Yoga* deve comer pouco. Isto é chamado *Mitahara*. Sobre isto, assim se expressa o *Hatha Yoga Pradipikâ,* I,58:"Comer alimentos saudáveis oferecidos primeiro a *Shiva*, com um quarto do estômago mantido vazio, é *Mitahara* ou comer moderadamente".

20-22- Manter limpo o corpo, esfregando-o com barro e água: assim se purifica o exterior.

COMENTÁRIO: Forma estranha de limpar o exterior do corpo.

21- Mas, não se deve esquecer a pureza do espírito, que consiste em saber que se é puro no fundo de si mesmo.

COMENTÁRIO: No fundo de nós mesmos está o *Atman*, puro e imutável.

22- Pois o *Atman* é puro, diferente do corpo que é impuro: quem o esquece, mesmo lavando seu corpo, o perderá todo, como o insensato que deixando o ouro, colhe um punhado de terra.

23- O *Yoguin* que se sacia com a ambrosia do conhecimento, após ter abandonado o mundo, não tem nenhum outro dever a cumprir.

COMENTÁRIO: Aqui destacamos uma referência ao fato do homem ter que abandonar a sociedade, a família, quando chega à fase de *Vanaprashta*. Após ter conquistado a Libertação Espiritual, nada mais lhe resta a fazer.

24- Se imagina tê-lo, não teria o direito a ser chamado Sábio.

COMENTÁRIO: Quem imaginar já ter esse Conhecimento, não pode ser considerado um Sábio.

25- Conhecer o *Atman* é comprender que não existe nada que valha a pena fazer no mundo. Assim, pois, é preciso, por meio das abstenções, chegar a comprender o *Atman* como idêntico ao imutável *Brahman*.

COMENTÁRIO: Aqui está a famosa equação das *Upanishads, Atman = Brahman*. Podemos conseguir isso pelas abstenções.

CAPÍTULO II
NYÂMA

1- Eis aqui agora, as observâncias (*Niyama*): 1- autodisciplina. 2- contentamento. 3- crer no Real. 4- saber dar. 5- devoção ou submissão ao Absoluto. 6- estudo de si mesmo. 7-humildade. 8- abandono. 9- repetição de um *Mantra*; vou explicá-las.

COMENTÁRIO: Agora são especificados os integrantes de *Nyama*, diferentes dos de *Patañjali*.

2- Autodisciplina, disseram os Sábios, é jejuar nos tempos prescritos a fim de mortificar-se. Mas, mais profunda é a ascese de espírito quando se buscam os "porquês e os comos" da transmigração e o método para liberar-se dela.

COMENTÁRIO: Uma explicação sobre quais são os *Nyâmas*.

3-5- É sem dúvida, um bem-estar contente com o que se ganha, dia após dia, ao acaso na vida; mas, muito melhor é o contentamento que se goza pela renúncia, até se conhecer *Brahman*.

COMENTÁRIO: Melhor que os ganhos materiais da vida, é o da renúncia, caminho que conduz a *Brahman*.

6- Pelas escrituras e pela tradição, se sabe de que o mundo existe: isso é o que o Sábio chama de crença no real.

COMENTÁRIO: Ao contrário do *Vedanta* que diz que o mundo é uma ilusão, o verso faz uma afirmação objetivista, ao afirmar que o mundo é real.

7- Quanto a saber dar, é o fato de distribuir aos Sábios versados nas escrituras, o que se ganhou justamente, ou o que se recebe, sem tê-lo buscado.

COMENTÁRIO: Na Índia antiga, era considerado uma honra dar comida aos *Samniasys,* os renunciantes.

8- Quando o coração se libertou do desejo sensual e das paixões, quando se fala sem mentira, quando se obra sem violência, pode-se dizer que se pratica, realmente, a devoção.

COMENTÁRIO: Liberto do desejo sensual, sem mentir, realizar obras sem violência, isso é devoção.

9- Quanto ao estudo de sí mesmo, é crer na realidade do mundo, no conhecimento infinito na beatitude perpetua (*Ananda*) e na permanência de *Brahman*.

COMENTÁRIO: O estudo de si mesmo é a meditação e também o *Svâdhyâya,* que é o "estudo próprio".

10- A humildade é envergonhar-se de toda ação que o *Véda*, ou as regras usuais, julguem mais, ou que as tenha cometido por fraqueza de caráter.

COMENTÁRIO: Uma definição de humildade.

11- O abandono é crer sem restrição, sem dívida alguma no que ensinam as escrituras, atendo-se a elas, ocorra o que ocorrer, mesmo quando *Guru* tem a intenção de fazer crer em outra coisa.

COMENTÁRIO: Uma afirmação sobre a autoridade das escrituras, os *Sastras*.

12- A repetição constante de um *Mantra (Japa)* está prescrita pelo *Véda*, os rituais, os *Puranas*, os *Dharma Shastras* e as Epopeias.

COMENTÁRIO: Aqui, uma citação das escrituras que se referem ao *Japa*.

13-14- Se pode fazer *Japa* de duas maneiras: falando, ou em silêncio; agora o *Japa* falado, pode ser em voz alta ou baixa, e se é feito silenciosamente, pode ser murmurado ou mentalizado.

COMENTÁRIO: Uma classificação dos *Japas*.

15- É certo que com o *Japa* em voz alta, se obtém os benefícios prometidos pelas escrituras, mas o *Japa* murmurado, é mais poderoso.

COMENTÁRIO: O mais poderoso *Japa* é aquele que é murmurado.

16- Quanto ao *Japa* mental, é considerado mil vezes mais eficaz, pois, os *Mantras* não dão os frutos esperados se, infelizmente, os ouvem outras pessoas; por isso, é preciso fazer *Japa* mentalizado.

COMENTÁRIO:: Uma explicação sobre o "porquê" da necessidade de os *Japas* serem murmurados ou pronunciados mentalmente. Se as pessoas escutam os sons do *Japa* falado, este perde seu poder.

CAPÍTULO III
ASANAS

1- Veja agora como manter as oito posições: *Svastika, Vajra, Padma, Vira, Badhra, Siddha, Mayura, Sukha.*

COMENTÁRIO: O verso se refere a apenas oito *Asanas*. Em seguida, nos versos seguintes, uma descrição muito resumida e deficiente dos oito *Asanas* citados.

2- Manter-se bem ereto, com a cabeça erguida, e cruzar de forma adequada as pernas para colocar os dois pés no vão dos joelhos dobrados; isto é *Svastikâsana*.

COMENTÁRIO: Descrição resumida de *Svastikâsana*.

3- Sentar-se diretamente sobre os dois tornozelos: é *Vajrâsana*.

COMENTÁRIO: Idem, para *Vajrâsana.*

4-5- Colocar os dois pés sobre as coxas, com as plantas dos pés para cima, segurando o dedão do pé esquerdo com a mão direta e o dedão do pé direito com a mão esquerda, é *Padmâsana,* com a qual se vence a enfermidade.

COMENTÁRIO: Idem, para *Padmâsana.*

6- Sentar-se com o corpo erguido dobrando a perna esquerda para que o pé toque a coxa; isto é *Virâsana.*

COMENTÁRIO: Idem, para *Virâsana.*

7- Dobrar as pernas sem cruzá-las e colocar os calcanhares contra o períneo, com as mãos segurando os dois pés, se denomina *Badhrâsana.*

COMENTÁRIO: Idem, para *Badhrâsana.*

8- Modificar a posição (anterior) dos dois pés, para cruzá-los contra o períneo, se denomina *Siddhasana.*

COMENTÁRIO: Idem, para *Siddhâsana*

9-10- Colocar as palmas das mãos no solo, com os cotovelos dobrados na altura do umbigo, e levantar o corpo horizontalmente, com a cabeça reta, o corpo tenso como um bastão, se denomina *Mayurâsana.*

COMENTÁRIO: Idem, para *Mayurâsana.*

11- Quanto aos fracos que adotem qualquer postura fácil, essa será para eles, *Sukhâsana*.

COMENTÁRIO: Então, *Sakhâsana* é para os fracos?

12- Devemos nos esforçar nas posturas para dominá-las completamente, reinando sobre os três mundos.

COMENTÁRIO: Aquele que domina as oito posturas citadas, reinará sobre os três mundos; terrestre, atmosférico (intermediário) e o celeste.

13- Não obstante, terá que exercitar-se em continuação, nos *Prânayamas*.

COMENTÁRIO: Após exercitar-se nos *Âsanas*, o *Yoguin* deve praticar *Prânâyâmas*.

CAPÍTULO IV
FISIOLOGIA SUTIL

1- A medida do corpo é de oitenta e seis dedos; no seu centro arde um grande fogo, tão brilhante como o ouro fundido.

COMENTÁRIO: Aqui pode ser uma referência ao fogo do estômago, o fogo do *Chakra Manipura*.

2- A dois dedos do ânus, em cima do sexo, está un triângulo (*Muladhara Chakra*); assim dizem os que sabem.

COMENTÁRIO: Na maioria dos textos, sobretudos os do *Tantra*, o *Muladhâra* está localizado no períneo, entre o sexo e o ânus. Aqui, a descrição corresponde ao *Svadhitana*, aproximadamente.

3-5- Quanto ao nó do umbigo (*Kanda*), se encontra no meio do corpo, a nove dedos do *Muladhâra*; seu diâmetro é de quatro dedos e parece um ovo de galinha; uma bainha o envolve, e o umbigo propriamente dito, se encontra em seu centro.

COMENTÁRIO: Segundo alguns textos do *Yoga* e do hinduísmo, o *Kanda* é o local de onde partem as *Nadis*.

6- No nó do umbigo está situado *Sushumna* e setenta e duas mil *Nadis* resplandecem em seu redor, Ó *Samkriti!*; somente quatorze são importantes.

COMENTÁRIO: Alguns textos do *HathaYoga* falam de 72 mil, outros de 300 mil *Nadis* que partem do *Kanda,* para alimentar todo o *Prânamâyâ Kosha* com os diversos tipos de *Prâna*. Assim como o sangue circula por veias e artérias, os *Prânas* circulam nas *Nadis*.

7-8- *Sushumna, Ida, Píngala, Sarasvati, Pusha, Varuna, Hastajihva, Yashasvini, Alambusa, Kuhu, Víshvadara, Payasviní, Shankhini* e *Gamdhara*.

COMENTÁRIO: Aqui apresentamos a relação das 14 *Nadis* mais importantes.

9- Mas, três destacam-se sobre todas: *Sushumna, Idâ* e *Pingalâ*.

COMENTÁRIO: A relação das três *Nadis* mais importantes.

10- A mais importante de todas, em muito, é *Sushumna*, que os adeptos do *Yoga* chamam *Brahma Nadi*.

COMENTÁRIO: *Brahma Nadi* é uma *Nadi* que é concêntrica à *Sushumna*.

11- Dois dedos mais abaixo do umbigo, está alojada a *Kundalinî*.

COMENTÁRIO: A energia *Kundalinî* está localizada no *Chakra Muladhâra*, sob a forma de uma serpente com três voltas e meia, dizem alguns textos, sobretudo, *tântricos*.

12- Está formada por terra, água, ar, fogo, éter, pensamento (*Manas*), personalidade (*Ahankâra*) e inteligência (*Buddh*i).

COMENTÁRIO: Aqui, uma descrição da composição da *Kundalinî*.

13- É ela quem governa a ação dos dez alentos vitais

(*Prânas*) e a assimilação dos alimentos em torno do nó do umbigo; enroscada sobre si mesma, tem a boca colocada sobre orifício de *Brahman*.

COMENTÁRIO: A boca da serpente *Kundalinî* está situada no orifício de saída da *Sushumna*, demominado "*Brahmadvava*". Aqui, ele é chamado de "Orifício de *Brahman*".

14- À sua esquerda, está *Idâ*; *Pingalâ* se encontra à sua direita.

COMENTÁRIO: O leitor deve olhar as figuras do capítulo "Anatomia Exotérica do *Yoga*". Nos versos seguintes, uma descrição da localização das outras *Nadis*.

15-17- Ao lado de *Sushumna* se encontram *Kuhû* e *Sarasvati*, *Gamdhara* e *Hashjihva* correm paralelas a *Idâ* na frente e atrás, envoltas, por sua vez, por *Varuna*, *Pusha* e *Yahasvini*; *Shankini* envolve *Gamdhara*. Estendida desde o ânus até o umbigo se vê, por último, a *Alambusa*.

18-19- Paralela à *Sushumna*, da cor da lua cheia, está *Kuhû*; *Id*â e *Pingalâ* chegam até o nariz, na altura das duas fosas nasais; *Yahasviní* chega ao polegar do pé esquerdo; *Pusha* vai até o olho esquerdo, paralela à *Pingalâ*.

20-22- *Payasvíni* alcança a orelha direita e *Sarasvati* a lingua; *Hasfijíhva* vai até o dedão do pé direito. Finalmente, *Gandhara* chega ao olho direito, enquanto que *Vlshvadara*, fica no nó do umbigo.

COMENTÁRIO: Os versos, de 4 a 22, estão especificadas as localizações das quatorze *Nadis*.

23- Há dez alentos vitais que os *Yoguins* denominam: *Prâna, Apâna, Vyâna, Sâmâna, Udâna, Nâga, Kurma, Krikara, Devadatta* e *Dhananjaya*.

COMENTÁRIO: Aqui está a relação dos dez *Prânas*.

24-25- Destes dez, cinco são importantes: *Prâna, Apâna, Vyâna, Udâna* e *Sâmana*; mas, por sua vez, destes cinco, destacam-se dois: *Prâna* e *Apâna*, aos que professam culto aos grandes *Yoguins*; não obstante, *Prâna* é o principal.

COMENTÁRIO: Dos dez, o *Prâna* é o mais importante.

26- O *Prâna* é onipresente; na garganta, no nariz, no umbigo e no coração, reside permanentemente.

COMENTÁRIO: A localização do *Prâna*.

27- O *Apâna*, por sua parte, reside no ânus, nas coxas, nos joelhos e, em geral, na parte inferior do corpo, até o umbigo.

COMENTÁRIO: A localização do *Apâna*. A seguir, a localização dos demais *Prânas*.

28- O *Vyâna* está na cabeça, nas orelhas, nos olhos, no pescoço e, em geral, até a altura dos ombros.

29- *Udâna* habita os membros e *Sâmana,* todo o corpo; os outros cinco alentos vitais habitam a pele, os ossos e a carne.

COMENTÁRIO: A seguir, a descrição das funções dos *Prânas.*

30-32- A função do *Prâna* é regular a respiração e a tosse; a de *Apâna,* as excreções, *Vyâna* produz os sons; *Sâmana* reune e *Udâna* faz levantar-se; este é o ensinamento.

33-34- *Naga* faz eructar; *Dhanamjaya* enche o ventre; *Kurma* permite cerrar os olhos; a fome vem de *Krikara*; quanto a *Devadatta,* Ó *Samkriti,* é o que produz em nós o sono.

35-38- Os *Devas* reinam sobre as *Nadis*: o *Deva* de Sushumna é *Shiva, Vishnu* é o de *Idâ* e *Brahm*a de *Pingala*; e *Viraj* o de *Sarasvati, Pushan* o da *Nadi Pusha* e o de *Vayu, Varuna*; o de *Hastrjihva* é *Vacuna,* o de *Yahasvini* é o sol.*Varuna* preside também à *Alambusa,* e o *Deva* da fome é o de *Kuhû*; a lua reina sobre as duas *Nadis Gamdhara* e *Shankhini, Prajapâti* preside *Prayasvin*i, e *Soma* a *Vishvadara.*

COMENTÁRIO: Uma descrição dos deuses associados às *Nadis.*

39-42- Em *Idâ* se move a lua, e o sol em *Pingala*; por isso, quando o *Prâna* de *Pingalâ* entra em *Idâ,* se diz que se orienta ao Norte; se orienta ao Sul quando, ao contrário, o aleno vai de *Idâ* a *Pingalâ*. A lua e o sol se unem no interior do corpo quando o aleno reside ali onde se encontram as duas *Nadis*, *Idâ* e *Pingalâ*.

COMENTÁRIO: As *Nadis Idâ* e *Pingalâ* estão associadas à lua e ao sol, respectivamente. Aqui, há uma magia sobre os *Prânas* e as *Nadis*. Quando o *Prâna* que está em *Pingalâ* entra na *Idâ*, se diz que ele se orienta para o Norte. O contrário, ou seja, quando ele sai de *Idâ* e entra em *Pingalâ*, se diz que ele se orienta ao Sul. A lua e o sol, ou seja, *Idâ* e *Pingalâ* se unem no corpo, quando o aleno está no ponto de união das duas, ou seja, no *Chakra Âjña*.

43-45- É no equinócio de primavera que o o aleno está em *Muladhâra* e é no equinócio de outono quando o aleno está na cabeça. O *Prâna*, como o sol, percorre os signos do zodíaco, cada vez que se inspira, e se retém o aleno e, finalizando, se expira.

COMENTÁRIO: Versos misteriosos, que guardam um segredo sobre a relação entre o *Prâna* que está no corpo, alguns *Ckakras* e pontos da esfera celeste.

46-47- Por último, um eclipse da lua se produz quando o aleno chega à sede da *Kundalinî*, seguindo o conduto de *Idâ*; e quando segue de *Pingalâ* para chegar à *Kundalinî*, é um eclipse do sol.

COMENTÁRIO: Verso obscuro. Uma tentativa de relacionar a localização dos *Prânas* a fenômenos astronômicos.

48-49- O monte *Meru* está na cabeça e *Kedara* (monte do *Himalaya*) está à frente; deves saber que entre os dois olhos próximos ao nariz está *Benares; Kurukshetra* (campo de batalha da *Bhagavad Gîtâ*) se encontra no peito; no coração está a confluência dos rios sagrados *Ganges, Yamuna* e *Sarasvati*; o *Kamalalaya*, por fim, se situa na base da coluna vertebral.

COMENTÁRIO: Aqui, o verso faz uma analogia entre o corpo do praticante e o mundo externo. Alguns textos do *Yoga* fazem uma relação entre o microcosmo (corpo do *Yoguin*), como macrocosmo. É o caso destes versos.

50- Preferir os *Tirthas* (lugares de ablução) reais aos que se ocultam no corpo, é preferir vulgares lantejoulas a diamantes depositados na mão.

COMENTÁRIO: Os *Tirthas* internos são superiores aos externos.

51- Teus pecados serão apagados, mesmo que faças amor com tua mulher ou, inclusive, com a tua própria filha, se praticas as peregrinações em teu corpo, de um *Tirtha* a outro.

COMENTÁRIO: O verso não explica o que sejam os *Tirthas* internos. Praticar peregrinações a esses *Tirthas* internos, nos livra do pecado de fazer sexo até mesmo com a própria filha. Estranhamente, o verso se refere ao pecado de fazer sexo com a esposa.

52- Os verdadeiros *Yoguins* que professam culto a seu *Atman,* não necessitam *Tirthas* de água nem deuses de madeira e de barro.

COMENTÁRIO: Os *Tirthas* de água podem ser aqueles onde se aspergem água nas imagens dos deuses, ou sobre pessoas e objetos sagrados. Incluem, sobretudo, os banhos.

53- Os *Tirthas* do corpo sobrepujam, infinitamente, aos do mundo e o *Tirtha* da alma é o maior; os demais não são nada junto dele.

COMENTÁRIO: Outra referência aos *Tirthas* do corpo. Na Índia antiga, havia certos rituais onde determinadas partes do corpo eram tocadas pelo sacerdote. Deve ser os tais *Tirthas* do corpo, ou os banhos já citados.

54- O espírito, se está manchado, não pode ser purificado nos *Tirthas* em que se banha.

COMENTÁRIO: Os *Tirthas* da água que incluem banhos, não purificam as almas manchadas. As almas manchadas são as almas pecaminosas, cheias de culpa.

55- Um jarro que contém álcool, não será purificado pela água, mesmo quando o lavamos cem vezes.

56- Porém, a água do conhecimento, repartida pelos mestres do *Yoga,* purificará o espírito manchado, pois é a de um verdadeiro *Tirtha.*

COMENTÁRIO: Somente a água do conhecimento é capaz de lavar as manchas da alma. Isso é um verdadeiro *Tirtha*.

57- *Shiva* habita em seu corpo: serias um néscio, adorando-o nas imagens de pedra, ou de madeira, com cerimônias, devoções, votos ou peregrinações.

COMENTÁRIO: O verdadeiro *Shiva* está no interior do nosso corpo, não em suas imagens, na devoção ou nas peregrinações. Aqui o verso se torna *Shivaísta*.

58- O verdadeiro *Yoguin*, olha em si mesmo, pois sabe bem que as imagens são talhadas para ajudar aos ignorantes a aproximar-se do grande mistério.

COMENTÁRIO: As estátuas e imagens dos deuses são as suas representações, ou um meio de ajudar os ignorantes a aproximarem-se do Absoluto.

COMENTÁRIO: As estátuas dos diversos deuses do panteão do hinduísmo são apenas as suas representações, ou ainda, um meio de auxiliar os ignorantes a se aproximarem do Absoluto. Vale a pena informar que o hinduísmo não é politeísta. Politeísta é a religião que possui vários deuses no mesmo pé de igualdade, todos sendo considerados como vários Absolutos. No hinduísmo, os devotos adoram a qualquer deus ou deusa, no sentido de que eles os levem ao único Absoluto, o Supremo, que está acima de tudo.

59- O único vidente verdadeiro é o que vê *Brahman* Real, único e sem outro, como idêntico ao seu *Atman*.

COMENTÁRIO: Somente quem identifica o seu *Atman* com *Brahman,* é um vidente verdadeiro.

60-63- E depois, pela renúncia, compreenderás: eu sou o *Atman*; então, verás que o *Atman* habita no fundo de todos os seres; e a visão do Onipotente, do Supremo *Brahman* imperecível, te livrará de toda dor.

COMENTÁRIO: O *Atman* está em tudo e em todos os seres. Pela renúncia, o praticante perceberá que ele é o *Atman* = *Brahman* e isso, o livrará de toda dor.

CAPÍTULO V
PURIFICAÇÃO DAS NADIS

1-2- Tendo ajustado a sua atitude ao que ensinam as escrituras sagradas, tendo purificado todo excesso de sensualidade e aprendido o que é o *Yoga*, com espírito sereno e veraz, poderás iniciar a prática.

COMENTÁRIO: Aqui, as condições para que a prática do *Yoga* seja iniciada.

3-6- Firma-te no *Atman*, escuta bem o que ensinam os mestres, te instale em um *Ashram* situado em um lugar agrádavel no alto de uma colina, à margens de um rio, ou em um bosque, não distante de um bosque de *Bilva* (árvore sagrada), e te exercite nas posturas, cuidando em ter o corpo reto, imóvel e com a boca fechada. Fixando os olhos na ponta do nariz, verás nele o disco da lua, destilando gota a gota, a ambrosia.

COMENTÁRIO: Instalar-se em um *Ashram* situado em um lugar agradável, pode ser uma referência ao *Vanaprashta* que, após abandonar a sociedade, se retira para um *Ashram* localizado na floresta, para praticar *Yoga*. Fixar os olhos na ponta do nariz, é uma referência ao *Mudrâ Nasagra Dristi*. É da tradição do *Yoga*, a existência de um líquido adocicado que sai dos *Chakras* da cabeça, quando se pratica intensamente o *Yoga*. O disco da lua pode ser a lua nova que se encontra na cabeça de *Shiva* ou, ao *Charcra Sahasrara*.

7-9- Introduzindo o ar inspirado por *Idâ* até o ventre, meditando sobre o fogo que arde no meio do corpo, perceberás em ti, o som (*Nâda*) perpétuo; então, expulsarás o ar pelo canal de *Pingalâ*.

COMENTÁRIO: Uma descrição de uma técnica usando os *Prânas,* para escutar os sons *Nâda,* sobre o que já foi comentado.

10- Logo farás o mesmo substituindo *Idâ* por *Pingalâ*; pratica assim ao menos três vezes ao dia e seis vezes em cada vez.

COMENTÁRIO: Idem.

11- Assim, conseguirás purificar tuas *Nadis*. Teu corpo se tornará luminoso, resplandecente, em virtude do fogo interior, e ouvirás claramente o som místico.

COMENTÁRIO: O que acontece com o praticante, quando consegue limpar suas *Nadis*.

12- Terás então, que purificar o próprio *Atman*.

COMENTÁRIO: Como o *Atman* é puro ele não pode ser purificado. Uma contradição do verso? Não! É o que se verá no verso seguinte.

13- Assim, mesmo eternamente puro, luminoso e feito de beatitude, teu *Atman* está como que obscurecido, manchado pela sujeira da ignorância.

COMENTÁRIO: O *Atman* fica manchado pela sujeira da ignorância quando Ele se enreda nos turbilhões mentais de pensamentos e emoções, confundindo-se com eles. Com isso, a pessoa se confunde com esses turbilhões, ignorando à sua própria natureza espiritual. Isso é o que significa a ignorância do *Atman,* que continua puro sob qualquer circunstância.

14- Graças ao conhecimento verdadeiro, poderás limpar o lodo e devolver-lhe sua pureza.

COMENTÁRIO: Somente o conhecimento verdadeiro, ou seja, o Conhecimento do *Atman*, será capaz de libertar o praticante.

CAPÍTULO VI
PRÂNÂYAÂMA

1- Eis aqui o controle do alento.

2- É preciso saber que os três tempos que acompanham sua respiração, não são outros senão fonemas que constituem o *Prânava (AUM)*.

COMENTÁRIO: Os tais três tempos são; inspiração, retenção e expiração.

3- Quando fazes descer o ar até teu ventre por *Idâ*, medita na letra *A*, durante ao menos dezesseis medidas.

COMENTÁRIO: No *Hatha Yoga*, há algumas maneiras de contar o tempo em relação à prática. Uma delas, é colocar a mão direita sobre o joelho direito, girar a mão apoiando o polegar sobre o joelho, estalando os dedos polegar e indicador. Essa operação deve ser realizada três vezes seguidas para valer uma medida de tempo.

4- Quando reténs o ar em ti, medita na letra *U*, durante pelo menos dezesseis medidas, no tempo que fazes ressoar o *OM*.

COMENTÁRIO: O que fazer quando se canta a letra *U* do *mantra Om (AUM)*.

5- E quando colocas o ar pelo canal de *Pingalâ*, medita na letra *M*, por trinta e duas medidas.

COMENTÁRIO: Idem para o *M*.

6- Esse é o verdadeiro *Prânâyâma*.

7-10- Fazer descer de novo o ar pelo canal de *Pingalâ*, meditando na letra *A*, durante pelo menos dezesseis medidas. Retém logo o ar em ti, meditando na letra *U*, e te esforçando em reter o ar durante sessenta e quatro medidas, repetindo o *Prânava*. E, para terminar, expulsa o ar seguindo o canal *Idâ*, meditando na letra *M* durante pelo menos dezesseis medidas.

COMENTÁRIO: Técnica complexa de se praticar um *Prânâyâma*. O canal de *Idâ*, é a narina esquerda.

11- Se praticas este controle durante seis meses, serás mestre. Ao cabo de um ano verás *Brahman*; por isso, deves te esforçar sem cessar.

COMENTÁRIO: O que acontece após a pratica desse complexo *Prânâyâma*.

12-14- Inspirar o ar é *Puraka*; retê-lo como se enche uma bola, é o que se chama *Kumbhaka;* a expiração se chama *Rechâka*. O controle faz transpirar; é o efeito menos interessante; com a continuação da prática, aparece o tremor;

os que melhor o executam adquirem o poder de levitação; quanto melhores são, mais se elevam.

COMENTÁRIO: Aqui, a denominação da inspiração, retenção e expiração. Controlar esses três, faz suar, tremer e até levitar.

15-17- Mediante esse controle, é certo que purificarás a fundo teu espírito; então, tua glória se distingue rodeando teu corpo de luz. O espírito e o alento se unem e se estabelecem no *Atman*; então, é quando, impulsionado pelo controle, pode elevar-se o corpo do adepto.

COMENTÁRIO: Quando ocorre a levitação do praticante.

18- Pelo saber adquirido, se consegue a Libertação do *Samsara* (cadeia de renascimentos); se pode então, abandonar *Puraka* e *Rechâka*, e limitar-se a *Kumbhaka*; então, todos os pecados se apagam e se obterá o conhecimento mais elevado.

COMENTÁRIO: Os *Prânâyâmas* devem ser praticados sob a orientação de um mestre. Praticados erroneamente, pode ocasionar distúrbios psicológicos graves. Aqui, o verso diz que a prática do *Prânâyâma* pode lavar à Libertação Espiritual, ou seja, a libertação da roda de mortes e renascimentos, a roda do *Samsara*.

19- Pelo *Prânâyâma*, o espírito se torna claro e sutil, os cabelos grisalhos recuperam sua cor, e nada há que não se possa conseguir. Por isso deve-se praticar uma e outra vez o controle do alento.

COMENTÁRIO: O que acontece quando se pratica *Prânâyamas*.

20-24- Se praticas o controle do alento, inspirando profundamente o ar, na aurora e no crepúsculo, antes que amanheça, ou ao meio-dia se assim preferir, retenha teu alento na ponta do nariz, no umbigo ou, nos dedos dos teus pés, e lograrás viver cem anos. Pois, o alento está bem dominado se o reter na ponta do nariz; se o reter no umbigo, a enfermidade não fará presa de ti, e se o manter nos dedos dos pés, teu corpo se tornará brilhante.

COMENTÁRIO: Idem.

VI.25-30- Bebes o ar inalando-o pela boca com ajuda da língua, não terás jamais sede nem fome e não conhecerás jamais a fatiga. Se manter o alento na raiz da língua, poderás beber a ambrosia e conhecerás a verdadeira felicidade. Inalando por *Idâ* e conservando o alento entre as duas sobrancelhas, beberás o néctar e manterás sempre teu corpo com boa saúde. Se ajudando com as duas *Nadis (Idâ* e *Pingalâ*) e conduzindo o ar no umbigo, serás preservado de todo mal. E se durante um mês inteiro beber o néctar, gota a gota, inalando o ar três vezes ao dia e conservando-o conforme as regras em um ponto escolhido de teu corpo, nenhum mal procedente dos ventos ou a bílis, poderá jamais te ferir.

COMENTÁRIO: Descrição obscura de alguns tipos de

Prânâyâmas. O verso não ensina como manter o alento na raiz da língua, nem como mantê-lo entre as sobrancelhas. Tal obscuridade é proposital, para esconder dos leigos, técnicas que se tornam perigosas se são realizadas erroneamente. Pode-se interpretar isso como concentrar-se nos pontos indicados, imaginando o *Prâna* ali.

31- As enfermidades dos olhos são curadas pelo alento colocado na frente, assim como as dos ouvidos pelo alento retido neles, e as enxaquecas pelo alento retido no fundo da cabeça.

COMENTÁRIO: O que acontece quando adepto concentra o alento colocado no rosto, nos ouvidos e na cabeça.

32-35- Assim, estando na postura chamada *Svastikâsana*, tendo bem dominado o espírito, fazendo ascender suavemente o *Apâna* e repetindo o *Prânava*, o adepto deve isolar-se do mundo exterior; com suas mãos, seus polegares fecharão seus dois ouvidos, seus indicadores fecharão seus olhos e os outros dedos, suas duas fossas nasais; manterá assim, o *Apâna* no interior da sua cabeça, até conhecer a beatitude, pois o alento alcançará então a porta de *Brahmarândhra*.

COMENTÁRIO: Trata-se do *Brahmari Prânayama*. O *Gheanda Samhitâ* (V.78) o descreve de modo diferente, apenas com as mãos tapando os ouvidos.

CAPÍTULO VII
DESCRIÇÃO DAS DIVERSAS FORMAS DE PRATYAHARA

1- Depois disso, eu irei agora descrever *Pratyahara*, Ó Grande Sábio. Forçando e trazendo para trás os sentidos que, em virtude de suas próprias naturezas, vagam entre os objetos dos prazeres sensuais, que conhecemos como *Pratyahara*.

COMENTÁRIO: Após falar dos *Prânayamas,* o verso informa que vai falar sobre *Pratyahara*.

2- O que quer que seja o que alguém vê, vendo *Brahman* em todas as coisas, com perfeito controle da mente, este é *Pratyahara*, falado por conhecedores de *Brahman*. O que quer que seja que o que alguém faz, se o faz, seja puro ou impuro, até o momento de sua morte, tudo isso ele deve fazer para *Brahman*. Isto é *Pratyahara*.

COMENTÁRIO: O que quer que alguém veja ou faça, deve ver e fazer para o Absoluto. Isto é também, *Pratyahara*.

3-4- Ou, alguém poderia realizar suas observâncias cerimoniais diárias e outros ritos destinados à realização das suas funções, com a atitude mental que eles existem para a grandeza de *Brahman*. Isto é conhecido como *Pratyahara*.

COMENTÁRIO: Aqui, o verso amplia o conceito de *Pratyahara*, que, de fato, é apenas a inversão dos sentidos, ou seja, imaginar que se sente, vê, ouve, cheira, saboreia de dentro da imaginação, para a periferia do corpo. *Yoga Nidrâ* é um exemplo disso.

5-7- Ou, depois de reter ar, ele deve limitá-lo, lugar após lugar, a partir da raiz dos dentes à garganta e daí, ele deveria confiná-lo, da garganta ao peito; retendo-o a partir do peito, limitando-o à região do umbigo.

COMENTÁRIO: Aqui, a técnica do *Pratyahara* consiste em reter o ar em diversas partes do corpo.

8-9- Retendo-o a partir da região do umbigo, ele deve limitá-lo à *Kundalinî*; a partir da região da *Kundalinî*, confiná-lo no *Muladhâra*, em seguida, o *Apâna*, ele deve limitá-lo aos dois quadris; daí, de forma semelhante no meio das coxas; daí, nos dois joelhos, daí, nas pernas e nos dedos grandes dos pés ele deveria confiná-lo. O que foi dito é *Pratyahara*, por seus conhecedores de outrora.

COMENTÁRIO: A técnica de reter o ar em diversas partes do corpo como sendo *Pratyahara*, continua. Ele se assemelha a um *Prânâyâma*.

10- Ó Homem de voto austero, todos os pecados, assim como a doença da vida mundana daquela pessoa de alma elevada, que tem uma prática deste tipo, perecem por completo.

11-12- Imóvel e na postura *Svastikâsana*, retendo o ar através das narinas, o Sábio *Yoguin* deve reter o ar desde a planta dos pés até *Muladhâra*; semelhantemente, no *Kanda* ou nó do umbigo, no meio do coração, na raiz da garganta, no palato, entre as sobrancelhas, na testa e na cabeça ele deve mantê-lo, sucessivamente.

COMENTÁRIO: Continua a técnica.

13-14- Tendo mentalmente se abstraído da ideia de *Atman* no corpo, com sua mente sob controle, o Sábio *Yoguin* deve limitar seu *Atman* não-dual ao indeterminado *Brahman*. Isto é conhecido como *Pratyahâha* por aqueles bem versados no *Vedanta*. Para aqueles que praticam assim, nada é inatingível.

COMENTÁRIO: Admitindo o seu *Atman* como sendo o não dual e indeterminado *Brahman*, isto é, *Pratyahara*, de acordo com aqueles que conhecem o *Vedanta*. O verso é uma aproximação entre o *Yoga* e o *Vedanta*.

CAPÍTULO VIII
PAÑCABHUTAS OU OS CINCO ELEMENTOS

1-2- Depois disso, eu irei presentemente, detalhar para você, Ó homem de voto austero! os cinco tipos de *Dhâranâ*. No espaço etéreo, no meio do corpo, o éter deve ser retido. Similarmente, o ar no *Prâna* e o Fogo no fogo do abdômen; a água nas suas variantes da água no interior do corpo e Terra, nas porções de terra, Ó Grande Sábio!

COMENTÁRIO: Agora, serão explicados cinco tipos de concentração. Deve-se concentrar no éter no meio do corpo, o ar no *Prâna,* o fogo no fogo do abdômen, a água nas águas do corpo, e terra nas porções de terra. Uma concentração nos cinco elementos dentro do corpo.

3- Deve-se pronunciar o *mantra* conhecido por Ha-Ya--Râ-Va-La, nesta ordem. Este tipo de *Dhâranâ* é dito por ser o supremo e capaz de expiar todos os pecados.

COMENTÁRIO: Uma técnica de concentração em um *mantra*.

4-5- Até os joelhos a partir da planta dos pés é dito ser a parte do corpo que pertence a *Pritivi* (Terra); até o final no ânus, é dito ser a porção de Água; até o coração se é diz-se que a porção de Fogo; até o meio das sobrancelhas é a porção de Ar, do mesmo modo até a cabeça está a ser dito, Ó Sábio, a parcela correspondente ao Éter.

COMENTÁRIO: Outra técnica de concentração nas partes do corpo como sendo os cinco elementos.

6- Deve-se assimilar *Brahman* à porção da Terra, *Vishnu* de forma semelhante à porção da Água, *Mahesvara* à porção de Fogo, *Ishvara* à parte de Ar, e *Sadashiva* à parte de Éter, Ó grande conhecedor da Verdade!

COMENTÁRIO: Outra técnica onde cada um dos cinco elementos são assimilados a um *Deva*.

7-9- Ou mais, eu irei lhe dizer sobre outro tipo de concentração, Ó maior dentre os Sábios! O homem de intelecto avançado deveria sempre, assimilar para a purificação dos seus pecados, *Shiva* como o Grande Estabelecedor de Regras Espirituais, que é cheio de sabedoria e graça no *Purusha*, o primeiro grande princípio, o *ParamAtman*. Fundindo-se nas suas respectivas causas e efeitos da forma de *Brahman* e semelhante à mente de alguém, o *Avaykta* (o Imanifesto), o Indefinido, a entidade não-senciente, a causa primeira de tudo, o *Prânava Om*, o qual está cheio de *Atman* e retirando os sentidos para dentro da mente, pode-se sentir uno com o *Atman*.

COMENTÁRIO: Uma técnica de concentração onde a mente se foca no *Atman*, o *ParamAtman*, o *Avaykta*, o *Prânava Om*.

CAPÍTULO IX
MEDITAÇÃO SOBRE O SAVISHASHA OU BRAHMAN QUALIFICADO

1-2- Depois disso, eu irei descrever para você, os três tipos de meditação (*Dhyâna*) as quais destrói o *Samsara* ou a existência no mundo: alguém, com o devido respeito, Ó mestre em *Yoga,* deve meditar em *Ishvara,* a Verdade, o Real, o *Brahman* Transcendente, a panaceia para todo tipo de doença desta existência mundana, o eterno Supremo, que tem multiformes olhos e formas todo penetrantes, sob a frase: "Ele sou Ele".

COMENTÁRIO: Uma forma de meditação na frase: "Ele sou eu", ou "Eu sou Ele", algo que faz lembrar a técnica de meditação de *Ramana Mahashi*: "Quem sou eu ?".

3-5- Ou ainda, Ó homem de votos austeros, deve-se meditar na Verdade, em *Ishvara*, a Sabedoria não-dual e Graça, o puro requinte, o eterno, que não tem nem começo, nem meio, nem o fim, o não bruto, o eterno, o intangível, o imperceptível, o que não é nem o gosto nem o que é chamado cheiro, o imensurável, o incomparável, o *Atman*, que é existência, consciência e Graça, o infinito, como "*Brahman* sou eu", para a realização de *Videhamukti.*

COMENTÁRIO: Um belo verso sobre a meditação em "Eu sou *Brahman*", que é Intangível, que não tem começo, meio ou fim, o Imperceptível, o Incomparável, etc. Realizar *Videhamukti* é alcançar a Libertação Espiritual.

6- Essa pessoa de alma elevada que realiza práticas desse tipo, adquirirá o conhecimento do Vedanta, produzido gradualmente, não há dúvida sobre isto.

CAPÍTULO X
A FORMA REAL DO SAMÂDHI

1-5- Depois disto, eu descreverei para você, o *Samâdhi* que destrói a existência mundana. *Samâdhi* representa o nascimento da consciência de unidade do *JivAtman* e do *PatamAtman*. O *Atman* é, verdadeiramente, o eterno, o todo penetrante e perpetuamente idêntico, supremo *Brahman*, desprovido de falhas. O Ser é desprovido de ilusão, e não possui dualismo em sua forma. Nele, não há dualismo, não há mundo fenomenal, não há ciclo de nascimentos e mortes. Mesmo o Éter infinito é dito ser o Éter do *Matha* (local de descanso do asceta), e mesmo assim, o *Atman*, deve ser dito, é da forma do *Jiva* e de *Ishvara* por pessoas não iludidas. "Eu não sou o corpo, nem o ar vital, nem os sentidos, nem a mente, sendo sempre a testemunha, eu sou *Shiva* "- e tal conhecimento, Ó maior dos Sábios, é denominado por *Samadhi* neste mundo

COMENTÁRIO: Não se sabe o que o verso quer dizer com "Éter do *Matha*". O verso é uma tentativa de descrever o indescritível, o *Samâdi*. Ao se alcançá-lo, se sabe que não se é o corpo, nem o ar vital, nem a mente, nem os sentidos. Se percebe que se é o Absoluto, que se é *Shiva*.

6-12- "Eu sou *Brahman*, não aquele da existência mundana. Não existe mais ninguém além de Mim. Assim como a espuma, as ondas e similares, que ascendem do oceano e se dissolvem no oceano novamente, do mesmo modo, também o mundo é dissolvido em mim. Entretanto, não há uma entidade separada como a mente, nem como a ilusão do mundo". Ele, a quem este *ParamAtman* é diretamente manifestado, na verdade, adquire pela sua própria vontade, o estado Supremo da Imortalidade, o estado de ser denominado *Purusha*. Quando a consciência, que permeia tudo, brilha sempre na mente, a realização do *Brahman* será efetuada pelo *Yoguin*. Quando ele vê seu próprio *Atman* em todos os seres e em todo o seu ser, vê o seu próprio *Atman*, então ele se torna *Brahman*. Quando não se vê nada estando em *Samâdhi*, tal pessoa se torna uma com o transcendente, iguala-se a *Brahman*. Quando alguém olha para o seu *Atman* à luz de *Brahman* transcendente, então todo o mundo se torna uma ilusão, e ele atinge a Graça Final.

O Grande Sábio, o Senhor *Datâtreya*, tendo dito isto, *Samkrti* permaneceu no seu próprio *Atman*, sem qualquer medo ou sofrimento.

2. Shandilya Upanishad

A *Shandilya Upanishad* é a de número 58 na relação das 108 e forma parte do *Atharva-Véda*. Especifica oito estágios do *Yoga*, mas não menciona *Patañjali*. A tradução comentada que apresentaremos abaixo, é a da tradição do Sul, feita por *K. Naraynaswâmi Aiyar*.

INVOCAÇÃO

Om! Ó *Devas*, que possamos ouvir com os nossos ouvidos, o que é auspicioso.

Que possamos ver com os nossos olhos, o que é auspicioso.

Ó digno de adoração!

Que possamos aproveitar o nosso tempo de vida atribuído pelos *Devas*,

Louvando-os com nosso corpo e os membros firmes!

Que o glorioso *Indra*, nos conceda a Graça!

Que o onisciente sol, nos dê a sua Graça!

Que *Garuda*, o trovão para os demônios, nos dê a sua Graça!

Que *Brihaspati* conceda-nos o bem-estar!

Om! Que haja Paz em mim!

Que haja Paz em meu entorno!

Que haja Paz nas forças que atuam sobre mim!

CAPÍTULO I
KHANDA I

1-3- *Shandilya*, indagou a o *Atharvan*, assim: "Por

favor, fale-me sobre o *Yoga* de oito partes (*Angas*), que é o meio para se alcançar o *Atman*". *Atharvan* replicou: "Os oito *Angas* do *Yoga* são: *Yâma, Nyâma, Âsana, Prânâyâma, Pratyahara, Dhâranâ, Dhyâna* e *Samâdhi. Yâma* é de dez tipos. Assim tambem é *Nyâma.* Os *Âsanas* são de oito tipos. *Prânâyâmas* são de três tipos. Os *Pratyaharas* são de cinco tipos. O mesmo ocorre com *Dhâranâ.* Há dois tipos de *Dhyâna.* Há apenas um tipo de *Samâdhi.*

COMENTÁRIO: *Shandilya* indagou ao *Atharvan*, pedindo-lhe para descrever os oito *Angas* ou membros do *Yoga*. O *Atharvan* respondeu que são oito, citando-os, de modo idêntico ao que disse *Patañjali* nos seus *Yoga Sutra*. Aqui, a contribuição ao conhecimento do *Yoga* é mais amplo, pois o autor anônimo desta *Upanishad* especifica cada um deles em número maior que o que cita *Patañjali* para cada um deles. Enquanto *Patañjali* se refere a cinco *Yâmas* e cinco *Nyâmas*, o verso se refere a dez tipos para cada um desses. Indo além de *Patañjali*, o verso fala de oito tipos de *Âsanas*, três tipos de *Prânâyâmas*, cinco tipos de *Pratyâharas*, cinco tipos de concentração ou *Dhâranâ*, dois tipos de meditação ou *Dhyâna* e apenas um tipo de *Samâdhi*. Neste último aspecto, o verso difere de *Patañjali* que se refere a onze tipos de *Samâdhi*.

4-14- Os *Yâmas*, são dez: não violência, veracidade, não roubar, celibato, compaixão, retidão, tolerância, coragem, temperança ao comer e limpeza. Estes são os *Yâmas*. Abster-se de causar dor, sempre, em todo o ser, pelo pensamento, palavra e ação, é o que é chamado de não-violência. O pronunciar-se sobre o que é a verdade, propício para o bem-estar dos seres, por pensamento, palavra e ação, é o que é chamado de veracidade. A ausência de cobiça para com a riqueza dos outros, pelo pensamento, palavra e ação é o que é denominado não roubar. O desistir da atividade sexual, em todo o estado e em todos os lugares, por pensamento, palavra e ação, é o que é denominado celibato. Bondade para com todos os seres, em todos os lugares, é o que é denominado compaixão. Sobre a questão da relação com outras pessoas, deve-se assumir uma mesma atitude e inclinando-se para o que está prescrito nos *Védas*, deve-se sentir aversão pelas coisas proibidas, em pensamento, palavra e ação, é o que é chamado de retidão. Mantendo-se neutro, tanto com adulação desagradável quanto com a agradável, é o que é chamado de tolerância. Firmeza de espírito, em todas as circunstancias, seja na perda de riqueza e do luto de um parente ou amigos, é o que se chama coragem. Comendo alimentos nutritivos e doces, de modo a ter um quarto do estômago vazio, é a temperança na comida. A limpeza é de dois tipos: externa e interna. Destas, a limpeza com o auxílio de terra e da água, é externa. Pureza da mente é a interna. Esta deve ser alcançada através do estudo da sabedoria relativa ao *Atman*.

COMENTÁRIO: Aqui está uma explicação do que sejam os dez tipos de *Yâmas*.

KHANDA II

1-11- Os dez *Nyâmas,* são os seguintes: *Tapas* (austeridades); *Santosha* (contentamento); *Âstikya* (fé); *Dâna* (caridade); *Ishvapujana* (adoração ao Senhor); *Siddhantashravana* (estudo das escrituras); *Hrî* (modéstia); *Mati* (fé sincera); *Japa* (repetição de *Mantras*); *Vrata* (voto). Assim, a redução e o domínio dos desejos do corpo pela observação das austeridades *Krcchra e Chândrâyana*, prescritos pelas escrituras sagradas, é o que é conhecido por *Tapas.* Contentamento com qualquer coisa, é o que é denominado *Santosha.* Crença correta nas concepções de *Dharma* e *Adharma* conforme o que esbelece os *Védas*, é o que é conhecido como *Âstikya.* O doar à pessoa com necessidade, a riqueza, grãos acumulados por meio justo, com toda a sinceridade, é o que é chamado de *Dâna*. A adoração de *Vishnu*, *Rudra* e outras deidades, na medida em que os recursos permitam, com uma disposição alegre, é o que é conhecido como *Ishvarapûja*. A investigação sobre a verdadeira importância do *Vedanta*, é o que é conhecido como *Siddhantashravana.* Indisposição para a ação, considerada de acordo com os padrões mundanos de conduta *védica*, é o que é conhecido como *Hri*. Fé sincera em seguir as observâncias estabelecidas pelos *Védas*, é o que é conhecido como *Mati*. A prática de cantar *Mantras,* não ocorrendo contra as injunções dos *Védas*, e sim, nos termos da iniciação do *Guru* e de acordo com as regra prescritas, é o que é conhecido como *Japa*. Este é de dois tipos: oral e mental. O mental é o que participa da contemplação da mente. O oral é de dois tipos: o que é recitado em voz alta e o que é sussurrado, sendo estas, as suas características distintivas. O que é recitado em voz alta, dá os frutos prescritos. Recitado em sussurros, dá os frutos mil vezes. A prece mental dá os frutos por dez mil vezes. Constância na observância das injunções e proibições estabelecidas nos *Védas*, é o que é conhecido como *Vrata*.

COMENTÁRIO: Texto longo contendo uma explicação sobre o que sejam os dez *Nyâmas*.

KHANDA III

1-13- As oito posturas são chamadas *Svastikâsana, Gomukhâsana, Padmâsana, Virâsanana, Simhâsana, Bhadrâsana, Muktâsana* e *Mayûrâsana*. *Svastikâsana* consiste em colocar as solas dos pés entre os joelhos e as coxas, sentando-se com o corpo ereto, em postura equilibrada; isso eles dizem ser *Svastikâsana*. Colocar o tornozelo direito da perna ao lado esquerdo da parte de trás da perna e também o tornozelo esquerdo da perna no lado direito, similarmente. Isto é *Gomukâsana*, assemelhando-se a face de uma vaca. Colocando as solas dos dois pés Ó *Shandilya,* sobre as duas coxas, deve-se segurar os dedões, com as duas mãos estendidas transversalmente. Isto é o que se chama *Padmâsana*, realizada com grande estima pelos *Yoguins*. Colocando um pé sobre uma coxa e outra coxa sobre o outro pé, da mesma forma, sentado assim, é o que é conhecido como *Virâsana*. Pressionado o lado direito do prepúcio com o calcanhar esquerdo e o outro lado com calcanhar direito, similarmente, firmemente colocando as duas mãos sobre os dois joelhos, com os seus dedos estendido, com a boca bem aberta e seu corpo bem controlado, ele deve fixar os olhos na ponta do nariz. Esta é *Simhâsana*, sempre aprovada pelos *Yoguins*. Pressionando a parte direita da *Yoni* (Órgão da procriação) acima dos genitais com o calcanhar esquerdo, projetando a mente introspectiva para o meio das sobrancelhas, essa postura é *Siddhâsana*. O *Yoguin* deve colocar os dois tornozelos da perna abaixo dos testículos, em ambos os lados do frenum. Então com ambas as mãos segurando firmemente os dois pés por seus lados, e permanecendo imóvel, esta é *Bhadrâsana*, a panaceia para todos os males e antídoto contra todo o veneno. Pressionar o lado direito do frenum com o tornozelo da perna do lado esquerdo e o lado esquerdo do frenum com o tornozelo direito, esta é *Muktâsana*. Segurando muito bem o solo, com as duas palmas das mãos, o *Yoguin* firmemente, deve colocar os dois cotovelos pelos lados do umbigo, com a cabeça e as pernas para cima e levantar seu tronco flutuando como uma vareta no espaço vazio. Isto é *Mayûrasana*, que destrói todos os enganos. Todas as doenças que afetam o corpo, perecem. Os venenos são assimilados sem provocar efeitos malévolos. Qualquer postura corporal poderia ser realizada confortavelmente e o homem fraco, deve recorrer a elas.

COMENTÁRIO: Aqui está uma descrição de cada uma das posturas citadas e como elas devem ser realizadas.

14-15- Quando as posturas foram realizadas com sucesso pelo *Yoguin*, os três mundos são subjugados. A pessoa que pratica *Yâma*, *Nyâma* e *Âsanas*, também deve praticar o *Prânâyâma*. Com isso, as *Nadis* são purificadas.

COMENTÁRIO: Quando se realiza as posturas com sucesso, os três mundos são subjugados, o terrestre, o atmosférico e o celeste. Quem pratica as posturas, *Yâma, Nyâma*, deve praticar *Prânâyâmas*. Assim, as *Nadis* se purificam.

KHANDA IV

1- Então, *Shandilya* indagou *Atharvan* assim: "Por quais meios, podem as *Nadis* ser purificadas? Quantas são as *Nadis*, em números? Quais são as origens delas? Quantos tipos de ares vitais habitam nelas? Quais são os seus respectivos assentos? Quais são as suas funções? Quais são as que podem ser compreendidas no corpo humano? Por favor, responda a tudo isso"

COMENTÁRIO: Aqui, *Shandilya* faz indagações a *Atharvan*, sobre as *Nadis*.

2- O *Atharvan* replicou: Este corpo então, possui noventa e seis dígitos de comprimento (em polegares da própria pessoa). O *Prâna* excede o corpo em doze dígitos de extensão.

COMENTÁRIO: *Atharvan* começa a explicar sobre a altura do corpo e a extensão do *Prâna* no seu interior.

3- Aquele que faz o *Prâna* permanecer no corpo, seja igual ou menor do que *Agni* (o ar vital em justaposição com ele), pela prática do *Yoga*, se torna um *Yoguin* exaltado.

COMENTÁRIO: Se torna um *Yoguin* de qualidade superior, aquele que faz o *Prâna* ser retido no corpo, seja menor que o ar vital em justaposição a ele, pela prática de *Prânâyâmas*.

4- No caso do ser humano, o lugar de *Agni* no meio do corpo, é o *Tricona* (triângulo), e tem a forma da radiância do ouro fundido. No caso dos quadrúpedes, é da forma quadrangular. No caso de aves, é da forma circular. Em seu meio, ergue-se uma chama de fogo, delgada e auspiciosa.

COMENTÁRIO: O *Tricona* ou triângulo, se refere ao local onde se encontra o ar vital em justaposição ao *Prâna*. É uma referência ao *Chakra Manipûra,* situado na altura do diafragma, ou seja, no meio do corpo. No caso dos quadrúpedes, ele tem a forma de um quadrado. No caso das aves, tem forma circular. No meio de *Agni,* ergue-se uma chama de fogo, delgada e auspiciosa.

5- O meio do corpo, no caso dos humanos, possui dois dígitos de comprimento acima do acento do ânus e, dois dígitos abaixo dos genitais. No caso dos quadrúpedes, ele está no meio do coração. No caso dos pássaros, está no meio da barriga. O meio do corpo, tem nove dígitos de comprimento e, possui a forma de um ovo, com uma elevação de quatro dígitos durante todo o período.

COMENTÁRIO: Uma descrição das dimensões do *Tricona,* nos humanos, nos quadrúpedes e nos pássaros, com as suas respectivas localizações.

6-7- O seu meio, está no umbigo. Ali, está situado um *Chakra* de doze raios (pétalas). No meio desse *Chakra*, o *Jiva* se comporta, induzido pelos méritos religiosos ou pecados (da pessoa em causa). Assim como uma aranha se move no meio de sua teia, o *Prâna* se move ali. Nesse corpo, o *Jiva* está ligado no *Prâna*.

COMENTÁRIO: Aqui é indicada a localização do *Chakra Manipûra*, ou seja, no umbigo. Ele tem doze raios ou petalas. Aqui, existe um engano, pois o *Chakra Manipûra* possui dez pétalas. O que tem doze, é o *Anâhat*. No *Manipûra*, o *Jiva* se comporta, induzido pelos seus atos meritórios ou pecaminosos. Do mesmo modo que uma aranha se move no centro da sua teia, o *Prâna* se move no *Manipûra*. No corpo, o *Jiva* se une ao corpo, através do *Prâna*.

8- A sede da *Kundalinî* está do outro lado, abaixo e acima do umbigo. O poder da *Kundalinî* é de caráter óctuplo, sendo constituída por oito voltas. A *Kundalinî*, obstruindo o movimento habitual do ar vital e a passagem de comida e bebida, ao redor e ao longo dos lados do corpo, e cobrindo-o com a sua cabeça e o *Brahmarâdhra* com sua cauda, pulsa no momento da prática do *Yoga*, juntamente com o *Apâna*, *Agni* e o éter do coração, tornam-se um grande esplendor de conhecimento.

COMENTÁRIO: O local onde se encontra a *Kundalinî* é do outro lado do corpo, nas costas, abaixo e acima do umbigo. Essa localização não corresponde ao que se encontra nos textos *tântricos*, que localizam a *Kundalinî* no *Chakra*

Muladhâra. Acima e abaixo do umbigo é muito vago. O seu poder é de forma óctupla, ou seja, ela possui oito voltas, o que contraria novamente os referidos textos que dizem ter ela três voltas e meia. No momento em que se pratica *Yoga,* ela pulsa. Este autor não conseguiu saber porque a *Kundalinî* obstrui o movimento do ar vital e a passagem de comida e bebida ao redor e ao longo do corpo. Em sua última volta, a *Kundalinî* fecha com a sua cabeça a porta do *Brahmadvâra,* não do *Brahmarandhra* que se situa no topo da cabeça. Aqui, há uma confusão entre *Brahmadvâra* e *Brahmarandhra.* Reunida ao *Apâna, Agni* e o éter do coração, a *Kundalinî* torna-se um grande esplendor de conhecimento.

9- Com seus apoios na *Kundalinî* situada no meio, existem quatorze importantes *Nadis.* Estas, são as seguintes: *Idâ, Pingalâ, Sushumna, Saravasti, Vâruni, Pûsha, Hastajihvâ, Yashasvini, Vishvodarâ, Kuhû, Shankhinî, Payasvinî, Alambushâ* e *Gândhârî Nadis.*

COMENTÁRIO: Aqui apresentamos uma relação contendo as quatorze *Nadis* mais importantes.

10- A *Sushumna* é conhecida como *Vishvadhâri* (o suporte do universo) e *Mokshamarga* (o caminho para a Libertação Espiritual). Ligada à coluna vertebral, atrás do ânus, ela alcança o que é conhecido como o *Brahmarândhra,* situado na crista da cabeça. Assim, torna-se distinta, sutil, e toda penetrante.

COMENTÁRIO: Aqui são apresentados dois outros nomes da *Nadi Sushmna*. Situada na base da coluna vertebral, atrás do ânus, a *Kundalinî* alcança o *Brahmarândhra*, situado no topo da cabeça. Quando isso ocorre, a *Kundalinî* se torna distinta, sutil e toda penetrante, permeando o corpo.

11- À esquerda da *Sushumna*, está a *Nadi Idâ*. À sua direita, está *Pingalâ*. A Lua atravessa *Idâ*. O Sol, *Pingalâ*. A Lua é da forma de *Tamas* (inércia). O Sol é da forma de *Râjas* (mobilidade). O Sol ocupa a posição do veneno e a Lua, ocupa a posição do néctar. Os dois se ocupam do tempo. A *Sushumna* goza todo o tempo. Atrás e ao lado da *Sushumna*, estão *Saravasti* e *Kuhû*. Entre *Yashasvini* e *Kuhû*, se encontra *Vârurî*. Entre *Pûshâ* e *Saravasti*, se encontra *Payasvinî*. Entre *Gândhâri* e *Saravasti*, está *Yashasvinî*. No meio do *Kanda* ou nó do umbigo, está *Alambusâ*. Em frente à *Sushumna* até o final, nos genitais, está *Kuhû*. Abaixo e acima da *Kundalinî*, *Vârunî* segue em várias direções. A delicada *Yashasvinî* segue tão longe quanto os dedos grandes dos pés. *Pingalâ*, segue para cima, tão longe quanto a narina direita. Atrás de *Pingalâ*, *Pusâ* segue até o olho direito. *Yashasvinî* segue para cima até o ouvido direito. *Saravasti* segue para cima até a ponta da língua. *Shankhinî* segue para cima até o ouvido esquerdo. *Gândhâri*, seguindo atrás de *Idâ*, vai até o olho esquerdo. *Alambusâ* segue para cima e para baixo, desde o ânus. Nessas quatorze *Nadis*, há outras. Outras e outras ao lado delas, o que pode ser entendido, também existem. Assim como a árvore *Ashvattha* (a figueira sagrada) possui muitos galhos e ramos, o corpo humano é atravessado por *Nadis*.

COMENTÁRIO: Uma descrição sobre a localização das quatorze *Nadis*.

12-13- *Prâna, Apâna, Sâmana, Udâna, Vyâna, Nâga, Kûrma, Krikara, Devadata* e *Dhanañjaya*, são os dez ares vitais que se movem nas *Nadis*. O *Prâna* se move na boca, nas narinas, na garganta, no umbigo, nos dedões dos pés, acima e abaixo da *Kundalinî*. *Vyâna* move-se nos ouvidos, nos olhos, nos quadris, nos tornozelos e calcanhares, no nariz, no pescoço e nádegas. *Apâna* move-se no ânus, nos genitais, nas coxas, nos joelhos, na barriga, nos testículos e quadris, nas canelas, no umbigo e reto. *Udâna* se encontra em todas as articulações. *Sâmana* permeia os pés e as mãos e todas as partes do corpo. *Sâmana,* espalha o alimento ingerido convertido em *Rasa*, junto com *Agni*, no corpo, e move-se através das setenta duas mil *Nadis*. Assim, permeado as *Nadis* do corpo com a suas divisões e subdivisões, juntamente com o calor vital - os cinco ares vitais, provenientes do tegumento, dos ossos, e outros locais, tendo misturado a água e a comida na barriga com o *Rasa* e outros *Dhâtus* do corpo - o *Prâna* que atingiu o meio da barriga, irá separá-los. Colocar a água sobre *Agni* ou fogo, colocando a comida em cima da água, pela sua própria vontade, faz o *Apâna*, o *Prâna* junto com o *Apâna,* também atingirem o fogo no meio da barriga. O fogo apagado pelo *Prâna,* brilha no meio do corpo lentamente, de acordo com o *Apâna.* O fogo torna-se, com seu calor, e a água no abdômen, juntamente com o *Prâna,* muito quente. Ela digere o alimento misturado com condimentos, quando é colocado sobre a água que está aquecida pelo fogo. O *Prâna* vai separar o fluido da forma do suor, urina, líquidos, sangue, sêmen, fezes e outros líquidos. Distribuindo o *Rasa* através de todas as *Nadis*, juntamente com a *Sâmana*, o *Prâna*, em forma de respiração, movimenta-se no corpo. Os ares vitais do corpo, expulsam os líquidos fezes, urina e outros, através dos nove orifícios evacuatório. Inspiração, expiração e tosse são ditos serem o trabalho do *Prâna*. Evacuação das fezes, urina e outros líquidos é o trabalho do *Apâna*. Os atos de soltar, de apreensão e similares são o trabalho de *Vyâna*. Erguer no alto e outros atos do corpo, é o trabalho de *Udâna*. O trabalho de nutrição do corpo é uma obra de *Sâmana*. Arrotar é o trabalho de *Nâga*. O ato de abrir e fechar os olhos é o trabalho de *Kûrma*. Produzindo soluço é um trabalho de *Krikâra*. Bocejar é o trabalho de *Devadatta*. O ato de fitar atentamente e produzir catarro, é o trabalho de *Dhanañjaya*.

COMENTÁRIO: Longos versos sobre os dez *Prânas* que se movem nas *Nadis*. Especificam onde eles se encontram e quais são as suas funções.

14- Tendo compreendido bem as respectivas posições das *Nadis* e os assentos dos ares vitais e suas funções, deve-se realizar a purificação dos *Nadis*.

COMENTÁRIO: Após compreender as posições das *Nadis* e os locais onde são encontrados os dez *Prânas,* o *Yoguin* deve realizar a purificação das *Nadis*.

KHANDA V

1- Uma pessoa possuidora de autocontrole e austeridades nas suas observâncias, desprovida de todo apego, proficiente na teoria e na prática da sabedoria do *Yoga*, dedicada à Verdade, tendo conduta justa, imune à raiva, sempre engajado em servir ao preceptor, obediente a seu pai e mãe, bem treinado por aqueles que estão no saber das linhas de conduta justa estabelecidas pelas escrituras relacionadas com a sua fase da vida, deve habitar uma floresta adequada para o desempenho de penitências. A floresta, deve ser abundante em frutas, raízes e água, em um local aprazível, ressonante com o canto dos *Védas* por *brâhamanes*, rodeado por conhecedores de *Brahman* sempre engajados em suas elevadas funções, abundante em frutas, raízes, flores e cursos de água. Pode escolher um templo, margem de rio, vila ou cidade, bem como, recorrendo a um mosteiro auspicioso, nem muito elevado nem muito baixo, nem muito extenso, com uma pequena entrada, untada com esterco de vaca, equipado com todos os meios de proteção, ele deve começar a prática do *Yoga*, engajando-se, ao mesmo tempo, no estudo do *Vedanta*.

COMENTÁRIO: Uma pessoa dotada das qualidades especificadas no verso, deve procurar habitar uma floresta, onde realizará os deveres específicos da fase da vida em que se encontra. Aqui, como se trata de uma floresta, a fase da vida deve ser a de *Vanaprashta*. Nessa floresta, abundante em frutas, raízes comestíveis e cursos d'água, o *Yoguin* deve se acercar dos conhecedores do Absoluto. Também pode escolher um templo, uma vila, cidade ou um monastério auspicioso, nem baixo nem alto, equipado com os meios de proteção, tendo a entrada untada com esterco de vaca. Ali, o *Yoguin* deve iniciar a sua prática de *Yoga,* dedicando-se também ao estudo do *Vedanta*. Vale assinalar que o *Yoga* e o *Vedanta* são *Darshanas* diferente, em alguns casos, excludentes. Enquanto o primeiro propõe uma ascese através de práticas físicas e mentais, o segundo propõe uma ascese baseada no estudo das escrituras, principalmente das *Upanishads*.

2- Adorando *Vinâyaka* no início, em seguida, fazendo reverência à divindade de sua própria escolha, assumindo a referida postura, de frente para o Leste ou Norte, ocupando um assento macio, numa postura bem dominada por ele, o conhecedor (do procedimento adequado) com o pescoço e a cabeça em uma linha, e seu olhar na direção da ponta do nariz, vendo com os olhos o disco do néctar da Lua no meio das sobrancelhas, enchendo-se de ar de doze dígitos, através de *Idâ*, ele deve meditar sobre aquilo que está na região do estômago, juntamente com a nuvem de chamas composto de "*Ra*" e "*Dot*" (*Bindu*, ou seja, "*Ram*"). E junto com a região do fogo, deve expelir o ar vital através do *Pingalâ*. Novamente, inspirando através de *Pingalâ*, segurando o ar vital por meio de *Kumbhaka*, ele deve expulsá-lo através do *Idâ*.

COMENTÁRIO: Trata-se de uma técnica de *Prânâyâma* com a respiração polarizada, objetivando a limpeza das *Nadis*. O néctar da lua no meio das sobrancelhas é uma referência à luz branca que emana do *Chakra Âjña*. Meditar na região do estômago, é meditar sobre o *Chakra Manipûra*. O *Yoguin*, em postura meditativa, deve manter alinhados, o pescoço e a cabeça. Os *Vinâyakas* são espíritos malévolos que trazem obstáculos aos seres humanos. São adorados nos ritos, porque são pacificados por eles.

3- Por quarenta e três dias ou por três meses, ou sete meses, ou três vezes quatro meses, durante os três cruzamentos de *Idâ* e *Pingalâ*, deve-se respirar com intervalos. Também pela prática do *Prânâyâma* ele deve realizar por seis vezes. Ao fazê-lo se atinge a purificação das *Nadis*.

COMENTÁRIO: Aqui, são especificados os intervalos de tempo em que se deve praticar *Prânâyâmas*, com o objetivo de purificar as *Nadis*.

4- Daí, surge a leveza do corpo do *Yoguin*, a beleza da forma, aumento de vitalidade *Agni*, e a manifestação do som *Nâda*, são atingidos.

COMENTÁRIO: Aqui estão especificadas as qualidades que o *Yoguin* adquire, após purificar as *Nadis*.

KHANDA VI

1-2- A união de *Prâna* e *Apâna*, se torna o *Prânâyâma*. Há três variedades de *Prânâyâmas: Rechaka, Pûraka* e *Kumbhaka*. Eles são todos da mesma natureza das três sílabas: *Akâra, Ukâra* e *Makâra* (A, U, M). Assim, o *Prânava* se torna o *Prânâyâma*.

COMENTÁRIO: Aqui é feita uma comparação entre as três fases do *Prânâyâma*, com as três sílabas do *Prânava*, A, U, M.

3-4- O *Yoguin*, assumindo a postura de *Padmâsana* ou outra postura meditativa, com a forma do *Akâra*, expande-se como os raios de luar que emanam do disco da Lua na ponta do nariz, torna-se o *Gâyatrî*, com a tez vermelha do sangue, tendo o *Hamsa* como seu veículo, com um cajado na mão, e na flor da juventude. Com a forma da sílaba *Ukâra* ele se torna *Sâvitri* de compleição branca, tendo *Târksya* (o rei dos pássaros) como seu veículo, adolescente e com um disco na mão. Com a forma de *Makâra*, ele se torna *Saravasti*, de compleição escura, com um touro como seu veículo, avançada em anos, e empunhando o tridente. A imperecível e transcendente radiância de *Brahman*, que é a causa primeira das três silabas, *Akâra (A)*, e as outras duas, é da forma do *Prânava*.

COMENTÁRIO: Verso obscuro. Aqui, há uma comparação entre as três sílabas do *Prânava*, com *Gâyatri, Savitri* e *Saravasti*, onde há uma descrição dos três. Em *Padmâsana*, o *Yoguin* deve se concentrar na ponta o seu nariz, quando então, se confunde ou se identifica com as três divindades referidas.

5- Enchendo o pulmão com ar através de *Idâ*, concebendo a sílaba *Akâra* por 16 *Mâtrâs*, com o ar nos pulmões fazendo o *Kumbhaka* por 64 *Mâtrâs*, meditando sobre o *Omkâra*, deve o *Yoguin* expelir o ar através de *Pingalâ* por 6 *Mâtrâs*, meditando no *Makâra (M)*. Desta maneira, ele deve comer novamente, praticar na ordem citada.

COMENTÁRIO: Aqui, *Idâ* é a narina esquerda e *Pingalâ*, a direita. *Mâtrâ* é uma unidade de tempo para a contagem da respiração nos *Prânâyâmas*. O verso mostra uma técnica de *Prânâyâma*.

KHANDA VII

1- Então, assumindo postura firme o *Yoguin*, possuidor de autocontrole, se nutre de alimentos de clima temperado e saudável, com a finalidade de secar as impurezas restantes na *Nadi Sushumna*, assume a postura *Padmâsana*. E enchendo-se de ar vital através da Lua (*Idâ*), mantendo-o por *Kumbhaka*, na medida do possível, deve expulsá-lo através da *Surya* (*Pingalâ*). Novamente, inspirando através do *Pingalâ* e depois *Kumbhaka,* expeli-lo pela *Nadi* através da qual ele expeliu. Aqui ocorrem estes versos: "O *Yoguin* deve, em primeiro lugar, colocar o *Prâna* através de *Idâ*, e novamente expulsar através de *Pingalâ* na forma prescrita, ou seja, depois de *Kumbhaka*." Então sugando o ar vital através do *Pingal*â, ele deve, depois de segurá-lo, expulsá-lo através do *Nadi* esquerda. Para aqueles *Yoguins* que sempre praticam de acordo com esta regra, por meio da energia das *Nadis* solar e lunar, alternadamente, os sistemas de *Nadis* são purificados, no decurso de um pouco mais de três meses.

COMENTÁRIO: Aqui está descrito um *Prânâyâma* polarizado, onde se inspira, retém, depois expira pela outra narina. Em seguida, inspira pela narina que acabou de expirar. Assim, sucessivamente.

2- Cedo, pela manhã, ao meio dia, à noite e à meia-noite, o *Yoguin* deve praticar *Kumbhakas*, gradualmente, aumentando o número até 84 vezes a cada dia.

COMENTÁRIO: Aqui está especificado, em que momentos o *Yoguin* deve praticar *Kumbhakas.*

3-4- No primeiro estágio, haverá abundância de suor. No estágio intermediário, haverá tremor do corpo. No estágio avançado do *Prânâyâma,* o corpo se erguerá. A postura *Padmâsana* deve ser assumida pelo *Yoguin,* em todos os estágios. Ele deve massagear seu corpo com suor produzido no curso da prática devido à força envolvida. Dessa forma, resultarão em força dos membros e leveza de seu corpo.

COMENTÁRIO: Estes versos relatam o que ocorre com o corpo do *Yoguin,* nos três estágios da prática dos *Prânâyâmas* e como ele deve proceder.

5- Durante o período da prática, ele deve comer alimentos que consistem de leite e manteiga clarificada. Isso é digno de ser adotado como o mais condicente. Então, quando a prática fica confirmada, a observância de qualquer natureza, não é essencial.

COMENTÁRIO: Durante a prática dos *Prânâyâmas,* o *Yoguin* deve se alimentar de leite e manteiga clarificada. Quando ele se firma na prática, a observância de qualquer tipo não é mais necessária.

6-7- Assim como um leão, um elefante ou um tigre são capazes de serem mantidos sob controle, pouco a pouco, o mesmo acontece com o ar vital que deve ser usado. O *Yoguin* deve enviar o ar vital prudentemente e de acordo com o que as circunstancias exijam; ele deve inspirá-lo, de acordo com as circunstâncias, com o devido cuidado; ele deve segurá-lo com *Kumbhaka,* como é requerido pelas circunstâncias; por praticar dessa maneira, ele alcança de modo bem-sucedido a purificação das *Nadis.*

COMENTÁRIO: Assim como um leão, um elefante ou um tigre são domesticados lentamente, o mesmo ocorre com os ares vitais, usados nos *prânâyâmas.* O *Yoguin* deve enviar, inspirar e reter os ares vitais, de acordo com as circunstâncias. Praticando desse modo prudentemente, o *Yoguin* consegue purificar as suas *Nadis.*

8-10- Retendo o ar, tanto quanto ele deseja, o despertar do fogo, a manifestação do som *Nâda,* a libertação das doenças acontece. A partir da purificação das *Nadis,* as consequências acima são produzidas. Quando os *Chakras* localizados nas *Nadis* são purificados pelos *Prânâyâmas,* como foi estabelecido pelas regras, o ar vital entra livremente, após penetrar na entrada da *Nadi Sushumna.* Quando o ar vital caminha no meio do *Sushumna,* é gerado o vazio da mente. Esse vazio, que é concentração intensa da mente, representa o estado de êxtase.

COMENTÁRIO: Retendo o ar em *Kumbhaka,* tanto quanto deseje o *Yoguin,* ocorre o aparecimento do despertar do fogo (*Kundalinî*), do som *Nâda* e a libertação das doenças. Quando os *Chakras* que se localizam nas *Nadis* são purificados pela prática de *Prânâyâmas*, de acordo com o que foi prescrito pelas regras, o ar vital, livremente, penetra no meio da *Sushumna*, quando então ocorre a fixação da mente em uma só direção. Isso é o *Samâdhi*.

11-12- O *Bandha* conhecido por *Jâlandhara*, deve ser realizado ao final da inspiração do ar. O *Uddiyâna Bandha* deve ser realizado após a retenção do ar, e antes da sua expulsão. Pela constrição do ânus abaixo, quando a constrição da garganta é feita subitamente por *Pashimutanâsana* no meio, o *Prâna* seguirá através da *Nadi Brahma*.

COMENTÁRIO: Aqui está relatado qual deve ser a sequência em que devem ser realizados os seguintes *Bandhas* e Âsana: *Jâlandhara, Uddiyana* e *Pachimutanâsana*.

13- Fazendo com que o *Apâna* vá para cima e levando para baixo o *Prâna* da garganta, o *Yoguin*, livre das injunções da idade, torna-se como um jovem de dezesseis anos.

COMENTÁRIO: Aqui está uma técnica de rejuvenescimento.

13.1- O *Yoguin*, assumindo uma postura confortável, conduzindo o ar através da *Nadi Pingalâ* e fazendo *Kumbhaka*, até o ar vital chegar tão longe quanto as raízes do cabelo e as pontas das unhas, deve expulsá-lo através da esquerda (*Idâ*). Por meio dessa prática, é purificado o crânio e ocorre a destruição de diversas doenças inerentes às *Nadis*, através das quais os ares vitais fluem.

COMENTÁRIO: Outra técnica de *Prânâyâma*, capaz de purificar o crânio e curar doenças das *Nadis*.

13.2- Inspirando o ar através das narinas, vagarosamente, de modo a causar um ruído, preenchendo a região entre o coração e a garganta, deve retê-lo em *Kumbhaka*. Na medida em que se encontra sob seu controle, deve expulsá-lo através do *Idâ* e o *Yoguin* deve praticar assim, enquanto está andando ou em pé. Dessa forma, resulta o incremento do fogo na região do estômago, que remove o catarro do sistema respiratório.

COMENTÁRIO: Outra técnica respiratória, capaz de aumentar o fogo gástrico e remover o catarro.

13.3- Inspirando através da boca, com um som sibilante, retendo o ar em *Kumbhaka* tanto quanto possível, o *Yoguin* deve expelir o ar através das narinas. Assim, sede, fome, sono e indolência, não serão produzidos.

COMENTÁRIO: Aqui está a descrição do *Shitkâra Prânâyâma*.

13.4- Inspirando o ar através da língua, retendo-o em *Kumbhaka*, tanto quanto possível, o *Yoguin* deve expeli-lo pelas narinas. Assim, *Gulma* (uma variedade de afecção abdominal), que causa o aumento do baço, febre, afecções biliosas, fome e similares, são destruídos.

COMENTÁRIO: Uma descrição do *Shitali Prânãyâma*

13.5- *Kumbhaka* é de dois tipos: *Sahita* (misturado) e *Kevala* (solitário). O misturado ou misto, é realizado junto com *Rechaka* (expulsão do ar) e *Puraka* (inspirando). O solitário é desprovido desses dois processos. Até a realização do solitário o *Yoguin* deve praticar o misto. Quando o puro *Kumbhaka* for realizado, não há nada inalcançável nos três mundos. Com o *Kevala Kumbhaka*, o despertar da *Kundalinî* é alcançado.

COMENTÁRIO: Aqui, são explicados os dois tipos de *Kumbhakas: Sahita* e *Kevala*.

13.6- Daí, o *Yoguin* adquire um corpo luminoso com semblante alegre, olhos claros e com o som *Nâda* manifestando-se, ele liberta-se das garras de várias doenças, com o seu *Bindu* (fluido vital) sob controle, e com seu calor vital brilhante.

COMENTÁRIO: Aqui está descrito o que acontece com o *Yoguin* que pratica os *Prânâyâmas* descritos. Um corpo brilhante é o ideal de certas escolas *tântricas*, denominado *Kaya-Saddhana*.

14- A visão externa do *Yoguin*, quando ele se fixa apenas nos objetivos do seu interior, com a mente concentrada na sua deidade e, sem fechar ou abrir as pálpebras, este é o famoso *Vaisnavi Mudrâ*, que é bem preservado como um segredo em todos os *Tantras*.

COMENTÁRIO: Aqui está a descrição do *Vaishnavi Mudrâ*.

15-16- Quando o *Yoguin*, com o seu olhar voltado em direção ao seu interior e, com suas funções mentais e o ar vital completamente em repouso, permanece sempre olhando e ao mesmo tempo nada vendo, seja fora ou abaixo, com as pupilas dos seus olhos totalmente imóveis, este é verdadeiramente o *Kechari Mudrâ*. O *Yoguin* deve estar concentrado apenas em um objeto que deve ser visto de forma auspiciosa, o que revela o estado de *Vishnu*, ou seja, a Verdade, que é desprovida do vazio e do não vazio (estado de dormir e sonhar). O *Yoguin*, com seus olhos semicerrados, a sua mente firmemente assentada, e sua visão projetada na ponta do nariz, deve provocar a dissolução da Lua e do Sol (fazendo o ar vital, a mente introspectiva e o fogo, penetrarem em *Idâ* e *Pingalâ*, e se dissolver na *Sushumna*). Então, o que resta além da experiência do fluxo de requintada Graça? Saiba, Ó *Shandilya* que aqui e agora, com a atitude: "Eu sou *Brahman*", O *Yoguin* se torna o Ser, que é a Transcendente Verdade, é a luz interior radiantemente, brilhante, desprovido de todas as diferenças, externas e internas e que, como o *Brahman* Supremo sempre brilha, colocando em segundo plano, cada entidade dual.

COMENTÁRIO: Aqui está uma descrição do *Kechari Mudrâ*. Um belo texto, sobre as consequências da prática desse *Mudrâ*. Os textos do *Hatha Yoga* descrevem esse *Mudrâ* de modo diferente. Consiste em cortar o freio da língua, vagarosa e progressivamente, até alongá-la o suficiente para dobrá-la e com a sua ponta no fundo da garganta, fechar os orifícios que se comunicam com as narinas, atrás, na garganta.

17-17.1- O *Yoguin* deve fazer com que as pupilas

dos olhos se fixem firmemente, na direção da radiância (no meio das sobrancelhas), e um pouco para cima, onde está o *Atman*. Este, que constitui o caminho para as práticas referidas, ou seja, o fortalecimento da vontade, provoca rapidamente o estado de êxtase. Por essa razão, o *Yoguin* deve praticar *Khecharî Mudrâ*. Assim, aparece o estado de *Samâdhi* (quando a mente para de funcionar). Daí, resultará o sono *yóguico*. Para o *Yoguin* que alcançou o estado do sono *yóguico*, não mais existe a concepção de tempo.

COMENTÁRIO: O *Yoguin* deve olhar, com concentração redobrada, para o *Chakra Âjña*, localizado entre as sobrancelhas, que é o local onde se encontra o *Atman*. Esse é o caminho para as práticas do *Yoga*, ou seja, a vontade conduz ao êxtase. Por isso, o *Yoguin* deve praticar *Khechari Mudrâ*, que faz aparecer o *Samâdhi*, quando então, o *Yoguin* parece estar em sono, o sono *yóguico*, onde não há mais concepção de tempo, como no estado de vigília.

18-19- Sê feliz, *Shandilya*, após a dissolução da tua mente, no poder da *Kundalinî* e depois, deves projetar o poder da *Kundalinî*, de modo a atingir a consciência mais íntima, que modifica todas as funções mentais. Verás, com a mente voltada para si, o mais íntimo e não diferenciado *Brahman*, manifestando-se nos mil e um estados de existência e não existência, revelados pela mente silenciosa. Deves colocar teu *Atman* (o mais interno) no meio da *Chit* ou Éter de consciência. Deves colocar também o *Chit* no meio do *Atman*. Assim, tudo deve ser feito com a mente vazia, situando-se além de *Chidâkâsha*, ou Éter da Consciência.

COMENTÁRIO: É dito a *Shandilya* que ele será feliz quando a sua mente se aquietar, se dissolver, pelo poder da *Kundalinî*. Após isso, ele deve projetar esse poder, de modo a alcançar a consciência mais íntima, ou seja, o *Atman*, que modifica e paraliza as atividades mentais. Com a mente voltada para si, ele verá o Absoluto, que se manifesta em mil estados de existência e não existência, revelados pela mente silenciosa. Ele deve colocar seu *Atman* em *Chit*, ou Éter da Consciência, ou seja, ele deve identificar seu *Atman* com *Brahman*. Tudo isso deve ser feito com a mente vazia, situando-se além de *Chidâkâsha* ou Éter da Consciência, ou seja, no estado do mais elevado *Samâdhi*.

20-23- Não deve haver preocupação com as coisas externas, bem como, com as internas. Abandonando toda a preocupação, deve-se ter a intenção de se identificar com *Chit* ou Consciência. Assim, como a cânfora se dissolve no fogo e a pitada de sal-gema em água, a mente em dissolução deve buscar repouso na Verdade. Qualquer que seja a base da crença, tudo o que existe deve ser conhecido. Quem deseja isso, é o que é conhecido como o *Manas*. O conhecimento e o que deve ser conhecido, ambos perecem ao mesmo tempo. Não há outro caminho que conduz a *Brahman* sem par. Quando se desiste do que deve ser conhecido, a mente encontra-se com a sua dissolução. Quando a mente atingiu dissolução, aparece *Kaivalya* ou Isolamento.

COMENTÁRIO: O *Yoguin* não deve ter preocupações com as coisas externas nem com as internas. Após isso, ele deve buscar sua identificação com o Absoluto. Do mesmo modo que a cânfora se dissolve no fogo e a pitada de sal-gema na água, a mente que se dissolve deve buscar repouso na Verdade. É a mente (*Manas*) quem deseja conhecer tudo. Com o advento da Libertação Espiritual desaparece a dualidade sujeito-objeto. Esse é o caminho que conduziu a *Brahman* sem igual. Quando se desiste de conhecer, do tagarelar da mente, esta encontra a sua dissolução. E quando isso acontece, aparece *Kaivalya*, ou o Isolamento.

24-26- Há dois modos para se alcançar a dissolução da mente: *Yoga* e *Jñana*, Ó Sábio. O *Yoga* consiste na supressão das modificações da mente, em direção a não outra coisa, que o reconhecimento da existência de *Brahman*. Por outro lado, *Jñana* ou Conhecimento, é a clara percepção de que não há nada senão *Brahman*. Quando aquela (ilusão de que existe algo além de *Brahman*) é suprimida, a mente certamente encontrará a tranquilidade. Quando *Spanda* (vibração ou movimento) da mente encontra repouso, o apego aos assuntos do mundo é completamente dissolvido, do mesmo modo que o brilho da luz solar de todos os dias desaparece.

COMENTÁRIO: Os versos apontam dois caminhos para se alcançar a cessação das atividades da mente: o *Yoga* e o Conhecimento, ou *Jñana*. O primeiro consiste na supressão das modificações da mente, o que a faz reconhecer a existência do Absoluto. Por sua vez, o Conhecimento consiste no claro reconhecimento de que não há nada além do Absoluto, ou seja, tudo é o Absoluto. Quando se suprime a ilusão de que há algo além do Absoluto, a mente encontra a tranquilidade, ou seja, cessa de funcionar. Quando isso acontece, o apego ao mundo é dissolvido, do mesmo modo que a luz solar desaparece com o fim do dia.

27-28- Quando a influência do estudo dos textos sagrados, associado à presença de pessoas virtuosas, o desapego e a prática do *Yoga* acontecem, ocorre o desenvolvimento espiritual do *Yoguin*. Com isso, o *Yoguin* permanece em um estado de despreocupação a respeito do apego aos assuntos mundanos, anteriormente existentes; como resultado meditar sobre o objetivo das suas aspirações, o *Yoguin*, com a mente aguçada por um longo tempo de prática na verdadeira existência (*Brahman*), percebe o pulsar do *Prâna* ser suspenso.

COMENTÁRIO: O texto explica o que ocorre quando o estudo dos textos sagrados, são apresentados para pessoas virtuosas, que tem o desapego e praticam Yoga com um *Yoguin*. E assim, ele se livra dos apegos aos temas mundanos, antes existentes. Por meditar longo tempo sobre os seus objetivos, e com a mente focada na existência do Absoluto, o *Yoguin* vê o Pulsar do seu *Prâna* ser interrompido, ou seja, o *Prâna,* sempre associado à atividade da mente, quando esta se acalma, o *Prâna* se aquieta.

29- A vibração e o movimento da mente são suprimidos, pela prática do controle da respiração, por *Puraka, Rechaka e Kumbhaka,* realizados até a exaustão e também através de *Dhyâna Yoga* (meditação) em um lugar isolado, simultaneamente, com a supressão do *Spanda* (vibração ou movimento) do *Prâna*.

COMENTÁRIO: Existe uma associação entre a mente e o *Prâna*, absorvido pela respiração. Mente agitada, respiração ofegante e vice-versa. Portanto, a vibração e os movimentos da mente são suprimidos por inspirar, reter e expirar o ar (*Prânâyâma*), quando não realizados até a exaustão, e também, pela prática da meditação realizada em local isolado, quando ocorre o *Spanda* do *Prâna*.

30-36- Quando as consciências interna e externa vão ao estado de sono (por assim dizer), devido à realização da real natureza do som extremo, produzido ao se pronunciar o *Omkara*, alongado como *Pluta*, o *Spanda* do *Prâna* é suspenso. Vibrando com esforço, a úvula em forma de pequeno sino na raiz do palato, por meio da língua, quando o *Prâna* atinge o *Randhra* (abertura) que está acima, o *Spanda* do *Prâna* será suspenso. Quando, por conta da realização do *Sanmukti Mudrâ*, as percepções externa e interna desaparecem e pela prática pura do *Prâna*, atinge o *Chakra Saharara* do *Dvâdashânta*, acima do palato, através do orifício acima, o *Spanda* do *Prâna* está suspenso. Quando o Poder da Percepção da Consciência foi tranquilizado no Éter Puro, que se estende por doze dígitos de comprimento sobre a ponta do nariz, o *Spanda* do *Prâna* está suspenso. Direcionando as pupilas dos olhos ao topo do nariz no meio das sobrancelhas, o *Târakalokana* (olhar das pupilas dos olhos) é suspenso, o fim é alcançado e a mente, concentrada na sensibilidade mais íntima, fica em estado de êxtase, então, o *Spanda* do *Prâna* é suspenso. "Eu sou Aquele *Om*, que fui libertado de todas as coisas" – o que resulta de tal pensamento é a investigação da importância do *Omkara*, ou seja, o conhecimento do caráter de tudo o que tem de ser conhecido, o *Brahman* auspicioso, que é intocável pela menor mudança. Então, o *Spanda* do *Prâna* é suspenso. Quando, por longo tempo, Ó *Muni,* o coração vem a saber que ele é o Éter da Consciência confinado no seu íntimo e a mente quieta medita em *Brahman,* o *Spanda* do *Prâna* é suspenso. Pelos modos citados acima, bem como por outros, elaborados por diversas construções mentais, e ordenados por vários preceptores de forma expressa, o *Spanda* do *Prâna* é suspenso.

COMENTÁRIO: Versos longos e de certo modo, obscuros. Aqui está dito que quando as consciências externa e interna vão ao estado de sono, isso ocorre quando se canta o *Mantra Om, o Omkara,* de forma alongada como *Pluta.* Este autor não conseguiu saber o significado desta última palavra. Aqui estão explicados os diversos modos de se conseguir aquietar o *Prâna* ou, a agitação da mente.

36-1.4- Forçando abrir a porta da *Kundalinî,* pela constrição do ânus, o *Yoguin* deve irromper pela porta da libertação (*Brahmadvâra*). A *Kundalinî* dorme com sua cabeça cobrindo a porta verdadeira, através da qual o *Yoguin* deve mover para cima, o ar vital. Ela possui uma forma enrolada como uma serpente. Independentemente de em quem esse poder é despertado, ele alcança a Libertação Espiritual. Esse poder adormecido na parte de cima da garganta, é o que conduzirá à Libertação do *Yoguin.* Se estiver abaixo da garganta, ele será a servidão dos ignorantes. Ele deve seguir o curso da *Sushumna,* abandonando os dois cursos de *Idâ* e *Pingalâ.* Então ele alcança o mais alto estado de *Vishnu.*

COMENTÁRIO: A porta da *Kundalinî*, é o *Brahmadvâra*, no início da *Sushumna*. Pela prática do *Yoga*, o *Yoguin* deve fazer a *Kundalinî* irromper por ela, que é a porta da Libertação Espiritual. A *Kundalinî* está adormecida, com sua cabeça cobrindo essa porta, a porta verdadeira, através da qual o *Yoguin* deve erguer os ares vitais. Ela possui a forma de uma serpente enrolada. Em quem seu poder desperta, alcança a Libertação. Esse poder que dorme na parte superior da garganta, ou seja, quando a *Kundalinî* alcança o *Chakra Sahasrara* no topo da cabeça, ocorre a união *Shiva-Shakti*, a Libertacção Espiritual. Se ele está abaixo da garganta, não ocorre a união *Shiva-Shakti*, e será a servidão dos ignorantes. A *Kundalinî* deve seguir o caminho da *Sushumna*, abandonando os caminhos de *Idâ e Pingalâ*, ou seja, ele deve ascender apenas através da *Sushumna*.

37-38- Toda a prática do controle de ar vital, o *Yoguin* deve realizá-la, juntamente com a mente. Isso deve ocorrer com homens de intelecto. Deve-se não adorar *Vishnu*, durante o período diurno (na energia solar *Nadi*, ou seja, *Pingalâ*). Assim também, ele não deve adorar a *Vishnu*, durante a noite (na *Nadi* lunar, ou seja, *Idâ*) Ele deve adorar *Vishnu* (na *Nadi Sushumna*) e não deve adorar durante a noite nem de dia.

COMENTÁRIO: Todos os tipos de *Prânâyãmas* deves ser realizados com a mente concentrada neles, passo a passo. Isso deve ser feito por homens inteligentes. A adoração de *Vishnu*, ou seja, a ascensão da *Kundalinî*, não deve ocorrer nem por *Idâ* nem por *Pingalâ* e sim pela *Sushumna*.

39-42- Lá está a *Nadi Sushumna*, que é a causa da geração do Conhecimento (de *Viraj* e de outros *Devas*, no *Muladhâra*, *Anãhat*, *Vishudha*, *Âjña* e *Sahasrara* do *Yoguin*), e que é junto dos cinco fluxos de *Viraj* até o *Turyatita*. Nele, está o *Khechari Mudrâ*, não determinado na forma. Tú deves buscá-lo, Ó *Shandilya*. O ar vital que se encontra à direita e à esquerda (*Idâ* e *Pingalâ*), flui através do meio da *Sushumna*. Ali está o local do *Kechari Mudrâ*, sem dúvida. O vazio no interior de *Idâ* e *Pingalâ* também vai captar o ar vital. Onde o ar vital está, o *Kechari Mudrâ* ali se encontra, fixado à Verdade. Entre a Lua e o Sol, no *Vyomachakra* (*Chakra* de Éter) que não tem apoio, que é conhecido como *Kechari Mudrâ*, é ali que ele está estabelecido.

COMENTÁRIO: Versos obscuros. Este autor não conseguiu saber o que sejam os cinco fluxos de *Viraj*. O que se sabe é que *Viraj* é um *Deva* criado da porção feminina de *Brahma*. Sobre isso, diz Helena Petrovna Blavastiky (BLAVATSKY,Helena Petrovna 1995. **Glossário Teosófico**, pág. 744):

> Diz *Manû:* Tendo dividido seu corpo em duas partes, o Senhor *Brahma*, tornou-se um varão em uma das suas metades e uma fêmea, na outra; e nela, criou *Viraj*.

COMENTÁRIO: O *Turyatita* é um dos nomes do Absoluto. Nele, está o *Kechari Mudrâ*, ou seja, esse *Mudrâ* leva ao Absoluto, e deve ser buscado. O ar vital que se encontra em *Idâ* e em *Pingalâ* flui no meio da *Sushumna*. Ele se encontra lá, mas fluiu pela *Sushumna*. Os versos não explicam como isso ocorre. É nela que se encontra *Keshari Mudrâ*. As *Nadis* são ocas, e é por esse vazio que fluem os ares vitais. Este autor não conseguiu saber o que seja *Vyomachakra,* ou *Chakra* do Éter.

42.1- Ele deve tornar sua língua muito fina cortando o freio, da espessura de um fio de cabelo com a lâmina de uma faca, semelhante a uma folha para cobrir leite, todos os domingos, durante seis meses, movendo-a durante sucessivas *Muhûtas,* dedicadas a *Brahman.* Ela deve aplicar no ferimento, no início das manhãs, sal de rocha pulverizada *Myrobalan.* Depois, deve fixar o olhar no meio da testa, quando a língua, com os movimentos invertidos, entra na fenda do crânio, quando então é praticado *Kechari Mudrâ.* Então, a língua e a mente, movem-se em *Kha* ou Espaço Etéreo. Por meio disso, o homem, com a língua para cima, torna-se imortal.

COMENTÁRIO: Trata-se de uma técnica chamada *Keshari Mudrâ,* onde se cortar o freio da língua, para torná-la mais maleável, capaz de ser dobrada e a sua ponta penetrar na fenda da garganta, aqui chamada de "fenda do crânio". Isso é feito para o *Yoguin* poder beber o néctar que escorre na sua garganta. Uma *Muhûta* é um intervalo de tempo dos hindus, equivalente a dois *Ghadyas* ou, aproximadamente 48 minutos.

42.2- Pressionando os genitais com o calcanhar esquerdo, esticando a perna direita e segurando-o com as duas mãos, inspirando o ar vital através das narinas, por ter propiciado o *Kantha-Bandha* (constrição da garganta), o *Yoguin* deve segurar o ar vital em *Kumbhaka,* a partir de cima. Assim procedendo, todas os problemas desaparecem.

Assim, o veneno será facilmente assimilado, como néctar. Emagrecimento, *Gulma* (um tipo de afecção abdominal) obstrução intestinal, afecções crônicas da pele, e outras enfermidades, desaparecem. Este é o meio para a conquista do *Prâna* e a destruição de todas as formas de mortes.

COMENTÁRIO: Aqui está a descrição do *Kantha Bandha*, capaz de destruir muitas doenças citadas. Ele é o meio para a conquista do *Prâna* e a destruição de vários tipos de mortes.

42.3- Colocando o calcanhar esquerdo no local dos genitais, colocando confortavelmente o pé direito sobre a coxa esquerda, inspirando o ar fixando o queixo sobre o peito, fechando o ânus e a uretra, mantendo o ar vital tanto quanto possível na mente, o *Yoguin* deve pensar o seguinte: "Eu sou *Brahman*". Assim, será alcançada a realização direta do Absoluto.

COMENTÁRIO: Aqui está a descrição de outra técnica capaz de levar o *Yoguin* à realização do Absoluto. A técnica descrita é o *Mula Bandha*.

43-44- Colocando o *Prâna* para fora e inspirá-lo pela barriga com esforço, o *Yoguin* deve segurá-lo com mente, no meio do umbigo e na ponta do nariz, segurando os dedões dos pés, seja no crepúsculo ou a qualquer momento. Assim procedendo, o *Yoguin* ficará livre de todas as doenças e se livrará da sua fadiga.

COMENTÁRIO: Os versos não especificam o nome desta técnica do *Hatha Yoga*, capaz de levar o praticante a conseguir várias curas.

44.1-52- Olhar para a ponta do nariz, faz alcançar a conquista do ar vital. Contemplar o meio do umbigo, faz alcançar a destruição das doenças. Pela concentração (*Dhâranâ*) nos dedões dos pés, se conquista a leveza do corpo. Aquele que inspira o ar vital através da língua e o bebe, para ele, não haverá nem fadiga nem sede e as doenças, desaparecem. Aquele conhecedor de *Brahman,* que retém o ar vital durante o período de *Sandhyâs* (o tempo diário de cantos) deve bebê-lo no curso de três meses. Então, sua fala se torna erudita e abençoada. Com seis meses de prática desse modo, há a libertação das doenças. Através da inspiração do ar vital por meio da língua, o *Yoguin* deve contê-lo na raiz da língua. Esse conhecedor de *Brahman*, que bebe o néctar resultante, adquire muita prosperidade. Inspirando o ar vital, através de *Idâ* ele deve mantê-lo no meio da sobrancelha, depois de segurá-lo no disco da Lua. Ali, deve beber o néctar. Assim, o *Yoguin* sempre que for afligido por doenças, será libertado delas. Aquele que detém o ar vital inspirado durante um *Ghatikâ*, no umbigo, bem como nos lados da barriga, inspirando-o através das duas *Nadis* (*Idâ* e *Pingalâ*), ficará liberto de várias doenças. Inspirando o ar vital por meio da língua durante três *Sandhyâs,* durante um mês através do disco da Lua e beber o néctar, ele deve segurá-la no meio da barriga. Com isso, todos os tipos de febres desaparecem e também os vários tipos de venenos se tornam ineficazes. Ele deve olhar para a ponta do seu nariz, com a mente ali concentrada, por um espaço de tempo de pelo menos um *Muhârta*. Assim, se liberta de todos os seus pecados acumulados por centenas de vidas anteriores. Pela prática de *Samyama* (concentração, meditação e *Samâdhi*) sobre a *Târa* (*Omkâra*) e *Chitta,* surge o conhecimento de todas as coisas. Pela prática de *Samyama* da mente na ponta do nariz, é alcançado o conhecimento de *Indra Loka.* Pela prática de *Samyama* da mente um pouco abaixo da ponta do nariz, se consegue o conhecimento do *Agni Loka.* Pela prática de *Samyama* da mente sobre os olhos, se alcança o conhecimento dos mundos. Pela prática de *Samyama* da mente sobre os ouvidos, se alcança o conhecimento do *Yama Loka.* Pela prática de *Samyama* da mente sobre os seus lados, se alcança o conhecimento de *Nirti Loka.* Pela prática de *Samyama* da mente sobre a parte de trás, se alcança o conhecimento do *Varuna Loka.* Pela prática de *Samyama* da mente concentrada no ouvido esquerdo, se alcança o conhecimento do *Vâyu Loka.* Pela prática de *Samyama* da mente sobre a garganta, se adquire o conhecimento do *Soma Loka.* Pela prática de *Samyama* da mente sobre o olho esquerdo, se adquire o conhecimento do *Shiva Loka.* Pela prática de *Samyama* sobre o topo da cabeça, se conquista o conhecimento do *Brahma Loka.* Pela prática de *Samyama* sobre a sola do pés, se adquire o conhecimento do *Atala Loka.* Pela prática de *Samyama* sobre os pés, se adquire o conhecimento do *Vitala Loka.* Pela prática de *Samyama* sobre a junta do pé, se adquire o conhecimento do *Nitala Loka.* Pela prática de *Samyama* sobre as pernas, se adquire o conhecimento do *Sutala Loka.* Pela prática de *Samyama* sobre o joelho, se adquire o conhecimento de *Mahâtala Loka.* Pela prática de *Samyama* da mente sobre a coxa, se adquire o conhecimento do *Rasâtala Loka.* Pela prática de *Samyama* da mente sobre o quadril, se adquire o conhecimento do *Talâtala Loka.* Pela prática de *Samyama* da mente sobre o umbigo, se adquire o conhecimento do *Bhû Loka*. Pela prática de *Samyama* sobre a barriga, se adquire o conhecimento do *Bhuvar Loka*. Pela prática de *Samyama* da mente sobre o coração, se adquire o conhecimento do *Svar Loka*. Pela prática de *Samyama* da mente sobre a região acima do coração, se adquire o conhecimento do *Mahar Loka*. Pela prática de *Samyama* da mente sobre a garganta, se adquire o conhecimento do *Jano Loka*. Pela prática de *Samyama* da mente sobre o meio das sobrancelhas, se adquire o conhecimento do *Tapo Loka*. Pela prática de *Samyma* da mente sobre o topo da cabeça, se consegue o conhecimento do *Satya Loka*. Pela prática de *Samyama* do *Dharma* e do *Adharma* (conduta justa e injusta) se alcança o conhecimento do que passou e do que está ainda por vir. Pela prática de *Samyama* da mente sobre as vozes dos vários seres, se alcança o conhecimento dos sons de cada um deles. Pela prática de *Samyama* da mente sobre o *Karma* acumulado durante os nascimentos prévios, se alcança o conhecimento das vidas anteriores. Pela prática de *Samyama* da mente sobre outras mentes, se adquire o conhecimento de outras mentes. Pela prática de *Samyama* da mente sobre a forma do corpo, se adquire a invisibilidade para os outros. Pela prática de *Samyama* da mente sobre própria forma, se adquire a força de *Hanumat* e de outros. Pela prática de *Samyama* da mente sobre o Sol, se adquire o conhecimento do Universo. Pela prática de *Samyama* da mente sobre a Lua, se adquire o conhecimento das galáxias de estrelas. Pela a prática de *Samyama* da mente sobre a estrela polar, se adquire o conhecimento dos seus movimentos. Pela prática de *Samyama* da mente sobre o supremo objetivo da vida, se alcança o conhecimento do *Purusha*. Pela prática de *Samyama* da mente sobre o *Chakra* do umbigo, se adquire o conhecimento da anatomia do corpo. Pela prática de *Samyama* da mente sobre a cavidade da garganta, se adquire a libertação da fome e da sede. Pela prática de *Samyama* da mente sobre a *Nadi Kûrma*, se obtém a firmeza. Pela prática de *Samyama* da mente sobre a do olho, se obtém a visão de um *Siddha*. Pela prática de *Samyama* da mente sobre *Kâyâkâsha*, o Éter do corpo, se alcança o poder de caminhar no Éter (a região etérea). Pela prática de *Samyama* da mente sobre os lugares, se alcança seus respectivos poderes.

COMENTÁRIO: Um longo texto sobre o que fazer, para se adquirir o conhecimento de certos locais ou *Lokas* e para se adquirir diversos poderes psíquicos. Algumas frases, ao que tudo indica, foram extraídas do capítulo III dos *Yoga Sutra de Patañjali*, dedicados aos poderes psíquicos, denominados *Vibhuti Pada*.

KHANDA VIII

1-2- Doravante, se abordará sobre *Pratyahara*. Ele é de cinco tipos. O recolhimento forçado dos órgãos de percepção, dos respectivos prazeres sensuais em que eles se manifestam, é o *Pratyahara*. Qualquer coisa que se vê, olhando como se fosse o *Atman*, é *Pratyahâha* (de outro tipo). O desistir dos frutos das observâncias prescritas para todos os dias, é *Pratyahara* (do terceiro tipo). Voltar a face para longe dos prazeres sensuais, é *Pratyahara* (de outro tipo). A mentalização (do ar vital) nos dezoito *Marmans* (as partes vitais do corpo) na ordem prescrita, é *Pratyahara* (da quinta variedade). As partes vitais ou os *Marmans*, estão nos pés, nos dedos grandes dos pés, nos tornozelos, canelas, joelhos, coxas, ânus, genitais, umbigo, coração, garganta, cavidade da garganta, boca, narinas, olhos, sobrancelhas, meio da, testa e topo da cabeça. Neles, o praticante deve executar *Pratyahara*, mentalizando para cima e para baixo, nos *Marmans*, respectivamente (sua mente, o ar vital, etc.).

COMENTÁRIO: Estão descritos aqui, cinco tipos de *Pratyaharas*. Os *Marmans* são os pontos sensíveis do corpo, interface entre este e o corpo sutil. Há uma terapia que consiste em fazer pressão nesses pontos, para se obter a cura. É a terapia *Marman*. Os versos descrevem onde estão esses pontos.

KHANDA IX

1- Agora, falaremos sobre a concentração (*Dhâranâ*). Há cinco tipos delas: estabilizar a mente no *Atman*; estabilizar o éter externo no éter do coração; estabilizar a mente nos cinco *Devas* (*Brahma, Vishnu, Rudra, Ishvara e Sadâshiva*), nos cinco elementos, terra, água, fogo, ar e éter.

COMENTÁRIO: Aqui, foram citados apenas três tipos de meditações, embora o verso se refira a cinco.

KHANDA X

1- Agora, falaremos sobre a meditação (*Dhyâna*). Há dois tipos de meditação: qualificada e não qualificada. A variedade qualificada consiste na meditação na deidade com forma. A não qualificada consiste na meditação sobre o *Atman* sem forma (ou seja, tudo que não seja o *Atman*, deve ser negado).

COMENTÁRIO: Há dois tipos de meditação: a qualificada e a não qualificada. A qualificada consiste em meditar sobre uma deidade com forma. A outra, consiste em meditar sobre o *Atman* sem forma.

KHANDA XI

1- Agora, falaremos sobre o *Samâdhi:* o estado de união do *JivAtman* e do *ParamAtman*, que é devido a três aspectos (do conhecedor, do conhecimento e do que é conhecido). Ele é a Graça, sendo pura senciência (sendo conhecido como *Asamprajñata Samâdhi* ou transe estático, Inconsciente).

COMENTÁRIO: O verso fala de três tipos de *Samâdhis*, devidos a três aspectos: do conhecedor, do conhecido e do que é conhecido. Em outras palavras, devido ao sujeito, devido ao objeto e devido à imagem que o sujeito faz do objeto. O *Samâdhi* é a Graça, sendo pura senciência. O verso está se referindo ao *Asamprajñata Samâdhi*.

CAPÍTULO II

1-2- Então o Sábio *Brâhmane Shândikya* (sem ter alcançado a percepção do seu *Atman* após muito estudar), sem ter tido um insight sobre *Brahmavidyâ* (o conhecimento de *Brahman*) dado nos três *Védas,* aproximando-se do Sábio *Atharvan,* indagou-lhe assim: "Por favor, o que é *Bramâvidyâ*? Ensina-me sobre isso, Ó senhor, pois, é através Dele que posso alcançar a Beatitude". *Atharvan* replicou assim: "*Brahman* é, Ó *Shâdilya,* a Verdade Pura, *Vijñana* (sabedoria) e *Ananta* (sem fim)".

COMENTÁRIO: Apesar dos ensinamentos de *Atharvan,* até agora *Shândilya* não alcançou a Libertação Espiritual. O diálogo entre eles continua. Este, indaga ao seu mestre, sobre o que seja *Brahmavidyâ.* O seu mestre responde que é a Verdade Pura, a sabedoria, sendo infindável.

3- O estado de ignorância reside na relação da urdidura e trama com o mundo, que diminui e se expande. Quando o *Atman* é conhecido, tudo vem a ser conhecido (como não sendo outro, senão o *Atman*), e que *Brahman* é incompreensível e indemonstrável, não tem mãos nem pés, nem olhos nem ouvidos, nem língua e nem corpo.

COMENTÁRIO: A ignorância resulta da ligação com o mundo. Isso pode aumentar ou se expandir, de acordo com a prática do *Yoga.* Quando o *Atman* é conhecido, tudo mais se torna conhecido. Sobre isso, deve ser citada a *Mundaka Upanishad* (TINOCO, Carlos Alberto. 1996. **As Upanishads**, pág. 194):

Saunaka, respeitável chefe de família, certa vez, aproximou-se de Angiras e perguntou: 'O que é aquilo que após ser conhecido, todas as coisas tornam-se conhecidas ?"

....

Pelo Conhecimento Superior o Sábio pode Conhecer *Brahman* em qualquer lugar. O Conhecimento Superior não pode ser medido nem ouvido, não possui mãos, nem pés, é eterno, imensurável, sutil, ilimitado em suas manifestações. É o Imperecível Ser e a fonte de toda criação.

(*Mundaka Upanishad.* I, 1, 3 e 6)

Em outras palavras, ao se conhecer *Brahman*, tudo o mais se torna conhecido. Ele não tem mãos nem pés, nem língua, nem olhos nem ouvidos e nem corpo.

4- Qualquer que seja o discurso, juntamente com a mente, recuam, incapazes de alcançá-lo. Ele é atingível apenas através de *Jñana* ou conhecimento, com a qual se alcança o fluxo contínuo da consciência (mente sem movimento), que é um sem par. Ele impregna toda parte, como o éter ou *Akâsha*. Ele é intensamente sutil. Ele é desprovido de apego, é sem ação, e que é a existência, que é a essência de *Chit* ou Ananda, a Consciência ou Graça, auspicioso, intensamente tranquilo, imortal. Ele é o transcendente *Brahman*. Através do conhecimento de *Brahman*, na verdade, você sabe.

COMENTÁRIO: Qualquer tipo de discurso, de fala, de pensamento, recuam, incapazes de alcançar o Absoluto. Ele só é atingido pela sabedoria. Ela consiste em acalmar a mente, que é sem par. Ele permeia tudo, como o éter. Ele é sutil, sem apego, sem ação, sendo pura existência, sendo a essência da Graça. Ele é o transcendente *Brahman*. Através do Seu conhecimento, tudo se sabe.

5- Aquele que é o único Senhor, que exerce o poder de ser o *Atman* como a principal fonte de tudo, Que sabe de tudo, Que é o Senhor de todos, que é o *Atman* interior de todos os seres, que tem sua morada em todos os seres, que está escondido em todos os seres, Ele é o lugar da origem do Ser, Que cria o Universo, que sustentam o Universo, Que consome o Universo. Ele é o *Atman*. Por Ele, você conhece os mundos.

COMENTÁRIO: Este verso é uma tentativa de descrever o *Atman*, que é idêntico a *Brahman*. É uma tentativa de descrever com palavras, o que está além das palavras, além do pensamento.

6- Não se preocupe com o sofrimento. O Sábio conhecedor do *Atman* encontrará o fim dos seus pesares.

COMENTÁRIO: Aqui, o *Atharvan* faz uma recomendação a *Shândilya*, pedindo-lhe para não se preocupar com o sofrimento. Quando ele se tornar um homem Sábio, encontrará o fim dos seus pesares.

CAPÍTULO III
KHANDA I

1-2- Então, *Shândilya* indagou ao *Atharvan,* assim: "Enquanto o *Para Brahman* for um, imperecível, sem ação, auspiciosa existência, como pode então este mundo vir a ser sustentado, e como poderia ser dissolvido Nele (em *Brahman*)? Vós sois o único capaz de resolver esta minha dúvida". O *Atharvan* replicou: "Ó *Shândilya,* é verdade, o *Para Brahman* é destituído de movimentos e é imperecível".

COMENTÁRIO: Este verso, é o início de um novo diálogo sobre o Absoluto.

3- No entanto, existem três formas de *Brahman* sem forma, assim: o indivisível, o divisível, o parcialmente divisível e parcialmente indivisível.

COMENTÁRIO: O verso fala de três formas de *Brahman.*

4- Aquele que é a Verdade, a Sabedoria e a Graça, aquele que é sem ação, sem apego, todo penetrante, intensamente sutil, que está em todas as direções, não demonstrável e Imortal, este é a forma indivisível de *Brahman.*

COMENTÁRIO: Uma explicação sobre a forma indivisível de *Brahman.*

5- Então, auxiliado por *Mulaprakriti* (a matéria primordial) e *Mayâ* (a ilusão), que recebe a influência dos três *Gunas, Mâheshvâra,* o *Deva* de cor preta e marrom, domina sobre o estado de ilusão, eliminando a ignorância sobre o *Atman.* Esta é então, a forma divisível de *Brahman.*

COMENTÁRIO: Uma explicação obscura sobre a forma divisível de *Brahman*, ou seja, o Absoluto fragmentado em partes, como resultado de *Mâyâ*, a ilusão.

6- Então, *Mâheshvâra* que superou sua forma original, em virtude das suas penitências, repleto de sabedoria, desejou o seguinte: "Que eu possa me tornar muitos! Que eu possa gerar descendência!". Então *Ishvara*, que realizou severas austeridades e fez votos de Verdade, e veio a ser as três letras *A, U, M*; também os três *Vyâhits* (*Bhuh, Bhuvar, Svat*), o *Gâyatri* de três linhas, os três *Védas*, os três *Devas* (*Brahma, Vishnu, Rudra*), as três castas, os três fogos sacrificiais (*Dakshina, Gâhapatya, Âhavanya*), passaram a existir. Este grande Senhor é dotado de todos os tipos de supremacias, permeia a todos e se encontra no coração de todos os seres. Ele é pleno de *Mâyâ*, e deve sua forma inteiramente a *Mâyâ*; Ele é *Brahma*; Ele é *Vishnu*; Ele é *Rudra*; Ele é *Indra*; Ele é todos os *Devas* e todos os seres; Ele está acima; Ele está atrás; Ele está à esquerda; Ele está à direita; Ele está abaixo; Ele é tudo. Então, o Senhor, que está brincando com o seu poder Átmico, que é cheio de compaixão para com os seus devotos, que é da forma de *Dattâtrya*, cujo belo corpo é sem vestimentas de qualquer tipo, que possui quatro braços semelhantes às pétalas do lótus, e cuja forma não é temerosa, revela Sua impecabilidade. Isto, então, é o parcialmente indivisível e parcialmente divisível forma de *Brahman*.

COMENTÁRIO: Uma longa explicação sobre o que seja o último aspecto de *Brahman*, parcialmente indivisível e parcialmente divisível. Um verso obscuro.

KHANDA II

1-2- Depois, *Shândilya* indagou ao *Atharvan*, assim: "Ó Senhor, portanto, é a Absoluta Existência, a Essência da Consciência e da Graça, que é o Transcendente *Brahman*?". O *Atharvan* respondeu: "Em razão de que é Ele que faz crescer e é a causa de todas as coisas que crescem, por isso, Ele é conhecido como o Transcendente *Brahman*".

COMENTÁRIO: O *Atharvan* explica a *Shândilya*, por qual razão Dele ser conhecido como o Transcendente *Brahman*. É Ele que faz os seres crescerem, sendo a causa de tudo.

3-4- "Então, Ele é conhecido como o *Atman*?". "Em razão Dele abranger todas as coisas, Dele torna-se tudo e destrói tudo, por essa razão, Ele é conhecido como o *Atman*".

COMENTÁRIO: Uma explicação do porque o *Atman* é idêntico a *Brahman*.

5-6- Então, Ele é conhecido como *Mâheshvâra*?". "Em razão Dele, o *Ishvara* cresce através do eco do som e pelo poder do *Atman*, Ele é conhecido como *Mâheshvâra*".

COMENTÁRIO: *Mâheshvâra* é um dos nomes de *Shiva*, aqui assimilado a *Ishvara* e *Brahman*. Os versos explicam porque Ele é chamado de *Mâheshvâra* ou *Ishvara*. Isso ocorre pelo eco do som e do *Atman*. O eco do som, é o poder do *Mantra Om*.

7-8- Então, Ele é conhecido como *Dattatrêya*?". "O auto luminoso Senhor, que ficou muito satisfeito, deu seu próprio Ser (*Datta*) ao Sábio *Atri*, que foi submetido a severas penas e estava desejoso de gerar um filho. O filho de *Atri* nasceu *Anasûyâ*; por essa razão, Ele é conhecido por *Dattatrêya*".

COMENTÁRIO: Verso obscuro. Aqui, continua o diálogo. *Dattatrêya*, um antigo Sábio da Índia, era conhecido como *Anagha Swami*. Sua esposa, *Anagha Dêvi*, foi a encarnação de *Lakshmi Devi*. Os versos explicam porque o Absoluto passou a ser chamado *Dattatrêya*.

9-15- Ele que conhece a origem dos nomes citados acima, conhece todas as coisas. Ele que após saber disso, deve meditar sobre o Transcendente *Brahman*, pensando: "Eu sou Ele". Assim, torna-se o conhecedor de *Brahman*. Aqui, vale lembrar os seguintes versos: "Aquele que desejar meditar sempre, dessa maneira, no Senhor Eterno dos Senhores, o eterno *Dattatrêya*, auspicioso e tranquilo, semelhante a uma gema *Indranila*, que tem o propósito de destruir a ilusão (*Mâyâ*) para investigar sobre o *Atman*, é o Supremo, destituído de forma, tendo os pontos cardeais como suas vestes, cujo corpo é untado com cinzas sagradas, que usa uma coroa de cabelos emaranhados. Ele é glorioso Senhor, com quatro braços e lindos membros, com olhos semelhantes a flores de lótus, que é o tesouro do *Jñana* e do *Yoga*, o preceptor do universo, que é o objeto de afeto de todas as classes de Yoguins, compassivo para com os seus devotos, a Testemunha Silenciosa de tudo, que é servido por *Siddhas* – assim, Ele é liberado de todos os pecados, e alcançará a beatifica Graça". Assim, *Om*, é a Verdade. Esta é a *Upanishad*.

COMENTÁRIO: Quem conhece os nomes citados acima,

conhece tudo. Após saber disso, deve-se meditar sobre o Absoluto, o Transcendente *Brahman,* pensando; "Eu sou Ele *(Brahman)*". Depois, os versos citam um texto das escrituras sobre o Absoluto, uma tentativa de descrever o Infinito. Belas palavras! Aqui termina esta *Upanishad.*

BIBLIOGRAFIA

BLAVATSKY, Helena Petrovna 1995. **Glossário Teosófico**. São Paulo-SP, Editora Ground, pág. 744.

TINOCO, Carlos Alberto. 1996. **As *Upanishads***. São Paulo-SP, Ibrasa, pág. 194.

3. *Trishikhabrâhmana Upanishad*

A expressão *Trishikha* significa os três tufos. Portanto, *Thishikhabrâhmana Upanishad* significa "*Upanishad* dos Três Tufos do *Brâhmane*". Os três tufos de cabelo, era uma maneira que os *brâhamanes* usavam o cabelo. Pertence ao *Yajur-Véda* Branco (*Shukla*) e é o quadragésimo primeiro da relação das 108 da *Mukti Upanishad.* A versão aqui apresentada é a de *Ayyangar,* pertencente à tradição Sulina. O texto de *Ayyangar* foi escrito em prosa.

A seguir, a tradução comentada da *Trishikhabrâhmana Upanishad.*

I- *O Brâhmane*

1- O *Brâhmane* com três tufos, certa vez foi ao *Âditya Loka* (o Mundo Solar). Aproximando-se do Sol, ele disse: "Ó Senhor! O que é o corpo? O que é a vida? Qual é a causa primeira? O que é o *Atman*?"

COMENTÁRIO: O *Brâhmane* de três tufos faz ao Sol, quatro indagações fundamentais, expressando dúvidas que o atormentavam.

2- Ele disse, replicando: "Saiba que tudo isto é apenas *Shiva*. Mas o eterno, o puro, o sem emoções, o Senhor, a Graça não dual, *Shiva*, o Absoluto, tendo criado todo este esplendor, aparece, como uma massa fundida de ferro, um Ser, como algo dividido. Se for perguntado: "O que é que causa essa aparência?" A resposta é: "O *Brahman*, tingido pela Ilusão e indicado pelo termo Existência".

COMENTÁRIO: O Sol responde à pergunta do *brâhmane,* dizendo que tudo o que existe, é *Shiva.* Ele, após criar tudo, aparece como uma massa de ferro fundido, brilhante, um ser que, por ter criado todas as coisas, aparece como sendo múltiplo, dividido. Mas se Ele for perguntado sobre tal multiplicidade, sobre essa aparência, Ele responderia que a causa é *Brahman* ou, *Saguna Brahman,* o *Brahman* Condicionado, a Existência relativa.

3-4- *Brahman,* veio a ser o *Avyakta* (o Indistinto). O *Avyakta,* veio a ser o *Mahat* (o Vasto). *Mahat,* veio a ser o *Ahamkâra* (o Ego). *Ahamkâra,* os cinco *Tanmâtras* (os elementos sutís). Os *Tanmâtras,* os *Mahâbhûtas* (os elementos grosseiros). Os *Mahâbhutas,* a todo o mundo. Se surgir a questão: "O que se entende por 'Todo' em 'todo o mundo'?" – A resposta é "Por causa da divisão entre os que evoluíram a partir dos Elementos". E se a questão fosse: "Quando a massa é una, como pode haver a divisão dos que evoluíram a partir dos Elementos?" – A resposta é: "Por conta das formas e das diferenças, devidas à interrelação entre causa e efeito, existentes entre os elementos, há divisões, tais como, as devidas às diferenças entre as variantes e seu primeiro princípio; entre a palavra significativa e o que é predicado; às esferas às quais eles pertencem, como também à faixa de seus funcionamentos; e em suas deidades presidentes e suas consortes."

COMENTÁRIO: Aqui há uma citação do *Samkhya,* sobre a criação, partindo do Indistinto ao mundo material. Se a massa é uma no início, como pode haver sua divisão em Elementos, ou seja, nos divesos elementos materiais? E porque, se a massa é uma, como há divisão dos que evoluíram à partir desses Elementos? A resposta é: Por causa das interrelações entre causa e efeito existentes entre eles, surgiram as diferenças. Daí em diante, o verso se torna obscuro. Trata-se de uma tentativa de descrever com palavras, o que está além das palavras.

5- Então, o *Âkasha* (éter) é o primeiro princípio: *Antahkarana* (os sentidos internos), *Manas* (a mente que possui vontade), *Buddhi* (o intelecto que raciocina), *Chitta* (a mente que indaga), e *Ahamkâra* (o Ego), são as variantes. *Vâyu* ou o Ar é o primeiro princípio: *Sâmana* (um tipo de *Prâna*) que preside a digestão; *Udâna* (o *Prâna* que está na garganta), *Vyâna* (o *Prâna* difuso em todo corpo); *Apâna* (o *Prâna* que se move para baixo e existe no ânus) e o *Prâna* propriamente dito, que se encontra no coração, são as variantes. A *Vahini* ou Fogo é o primeiro princípio: os ouvidos, o tegumento, os olhos, a língua e o nariz são variantes. *Apa* ou a água é o primeiro princípio; som, toque, forma, sabor e cheiro são as variantes. Os *Prithivis* ou Terra é o primeiro princípio: fala, as duas mãos, os dois pés, o ânus e os órgãos genitais são as variantes.

COMENTÁRIO: Aqui, o texto faz uma distinção entre variantes e princípios. Há uma referência ao primeiro princípio que é *Antahkarana*. Trata-se, segundo a psicologia do *Samkhya*, do órgão interno. Essa psicologia diz que o ser humano possui um corpo sutil, formado por: 1- *Antahkarana*. 2- os *Prânas*. 3- *Jñanendryas*. *Antahkarana*, por sua vez, é formado por: 1- *Manes*. 2- *Ahamkâra*. 3- *Buddhi*. Os *Jñanendrias* e os *Karmêndryas* formam o *Bahyendrias* ou, as faculdades que agem para fora. Os *Jñanendryas* são: 1- visão. 2- audição. 3- olfato. 4- paladar. 5- tato. Os *Karmêndryas* são: 1- fala. 2- apreensão. 3- locomoção. 4- evacuação. 5- procriação.

6- Conhecimento, volição, decisão, aplicação e autoafirmação são funções do *Antahkarana* ou órgão interno, que são uma variante do *Akâsha*. Assimilação, ato de erguer, apreensão, digestão e respiração são funções do *Prâna* e outras variantes de *Vâyu*. Percepção dos sons, toque, visão, sabor e cheiro são funções do *Jñanêndryas* ou sentidos do conhecimento, os quais são uma variante de *Agni* ou Fogo e dependem da água. Fala, apreensão, locomoção, evacuação e prazer sexual são as funções dos *Karmêndryas* ou, sentidos motores que, por sua vez, são variantes de *Prithivi* ou Terra. Dentro dos intervalos de funcionamento do *Jñanêndryas* e *Karmêndryas* estão incluídos os intervalos de funcionamento dos ares vitais e os *Tanmâtras*. Em *Manes* e *Buddhi* estão incluídos *Chitta* e *Ahamkâra*, o Ego.

COMENTÁRIO: Aqui, os componentes do *Antahkarana* são diferentes dos que foram citados acima, embora parecidos. Idem os dos *Jñanêndryas* e *Karmêndryas*. Os *Tanmâtras*, ainda segundo a psicologia *Samkhya*, são cinco: 1- *sâbda*. 2- *sparsha*. 3- *rûpa*. 4- *rasa*. 5- *gandha*. São os elementos sutis, primários, compreendidos como as contrapartes internas e sutis das cinco experiências sensoriais, a saber: som, tato, cor e forma, sabor e dor.

7- Intervalo (de sons), tremor, visão, pressionar uma massa e retenção, são as funções dos *Tanmâtras* dos elementos muito sutis, que atuam em um conjunto com o *Jiva*.

COMENTÁRIO: Aqui os elementos sutis dos *Tanmâtras* são descritos de modo diferente. Esses elementos sutis estão associados ao *Jiva*. O *Jiva* é a parte do ser humano que compreende os corpos, exceto o físico, a mente (*Manes* e *Buddhi*), o Ego (*Ahamkâra*) e os *Prânas*.

8- Assim, há doze divisões em relação ao corpo, em relação aos Elementos e em relação às deidades que presidem, uma delas em cada uma das três cabeças. Aqui, a Lua, o de quatro faces, os guardiões de *Dik* (os pontos cardeais), *Vata, Arka, Varuna,* os *Ashvinis, Agni, Indra, Upendra, Prajapati* e *Yama* são o ar vital, que entraram pelas doze *Nadis* na forma das deidades dos sentidos e esses são os *Angas* (divisões). Ele, que se identifica com o *Antahkarana,* o que conhece todas essas divisões como *Uphâdis,* é o conhecedor (o *Jiva*).

COMENTÁRIO: Aqui, o verso ou o texto estabelece quais são os guardiões. *Dik* ou *Dikpâlas* são os guardiões das direções do espaço, de acordo com a mitologia hindu e o *budismo Vajrayâna,* especialmente a linha *Kâlachakra.* Trata-se de um grupo de oito deidades também chamado *Aṣṭa-Dikpāla,* literalmente significando "Guardiões das Oito Direções". A esse grupo, são acrescentadas mais duas deidades, correspondendo ao zênite e ao nadi, que são conhecidos por *Dasha* e *Dikpâla.* Essas deidades e os seus pontos cardeais correspondentes, são as seguintes:

    1- *Kubera* = Norte.

    2- *Yama* = Sul.

    3- *Indra* = Leste.

    4- *Varuna* = Oeste.

    5- *Ishana* = Nordeste.

    6- *Agni* = Sudeste.

    7- *Vâyu* = Noroeste.

8- *Nirti* ou *Rakshasa* = Sudoeste.

9- *Vishnu* = Nadir.

10- *Brahma* = Zênite.

Os guardiões acima indicados são diferentes, em parte, daqueles indicados no texto. Este, diz ainda que alguns deles são o ar vital (*Prânas*) que entraram nas *Nadis* como deidades dos sentidos ou, deidades que presidem os sentidos. A palavra *Upâdhi* significa algo que impede o crescimento espiritual, um impedimento, uma limitação. O *Jiva*, identificado com *Antahkarana*, percebe todas essas divisões como *Upâdhis*.

9- Então, o *Pañcikarana* do éter, do ar, do fogo, da água e dos alimentos (fazem com que cada um deles contenha todos os cinco elementos). *Jñatritva* (experiência consciente ou a condição do conhecedor – *Ayyangar*), junto com o *Sâmana*, através do ouvido, possui a qualidade do som, depende da fala, e está no éter. A mente, junto com *Vyâna*, através da pele, possui as qualidades do toque e depende das mãos, que permanecem no ar. *Buddhi*, junto com *Udâna*, através dos olhos, possui as qualidades da forma (visão) e depende dos pés, que permanece em *Agni*. *Chitta*, junto com *Apâna*, através da língua, possui as qualidades do sabor e depende dos genitais, e permanece na água. *Ahamkâra*, junto com o *Prâna*, através do nariz, possui as qualidades do cheiro e depende do ânus, e permanece na terra. Aquele que sabe disso, torna-se *Antaryâmi*.

COMENTÁRIO: Texto obscuro. No *Vedanta*, a quintuplicação (*Pañcikarana*) é famosa, mas as antigas *Upanishads* falam de triplicação (*Trivrâtkara*). Há a triplicação de *Âgni*, *Vâyu* e *Âdityas* que são misturados uns com os outros. *Purusha Sykta* fala de deidades que realizam *yajñas* (rituais), que são uma mistura (*sahgati karana*) dessas deidades. O bem conhecido conceito *Vaishnava* de que *Nârâyana* é o *Antaryâmi* ou o que dirige as forças por trás de *Shiva* e *Brahma*. Pode ser também o *Shikshâ* Guru que vive no nosso coração, ou seja, o *Atman*. O texto fala da mistura quíntupla (*Pañcikarana*) do éter, do ar, do fogo, da água e dos alimentos, onde cada um deles contém os cinco elementos. Os cinco tipos de *Prânas*, cada um deles associado com um órgão dos sentidos, está no éter, no ar, etc., incluindo-se o Ego (*Ahamkâra*), *Chitta* e *Buddhi*.

II- O Mantra

1-3- *Brahman*, o qual existe a partir de todas as outras coisas, possui dezesseis partes, que são: vida, fé, éter, ar, luz, água, terra, órgãos (sensoriais e motores), mente, comida, vigor, austeridade, *Mantras*, ação, as palavras e nome. Colocando *Antahkarana* (Éter), *Vyãna* (Ar), *Aksi* (fogo), *Rasa* (Água), e *Pãyu* (a Terra) na ordem do Éter, etc., dividindo estes primeiros princípios em duas metades, na mesma ordem, e subdividindo cada uma das segundas metades em quatro partes e, colocando cada uma dessas partes subdivididas junto com cada parte dos outros quatro Elementos, de tal modo que, o que foi uma vez uma parte subdividida do Éter incide em cada uma das partes da Terra e nos outros três elementos e assim diante, somente as primeiras metades que serão compreendidas como essenciais; estes que conhecem, compreendem que as partes das metades divididas são as subordinadas. Assim, surgiu a parte. Similarmente, pelo mesmo motivo, a subdivisão subordinada surgiu da parte. Por esta mesma razão, em sua ordem de importância, as partes essenciais e as subordinadas subdivididas são interdependentes como a teia e a trama.

COMENTÁRIO: Sendo *Brahman*, puro, infinito, imutável, como pode ter partes? As partes especificadas são dezesseis. O restante do texto é obscuro. Trata-se de uma divisão, de uma subdivisão de elementos de partes, da Terra, do Éter, da Água, etc.

4-9- O mundo é formado por cinco elementos. Isto inclui os seres animados, ervas e alimentos; inclui também *Pindas* (os corpos) de quatro tipos (gerados a partir de um ovo, pelo suor, as sementes e os gerados em úteros) e os fluidos do corpo (isto é, *Rasa*, o primeiro produto de alimentos, sangue, carne, gordura, ossos, tutano e sêmen). Alguns dizem que podem ser confundidos os fluidos, ou seja, o esperma e o óvulo. Estes e *Pinda* são produzidos dos Elementos. Nessa mistura de Elementos, o *Pinda* feito de *Anna* (comida) e está situado na região do umbigo. No meio deste, está o coração, assemelhando-se a um rebento de lótus com um talo; assim também são os órgãos dos sentidos no interior do organismo, os quais são representantes dos *Devas* predominantemente *sáttvicos* e capazes de ação, auto afirmação e sencientes. A semente desses é o *Pinda* de *Tamas* sob a forma de ilusão, autoafirmação, imóvel e sem auto consciência, dependente de *Manes* assentado na garganta. Este mundo está misturado e se confunde com a mente manchada pela ignorância. O *Atman,* da forma da Graça, está na cabeça, a sede transcendente que brilha na forma do mundo, dotado com poder infinito.

COMENTÁRIO: Outros versos obscuros. Não sabemos se isso é devido à má tradução de *Ayyangar,* do autor deste livro ou ainda, se o texto original foi assim escrito para esconder dos incautos, um conhecimento que os autores anônimos desta *Upanishad* julgaram por bem, assim ocultá-los. Há no texto, algumas palavras sânscritas. Vejamos qual é o significado delas:

A palavra *Rasa:*

1- um conceito em arte Indiana.

2- relativo ao sabor ou, de arrebatamento emocional, relacionada à devoção por *Krishna.*

3- um rio místico mencionado no *Rig-Véda.*

4- uma dança realizada por *Krishna*, com a sua consorte *Radha* (*Rasa Lila*).

O sentido da palavra *Rasa* no texto, é o segundo.

A palavra *Pinda* pode significar:

1- embrião.

2- uma bola de comida feita de arroz, sementes de sésamo, mel e açúcar, vários tipos de frutas, grãos, água, mel e leite, misturados. O seu tamanho varia, entre o de um ovo e o de um côco. Mas, o tamanho ideal é o que cabe na mão. O sentido da palavra *Pinda,* no texto, é o primeiro.

O texto se refere ao mundo estar envolto em cinco Elementos. O *Pinda,* feito de comida, está situado na região do umbigo, ou seja, o embrião se alimenta pelo cordão umbilical. No meio dele, está o seu coração semelhante a um rebento de lótus com um talo. Seus órgãos dos sentidos também estão no seu corpo, os quais são dirigidos por *Devas.* Isto porque, segundo alguns textos do hinduísmo, os órgãos dos sentidos e ou outros são governados por *Devas,* preponderantemente regidos pelo *Guna Sattva.* A expressão: "Este mundo está misturado e, se confunde com a mente manchada pela ignorância", indica que é a mente quem constrói o mundo, misturado, cheio de partes, sendo a mente, manchada pela ignorância. Diz o texto que o *Atman,* da forma da Graça, está na cabeça, contrariando algumas *Upanishads* principais que dizem que Ele está no coração. Sobre isto, vamos transcrever um verso da *Katha Upanishad* (TINOCO, Carlos Alberto 1996. **As Upanishads**): "*Yama:* O *Atman,* menor que a menor coisa, maior que qualquer coisa, está oculto no coração de todas as criaturas..."(*Katha Upanishad,* I, 2 ,20)

10-14- O estado de vigília está presente em todos os lugares. O estado de sonho está presente em quem não está acordado. O estado de sono sem sonho e o estado de *Turya,* não estão presentes em qualquer outro estado, enquanto a entidade de *Shiva* com seus quatro estados, está intimamente preso a todas essas condições. Em uma fruta grande, todos os seus sabores doces derivam sua origem, a partir da fruta inteira. Assim também é o caso do *Annamaya Kosha* e outros *Koshas,* situados no interior do corpo. Assim como é o *Kosha*, assim é o *Jiva*, que nele habita. Assim como é o *Jiva*, assim também é *Shiva*. O *Jiva* está sujeito a mudança; *Shiva* não está sujeito a mudanças. As transformações do *Jiva* são as bases para os seus *Koshas*, e são elas que originam os estados de consciência citados. Assim como a espuma é produzida em um vaso contendo um líquido, apenas por agitação, assim também, só a partir agitação da mente é que as diversas dúvidas surgem.

COMENTÁRIO: Neste texto estão contidas algumas ideias importantes. A primeira é uma referência ao quatro estado de consciência, especificados na *Mandukya Upanishad,* que são (TINOCO, Carlos Alberto 1996. **As Upanishads**):

    1- *Vaishvanara* = Vigília.

    2- *Taijasa* = Sonho.

    3- *Prajña* = Sono sem sonho ou, sono profundo.

    4- *Turya*= Consciência elevada, *Samâdhi*.

Enquanto a entidade de *Shiva* (o *Atman*) estiver ligado a essas condições, ou seja, aos estados de consciência menores, os estados de *Prajña* e *Turya* não estarão presentes. Os sabores doces de uma fruta se originam da fruta inteira.

Há também referência aos *Koshas* ou corpos do ser humano, que são cinco, a saber (TINOCO, Carlos Alberto 1996. **As Upanishads**, págs. 228 a 231):

1-*Annamâyâ Kosha* = Corpo feito de comida (corpo físico).

2-*Prânamâyâ Kosha* = Corpo feito de *Prânas*.

3-*Manomâyâ Kosha* = Corpo da mente.

4-*Vijñanamâyâ Kosha* = corpo do intelecto (corpo de *Budhi*).

5-*Anandamâyâ Kosha* = Corpo de bem-aventurança.

A palavra *Kosha* pode ser traduzida por "bainha", numa referência ao fato de que esses cinco corpos estão um dento do outro, como os talos de uma planta. A palavra *Mâyâ* é uma referência ao fato de que esses corpos são ilusórios, ou seja, eles serão perdidos quando da nossa Libertação Espiritual ou, quando da nossa integração final em *Brahman*.

Assim como os sabores doces de uma fruta grande derivam seus sabores da fruta inteira, todos os *Koshas* derivam suas qualidades do *Jiva*. Este, muda enquanto *Shiva* ou *Atman* não muda. As transformações sofridas pelo *Jiva*, ao longo das sucessivas encarnações, são as bases para as transformações dos *Koshas*. Essas transformações são as bases para os diversos estados de consciência citados. O verso conclui dizendo que as agitações da mente produzem as dúvidas. Uma mente calma e serena, não possui dúvidas.

15-18- O realizador (o *Jiva*) é limitado pelo seu *Karma*. Pela renúncia, ele obtém a paz. No advento da *Ayana* Sul ou curso, virou na direção do mundo manifestado de existência, mesmo *Sadashiva* vai se tornar um *Jiva*, devido a equívocos decorrentes da consciência do Eu. Ele também fica iludido pelo contato com a índole má. Por força da impressão deixada em sua mente por seus feitos passados, reencarna em vários ventres e ele assim, a mente vagueia longe da emancipação, como peixes, entre margens de um rio. Então, somente no tempo adequado ele, pelo discernimento direito resultante do conhecimento do *Atman*, voltando-se para o Norte, gradualmente, de etapa em etapa e concentrando seus ares vitais no topo da sua cabeça, ele permanece firme, praticando *Yoga*.

COMENTÁRIO: A palavra *Ayana* significa um intervalo de tempo de seis meses, onde dois *Ayanas* são iguais a um ano. O *Ayana* do Sul é uma noite dos *Devas* e o *Ayana* do Norte, é um dia dos *Devas*. O texto diz que o *Jiva* é limitado pelo seu *Karma* e que, pela renúncia, obtém a paz. No período de uma noite dos *Devas*, o *Jiva* se voltou na direção do mundo manifesto, ou seja, voltou muitas vezes à roda do *Samsara*. *Sadashiva* é uma das manifestações de *Shiva*. Mesmo este se tornará um *Jiva*, em virtude de equívocos na Consciência do Ego, ou seja, em virtude da ignorância. *Sadashiva* tornado *Jiva* pelo poder da ignorância, se ilude, ou seja, desconhece sua essência divina em virtude da má Índole do Ego. Pelos erros cometidos em vidas passadas, ele reencarna sucessivamente em vários ventres, mentindo sempre, vagando longe da Libertação Espiritual, como peixes, nadando entre as margens de um rio. Somente após perceber a sua verdadeira natureza âtmica, ele se liberta, praticando *Yoga*, concentrando os diversos *Prânas* no topo da cabeça, voltado para o Norte. *Sadashiva* ou "o Eterno *Shiva*" é também conhecido por *Panchanana*, ou seja, "com cinco faces", é retratado com cinco faces e muitas vezes, com dez braços. Dessa forma, representa os cinco atos cósmicos: criação, preservação, destruição, segredo e salvação. Uma variante dessa manifestação, é o leão, sobre o qual *Shiva* está em pé.

19-21- Pela prática do *Yoga,* nasce o conhecimento. do conhecimento, o *Yoga* se desenvolve; aquele *Yoguin,* que está sempre com a intenção voltada para o *Yoga* e o conhecimento, não perece. Ele pode ver *Shiva,* em sua posição imutável, diferente dos diversos fenômenos que mudam, mas não deve haver qualquer mudança em *Shiva.* Não tendo outro objetivo em vista, ele deveria, pela prática de várias etapas que constituem *Yoga,* refletir sobre o que é revelado pelo *Yoga.*

COMENTÁRIO: A prática do *Yoga* conduz ao Conhecimento, o Conhecimento de *Brahman.* O *Yoguin* que pratica *Yoga,* não perece, não cai nas malhas do engano, da ignorância. Ao praticar *Yoga,* pode ver o Imutável *Shiva,* diferente dos fenômenos materiais, que mudam sempre. Não tendo outro objetivo senão, alcançar a Libertação Espiritual, ele deveria refletir sobre aquilo que se consegue pela prática do *Yoga,* ou seja, alcançar o Absoluto.

22-23- Pode o *Yoga* e o Conhecimento (Concentração e o Conhecimento) estar ausente em alguém e para ele, o Conhecimento se torna impossível. Portanto, o *Yoguin* deve conter sua mente e seu ar vital, cortado com a faca afiada da prática do *Yoga,* a sua ignorância, que impede a realização de *Brahman*. Ao adotar as oito etapas de *Yama* e outras, é produzido o funcionamento do ar vital, que leva ao cume do *Yoga-Shika*.

COMENTÁRIO: Se o *Yoga* está ausente de uma pessoa, para ele, o Conhecimento é impossível. Daí, o texto passa a explicar uma técnica do *Yoga* onde o praticante deve conter sua mente, ou seja, seus pensamentos e seu *Prâna* (*Kumbhaka*), cortando sua ignorância com a faca afiada da prática do *Yoga*. Adotanto as oito etapas de *Yama* citadas anteriormente e outras, se produz o movimento do *Prâna* nas *Nadis* do *Yoguin*, levando-o ao cume do *Yoga-Shika*. A palavra *Shika* significa "Cume da Montanha".

24-28- Há dois ramos ou tipos de *Yoga*: *Jñana Yoga* e *Karma Yoga*, Ó maior dentre os *brâhmanes*! Agora veja o que se diz sobre *Kriyâ Yoga*, a qual é de dois tipos. O confinamento da mente tranquila (*Chitta*) em um determinado intervalo, Ó melhor dos *Dvijas*, é a observância ordenada pelas Escrituras, determinando que tal observância deveria ser seguida, é o que está dito pelo *Karma Yoga*. Que deve ser conhecido como *Jñana-Yoga*, e que traz todas as realizações e o que é auspicioso, quando há o confinamento da mente, em todos os momentos, para o fim supremo da existência, é *Moksha*. Ele, cuja mente está de acordo com o duplo aspecto do *Yoga* descrito acima, não está sujeito à mudança, e assim, alcança a finalidade suprema da existência, a Libertação.

COMENTÁRIO: O texto se refere a dois tipos ou ramos do *Yoga*: *Jñana* e *Karma Yoga*. Depois se refere ao *Kriya-Yoga*, que também é de dois tipos. Confinar a mente, tornando-a tranquila, em um determinado intervalo de tempo, é a observância que foi ordenada pelas Escrituras Sagradas da Índia. Elas determinam que tal observância deveria ser seguida e isto está estabelecido pelo *Karma-Yoga*. O *Jñana-Yoga*, por sua vez, é aquele ramo do *Yoga* que traz para o *Yoguin*, todo tipo de realização espiritual e o que é auspicioso. Isto acontece quando a mente está confinada, detida, com os pensamentos sob controle em todos os momentos. Isso conduz ao fim Supremo da existência, a Libertação Espiritual.

29-32- *Vairâgya* ou desprendimento em relação ao corpo e os órgãos de sentidos é conhecido por homens Sábios, como *Yâma*. Apego em direção à verdade última é conhecido como *Nyâma*. O estado de passividade em relação a todas as coisas, é a melhor postura. A fé na falsidade do mundo, isto é, *Samyama* ou, o controle do *Prâna* ou ar vital. Ó melhor dentre os homens, o interior de *Chitta* (Mente) é *Pratyahara*. O estado estacionário de *Chitta*, eles sabem, é a realização de *Dhâranâ*. A reflexão "Eu sou a Consciência Absoluta", é conhecida como *Dhyâna*. A perfeita obliteração da memória de *Dhyâna* é conhecido como *Samâdhi*.

COMENTÁRIO: A palavra sânscrita *Vairâgya*, significa renúncia, desprendimento do mundo material. Diz o texto que *Vairâgya*, em relação aos prazeres do corpo e os órgãos dos sentidos, é conhecido por *Yama* pelos homens Sábios. Apegar-se ou desejar a busca da Verdade, é conhecido por *Nyama*. Manter-se passivo em relação a tudo, ou seja, nada fazer, é a melhor postura física. A fé ou a crença de que o mundo é falso, é *Samyama*. Esta palavra significa os três *An-*

gas internos, ou seja, *Dhyânâ, Dhâranâ* e *Samâdhi*, segundo *Patañjali*. Aqui, é outra coisa, ou seja, a crença na falsidade do mundo ou, o controle do *Prâna, Prânayama*. *Pratyahara* é aqui descrito como "o interior da mente", ao contrário do que se conhece em *Patañjali*, que é "inversão dos sentidos". Quando a mente está estável, isto é, *Dhâranâ. Dhyâna* ou meditação, é refletir na frase: "Eu sou a Consciência Absoluta". *Samâdhi* ocorre, segundo o texto, pela obliteração da memória de *Dhyâna*, ou seja, pela obliteração da meditação, quando esta alcança um estágio de cessação.

33- Não violência, veracidade, não roubar, celibato, compaixão, retidão, paciência, coragem, temperança na comida e limpeza são os dez *Yâmas*. Penitência, contentamento, crença na existência do Ser Supremo, prodigalidade, a adoração de *Hari* ou a *Vishnu* que a tudo permeia, o estudo do sistema de filosofia *Vedanta*, a modéstia, a determinação, de oração silenciosa e austeridade: são *Nyâmas*.

COMENTÁRIO: *Hari* é outro nome de *Vishnu* e de *Krishna*, e aparece como um dos 650 nomes de *Vishnu*, no *Mahabhârata*. O texto nomeia os dez *Yâmas* e os dez *Nyâmas*, diferentemente de *Patañjali*.

34-52- Ó *Dvija*, as *Âsanas* (posturas), *Svastikâsana*, etc., que constituem o *Yoga*, serão descritas abaixo:

A postura *Svastikâsana* é dita ser aquela onde se deve dobrar as solas dos pés sobre as pernas esquerda e direita, uma sobre a outra. Deve-se colocar o tornozelo direito sobre o flanco esquerdo da região glútea e igualmente o tornozelo sobre o flanco direito da região glútea, de modo a assemelhar-se à parte dianteira da cara de uma vaca: esta é a postura *Gomukâsana*. Se o praticante ficar imóvel após a montagem das pernas sobre as coxas, dos lados opostos, isso é conhecido como o destruidor do pecado, a postura *Virâsana*. Depois de ter pressionado o ânus com os tornozelos cruzados e ter assumido essa postura, é o que é denominado por *Yogâsana*: assim, dizem os adeptos do *Yoga*. Quando as solas dos pés são colocadas sobre as duas coxas, uma de cada lado, isso se torna *Padmâsana*, a panaceia para todos os males e o antídoto para todos os venenos. Tendo bem estabelecido a postura *Padmâsana*, o praticante deve manter os dois dedões dos pés nas suas duas mãos, estendidas transversalmente, isto é, *Baddhapadmâsana* (a postura do lótus). Estando bem estabelecida a *Padmâsana*, ele, que está firmemente enraizado na terra com o seu corpo suspenso no ar, as suas duas mãos inseridas no espaço intermediário entre os joelhos e as coxas, assume *Kukutâsana*. Estando na postura *Kukutâsana* e firmemente pressionando o pescoço com os dois ombros, se deve esticar seu corpo em uma postura supina, com o rosto para cima, como uma tartaruga, esta é a postura *Uttânakûrmasana*. Agarrando os dedões dos pés com as mãos e atraindo-os até a orelha, como um arco é desenhado, é dito ser o *Dhanurâsana*. Pressionando o *Shîvanî* ou sutura genital na ordem inversa, com os tornozelos, e colocando as mãos posicionadas sobre os joelhos, é a postura do leão (*Simhâsana*). Pressionando os dois lados do *Shînanî* ou sutura genital com os tornozelos, é a postura conhecida como *Muktâsana*. Descansando no chão as palmas das mãos, fazendo com que os cotovelos apoiem firmemente o corpo nos lados do umbigo, mantendo a cabeça e as pernas eretas, como um pavão, *Mayûrasana* é feita. Colocar o pé direito na raiz da coxa esquerda, com as duas mãos abraçando o joelho e a mão esquerda segurando o dedão do pé esquerdo, é a postura *Matsyapitâka*. Pressionando as partes genitais com o pé esquerdo, colocando o pé direito sobre a *Medhra* ou pênis, mantendo o corpo ereto, isto é dito *Siddhâsana*. Esticando a perna no solo, tocando os dedos grandes dos pés com os braços na frente e colocando o rosto sobre os joelhos, é dito ser a postura *Parshimatâna*. Onde conforto e estabilidade são atingidos de uma forma ou outra, é conhecido como *Sukhâsana*. Ele, que não é forte o suficiente para as outras posturas, deve adotar esta. Dominando esta postura, os três mundos são conquistados.

COMENTÁRIO: *Dvija* significa "duas vezes nascido". É usado para designar um dos membros das primeiras três castas do *Dharma* hindu, ou seja, *brâmane*, *kshâtrya* e *vaishya*, que foram iniciados na fase de *Brahmacharyn*. Após serem iniciados, passam a ser chamados de *Dvijas*. O texto descreve alguns *Âsanas*. Trata-se de uma descrição das posturas ou *Âsanas*. Os nomes de algumas delas estão diferentes do que se conhece nos textos do *Hatha Yoga*. Por exemplo, *Matsyapitâka* parece ser *Akarna Dhanurâsana*. *Parshimatâna* deve ser *Pashimotanâsana*.

53-55- Tendo, em primeiro lugar, conquistado o controle perfeito por meio de *Yâmas*, *Nyâmas* e posturas e, efetuado a purificação das *Nadis*, deve-se praticar o controle da respiração (*Prânâyâma*). A altura do corpo humano é 96 dígitos de comprimentos, quando medido por seus próprios dedos. O sopro vital é maior (*Prâna*) do que o corpo, em doze dígitos. Recorrendo ao *Yoga*, aquele que normaliza ou reduz o ar no corpo com o fogo gerado no corpo, é considerado o conhecedor de *Brahman*.

COMENTÁRIO: O texto diz que, após conquistar o controle perfeito por meio de *Yâmas* e *Nyâmas*, posturas e efetuando a purificação das *Nadis*, deve o praticante praticar *Prânâyâmas*. Depois, comenta sobre a altura do corpo humano, como sendo igual a 96 dígitos, quando medido pelos próprios dedos e, o do sopro vital é de 108 dígitos. Aquele que recorre ao *Yoga*, que é o que reduz o ar no corpo com o fogo do próprio corpo, é considerado o conhecedor de *Brahman*. O fogo do corpo é o calor produzido pelo *Chakra Manipura*, situado um pouco acima do umbigo.

56-57- No meio do corpo está a sede do *Shikhi* ou fogueira, brilhante como o ouro derretido, de forma triangular no caso de bípedes, como os seres humanos, quadrangular no caso dos quadrúpedes, circular no caso de aves, hexagonal, no caso de cobras e répteis, octogonal, no caso de *Svedajânas* ou insetos, brilhando neles como uma lâmpada.

COMENTÁRIO: Um texto muito importante, pois comenta sobre o calor produzido pelo *Chakra Manipura*. Depois, dá as formas desse *Chakra*, nos bípedes como o ser humano, nos quadrúpedes, aves, cobras, répteis e insetos.

58-59- No caso do ser humano, o meio do corpo é de nove dígitos de comprimento, a partir do ânus, com uma altura de quatro dígitos de comprimento e uma largura lateral de quatro dígitos, que é a região do *Kânda*, ou, o nó umbilical, que é de forma oval. No caso das espécies inferiores da criação, pássaros e quadrúpedes, é conhecido como o meio da *Tunda* (barriga). O meio do *Kânda* ou nó umbilical, é conhecido como o umbigo.

COMENTÁRIO: O texto comenta sobre a localização do *Kânda,* situado próximo ao umbigo, sendo a região de onde partem as *Nadis.* Nas espécies inferiores, como pássaros e quadrúpedes, o *Kânda* está situado no meio do ventre e, é conhecido por umbigo.

60-62- Nele, estão descritos doze *Chakras.* Nesses doze *Chakras* estão *Vishnu* e outros *Devas.* Eu, (*Ishvara*), tendo o meu suporte lá, faço com que o *Chakra* rodopie, com o meu próprio poder de *Mâyâ*, Ó melhor dos *Dvijas.* O *Jîva* rodopia entre os *Chakras*, um após o outro. Assim como a aranha repousa no meio da sua teia, o *Jîva* move-se empoleirado no *Prâna* ou ar vital. Sem o *Prâna*, o *Jîva* não existe.

COMENTÁRIO: O texto se refere aos doze *Chakras.* Neles, estão *Vishnu* e outros *Devas.* Depois, o texto diz, falando como se fosse a voz de *Ishvara,* que tendo seu suporte neles, faz com que o *Chakra* rodopie, turbilhone pelo seu poder de *Mâyâ.* Daí diz que o *Jîva* rodopia entre os *Chakras,* um após o outro. Do mesmo modo que uma aranha repousa no meio da sua teia, o *Jîva* move-se empoleirado no *Prâna,* sem o qual ele não existe. Aqui, há uma correlação entre o *Prâna* e o *Jîva*. Na verdade, os *Prânas* constituem ou existem no *Jîva,* estando também em tudo. Portanto, o *Jîva* não existe sem o *Prâna*. Ele se liga ao corpo através dos *Prânas*.

63-65- Acima dele (*Nâdichakra*), está o local da *Kundalinî*, em uma linha horizontal, daí acima do umbigo. É composta de oito constituintes diferentes e é uma espiral de oito voltas; nunca tem seu lugar ao redor e ao lado da *Kânda* ou, o nó do umbigo. É ela que regula adequadamente os ares vitais (*Prâna* e *Apâna*) e a passagem de água, comida e afins. Está com a cabeça colocada no orifício do *Brahmarândhra*, fulgurando no *Hrdayakãsha* ou éter do coração, na forma de uma serpente intensamente fulgurante, quando despertada pelo *Marut* vital ou ar misturado com *Agni* ou fogo, no momento da prática do *Yoga*.

COMENTÁRIO: O texto se refere à *Kundalinî,* dando a sua localização, o número de voltas que possui, regulando o *Prâna* e o *Apâna, e* a passagem de água e comida. Está com a sua cabeça colocada no orifício chamado *Brahmarândhra*, fulgurando no *Hrdayakãsha* ou éter do coração, sob a forma de uma serpente intensamente fulgurante, brilhando no coração do praticante, quando é despertada pelos *Maruts,* misturados com o ar ou o fogo, durante a prática do *Yoga*. *Maruts* são *Devas* da tempestade, filhos de *Rudra* e *Diti,* sendo também os atendentes de *Indra*. Aqui, o *Brahmarândra* está colocado no *Chakra Muladhara* ou, na saída deste, estando nele a cabeça da *Kundalinî*. De fato, quem está no *Chakra Muladhâra*, é o *Brahmadvara*.

66-76- Dois dígitos de comprimento acima do assento do *Apâna* e dois dígitos de comprimento abaixo dos órgãos genitais é o meio do corpo. No caso dos homens, no meio do coração, no caso de quadrúpedes e no meio da *Tunda* ou ventre, no caso de outros está cercado por várias *Nadis*. No meio do corpo com quatro vezes 20.000 *Nadis*, há a firmemente estabelecida *Nâdi Sushumna*, estando bem colocada no meio do nó umbilical, assemelhando-se à fibra do caule do lótus. Parte em linha reta, caminhando para cima até o *Brahmarândra* e, como um tubo tão brilhante quanto uma sequência de raios do *Bramâ Loka*, é, ao mesmo tempo, o caminho que conduz à dissolução. *Idâ* e *Pingalâ* estão à sua direita e à sua esquerda. Tendo sua origem no mesmo nó, *Pingalâ* termina ao lado da fossa nasal direita. Duas outras, *Gâmdhâri* e *Hastijihvâ*, também estão lá, na frente e atrás da *Sushumna*, prosseguindo em direção aos olhos, direito e esquerdo. As *Nãdis Pûshã* e *Yashasvinî*, tendo a sua origem a partir do mesmo nó, alcança as orelhas direita e esquerda. A *Alambushâ*, indo para baixo, alcança a raiz do anus. A *Shubhã Nâdi* estica-se até a ponta dos genitais. Do nó, caminhando para baixo e esticando até o dedão do pé, é a *Kaushikiî*. As *Nadis* que se originam do nó são, portanto, de dez maneiras diferentes. Provenientes da mesma fonte, há várias outras *Nadis* e *Nâdikâs*, grandes e pequenas. As *Nadis* grandes e pequenas são em número de setenta e duas mil. Elas, ramificando-se em duas grandes *Nadis*, cada uma com vários cursos, não podem ao todo ser contadas, assim como as *Nadis* grandes e pequenas, espalham-se à esquerda, como as raízes do *Ashvattha* (figueira sagrada).

COMENTÁRIO: Aqui, o *Brahmarândra* no final da *Nâdi Sushumna*, está localizado no topo da cabeça. O texto localiza o meio do corpo, nos seres humanos e dos quadrúpedes. Esse meio do corpo está cercado por várias *Nadis*, uma vez que é nele que se situa o *Kânda*. O texto explica a localização da *Sushumna*, dizendo que dele partem 80 mil *Nadis*. *Sushumna* se assemelha ao caule do lótus, partindo em linnha reta para cima, até alcaçar o *Brahmarândra*, brilhando como raios do *Brahma Loka*, ou seja, do "Local Onde Reside *Brahma*". Ela é o caminho que conduz à dissolução, ou seja, à Libertação Espiritual. O texto descreve outras *Nadis*, de onde se originam e para onde vão e o quanto são numerosas.

77-87- Os dez ares vitais, *Prânas* e outros, os quais circulam nas nas dez *Nadis*, são: *Prâna, Apâna, Samâna, Udâna, Vyâna, Nâga, Kûrma, Krikara, Devadata* e *Dhananjaya*. Um deles, os cinco começando do *Prâna*, são importantes e dentre esses, os dois primeiros são os mais importantes. O *Prâna* pode ser considerado como o mais importante, pois possui *JivAtman*. O meio da boca e do nariz, o coração, a região do umbigo, os dedos grandes dos pés, esses são Ó melhor dentre os *brâhmanes*, a morada do *Prâna*. O *Apâna* circula Ó *brâhmane*, no ânus, nos genitais, nas coxas e joelhos. O *Samâna* tem a sua morada em todo o corpo, permeando-o todo. O *Udâna* está localizado em todas as articulações das pernas e mãos. O *Vyâna* está nos dois ouvidos, nas coxas, nos quadris, nos tornozelos, nos ombros e na garganta. *Nâga* e outros ares vitais, o fogo remanescente, estão na pele, ossos, etc. A água, comida e outros líquidos, no abdômen ou *Tun-*

da, são assimilados pelo *Prâna* que está no meio do ventre e separados em várias constituições do corpo. Estas e outras ações fazem o *Prâna* permanecer separado. O *Apâna* provoca a evacuação da urina e outros. As ações do *Prâna* e do *Apâna* e tais são feitas pelo *Vyâna*. Pela subida de *Udâna*, nada que está no corpo é levado para cima. O *Samâna* sempre faz o trabalho de alimentar o corpo. *Nâga* faz o trabalho de arrotar e semelhantes. *Kûrma* faz fechar os olhos. *Krikâra* faz piscar as pálpebras. *Devadâta* faz dormir. O inchaço do corpo dos mortos pode ser citado como o trabalho de *Dhananjâya*.

COMENTÁRIO: O texto cita o nome dos dez tipos de *Prânas*, especificando suas funções.

88-89- Ó melhor dos *brâhamanes*, após haver conhecido as diferenças entre as várias *Nadis* e *Prânas*, suas localizações e funções, enriquecidos com o conhecimento acima mencionado, deve se esforçar na purificação das *Nadis*.

COMENTÁRIO: Após ter conhecido as diferenças entre as diversas *Nadis*, e *Prânas*, suas localizações e funções, deve o praticante se esforçar para limpar suas *Nadis*.

90-91- Estando em um lugar isolado, contendo coisas úteis para a prática dos vários estágios do *Yoga*, depois de desistir de todos os apegos, ali, em um assento de madeira duas vezes mais largo que alto, coberto com *Darbha, Kusha*, pele do antílope negro, assumindo uma prazerosa postura como *Svastikâsana*, de forma adequada, deve tomar seu assento.

COMENTÁRIO: O texto diz que o praticante deve procurar um local isolado para nele realizar suas práticas de *Yoga*. Após desistir dos seus apegos aos bens materiais e ideias falsas, ele deve sentar-se em um assento de madeira, duas vezes mais largo que alto, coberto com *Darbha, Kusha*, que são tipos de gramas, também chamadas *Munja*. O praticante deve assumir a postura *Svastikâsana*.

92-94- Assumindo a postura inicial, Ó *brahmane*, mantendo o corpo ereto, sua mente alerta com os olhos fixos na ponta do nariz, os dentes inferiores sem tocar nos superiores, a língua fixa no palato, a mente vagueando à vontade, sem nenhuma enfermidade, a cabeça ligeiramente inclinada, com as mãos unidas na postura *Cinmudrâ*, o *Yoguin* deve praticar *Prânâyâma*, de acordo com as regras prescritas.

COMENTÁRIO: O texto diz que o *Yoguin*, inicialmente preparado da forma descrita, deve praticar *Prânâyâma*, de acordo com as regras prescritas. Fala também que ele deve colocar as suas mãos em *Cinmudrâ*, mostrado na figura. A palavra *Cinmudrâ* significa "Selo da Consciência"

Figura 19: *Cinmudrâ*.

95- Expirando o ar impuro do corpo, depois, inspirando ar puro, em seguida purificando o ar com *Kumbhaka*, depois, expirando mais uma vez completamente, até esvaziar o ar dos pulmões, a repetição dos quatro processos acima, é dito ser *Pranâyâma*.

COMENTÁRIO: O texto ensina um tipo de *Prânâyâma*, composto de quatro fases: 1- expiração. 2- inspiração. 3- retenção (*Kumbhaka*). 4- expiração completa. Isso deve ser repetido.

96-104- Ele deve pressionar a fossa nasal com a mão direita e só depois, gradativamente, expelir o ar por *Pingalâ*. Enchendo o pulmão com ar através do *Idâ* com 16 medidas, ele deve retê-lo por *Kumbhaka* de 64 medidas e expelir o ar por *Pingalâ*, com 32 medidas. Desta forma, essa operação deve ser repetida novamente e novamente, na ordem inversa e direta. Ele deve, pela realização de respiração, fazer o corpo se assemelham a um pote cheio; através disso, todas as *Nadis* são preenchidas com o ar vital. Isso deve feito, com os dez tipos de *Prânas*, que são postos em movimento, Ó *brâhmane*, e o lótus do coração floresce, tornando-se marrom. Lá, ele verá o Transcendente *Atman*, o *Vasudeva* impecável. Ele deve, gradualmente, praticar, até oitenta *Kumbhakas* ao meio-dia, à noite e, à meia-noite. Quem faz isso por um dia, é livre de todos os pecados. Após um período de três anos ou mais, o homem se torna cada vez mais ligado ao *Prânâyâma*. O *Yoguin*, que conquistou seu ar vital, tendo vencido seus sentidos, torna-se moderado em alimentos, com pouco sono, brilhante e forte e atinge a longevidade, superando a morte.

COMENTÁRIO: Trata-se da explicação de um tipo de *Prânâyâma*. O lótus do coração é o *Chakra Anâhat*, situado por de trás do coração. Quando os dez tipos de *Prânas* são postos em movimento, esse *Chakra* adquire a cor marrom. O *Yoguin* deve praticar até 80 *Kumbhakas*, ao meio dia, à noite e à meia noite. Se fizer isso por um dia, fica livre dos pecados. Por três anos ou mais, o praticante se torna moderado no apetite, dorme pouco, torna-se brilhante e forte, adquire longevidade e vence a morte.

105-108- Quando há profusa transpiração gerada durante o *Prânâyâma*, este é do tipo inferior. Quando há tremor do corpo durante o *Prânâyâma*, este é do tipo médio. Aquele que faz o corpo se erguer, é conhecido como do tipo superior. Em um de tipo inferior, haverá destruição do mal e do pecado, enquanto que, no caso de um do tipo médio, haverá a destruição da doença, do pecado e, de doença incurável; e no caso do tipo superior, ele vai se tornar uma pessoa que urina pouco, defeca pouco, terá um corpo luminoso, subsistirá com alimentação moderada, terá os órgãos dos sentidos sempre alertas, comandando um intelecto rápido, sendo dotado de uma clara visão penetrante nas três durações (passado, presente e futuro), e tendo praticado *Rechaka* e *Pûraka* e realizado *Kumbhaka*, durante todos os três *Sandhyâs*, nada haverá que esteja fora do seu alcance.

COMENTÁRIO: O texto descreve o que acontece com o *Yoguin*, quando pratica *Prânãyãmas* dos tipos inferior, médio e superior. A palavra *Sandhyâ* significa crepúsculo, entardecer e é uma das formas de *Brahma*. Também significa o período que precede qualquer uma das Eras ou *Yugas*. O *Yoguin*, praticando *Rechaka*, *Puraka* e *Kumbhaka*, durante todos os três *Sandhyâs,* encontrará após isso, tudo o que desejar, nada havendo que esteja fora do seu alcance.

109-113- O *Yoguin* deve projetar e manter seus ares vitais, juntamente com sua mente no nó de umbigo, na ponta do nariz e no dedão do pé, com grande esforço, durante o crepúsculo, pela manhã e à noite ou, sempre. Ele deveria fazer assim, e então, o *Yoguin* viveria livre das garras de todos as doenças, e livre da fadiga. Por *Dhâranâ*, como é descrito acima, no nó de umbigo, as doenças da *Kuksi* ou abdômen serão curadas. Por *Dhâranâ* na ponta do nariz, a longevidade e a leveza do corpo serão alcançadas. Para aquele que, por três meses, bebe o ar, com a língua em forma de bico de corvo, por um *Muhûrta* presidido por *Brahma*, haverá uma grande conquista no poder da fala. Para ele, portanto, que pratica há seis meses, haverá a destruição de grandes males. Pela manutenção do ar vital em qualquer membro que sofre com doença, este é curado, por *Dhâranâ* do ar vital.

COMENTÁRIO: Aqui está outra técnica para usar o *Prâna* para curar. *Dhâranâ* é concentração. Pela concentração do *Prâna* na ponta do nariz, o praticante alcança a longevidade e a leveza do corpo. Colocando a língua adequadamente em forma de bico de corvo, o *Yoguin* deve sugar ou beber o ar. *Muhûrta* é uma unidade de medida de tempo da Índia antiga, do calendário. Um *Muhûrta* é igual a aproximadamente, 48 minutos. Portanto, se o *Yoguin* suga o ar da maneira descrita, durante um *Muhûrta,* tempo presidido por *Brahma,* ocorrerá uma grande conquista em relação à fala. Se pratica isso por seis meses, haverá a destruição de grandes males. Concentrando o *Prâna* em um membro doente, este se curará.

114-117- Apenas concentrando a mente, pode o ar ser retido. Os meios a adotar para firmemente estabilizar a mente, Ó melhor dos *brâhmane*, serão aqui narrados. Reduzindo as causas antecedentes do funcionamento dos órgãos dos sentidos e acalmando a mente, e levando o *Apâna* para cima, o *Yoguin* deve segurá-lo sobre o *Udara* ou o abdômen. Deve segurar as orelhas e os outros órgãos dos sentidos com as mãos, trazendo a sua mente sob seu próprio controle, adotando os métodos prescritos. O *Prâna*, em virtude do controle que adquiriu sobre sua mente, torna-se firmemente estabelecido sob seu controle, por todos os meios.

COMENTÁRIO: Concentrando a mente em um local, o *Prâna* ali se concentra. O texto diz que fornecerá os meios para estabilizar a mente. Reduzindo o funcionamento dos órgãos dos sentidos e acalmando a mente, levando o *Apâna* para cima, o praticante deve mantê-lo sobre o abdômen. Depois, deve fechar os órgãos dos sentidos com os dedos das mãos, o que é um tipo de *Prânâyâma*, deve manter a mente sob seu controle. Em virtude do controle que adquiriu sobre a mente, pode controlar os diversos tipos de *Prâna*. Sabe-se no *Yoga* que há uma estreita correlação entre a mente e o *Prâna*, absorvido na inspiração. Mente agitada corresponde a respiração ofegante e vice-versa.

118-119- Os cursos do *Prâna* através das duas narinas são por etapas. Há três *Nadis* (*Idâ, Pingalâ* e *Sushum-*

na). O curso do *Prâna*, através da *Sushumna* só é possível no caso dos *Yoguins*. No caso dos outros seres vivos, este curso do *Prâna* é sempre através do *Yâmya* (narina direita) do orifício nasal *Shankhinî*, pelo tempo que ele caminha, através da narina esquerda (*Saumya*).

COMENTÁRIO: Texto de certo modo, obscuro. A palavra *Shankhinî*, é um dos tipos de mulheres, classificadas de acordo com os seus temperamentos. É também o orifício nasal. A palavra *Yâmya*, é relativa a *Yama*, o *Deva* da morte ou, narina direita. *Saumya* é uma divisão do *Varsha* de *Bhârata*. A palavra *Varsha* significa país, um termo usado para as divisões de *Jambudvîpa*. *Bhârata* foi um legendário imperador da Índia antiga. Também significa a antiga Índia. O texto explica sobre o curso do *Prâna* através das duas narinas, como algo que ocorre por etapas. As narinas estão relacionadas às *Nadis Idâ* e *Pingalâ*. O curso do *Prâna* através da *Sushumna* somente ocorre nos *Yoguins*. Nos outros seres vivos, esse curso é sempre através da narina direita (*Yâmya*) do orifício nasal *Shankhini*. Isso acontece durante um tempo equivalente ao caminho do *Prâna* através da narina esquerda (*Saumya*).

120-129- Desta forma, o homem que controla o ar vital, o que motiva a mente funcionar e depois, junto com o ar vital que flui de forma bem regulada, por um dia e noite, uma quinzena, um mês, por meio ano e assim por diante, deve voltar-se para dentro, com a mente bem controlada, e saber da duração da sua vida, revelada pela cessação da pulsação em seus próprios membros, como os dedos grandes dos pés e outros, como também as vibrações na duração do tempo de vida; e assim, sabes o tempo de sua própria morte através de presságios, Ó melhor dentre os conhecedores do *Yoga*, e deves te esforçar para atingir solidão (*Kaivalya*). Em quem a pulsação nos dedos dos pés e os dedos polegares das mãos cessa, para ele, haverá a perda da vida no curso de um ano. Da mesma forma, quando haver a interrupção da pulsação no punho e no tornozelo, perderá a sua vida em apenas seis meses. Em quem há cessação da pulsação no cotovelo, sua estada neste mundo é de três meses. No caso de cessação da pulsação nas axilas e na parte lateral dos órgãos genitais, a duração da vida será de um mês; metade disso, ocorre com pessoas onde predomina *Sattva*. Se a cessação ultrapassar a região do *Jathara* ou barriga, a vida terá a duração de 10 dias; em metade desse período perderá a vida um ser que vê um brilho como o da mosca de fogo. Caso a ponta da língua não seja vista, a vida será perdida em três dias. Ao ter a visão de uma chama, a morte irá certamente ocorrer em dois dias. Depois de ver os pais, como no exemplo acima, que encurta sua vida, ele deve aplicar-se para a realização da bem-aventurança final, recorrer à oração em silêncio, à meditação, até atingir o *Atman* transcendente, meditando sobre Ele, com sua mente.

COMENTÁRIO: Neste texto, o autor anônimo desta *Upanishad* comenta sobre como se pode saber o tempo de vida que ainda resta para as pessoas, de acordo com o cessar da pulsação em diversas partes do seu corpo.

130-133- A concentração do ar vital em cada um

dos 18 pontos diferente dos *Marmans* e em seguida, de um ponto para outro, é o que é conhecido como *Pratyahâha*. Os dedões dos pés, os tornozelos, o meio da perna, o meio das coxas, como também a sua raiz, o ânus, o coração, os órgãos genitais, o meio do corpo, o umbigo, a garganta, os cotovelos, a raiz do palato, a raiz do nariz, as regiões dos olhos, o meio das sobrancelhas, a testa com sua raiz e a parte superior, a raiz dos joelhos, a raiz das duas mãos, Ó *Djiva*, são os assentos dos renomados *Marmans*.

COMENTÁRIO: *Marmans* são pontos localizados em alguns pontos do corpo. Esses pontos são as interfaces entre o corpo sutil e o corpo físico. A medicina *Ayurvédica* trabalha com toques ou pressões nesses pontos, visando a cura do paciente. O texto especifica 18 desses locais onde estão os *Marmans*. Concentrando-se o *Prâna* nesses pontos, um após o outro, isso é *Pratyahara*.

135-142- Do joelho para baixo, até a sola do pé, é a sede da Deusa da Terra. A Deusa da Terra, amarela, em forma quadrangular, é com o raio de *Indra* como seu emblema, nela deve-se meditar por cinco *Ghatikâs* (duas horas), após ter colocado no local em questão, o ar vital. A partir do joelho até o quadril, é dito ser a sede da Água. A Água tem a forma da lua crescente, branca como a prata como a sua forma. Nela, deve-se meditar por dez *Nâdikas* (quatro horas), depois de ter colocado no local em questão, o ar vital. A partir do meio do corpo até o quadril, é dito ser a sede do Fogo. Deve-se meditar Nele, durante quinze *Ghatikâs* (seis horas), depois de segurar o ar vital em *Kumbhaka*, assim é dito. Do umbigo para cima, até o nariz é a sede do Ar. O Ar forte e elementar, da cor da fumaça e da forma de um altar sacrificial, deve-se meditar lá, por vinte *Ghatikâs* (oito horas), mantendo nele, o ar vital em *Kumbhaka*. A partir do nariz até a caverna de *Brahman*, está a sede do Éter. Ali, o Éter é da cor e do brilho de um colírio. Pode-se manter o ar vital mediante *Kumbhaka*, no local do Éter, com grande esforço.

COMENTÁRIO: Aqui, os cinco elementos são mantidos por concentração ou por *Kumbhaka*, em diversos locais do corpo. O texto descreve a forma de cada um deles.

143-145- Em que partes do corpo pertencentes à Terra, o *Yoguin* deve se esforçar para meditar sobre *Anirudha*, que é *Hari* com quatro braços e usando uma coroa. O *Yoguin*, com seu intelecto agudo, deve colocar o ar vital na parte onde está a Água e sempre meditar sobre *Nârâyana*; em *Pradyumna*, na parte pertencente a *Agni*; em *Samkarshana*, na parte pertencente ao Ar; em *ParamAtman, Vâsudeva*, na parte pertencente ao Éter. Não há dúvida de que, para aquele que esforça assim, haverá a Realização Espiritual, em qualquer momento.

COMENTÁRIO: *Anirudha* é o filho de *Pradyumna* e é aqui comparado a *Hari,* um dos nomes de *Vishnu. Shankarshana* é a forma quadrúpede do descendente de *Rama,* como *Lakshmana.* Quando *Rama* desaparece, a serpente *Shesha* o separa da personalidade de *Lakshmana. Shankarshana* também é um aspecto do Senhor Supremo, de acordo com o *Bhagavatha Purana. ParamAtman* é o Supremo At-

man, Brahman. Vasudeva é o pai de *Krishna*. O texto explica que se deve meditar nos pontos do corpo correspondentes à Terra, Água, *Agni* (fogo), ao Ar e ao Éter, como se fossem as deidades citadas, colocando neles, o ar vital ou o *Prâna*.

146-149- Tendo assumido postura *yóguica* de antemão, e apertando as mãos na região do coração, na postura *Hrdayâñjali*, com os olhos fixos na ponta do nariz, a língua pressionando o palato, com a arcada dentária sem tocar a outra, com o corpo ereto e a mente bem dominada, com o seu intelecto puro, ele deve controlar os órgãos dos sentidos e da ação. Percebendo *Vasudeva*, o Supremo, como sendo o *Atman* Transcendente em sua meditação, cuja intensidade permeia a forma de seu próprio ser, tem o poder de conferir a realização de solidão (*Kaivalya*). Aquele que percebe *Vasudeva*, por *Kumbhaka*, por um *Yâma* (três horas), seus pecados acumulados em sete nascimentos anteriores do *Yoguin*, encontram a destruição.

COMENTÁRIO: Aqui, o texto diz que o *Yoguin* se prepara para controlar os órgãos dos sentidos e da ação, sentando-se em postura *yóguica*, fazendo o *Mudrâ* denominado *Hrdayâñjali*, com as palmas das mãos unidas na altura do coração, mantendo os olhos fixos na ponta do nariz, em *Nasagra Drist*, as arcadas dentárias sem se tocarem, corpo ereto. Meditando, ele percebe *Vasudeva*, o Supremo, como sendo o *Atman* transcendente, sendo essa meditação suficientemente intensa de modo a permear todo o seu ser. Isso dá ao *Yoguin*, a realização de *Kaivalya*, ou seja, a Libertação Espiritual .Quem percebe *Vasudeva*, mediante a realização de *Kumbhaka* por três horas, seus pecados acumulados em sete vidas anteriores, serão destruídos.

150-152- O *Yoguin* deve compreender o funcionamento do estado de vigília. Ele é atingido, com início a partir do nó do umbigo até o coração; o funcionamento do estado de sonho repousa na garganta; o funcionamento do sono, no palato, e o quarto (*Turya*), está fixo no meio da testa; ele deve alcançar o que está além de *Turya*, o *Brahman* Transcendente, no *Brahmarândhra*, a partir dos *Vritti* de *Jâgrat* até o interior da caverna de *Brahman*. Ali está o *Atman*, o *Turya*. Ao final do *Turya*, se diz, está *Vishnu*.

COMENTÁRIO: O texto comenta sobre a localização dos quatro estados de consciência, no corpo do *Yoguin*. Este, deve alcançar o que está além do quarto estado, o *Turya*, que se encontra no meio da testa. Além de *Turya*, se encontra o *Brahman* Transcendente, localizado no *Brahmarândhra*, a partir do *Vritti* de *Jâgrat* até o interior da caverna de *Brahman*. Nesse local, se encontra o *Atman*, que é o *Turya*. E além dele, está *Vishnu*. A palavra *Jâgrat*, significa o estado de vigília, o qual também é chamado de *Jâgrat-Avashtâ*. A palavra *Vritti*, significa "turbilhão", referindo-se, principalmente, aos torvelinhos dos pensamentos. Portanto, além de *Turya*, a partir dos *Vrittis* da vigília até o interior da caverna de *Brahman*, se encontra o *Atman*. Aqui e em outros textos acima, a *Upanishad* se torna *Vishnuísta*.

153-156- Todo o funcionamento da mente do *Yoguin* meditando, perece, do *Yoguin* que está envolvido apenas na meditação no Éter extremamente claro, sobre o *Vishnu*, resplandecente com o brilho de miríades de sóis, sempre exaltado, sentado sobre o lótus do coração. Ele deveria meditar sobre o *Deva Vishvarûpa* da forma do universo, que possui todas as formas, que se tornam em uma única, que tem várias faces, que tem vários ombros, que é adornado com várias armas, que é de várias cores, leve, feroz com armas erguidas, com vários olhos espalhados por seu corpo, e resplandece com o brilho de miríades de sóis.

COMENTÁRIO: A mente do *Yoguin* que medita no Éter, no resplandecente *Vishnu*, se esvazia. Ele também deve meditar no *Deva Vishvarûpa*, uma das manifestações de *Vishnu*, que possui a forma do universo, que possui todas as formas que se tornam em uma só, com várias faces, vários ombros, com armas erguidas, feroz, com vários olhos espalhados por seu corpo, sendo resplandecente com miríades de sóis.

157-158- A *Mukti* ou Libertação Espiritual desse *Yoguin*, está na palma da sua mão, ele que medita sobre o Imperecível Brilho da Consciência, assentada no meio do lótus do coração, com a forma de um ramalhete de flores *Kabanda*, repousando além de *Turya*, além do transcendente, o sem fim, cheio de Graça, cheio de Consciência, o resplandecente, o beatífico: semelhante a uma lâmpada em local sem vento e deslumbrante como uma jóia natural.

COMENTÁRIO: A palavra *Mukti*, como *Moksha, Kaivalya, Apavarga*, significa "Libertação Espiritual". Diz o texto que a Libertação Espiritual do *Yoguin*, está na palma da sua mão, ou seja, está ao seu alcance, ele que medita no Imperecível

Brilho da Consciência, assentada no meio do lótus do seu coração, com a forma de um ramalhete de flores *Kabanda,* repousando além de *Turya,* etc.

159- Para o *Yoguin* que, ao ver no lótus do coração, uma maior ou então até mesmo uma pequena parte que seja, da forma do *Deva Vishvarûpa,* da forma do universo, e medita nele. Ele brilha diante de seus olhos. *Siddhis* como *Anim*â ou semelhantes e outros menores, são facilmente trazidos para ele. "Eu sou o único *Brahman* transcedente", "Eu sou *Brahman*" deve ser esta a atitude firmemente estabelecida em relação ao *JivAtman* ou *ParamAtman,* que deve ser conhecido pelo *Samâdhi,* que é desprovido de todo o movimento. Então, *Brahman* é alcançado e o *Yoguin* não vai mais retornar ao estado de existência mundana. Depois de ter se purificado na Verdade subjacente, o *Yoguin,* com sua mente desprovida de ganância, adquire a calma pela sua própria vontade, como o fogo com o combustível esgotado. Na ausência de qualquer coisa para se agarrar, o *Jîva,* que é o *Prâna* da mente, dotado de certo conhecimento, será dissolvido na existência transcendente e pura, como um torrão de sal na água e, verá o universo que é um agregado de ilusões e armadilhas mágicas – como um sonho. O *Yoguin* que o observa como se estivesse no sono profundo, onde conhece a existência do *Atman,* ao alcançar o estado de *Nirvâna,* (i.e., a dissolução em *Brahman*) que é inigualável e que é firmemente estabelecido, constata que não há universo além de seu próprio *Atman,* que não é outro senão *Brahman.* Ao perceber isso, atinge *Kaivalya* ou Isolamento - Assim é a *Upanishad.*

COMENTÁRIO: Um belo texto. O *Yoguin* que vê o *Deva Vishvarûpa*, no *Chakra Anâhat* no seu coração e medita Nele, Ele passa a brilhar diante dos seus olhos. Depois disso, vários tipos de frutas lhe serão oferecidas. As frases: "Eu sou o único *Brahman* transcendente", "Eu sou *Brahman*", é uma atitude firmemente estabelecida por ele, o *Yoguin*, até alcançar o *Samâdhi*, quando os movimentos da mente cessam. Assim, o *Yoguin* alcança *Brahman*, não mais retornando à existência mundana. Assim como o fogo se extingue por falta de combustível, a mente do *Yoguin* se torna calma, após se purificar na Verdade. E assim, o *Jîva*, que é o *Prâna* da mente, agora dotado de algum conhecimento, se dissolve na existência transcendente, o Absoluto *Brahman*. Isso acontece, à semelhança do sal, que se dissolve na água. Com isso, o *Yoguin* verá o universo como se fosse um sonho. Como se estivesse no estado de sono profundo, o *Yoguin*, ao observar o universo, constata que ele é o seu próprio *Atman*, que é *Brahman*. Ao perceber isso, ele, o *Yoguin*, alcança *Kaivalya*, a Libertação Espiritual. Esta é a *Upanishad*.

4. Yogakundalinî Upanishad
(Capítulos II e III)

No primeiro volume de "As *Upanishads* do *Yoga*", foi publicado a tradução comentada do o capítulo I da *Yogakundalinî Upanishad*, tradução de Jean Varenne. Agora, apresentaremos a tradução comentada dos capítulos II e III da *Yogakundalinî*, de acordo com a tradição Sulina da Índia, traduzida por *Swami Shivananda*. A *Yogakundalinî* pertence ao *Krishna-Yajur-Véda* ou *Yajur-Véda* Negro, sendo a de número oitenta e seis da relação das 108 *Upanishads*.

A seguir, a referida tradução, comentada.

CAPÍTULO II
O Khechari Vidyâ

1- Eis aqui, uma descrição da ciência chamada *Khechari*.

COMENTÁRIO: O verso anuncia que será apresentada a ciência do *Khechari*.

2- Quem tiver dominado devidamente essa ciência, se Liberta Espiritualmente deste mundo, da velhice, e da morte.

COMENTÁRIO: Quem dominar a ciência do *Khechari*, se libertará espiritualmente neste mundo, da velhice e da morte.

3- Ó Sábio, quem está sujeito às dores da morte, à enfermidade e à velhice, conhecendo esta ciência, haverá de firmar sua mente e praticar *Khechari*.

COMENTÁRIO: Quem está sujeito às dores da morte, à doença e à velhice, conhecendo esta ciência, firmará sua mente pela meditação e praticará *Khechari*.

4- Aquele que obteve o conhecimento de *Khechari* através dos livros, da exposição do seu significado e quem, recorrendo à sua prática, conseguiu dominar esta técnica, se converte no destruidor da velhice, da morte e da doença neste mundo.

COMENTÁRIO: O verso faz uma espécie de promessa, dizendo que, aquele que conheceu *Khechari* através da leitura de livros, pela exposição do seu significado, recorrendo à sua prática, e tendo dominado essa técnica, se transforma no destruidor da velhice, da morte e da doença.

5- Deve-se aproximar desse mestre, à procura de refúgio. Sob todos os pontos de vista, essa pessoa deve considerá-lo como sendo seu *Guru*.

COMENTÁRIO: O verso diz que se deve aproximar de uma pessoa que conhece a ciência do *Khechari* e considerá-la como sendo seu *Guru*.

6- A ciência do *Khechari* não é facilmente acessível. Sua prática não é fácil de alcançar. Sua prática e a sua *Melana* (união), não se realizam simultaneamente.

COMENTÁRIO: O verso informa que a ciência do *Khechari* não é facilmente acessível. Daí, a necessidade de um

Guru, que possa ensiná-la. Sua prática e a sua união, não se realizam ao mesmo tempo.

7- A chave desta ciência do *Khechari,* é mantida em profundo segredo. Os adeptos revelam o segredo somente através da iniciação espiritual.

COMENTÁRIO: É fato recorrente em textos sobre *Yoga,* manter em profundo segredo uma forma de conhecimento. Ela só é revelada através de uma iniciação espiritual ou em círculos fechados, onde o *Guru* ensina o segredo aos seus discípulos.

8- Não conseguem a união quem apenas se dedica à prática. Ó *brahmane,* algumas pessoas só conseguem obter a prática depois de vários nascimentos. Mas, a união, somente se obtém depois de cem nascimentos.

COMENTÁRIO: Outra informação. O verso informa que não se consegue a união (*Samâdhi*), quem apenas se dedica à prática. Esta é obtida depois de vários nascimentos. Entretanto, a união somente é obtida após 100 nascimentos.

9- Alguns *Yoguins* conseguem *Melana*[1] em algum nascimento futuro, em virtude de ter praticado durante diversos nascimentos.

---

1. *Melana* pode ser o *Samâdhi,* revelado apenas durante iniciações espirituais ou em círculos fechados.

COMENTÁRIO: Após ter praticado *Khechari* em vários nascimentos, alguns *Yoguins* conseguem *Melana*.

10- O *Yoguin* adquire *Siddhis*, mencionados em diversos livros, quando consegue *Melana* através da boca do seu *Guru*.

COMENTÁRIO: *Siddhis* são poderes paranormais. Diz o verso que os *Siddhis*, mencionados em diversos livros, podem ser adquiridos pelo *Yoguin*, quando consegue *Melana* da boca do seu *Guru*. Em outras palavras, quando o *Guru* provoca o *Samâdhi* no seu discípulo, este adquire poderes paranormais. Sobre isto, diz *Patañjali*, IV, 1: nos seus *Yoga Sutra*: "Os poderes (perfeições) são obtidos pelo nascimento, por plantas, por *Mantras*, pelo ascetismo e, pelo *Samadhi*"

Portanto, segundo *Patañjali*, os *Siddhis* podem ser obtidos pelo nascimento (herança genética), pela ingestão de bebidas alucinogênicas (enteógenos), pelo cantar de *Mantras* e após o *Samâdhi*. Assim, ao se passar pela experiência do *Samâdhi*, os poderes paranormais aparecem, como consequência.

11- O estado de *Shiva*, que é o de Liberto de todo nascimento, é obtido quando o praticante tem esta *Melana*, adquirida no significado que se encontra nos livros.

COMENTÁRIO: Aqui, o estado de Liberto Espiritualmente, é denominado "Estado de *Shiva*". Esse estado é obtido quando o praticante tem *Melana*, adquirida através do significado que se encontra nos livros.

12- Portanto, esta ciência é difícil de ser dominada. O asceta haverá de vagar nesta terra, até que a obtenha.

COMENTÁRIO: Outra referência ao fato de que a ciência do *Khechari,* é difícil de ser dominada.

13- O asceta tem poderes físicos ou *Siddhis* em suas mãos, no momento em que obtém esta ciência.

COMENTÁRIO: A obtenção e o domínio da ciência do *Khechari,* dá ao asceta os poderes paranormais, os *Siddhis.*

14- Portanto, deve-se considerar como *Achyuta* ou *Vishnu,* qualquer pessoa que possui essa *Melana.* Também deve-se considerar como *Achyuta,* quem dá esta ciência. Quem ensina a prática, haverá de ser considerado como *Shiva.*

COMENTÁRIO: Quem possui *Melana*, pode ser considerado como *Vishnu.* Quem dá a outro esta ciência do *Khechari,* deve ser considerado também, *Vishnu.* Mas, aquele que ensina a sua prática, deve ser considerado como *Shiva.*

15- Obtiveste esta ciência de mim. Não deverás revelá-la aos demais. Quem conhece esta ciência, deverá praticá-la com todas as suas forças. Não deve dá-la a ninguém, salvo àqueles que merecem.

COMENTÁRIO: O verso é uma narração. O *Guru* ou a deidade que narra, diz aos que o escutam que esta ciência foi obtida através Dele. Quem a conhece, deverá praticá-la com todas as suas forças. Esta ciência não deve ser dada a ninguém, salvo àqueles que merecem.

16- Somente o *Guru* é capaz de ensinar o Divino *Yoga*. Deve-se ir ao local onde aquele vive. Então, aprende com ele a ciência do *Khechari*.

COMENTÁRIO: Deve-se procurar do *Guru* que conhece o Divino *Yoga*, para aprender dele a ciência do *Khechari*.

17- Bem instruído por ele, alguém, em princípio, deverá praticá-la cuidadosamente. Essa pessoa então alcançará os *Siddhis* através de *Khechari*, por ter aprendido esta ciência.

COMENTÁRIO: Novamente, o verso, como alguns anteriores, fala dos poderes que o *Yoguin* adquire, após praticar *Khechari*.

18- Assim, essa pessoa se converte no Senhor dos *Khecharis* ou dos *Devas*, unindo-se com *Khechari Shakti* (*Kundalinî Shakti*), por meio desta ciência do *Khechari*. Assim, viverá sempre entre eles.

COMENTÁRIO: O verso faz uma promessa. Aquele que pratica o *Khechari*, une-se ou ergue sua *Kundalinî*. Após isso, passará a viver entre os *Devas* e se converterá no Senhor dos *Khecharis*.

O Khechari Mantra

19- O *Khechari* contém o *Bija* ou a sílaba semente. O *Khechari Bija* deve ser mencionado como *Agni,* circundado de água. É a morada dos *Devas* ou dos *Khecharis.* O domínio dos *Sidhhis* é obtido através deste *Yoga.*

COMENTÁRIO: Diz o verso que a ciência do *Khechari* contém uma sílaba semente, ou seja, um *Bija Mantra,* que deve ser mencionado como *Agni* (fogo). Esse *Bija Mantra* é considerado a Morada dos *Devas* ou dos *Khechares.* Se consegue poderes psíquicos, cantando-o.

20- A nona sílaba ou *Bija* de *Somansa,* ou a face da lua, deve ser pronunciada em ordem inversa. Então, deve-se considerá-la como Suprema e o seu princípio como o quinto. Se diz que estes são os *Kutas* (chifres) das diversas *Bhinnas* da lua.

COMENTÁRIO: Verso obscuro. A nona sílaba ou *Bija* de *Somansa* é a face da lua, que deve ser pronunciada em ordem inversa. Por isso, deve ser considerada como a Suprema e o seu princípio, como o quinto. A Suprema e o seu princípio, devem ser considerados como os *Bhinnas* ou chifres da lua.

21- Este conhecimento que leva à realização de todos os *Yogas,* deverá ser aprendido mediante a iniciação de um *Guru.*

COMENTÁRIO: O verso diz que há um tipo de conhecimento que leva à realização de todos os *Yogas*. Este, deve ser aprendido através de um *Guru*.

22- Quem recita isso doze vezes todos os dias, não terá nem sequer em sonho essa *Mâyâ* ou, essa ilusão que nasce em sua mente e é a fonte de de todos os atos viciosos.

COMENTÁRIO: Quem canta isso, ou seja, o *Bija* de *Somansa*, nem em sonho será iludido por *Mâyâ*, a ilusão que nasce na mente e é a fonte de todos os atos viciosos.

23- A ciência do *Khechari* se revelará a quem recitar isso, cinco *lakhs* de vezes com o máximo cuidado. Assim, desaparecerão para ele, todos os obstáculos. Os *Devas* se encherão de alegria. Haverá sem dúvida, o desaparecimento dos cabelos brancos e das rugas, *Valipalita*.

COMENTÁRIO: A ciência do *Khechari* se revelará para aquele que recitar o *Bija*, cinco *lakhs* de vezes, ou seja, 500 mil vezes. Um *lakh* é igual a 100 mil. Quem assim fizer, seus cabelos brancos e suas rugas desaparecerão. Nada foi encontrado sobre a palavra *Valipalita*.

24- Quem adquiriu esta grande ciência, deverá praticá-la constantemente. Do contrário, não terá *Siddhi* algum, nessa senda do *Khechari*.

COMENTÁRIO: Quem conhece esta ciência, deverá praticá-la constantemente, sob pena de não adquirir poderes psíquicos, nessa senda do *Khechari*.

25- Se, durante essa prática, alguém não conhece esta ciência que se parece com o néctar, deverá obtê-la no início da *Melana,* devendo sempre recitá-la. Do contrário, quem não a tem, nunca obterá os *Siddhis.*

COMENTÁRIO: O verso faz uma advertência. Se durante a prática do *Yoga,* alguém não conhece esta ciência do *Khechari* que é parecida com o néctar, deverá obtê-la no início da *Melana,* no início do seu *Samâdhi,* devendo recitá-la sempre. Quem não a tem, nunca adquirirá poderes.

26- Deve-se praticá-la, logo que seja obtida. Então, se obterá os *Siddhis.*

COMENTÁRIO: Assim que alguém obtém essa ciência, deve praticá-la. Dessa forma, os poderes surgirão.

27- As sete sílabas: *Hrim, Bham, Sam, Pam, Pham, Sam* e *Ksham,* constiuem o *Khechari Mantra.*

COMENTÁRIO: As sílabas citadas são *Bija Mantras* do *tantrismo.* Elas, juntas, constituem o *Kheshari Mantra.*

O corte do freio

28- Quem conhece o *Atman* então, após colocar sua língua para fora desde a raiz do palato, deve limpá-la das impurezas durante 7 dias, de acordo com as instruções do seu *Guru.*

COMENTÁRIO: A limpeza da língua é um fato citado nos principais textos do *Hatha Yoga*. Sobre isso, assim diz o *Gheranda Samhitâ* (TINOCO, Carlos Alberto. 2007. **Gheranda Samhitâ**, pág. 31):

> b.2. *Jihva-Shodhana* (*Dauti* da língua).
>
> **29-** Vou te ensinar agora, o procedimento para limpar a língua. Uma língua alongada destrói a velhice, a morte e as doenças.
>
> **30-** Unir os dedos indicador, médio, anular e introduzi-los na garganta, friccionar e retirar as impurezas da raiz da língua lentamente. Assim, pode o *Yoguin* livrar-se das enfermidades e das fleumas (*kapha*).
>
> **31-** Uma vez asseada a língua, deve-se friccioná-la com manteiga e apertá-la. Depois, deve-se puxar a sua ponta com uma pinça de aço, tracionando-a levemente.
>
> **32-** Fazer isso com paciência e cuidado, diariamente, antes do nascer do sol e antes do sol se por. Mediante essa prática, a língua se alongará".

29- Deve tomar uma faca afiada, azeitada e limpa, que se pareça com a folha da planta *Snuhi,* efetuando no freio da língua, um corte da espessura de um pelo. Deve-se polvilhar essa área com *Saindhava* ou sal mineral e *Pathya* ou sal marinho.

COMENTÁRIO: O verso ensina como proceder com o corte do freio da língua, que deve ser executado lentamente, colocando-se sal mineral ou marinho no local do pequeno corte.

30- No sétimo dia, deve-se efetuar novamente, um corte da espessura de um pelo. Assim, com grande cuidado, deve-se continuar durante seis meses.

COMENTÁRIO: De semana em semana, deve-se efetuar o pequeno corte, até que se passem seis meses.

31- A raiz da língua fixada com veias, deixa de existir após os seis meses. Então o *Yoguin* que sabe obrar com sabedoria, deve apertar com uma tela, a ponta da sua língua – a morada de *Vac-Ishvari* – ou a deidade que preside a fala – e deve esticar da sua língua para cima.

COMENTÁRIO: *Vac*, de acordo com os hinos *védicos*, é a deidade que preside a fala. Está, portanto, associada à língua. A raiz da língua, fixada por tendões e veias, deixa de existir após seis meses de cortes semanais. Depois disso, o *Yoguin* deve esticá-la para cima.

A Língua chega ao Brahmarândhra

32- Ó Sábio de novo, esticando-a diariamente para cima durante seis meses, ela alcança a metade das sobrancelhas. E para baixo, até a base do queixo.

COMENTÁRIO: Após ser cortado o freio da língua, esta alcança entre as sobrancelhas e a ponta do queixo.

33- Então ela sobe facilmente até o início dos cabelos na cabeça, após três anos. Sobe para trás, até o *Sakha* (zona abaixo do crânio) e até a origem da garganta.

COMENTÁRIO: O verso explica até onde a língua pode alcançar, cujo freio foi cortado.

34- Depois de outros três anos, alcança o *Brahmrândhra*. Se detém ali, sem dúvida. Para cima, alcança o topo da cabeça e descendo, até a origem da garganta. Gradualmente, abre a grande porta de diamante na cabeça.

COMENTÁRIO: Novamente, os limites onde alcança a língua cujo freio foi cortado. Nada se sabe sobre a porta de diamante da cabeça. Pode ser o orifício que une as narinas à garganta.

35- Você deverá cumprir os seis *Angas* ou partes do *Khechari Bija Mantra*, pronunciando-os com 6 entonações diferentes. Você deverá fazer isso para alcançar todos os *Siddhis*.

COMENTÁRIO: Cantando os seis *Bija Mantras* do *Khechari*, se obtém todos os *Siddhis*.

36- Deve-se efetuar gradualmente, *Karanyasa* ou o movimento dos dedos e das mãos enquanto pronuncia os *Mantras*. O *Karanyasa* não deverá ser efetuado todo de uma vez porque o corpo de quem o faz, de repente se decomporá. Ó melhor dentre os Sábios, isto deve-se praticar, pouco a pouco.

COMENTÁRIO: *Karanyasa* é um tipo de *Mudrâ* feito com os dedos indicador e o polegar que se tocam, acompanhado do cantar de *Mantras*. Segundo o verso, ele não deve ser efetuado todo de uma só vez, sob pena do corpo se decompor. Ele deve ser praticado pouco a pouco.

37- Quando a língua é colocada no *Brahmarândhra*, através de outros caminhos, o *Yoguin* deve fazê-lo, após mover o ferrolho de *Brahma*. Os *Devas* não podem dominar o ferrolho de *Brahma*.

COMENTÁRIO: Verso obscuro. Não foi possível saber o que seja o ferrolho de *Brahma*. Ao que parece, o verso se refere à proeza de colocar a língua no topo da cabeça, através de outros caminhos, o que deve ser feito após o adepto mover o ferrolho de *Brahma*.

38- O *Yoguin* deve fazer com que a língua penetre ali, fazendo-o com a ponta do dedo durante três anos. Entra no *Brahmarândhra* ou o oco. Ele deve praticar bem o *Mathana* ou a batida ao entrar no *Brahmadvara*.

COMENTÁRIO: Aqui o *Brahmadvara*, que está situado no topo da cabeça, pode ser alcançado, colocando-se a ponta da língua no fundo da garganta. Ele é aqui chamado por "oco". Para isso, o *Yoguin* deve treinar, colocando ali, a ponta do seu dedo. O verso também se refere à *Mathana* ou, a batida. A palavra *Mathana* pode ser uma vila da Índia ou, uma palavra associada à *Samudra Mathana*, algo ligado à mitologia da Índia antiga. Aqui, é algo associada à batida ao entrar no *Brahmadvara*. Pode ser uma referência ao fato de a *Kundalinî* produzir um som ao penetrar no *Brahmadvara*.

39- Alguns *Yoguins* Sábios alcançam os *Siddhis*, sem *Mathana*. Quem é versado no *Khechari Mantra*, o conseguirá também sem *Mathana*. Alguém pode colher o fruto, fazendo *Japa* e *Mathana*.

COMENTÁRIO: Alguns *Yoguins* Sábios adquirem *Siddhis*, sem fazerem *Mathana*. Quem conhece *Khechari Mantra*, também. Alguns o conseguem fazendo *Japa* e *Mathana*.

40- O *Yoguin* deve reter seu alento no seu coração, colocando um fio de ouro, prata ou ferro, nas fossas nasais por meio de um fio empapado de leite. Sentado em postura conveniente, com os olhos concentrado entre as sobrancelhas, deve realizar lentamente *Mathana*.

COMENTÁRIO: Aqui, *Mathana* é um tipo de limpeza das narinas, um tipo de *Kriya*, descrito em alguns textos do *Hatha Yoga*. O verso ensina como se deve fazê-lo.

41- O estado de *Mathana* é natural como o sonho nas crianças, aos seis meses. Não é aconselhável fazer *Mathana* sempre. Se deve fazê-lo somente uma vez por mês.

COMENTÁRIO: O verso diz que o estado de *Mathana* é natural como os sonhos de uma criança aos seis meses. Se deve fazê-lo apenas uma vez por mês.

O Urdhva Kundalinî Yoga

42- O *Yoguin* que está na senda do *Yoga*, não deve girar sua língua. Após doze anos de prática, os *Siddhis* aparecerão nele. Então, o *Yoguin* percebe em seu corpo, todo o universo sem que nele exista diferença do *Atman*.

COMENTÁRIO: O verso explica que o adepto não deve girar sua língua. Após praticar isso por doze anos surgem nele, os *Siddhis*. Então o *Yoguin* perceberá em seu corpo, todo o universo, vendo nele também o *Atman*. Essa ideia de o universo estar contido no corpo é fato citado nos textos do *Hatha Yoga*, ou seja, o corpo como um microcosmo.

43- Ó chefe dos Reis, esta senda da *Urdhva Kundalinî* ou da *Kundalini* superior, conquista o macrocosmo.

COMENTÁRIO: O *Yoguin* é aqui denominado por "Chefe dos Reis". O verso diz que a senda da *Urdhva Kundalinî*, proporciona a conquista do macrocosmo.

CAPÍTULO III
O Melana Mantra

1- *Melana Mantra* são os *Bija Mantras*: Hrim, Bham, Sam, Sham, Pham, Sam e Ksham.

O verso especifica quais são os *Bija Mantras* que formam o *Melana Mantra*.

2- *Brahma* nascido do lótus, disse: "O que se diz, Ó *Shankara*, do sinal do *Mantra*, entre a lua nova, no primeiro dia da quinzena lunar à lua cheia? Não se deve afirmar que é o primeiro dia da quinzena lunar nem durante os dias de lua nova à lua cheia. Não há outro modo nem tempo".

COMENTÁRIO: Verso obscuro. Aqui *Brahma*, nascido do lótus, faz uma pergunta a *Shankara* que é *Shiva*, sobre o que se diz do sinal do *Mantra* citado, entre a lua nova e a lua cheia. Não se deve afirmar que é o primeiro dia da quinzena lunar, nem durante os dias de lua nova à lua cheia.

Os Objetos dos sentidos, Manas e Bandhana

3- Uma pessoa se liga a um objeto através da paixão. A paixão por um objeto a enfatua. Alguém deve abandonar essas duas coisas. Deve buscar o *Niranjana* ou o Imaculado. Deve abandonar tudo o que pensa ser favorável a si.

COMENTÁRIO: *Niranjana* significa "Puro". Aqui, se refere os Supremo que deve ser buscado. Uma pessoa se liga a um objeto através da paixão, que a enfatua. A pessoa deve se libertar da paixão e da ligação com os objetos. Deve buscar o Absoluto, o Imaculado e abandonar tudo o que pensa lhe ser favorável, ou seja, a ambição.

4- O *Yoguin* deve manter sua mente (*Manas*) em meio à *Shakti* e a *Shakti* no meio de *Manas*. Deve olhar dentro de *Manas* por meio de *Manas*. É então que ele se abandona até encontrar o estado Supremo.

COMENTÁRIO: O *Yoguin* deve manter sua *Manas* ligada à *Shakti* e esta, ligada à sua *Manas*. Em outras palavras, deve-se fixar na Mãe Suprema, a *Shakti*. Após isso, o *Yoguin* se abandona, até alcançar o estado Supremo, o *Samâdhi*.

5- A *Manas* é somente o *Bindu*. É a causa da criação e da preservação.

COMENTÁRIO: Há várias concepções para *Bindu:* 1- o ponto situado acima do som *Om*. 2- um ponto situado no topo e logo atrás da cabeça. 3- ponto. 4- sêmen. Aqui a mente é comparada a esse ponto *Bindu*, localizado acima do som *OM*. Esse som é a representação sonora do Absoluto, sendo a causa e a preservação da criação.

6- O *Bindu* é apenas um produto da *Manas*, assim como a coalhada o é para o leite. O órgão da *Manas* não é o que está situado no meio do *Bhandhana*. *Bandhana* está ali, onde *Shakti* está entre o sol e a lua.

COMENTÁRIO: Diz o verso que *Bindu* é um produto da *Manas*, do mesmo modo que a coalhada se relaciona com o leite. *Bhandhana* é uma palavra que se encontra no *Bhagavata Purana*, que significa "O Ser". O verso é obscuro. Sobre o lugar onde *Shakti* está entre o sol e a lua, pode ser uma referência às *Nadis Idâ* e *Pingalâ*, que iniciam no *Chakra Muladhara*, onde se encontra *a Kundalinî Shakti*.

A Entrada no Sukha-Mandala

7- O *Yoguin* deve estar no assento do *Bindu* e fechar as fossas nasais, tendo conhecido a *Sushumna* e o seu *Bindu*, o perfurando e fazendo com que *Vâyu* entre no seu meio.

COMENTÁRIO: Aqui é descrita uma técnica onde o *Yoguin*, cantando o *Mantra Om*, fecha as narinas e faz o ar vital, aqui denominado por *Vayu*, penetrar na *Nadi Sushumna*, até que este perfure o *Bindu* situado no topo e atrás da cabeça, alcançando o *Chakra Sahasrara*. A palavra *Vâyu* pode ser uma referência ao *Prâna*.

8- Após conhecer a *Vâyu*, ao *Bindu* e a *Sattva-Prakritî*, antes mencionados, juntamente com os seis *Chakras* o *Yoguin* alcança a esfera da felicidade, o *Sahasrara* e o *Sukha-Mandala*.

COMENTÁRIO: Após o *Yoguin* conhecer a energia vital (*Vâyu*), o *Bindu*, a *Sattva-Praktitî* (o lado Sábio e equilibrado da realidade material) e despertando os seis *Chakras*, ele alcança o *Samâdhi*, ou seja, a esfera da felicidade ao fazer penetrar o ar vital na *Nadi Sushumna*. No estado de *Samâdhi* ele percebe o *Sukha-Mandala*, ou seja, a *Mandala* da Felicidade. *Mandala* é uma palavra sânscrita que significa círculo, uma representação geométrica da dinâmica relação entre o homem e o cosmo.

Os seis Chakras

9- Existem seis *Chakras*. O *Muladhara* está no ânus. O *Svadhistana* está próximo ao órgão genital. O *Manipura* está no umbigo. O *Anâhat* está no coração.

COMENTÁRIO: Alguns textos *tântricos* falam de sete *Chakras* principais, dentre outros. Aqui, há referência a localização de quatro deles.

10- O *Vishudha Chakra* está na raiz do pescoço. O sexto *Chakra* é o *Ajña*, está na cabeça (entre as sobrancelhas).

COMENTÁRIO: Anteriormente, foi feita referência ao *Chakra Sahasrara*. Aqui, não.

11- Após obter um conhecimento destas seis *Mandalas* e esferas, o *Yoguin* deverá entrar no *Sukha-Mandala* levando *Vâyu* para cima, enviando-o ascendentemente.

COMENTÁRIO: Pelo que se pode deduzir, *Sukha-Mandala* é o *Chakra Sahasrara*. Após conhecer os seis *Chakras* anteriormente citados, o *Yoguin* deverá penetrar no *Sahasrara* (*Sukha-Mandala*), enviando o ar vital para cima.

12- Quem pratica essa maneira de controlar o *Vayu* se converte em um com *Brahmanda*, o macrocosmo. Terá dominado *Vayu*, o *Bindu*, *Chitta* e os *Chakras*.

COMENTÁRIO: O verso diz que quem domina essa técnica de controle do ar vital (*Vayu*), se torna uno com o Todo, ou seja, com *Brahmanda*. Assim terá dominado *Vayu*, *Bindu*, *Chitta* (a mente) e os seis *Chakras*.

Abhyasa Brahma e Jñana

13- Os *Yoguins* chegam ao néctar da igualdade somente através do *Samâdhi*.

COMENTÁRIO: Somente após alcançar o *Samâdhi*, os *Yoguins* adquirem a equanimidade, o equilíbrio, a paz.

14- A lâmpada da sabedoria não se acende sem a prática do *Yoga*, assim como o fogo que está latente na madeira dos rituais não aparece sem que ela seja atritada.

COMENTÁRIO: Sem a prática do *Yoga* a luz da sabedoria não aparece, do mesmo modo que o fogo latente na madeira, não aparece sem que ela seja atritada.

15- O fogo que está dentro de um vaso não espalha luz para fora. Mas, sua luz aparece fora quando o vaso se rompe.

16- Nosso corpo se chama o vaso. O assento de "isso é a luz" ou o fogo que está dentro. A luz do *Bramâjñana* resplandece quando o corpo se rompe mediante as palavras do *Guru*.

COMENTÁRIO: Nos dois versos anteriores, é feita uma

analogia entre o corpo do *Yoguin* e um vaso. A luz ou fogo que está dentro do vaso não aparece, a menos que o vaso se rompa. Do mesmo modo, o assento do "Eu", o *Atman,* que é a luz ou o fogo, quando o corpo se rompe pelas palavras do *Guru,* Ele aparece ou seja, aparece a sabedoria de *Brahman,* o *Bramâjñana.*

17- O *Yoguin* cruza o corpo sutil e o oceano do *Samsara,* tendo o *Guru* como timoneiro e através das afinidades do *Abhyasa.*

COMENTÁRIO: O *Yoguin* adquire conhecimento sobre seu corpo sutil (*Sukshma Sharira*) e cruza o oceano do *Samsara,* tendo seu *Guru* como guia, como um timoneiro. Para isso, deve ter *Abhyasa. Abhyasa* é um termo Sânscrito e refere-se a uma prática regular e constante por um longo período de tempo. Ele é a prescrição para atingir a iluminação. *Patañjali* o descreveu em seus *Yoga Sutras,* e *Krishna* falou sobre ele na *Bhagavad Gitâ* como um método essencial para o controle da mente.

As Quatro Classes de Vac

18- *Vac* (a força da expressão oral), que brota em *Para,* tem duas folhas em *Pasyanti,* dá seu botão em *Madhyana* e se abre em flor em *Vaikhari;* o *Vac* anteriormente descrito, chega à etapa da absorção do som, invertendo a ordem antes dita, ou seja, começando com *Vaikhari,* etc.

COMENTÁRIO: Verso obscuro. *Vac* é a deusa associada à fala. Diz o verso que ela brota de *Para,* o Absoluto, tendo duas folhas: *Pasyanti* e *Madhyana. Pasyanti* é o panorama divino na forma diferenciada, ou seja, a *Vak* emergindo e disposta a criar. *Madhyama* significa "médio", "intermediário", "ideação", "pensamento". *Vaikhari* é a palavra falada ou a versão escrita. Há quatro níveis da voz: 1- *Vaikhari.* 2- *Madhyama.* 3- *Pashyante.* 4- *Para.* No entanto, o verso fala somente de três aspectos da *Vac.*

19- *Para, Pasyante, Madhyama* e *Vaikhari* são as quatro classes de *Vac. Para* é o som mais alto. *Vaikhari* é o som mais baixo.

COMENTÁRIO: O verso está explicando o que sejam *Para* e *Vaikhari.*

20- *Vac* inicia desde o som mais alto até o mais baixo, em evolução.

21- Em involução, toma a ordem inversa afim de fundir-se em *Para* ou o som mais alto.

22- Qualquer um que pense que o Ser é o Uno, que é o Grande Senhor de *Vac* o Indiferenciado, o Iluminador dessa *Vac,* a pessoa que pensa assim, nunca será afetada por palavras altas ou baixas, boas ou más.

COMENTÁRIO: Todo aquele que sabe que o *Atman* é o

Uno, *Brahman,* que é o Senhor de *Vac,* o Indiferenciado, o Iluminador dela nunca será afetado por palavras altas ou baixas, boas ou más.

A Absorção em ParamAtman

23- Mediante a absorção dos seus respectivos *Upadhis* ou veículos, todos estes por sua vez são absorvidos em *ParamAtman:* os três aspectos da consciência *Vishva, Taijasa* e *Prajã* no homem, os três *Virat, Hiraniaghârba* e *Ishvara* no universo, o ovo do universo, o ovo do homem e os sete mundos.

COMENTÁRIO: Verso obscuro. A palavra *Upadhi* significa uma limitação. Podem ser os corpos do ser humano. Quando o ser humano se liberta da roda do *Samsara,* seus corpos sutis são absorvidos no Absoluto, restando o *Atman.* Os três aspectos da consciência são: 1- vigília ou *Vaishvanara,* aqui denominado *Vishva.* 2- Sonho ou *Taijasa.* 3- Prajã ou sono sem sonhos, são comparados aos três *Devas: Virat, Hiraniaghârba* e *Ishvara* (O Supremo).

24- Aquecido pelo fogo do *Jñana* (Conhecimento), o ovo (*Hiraniaghârba*) é absorvido, juntamente com o seu *Karana* ou causa, no *ParamAtman* ou o Eu Universal, se torna uno somente com *Parabramân.*

COMENTÁRIO: Aquecido pelo fogo do Conhecimento,

Hiraniaghârba, juntamente com a sua causa é absorvido no *ParamAtman.* Ele se torna uno somente com o *ParaBrahman.* O verso estabelece uma diferença entre *ParamAtman* e *ParaBrahman. ParamAtman* é o *Atman. ParaBrahman* é o Absoluto. Eles são idênticos, embora possam ser considerados impropriamente, como distintos.

25- Então não há firmeza nem profundidade, luz nem escuridão, descritível nem distinguível. Somente subsiste o que é o Ser ou *Sat.*

COMENTÁRIO: Após ser aquecido pelo Conhecimento, não mais existe os contrários, ou seja, luz ou escuridão, o descritível e ou o distinguível, firmeza ou profundidade. O que passa a existir é o Ser, o Imortal *Sat, Brahman.*

A natureza Essencial do Homem

26- O *Atman* está dentro do corpo como uma luz em um vaso: deve-se pensar assim.

COMENTÁRIO: Deve-se pensar que o *Atman* que está no corpo, é como uma luz dentro de um vaso.

27- O *Atman* tem a dimensão de um dedo polegar. É leviano como a fumaça. Não tem forma. Brilha dentro do corpo. É indiferenciado e Imortal.

COMENTÁRIO: Aqui, há uma tentativa de descrever o *Atman,* do tamanho de um polegar. Em outras palavras, o *Atman* é pequeno e ao mesmo tempo, grande como o Absoluto. Ele brilha dentro do corpo sendo intangível, impalpável como a fumaça, indiferenciado e Imortal.

28- Os três primeiros aspectos da consciência se referem aos corpos denso, sutil e *Karana* do homem. Os três segundos aspectos da consciência se referem aos três corpos do universo.

COMENTÁRIO: Os três aspectos da consciência, ou seja, vigília, sono e sono sem sonho, correspondem aos três corpos do ser humano: 1- o corpo físico (*Stula Sharira*). 2- o corpo sutil (*Sukshma Sharira*) e ao corpo causal (*Karana Sharira*). *Viraj, Hiraniaghârba* e *Ishvara,* correspondem aos três corpos do universo, ou seus três aspectos.

29- O homem é e aparece na sua formação, como um ovo, tal como o universo é e se parece como um ovo.

COMENTÁRIO: *Hiraniaghârba* é também o ovo cósmico de onde emergiu o universo. Isso se parece com o homem, que parece um ovo.

30- O *Vijñana Atman* que habita neste corpo é enganado por *Mâyâ,* durante os estados de vigília, de sonho e de sono sem sonhos.

COMENTÁRIO: O *Atman* ao encarnar é enganado por

Mâyâ, a ilusão, confundindo-se com a mente, com os pensamentos, que aparecem nos três estados já citados. Assim, o ser humano perde a noção da sua divindade.

31- Mas após muitos nascimentos, devido ao efeito do *Karma* bom o *Vijñana Atman* deseja alcançar seu próprio estado essencial.

COMENTÁRIO: Somente após renascer muitas vezes e devido ao *Karma* bom, o *Vijñana Atman* almeja se revelar em sua natureza própria, ou seja, idêntico ao Absoluto.

32- Se coloca a indagação: "Quem sou eu?" "Como chegou a mim esta mácula da existência mundana?" "No sonho sem sonhos, o que ocorre comigo que estou dedicado a minhas coisas durante o estado de vigília e do sonho?"

COMENTÁRIO: O autor anônimo desta *Upanishad,* formula três questões importantes.

33- O *Chidabhasa* é o resultado da carência de sabedoria. Ele é queimado pelos pensamentos Sábios, assim como o fardo de algodão é queimado pelo fogo e também por sua própria iluminação suprema.

COMENTÁRIO: Ao que parece, *Chidabhasa* ou *Chittabhasa* deve ser a mente ignorante. Ela, a ignorância, é queimada pelos pensamentos Sábios, assim como um fardo de algodão é queimado pelo fogo ou pela iluminação do *Yoguin.*

34- A queimação do corpo externo, não é queimação em absoluto.

COMENTÁRIO: A queima do corpo físico, não é a queimação de *Chidabhasa*.

35- O *PratyagAtman* está em *Dahana* (no *Akâsha* ou o éter do coração). Quando se destrói a sabedoria mundana, *PratyagAtman* subsiste. *Vijñana* se espalha por onde quer e em um instante, queima as duas envolturas: *Vijñanamâyâ Kosha* e *Manomâyâ* e *Kosha*. Então, Ele mesmo é quem brilha sempre no interior. Brilha como uma luz dentro de um vaso.

COMENTÁRIO: *PratyagAtman* ou o *Atman*, está no coração. Isto é uma ideia recorrente nas *Upanishads* Principais. Quando o saber mundano é destruído, o *Atman* subsiste. Daí a sabedoria ou *Vijñana* se espalha por todos os locais. Após isso, os corpos ou *Koshas*, *Vijñana* e *Manomâyâ*, são queimados. É o *Atman* quem brilha sempre no interior do coração, como uma luz dentro de um vaso.

36- Ó *Muni*, cuja meditação seja assim, será conhecido um *Jivamukti* até quando está dormindo e quando está morto.

COMENTÁRIO: O *Muni* é o *Yoguin* que fez voto de silêncio. Quando medita no que foi dito acima, será conhecido como um *Jivamukti*, esteja dormindo ou morto. *Jivamukti* é uma palavra para designar a pessoa que se libertou espiritualmente e está vivo, habitando um corpo físico.

O Videha Mukti

37- Ele fez o que teria que fazer. Portanto é uma pessoa afortunada.

COMENTÁRIO: O *Yoguin* que cumpre suas obrigações, é um afortunado.

38- Essa pessoa alcança a *Videhamukti,* tendo renunciado até o estado de *Jivamukti.*

COMENTÁRIO: O *Yoguin* assim alcança o estado de liberto, após renunciar até mesmo o estado de *Jivamukti.*

39- Quando seu corpo desaparece, ele obtém a emancipação em um corpo desencarnado, *Videhamukti.* Obtém o estado que é como se movesse no ar.

COMENTÁRIO: A palavra *Videha* significa "sem corpo". Assim, quando o corpo do *Yoguin* desaparece, ele obtém a libertação Espiritual em um corpo desencarnado, aqui chamado de *Videhamukti.* Assim obtém o estado que é como se estivesse no ar.

O Brahman Único

40- Após isso, somente subsiste Isso. Isso é o sem som, o intacto, o amorfo e o imortal.

COMENTÁRIO: Após alcançar a iluminação, o que subsiste é o *Atman*, sem som, intacto, amorfo e imortal.

41- Isso é *Rasa* ou a Essência. É eterno e inodoro. É maior que o grande; não tem princípio nem fim. É o permanente, o imaculado e o incorrupto. Assim termina a *Yogakundalinî Upanishad*.

COMENTÁRIO: Isso, ou seja, o *Atman*, é *Rasa*, a Essência. Ele é sem cheiro, maior que a maior coisa, sem princípio nem fim. Permanente, imaculado, incorrupto. Aqui termina esta *Upanishad*.

BIBLIOGRAFIA

TINOCO, Carlos Alberto. 2007. **Gheranda Samhitâ.** Limeira-SP, Conhecimeto Editorial Ltda, pág.31.

5. *Yogachudamani Upanishad*

Yogachudamani Upanishad significa *"Upanishad da Suprema Joia do Yoga"*. Ele pertence ao *Sâma-Véda*, a quadragésima sexta da relação das 108. Expõem o *Yoga* de seis passos. A tradução comentada que será aqui apresentada é a de *Ayyangar,* pertencente à tradição Sulina da Índia, a mais recente.

A seguir, a tradução comentada da *Yogachudamani Upanishad.*

Os Seis Passos do Yoga

1-3- Relatarei presentemente, sobre a *Yogachudamani Upanidhad* a qual confere sucesso na realização de *Kaivalya* (isolamento), que é um profundo segredo ao qual recorre o *Yoguin,* para alcançar o mais avançado conhecimento do *Yoga* com o declarado objetivo de promover o seu bem estar.

4- Os seis *Chakras*, os dezesseis Âdhâras ou suportes, os três *Lakshyas* ou opiniões objetivando os cinco *Pañcakas* (grupos de fogos) de Âkâsha ou éteres, para quem não sabe que eles existem em seu próprio corpo, como pode haver sucesso para ele?

COMENTÁRIO: A palavra Âdhâra se refere às dezesseis partes vitais do corpo, que são: 1-polegares. 2- os tornozelos. 3- os joelhos. 4-as coxas. 5- o prepúcio. 6- o órgão reprodutor. 7- o umbigo. 8- o calor do corpo. 9- o pescoço. 10- a garganta. 11- o palato. 12- o nariz. 13- o meio das sobrancelhas. 14- a testa. 15- a cabeça. 16- o *Brahmarândhra*. A palavra *Lakshya* significa "alvo". *Pañcakas* significa "relativo a cinco", "consistindo de cinco". *Pañcaka* aqui, se refere aos cinco tipos de fogos usados em rituais: 1- *Anvâhârya* ou *Dakshina*. 2- *Gâhapatya*. 3- *Âhavaniya*. 4- *Sabhya*. 5- *Âvasathya*. Quem não sabe que tudo o que foi relacionado no verso está em seu próprio corpo, não terá sucesso.

5-6- O *Muladhâra* possui quatro pétalas; o *Svâdhisthana* seis pétalas. No umbigo está o lótus de dez pétalas, no coração está o de doze pétalas; similarmente, no meio das sobrancelhas está o de duas pétalas. No caminho do grande *Brahmarândhra* está aquele cujas pétalas são em número de mil.

COMENTÁRIO: Aqui há referência a seis *Chakras*, dentre os sete principais. O *Muladhâra*, localizado no períneo, possui quatro pétalas. O *Svâdhistana*, localizado na altura dos genitais, possui seis pétalas. No umbigo, está o *Manipura* que possui dez pétalas. Atrás do coração, está o *Anâhat*, que possui doze pétalas. Entre as sobrancelhas, está o *Âjña*, formado por duas pétalas. No topo da cabeça, onde está o *Brahmarândhra*, se encontra o *Sahasrara*, que possui muitas ou, mil pétalas. O autor anônimo desta *Upanidhad* não mencionou o *Vishudha*, situado na garganta, com 16 pétalas.

7-11- O primeiro *Chakra* é o *Muladhâra*; o segundo é o *Svâsdhisthâna*. Entre os dois está o assento dos genitais, conhecido por *Kâmarûpa*. O que é conhecido por *Kâma* no local do ânus, é o lótus de 4 pétalas. No meio dele, se diz estar a *Yoni* (a *Kundalinî*), chamada *Kâma* adorada pelos adeptos. No meio dela, se encontra o Grande *Linga*, voltado para trás. Aquele que conhece a joia como localizada no umbigo, é o conhecedor direto do *Yoga*. Brilhando como ouro derretido e brilhante como um raio de luz está o *Trikona*, que está situado na frente do fogo e abaixo dos genitais. Caso seja visto em sincronização com o *Samâdh*i, uma Grande Radiância, interminável e efulgente para fora, na direção do universo, não haverá mais necessidade da entrada e saída de ar vital (*Prâna*) através da *Nadi Idâ* e outras, na prática do grande *Yoga*.

COMENTÁRIO: Entre os *Chakras Muladhara* e *Svâdhiathana* se encontra o *Kâmarûpa*. A palavra *Kâma* significa "Desejo", "Desejo Sexual". *Kâmarûpa* significa "Forma do Desejo", "Corpo do Desejo". Há uma referência a essa palavra na *Bhagavad Gîtâ* (III, 43):

> Pertinaz inimiga do Sábio, vela o conhecimento... adotando a forma do desejo (*Kâmarûpa*), insaciável como o fogo.
>
> ... mata esse inimigo, que tem a forma do desejo.

O *Chakra Svâdhisthâna* está associado ao desejo sexual, à atração sexual. Entre os dois, está localizado o órgão sexual. O autor anônimo desta *Upanidhad* localiza no *Muladhâra*, o desejo sexual, *Kâma*. No centro desse *Chakra* se encontra a *Kundalinî*, adorada pelos adeptos, aqui denominada *Yoni*. Segundo a tradição *tântrica* a *Kundalinî* está enrolada em um *Linga*, dando-lhe três voltas e meia. Quem conhece a joia localizada no umbigo (*Chakra Manipura*), é o conhecedor direto do *Yoga*. A palavra *Manipura* significa "Cidade das Jóias". A palavra *Trikona* significa "Triângulo". Este autor acredita que esse triângulo é o *Muladhâra*. Quando o *Yoguin* alcança o *Samâdhi,* ao mesmo tempo aparece uma radiância grande e interminável que se estende por todo o universo, que é a "Luz de *Brahman*". Após isso acontecer, não haverá mais necessidade do *Yoguin* introduzir o *Prâna* na *Nadi Idâ* nem em outras, enquanto estiver praticando o *Yoga.*

12-14- A palavra "*Svâ*" é indicada por *Prâna; Svâdhisthâna* é a morada desta força vital. É apenas pela *Prânanâdi* que permanece no *Svâdhisthâna,* que o *Medhra* (genitais) são assim chamados. Esse nó, o qual é perfurado pelo fio da *Sushumna,* é como uma pedra preciosa e o *Chakra* da região do umbigo é conhecido como o *Manipura.* Enquanto o *Jiva* não descobrir no *Chakra,* o grande *Dvâdashâra,* a Verdade Maior, estará desprovido de todo o mérito religioso e terá muitos pecados. Então, ele vai ser assim iludido (turbilhonando, na existência mundana, ignorando o Seu lugar no coração).

COMENTÁRIO: Diz o autor anônimo que o *Prâna* está localizado no *Chakra Svâdhisthâna.* É por isso que os órgãos genitais são chamados de *Medhra.* A referência ao nó, pode ser o *Granthi* localizado na região do umbigo, o *Vishnu Granthi.* Quando a *Kundalinî* se ergue, esse nó se desfaz. Ele é como uma pedra preciosa. Enquanto o *Jiva* (o *Yoguin*) não descobrir o grande *Deva,* que é a Verdade Maior (no seu coração), está desprovido de todo mérito religioso e terá muitos pecados. Assim o *Yoguin* estará iludido, turbilhonando na existência mundana, ignorando que no seu coração se encontra a Verdade maior.

15-18- Acima dos genitais e abaixo do umbigo, está o *Kanda-Yoni* (o local da origem do *Kanda*) semelhante a um ovo de pássaro. Ali tem origem 72 mil *Nadis*. Dentre as 72 mil, somente 72 são especificamente mencionadas como importantes condutoras dos *Prânas*. A *Idâ*, a *Pingalâ*, a *Sushumna* como a terceira, a *Gâmdhâri*, a *Hastijihvâ*, a *Pushâ*, a *Yashasvini*, *Alambusha*, a *Kuhû* e a *Shankhini* como a décima. Esse grande *Chakra* de *Nadis* deve ser sempre conhecido pelos *Yoguins*.

COMENTÁRIO: Aqui, há uma referência ao *Kanda* ou *Kanda-Yoni*, que se localiza acima dos genitais e abaixo do umbigo. É dele que se originam 72 mil *Nadis*. Dez delas são citadas. Outros textos do *Hatha Yoga* mencionam 300 mil *Nadis*. Isso significa que são numerosas.

19-21- A *Idâ* está localizada à esquerda; *Pingalâ*, à direita; a *Sushumna* está no centro; a *Gâmdhari* está no olho esquerdo; a *Hastijihvâ* no olho direito; a *Pûshâ* no ouvido direito; a *Yashasvinî*, no ouvido esquerdo; a *Alambushâ* na boca; a *Kuhû* na região dos genitais e a *Shankhini* no ânus. Desse modo as *Nadis* estão nessa ordem, cada uma ocupando uma abertura.

COMENTÁRIO: segue, a localização de oito delas.

22-26- *Idâ, Pingalâ* e *Sushumna* são o caminho do *Prâna;* elas sempre transmitem o *Prâna* e têm como divindades que as preside, *Soma, Sûrya* e *Agni*. Os ares vitais são *Prâna, Apâna, Samâna, Vyâna* e *Udâ*na, *Nâga, Kûrma, KriKara, Devadata* e *Dhanañjaya*. O *Prâna* está para sempre, no coração; o *Apâna* está na região do ânus; o *Samâna* está no umbigo; o *Udâna* no meio da garganta; o *Vyâna* está em todo o corpo; esses cinco são os principais ares vitais. *Nâga* é responsável pelos arrotos; o *Kûrma* é responsável por abrir e fechar os olhos; *Krikara* responde pelo ato de sentir fome; *Devadata* responde pelo bocejar e pelo desejo de dormir; *Dhañajaya* preenche toda a estrutura, não deixa o corpo mesmo quando morre. Esses princípios vitais circulam através de todas as *Nadis*.

COMENTÁRIO: As três *Nadis, Idâ, Pingalâ* e *Sushumna* são os caminhos por onde segue o *Prâna*. As deidades que as presidem são, respectivamente, *Soma, Sûrya* e *Agni*. Depois, o verso enumera quais são os ares vitais, tanto os principais quanto os secundários, especificando a localização e as funções dos secundários. Esses ares vitais circulam por todas as *Nadis*.

27-31- Assim como uma bola lançada pelo antebraço, move-se adiante, assim também o *Jiva* movido sob o controle do *Prâna* e do *Apâna*, não descansa. O *Jiva* está sob o controle do *Prâna* e do *Apâna* e caminha para cima e para baixo e não é visto prevalecendo nos caminhos (*Idâ* e *Pingalâ*) direito e esquerdo, por conta do movimento frequente. Como um ladrão amarrado com uma corda quando foge é novamente preso, assim o *Jiva*, ligado a um estado pelos três *Gunas*, é arrastado pelo *Prâna* e o *Apâna*. O *Jiva* sob o controle do *Prâna* e do *Apâna*, move-se para cima e para baixo. O *Apâna* arrasta o *Prâna* e este, em suas voltas arrasta o *Apâna*. Estes são colocados lá em cima e em baixo. Aquele que sabe disso, é o conhecedor do *Yoga*.

COMENTÁRIO: Aqui, é relatado os movimentos do *Prâna* e do *Apâna*, para cima e para baixo, movendo o *Jiva*. Os três *Gunas, Rajas, Tamas Sattva,* movem tudo inclusive o *Jiva*. Quem sabe disso, é o conhecedor do *Yoga*.

32-36- O *Jiva* sai ao se pronunciar a silaba *"Ha"* e entra, ao se pronunciar a sílaba *"Sa"*. O *Jiva* pronuncia sempre como *Japa*, o *Mantra "Hamsa", "Hamsa"*. No transcorrer dos dias e das noites, vinte e um mil e seiscentas vezes, o *Jiva* pronuncia sempre esse *Japa*. O *Gâyatri* conhecido como *Âjapa*, concede sempre a liberação ao *Yoguin*. Pela mera decisão de proferir este *Manta*, fica-se liberado de todo pecado. Não houve nem haverá prazer igual ao deste *Vidyâ*, ao gosto deste *Japa*, ou ao gosto deste conhecimento. Este *Gâyatri* o qual se originou na *Kundalinî*, mantém o *Prâna*. O *Prâna-Vidyâ* é o grande conhecimento. Quem sabe disso, é o conhecedor dos *Védas*.

COMENTÁRIO: Aqui há uma referência ao *Mantra "Ham-Sa"*, conhecido como o "Mantra do Cisne". A palavra cisne em Sânscrito, é *"Hamsa"*, daí o nome. Segundo o verso ele deve ser pronunciado vinte e uma mil e seiscentas vezes, no decorrer dos dias e das noites. O famoso *"Mantra Gâyatri"*, se encontra nos hinos do *Rig-Véda* (III, 62, 10). Ele é o seguinte:

Om, Bhuh, Bhuvar, Svat,
Tat Savitur Vareniam
Bhago Devasya Dhimahe,
Dhio Yo Nah Prachodaya...

A tradução é:

Om, Terra, Ar, Éter,

Contemplemos aquele esplendor

Celestial do deus *Savitri,* para

Que ele inspire as nossas visões.

Segundo este verso ele é conhecido como *Âjapa.* Quando cantado muitas vezes, concede a Libertação Espiritual ao *Yoguin,* ficando liberto de todo pecado, de todo erro. Não houve nem haverá prazer maior que esse *Vidyâ,* ou seja, que o conhecimento desse *Mantra.* Diz o verso que o *Gâyatri* se originou da *Kundalinî,* tal é a sua força espiritual. É ele quem mantém o *Prâna. Prâna-Vidyâ* ou, o Conhecimento do *Prâna,* é o grande conhecimento. Aquele que sabe disso é o verdadeiro conhecedor dos *Védas.*

37-44- A *Kundalinî Shakti,* localizada na parte superior do nó do umbigo é da forma de oito voltas; e permanece sempre cobrindo com a sua face, a *Nadi Sushumna,* no orifício que conduz ao *Brahmadvara* ou a porta de *Brahma,* através da qual deve ser alcançado a porta perfeitamente segura que conduz a *Brahman.* A Grande Deusa (a *Kundalinî*) dorme com a sua face fechando aquela porta. Despertada pela ação conjunta de fogo e da mente junto com o ar vital, ela, recolhendo seu corpo, se move para cima como uma agulha através do *Sushumna.* Com a *Kundalinî* o *Yoguin* deve arrombar a porta que conduz à Libertação (através de realização de *Brahman*), mesmo que a porta da casa só se abra com uma chave. Juntando as palmas de ambas as mãos (em uma linha com o coração, em atitude de oração) e em seguida, assumindo mais firmemente a postura *Padmâsana*, pressionando o queixo contra o peito direito como uma preliminar para a meditação (induzindo a *Jalandhara Bandha*, por constrição do ânus), sentindo o *Apâna*, o *Yoguin* deve forçá-lo, etapa por etapa (até que finalmente ele se torna um com o *Prâna*); posteriormente por meio de *Kumbhaka* e em virtude do poder inerente à *Kundalinî*, abandona o trabalho com o *Prâna* e aplicando-se à meditação (em *Brahman*), assume a atitude: "Eu sou *Brahman*, não afetado pelo contato com o corpos grosseiro, sutil e causal". Assim desperto completamente até um ponto inigualável, *Yoguin* atinge o *Prâna* (o *ParamAtman*). Em seguida, massageando os membros com a transpiração produzida por conta de seu esforço, o *Yoguin* deve seguir uma dieta, onde o leite predomina evitando comida ácida, adstringente e pratos salgados, devendo ser um celibatário, moderado em alimentos, com a intenção na realização pelo *Yoga*, como seu último recurso. No decorrer de pouco mais de um ano ele vai se tornar um adepto realizado. Não há necessidade de indagações sobre isso. Aquele que partilha alimentos gordurosos e doces, deixando de fora um quarto da quantidade necessária à saciedade e come para a agradar *Shiva*, é conhecido como aquele que é moderado em alimentos. A *Kundalinî Shakti* possui três voltas acima do nó do umbigo; ela sempre embaralha os tolos com ela e concede a liberação aos *Yoguins* (quando ela atinge acima do umbigo, através do caminho *Sushumna*).

COMENTÁRIO: Trecho longo e de certo modo, obscuro. Em outro trecho, está dito que a *Kundalinî* se localiza no

Chakra Muladhara. Aqui ele está acima do nó do umbigo. Esse nó certamente, é um *Granthi*. A tradição *tântrica* diz que ela tem três voltas e meia. Aqui, ela tem oito voltas. Sua cabeça está situada na abertura da *Nadi Sushumna*, fechando o *Brahmadvâra*. Após ser despertada pelo fogo da prática do *Yoga* ela sobe pela *Sushumna*, como uma agulha. Com isso o *Yoguin* deve arrombar a porta que conduz à Libertação Espiritual. Depois, o verso descreve uma técnica longa, que inclui o *Jalandhara Bandha*, a postura *Padmâsana*, a prática de *Kumbhaka* e a meditação em uma frase: "Eu sou *Brahman*, não afetado pelos meus corpos físico, sutil e causal". Assim o *Yoguin* alcança o *Atman* (*ParamAtman*). O *Yoguin* deve massagear seus membros com o suor adquirido durante as suas práticas. Em seguida, vem uma recomendação sobre qual deve ser e como deve ser a sua alimentação. Daí o texto fala de três voltas da *Kundalinî*, acima do nó do umbigo, não mais oito. A *Kundalinî* sempre engana os tolos quando apenas sobe até abaixo do nó do umbigo. Se alcança acima desse nó concede liberação ao *Yoguin*, ao ascender pela *Nadi Sushumna*.

45-51- O *Nabho Mudrâ* (*Khechari*) é um grande *Mudrâ*. Aquele *Yoguin* que conhece *Odyâna*, *Jâlandhara* e *Mulabandha*, é o receptáculo da Libertação. O que é conhecido como *Mulabandha* é quando, depois de ter pressionado os órgãos genitais com a ponta do calcanhar e firmemente, contraido os mesmos, o *Yoguin* deve enviar o *Apâna* para cima. Mesmo um velho sempre se torna um jovem por meio do *Mulabandha*, por conta da união do *Prâna* e com o *Apâna* e pela diminuição de urina e fezes. Qual um grande pássaro que voa alto sem esforço, assim é o *Odyâna*, o leão do elefante da morte. Atrás da barriga e abaixo do umbigo, o *Bandha* é conhecido como o *Târna* (*Paschima*) enquanto é conhecido como o *Odyâna* na barriga, onde o *Bandha* é prescrito. Qual um pássaro, a água de *Nabhas* da região etérea tem sua origem na cabeça e flui para baixo. Por essa razão, é conhecido como *Jâlandharabandha*, que destrói as numerosas doenças da garganta. Quando o *Jâlandharabandha* é efetuado, nem o néctar flui para o fogo, nem o ar vital salta para frente.

COMENTÁRIO: O texto faz referência a um *Mudrâ* (*Kheshari*) e a dois *Bandhas: Jâlandhara* e *Mulabandha.* Depois há uma descrição de como se faz o *Mulabandha,* que inclui a contração dos órgãos genitais. A palavra *Odyâna* não foi encontrada no conhecido Dicionário Sanscrito-Inglês, de Sri. M. Monier Williams (WILLIAMS. Sri. Monier 1995. **A Sankrit-English Dictionaire**. Oxford. Clarendon Press). Não foi possível saber o seu significado. Ao que parece, *Odyâna* é outro nome para *Mulabandha.* O texto sobre isso é confuso. A palavra *Nabhas* significa "celestial". Portanto, qual um pássaro da água celestial da região etérea, se origina na cabeça. Ela flui para baixo. Por isso é chamada de *Jâlandharabandha,* que destrói as numerosas doenças da garganta. Aqui há uma referência ao néctar que jorra dos *Chakras* da cabeça e pinga na garganta do *Yoguin,* quando faz *Jâlandharabandha.* Quando efetuado, o referido néctar não flui para o fogo, ou seja, para o fogo gástrico nem o ar vital sai para fora do corpo.

52-58- No *Khechari Mudrâ* é onde os movimentos da língua se movem para trás, de forma inversa à natural e a visão permanece entre as sobrancelhas. Aquele que conhece o *Khechari Mudrâ* está imune às doenças, à morte, ao sono, à fome, à sede e aos desmaios. Ele não é afligido por doenças de qualquer tipo nem é afetado belas observâncias (e as não observâncias) ou rituais, nem é atormentado por qualquer outro modo, sim, aquele que conhece o *Khechari Mudrâ*. A mente pensante funciona no éter e a língua se move no éter, por essa razão o *Khechari Mudrâ* é adorado por todos *Yoguins* realizados. *Yoguins* que realizam o *Khechari Mudrâ*, consideram todos os corpos (constituindo os quatorze mundos) da cabeça aos pés, como o corpo do *MahâvirâdAtman* em razão de todos os corpos onde (as 14) *Nadis* existentes, terem as suas origens no *Bindu* (o *Ishvara*). Ele em quem o orifício acima da úvula foi aberto pelo *Khechari Mudrâ*, seu *Bindu* (fluido seminal) não é emitido, mesmo se está no abraço caloroso de uma bela mulher. Enquanto o sêmen é conservado dentro do corpo, onde está o medo da morte? Enquanto o *Khechari Mudrâ* for realizado o líquido seminal não flui para fora.

COMENTÁRIO: O texto fala sobre o *Khechari Mudrâ* e as consequências para o *Yoguin*, quando é praticado. Nele há movimentos da língua para trás, colocando-a no fundo da garganta, enquanto o olhar permanece entre as sobrancelhas, no *Ajña Chakra*. Quem o conhece, está imune às doenças, à morte, ao sono, à fome, à sede e aos desmaios. Ele não é afligido por doenças de qualquer tipo. Mesmo as observâncias e as não observâncias (*Yâmas* e *Nyâmas*) não o afetam. Nem os rituais, nem qualquer outra coisa o afeta. Diz o texto que a mente funciona por causa do éter. Ou seria mais apropriado dizer por causa do *Prâna*? A não ser que o autor anônimo desta *Upanishad* considere o éter como um *Prâna*. Diz ainda que a língua, durante o *Khechari Mudrâ* se move no éter, algo sem explicação. Segundo algumas escolas *tântricas*, existem quatorze mundos, sendo sete superiores e sete inferiores, estando a terra em situação intermediária. Quem pratica *Khechari Mudrâ* considera todos os corpos, que habitam os quatorze mundos, da cabeça aos pés, como se fosse o corpo do Absoluto, do *MahâvirâdAtman*. Isto porque os corpos onde as quatorze *Nadis* existem, têm estas suas origens no *Bindu* aqui considerado como o Supremo, ou seja, *Ishvara*. A palavra *Bindu* no texto, tem dois significados: fluido seminal e o Supremo. Diz ainda o texto que um orifício acima da úvula é aberto por causa da prática do *Khechari Mudrâ*. Quando isso ocorre, o fluido seminal do praticante não é emitido, mesmo se estiver abraçado a uma bela mulher. Por não ser emitido o fluido seminal o *Yoguin* está livre do medo da morte. Se o *Khechari Mudrâ* é praticado, o líquido seminal do *Yoguin* não será emitido.

59-64- Se o fluido seminal estiver a ponto de fluir (com a visão de uma mulher) estando na entrada na cavidade vaginal, poderia ser contido à força pelo poder do *Yonimudrâ* (constrição dos órgãos genitais femininos), e tomar um curso ascendente pela uretra masculina. O sêmen é de dois tipos: o branco pálido e o vermelho. Eles chamam o branco pálido uma variedade de *Shukla* e o vermelho, de

Mahârajas. Rajas, que é da cor de um pedaço de vermelhão, permanece na região solar (acima do meio das sobrancelhas, para a esquerda), enquanto o *Shukla* permanece na região lunar, cima do meio das sobrancelhas para a direita. A mistura dos dois não pode ser facilmente alcançada por qualquer outro senão *Yoguins* – o *Bindu (Shukla)* é *Brahman*, enquanto o *Rajas* é a *Shakti,* o *Bindu* é a lua e o *Rajas* é o sol. É apenas pela união dos dois que o Elevado Estado é alcançado. Quando *Rajas,* induzido pelo poder da *Kundalinî,* juntamente com o *Prâna* efetua a união com o *Bindu,* então, por todos os meios, o *Yoguin* assumirá a forma Divina. O *Shukla,* combinado com a lua e o *Rajas* combinado com o sol, ele, que conhece a mistura harmoniosa destes dois juntos, é o conhecedor do *Yoga.*

COMENTÁRIO: Aqui há uma referência ao *Yonimudrâ.* Esse *Mudrâ* é a constrição do órgão genital feminino. Com isso, o sêmen, que está a ponto de sair, retorna e ascende pelo canal da uretra. Essa técnica *tântrica* é conhecida por *Amaroli.* No *Shiva Samhitâ* (IV, 95-98), trata-se de um *Mudrâ* ou "selo", uma técnica sexual. O *Amaroli* e o *Sahajoli* são duas formas de *Vrajoli,* em que o fluido seminal é conservado durante uma relação sexual. Se for derramado na vagina, deve ser sugado de volta pela uretra do pênis. Sobre isso, diz o autor deste livro (TINOCO, C. A. 2009. **Shiva Samhitâ**, pág, 88):

> IV.95- *Sahajolî* e *Amaroli* são duas formas de *Vajroli.* Por meio delas, o fluido seminal pode ser conservado.
>
> IV.96- Se durante a relação sexual o fluido seminal fosse inevitavelmente emitido e houvesse a união da Lua (fluido

seminal) com o Sol (fluido ovariano), esse fluido seminal deve ser sugado por meio da uretra do pênis. Isso é chamado de *Amaroli.*

IV.97- Quando o *Yoguin* é capaz de deter a descarga do seu fluido seminal por meio de *Yoni Mudrâ,* isso é chamado de *Sahajoli.* É um segredo preservado por todos os *tantras.*

Nestes versos o sentido é o do ato sexual sem derramamento do sêmen, ou se o for, o seu retorno acontece através da uretra do pênis. Esse retorno pode-se dar pela contração da vagina. Depois, o texto classifica o sêmen de acordo com a sua cor: branco pálido e vermelho. Chama-se o branco pálido uma variedade de *Shukla* e o vermelho de *Mahârajas.* *Rajas,* que é da cor de um pedaço de vermelhão permanece na região solar (acima do meio das sobrancelhas, para a esquerda), enquanto o *Shukla* permanece na região lunar, cima do meio das sobrancelhas para a direita. Solar e lunar é uma referência as duas *Nadis, Idâ* e *Pingalâ.* Somente os *Yoguins* são capazes de obter uma mistura dos dois. O *Shukla* é considerado *Brahman*, enquanto o *Rajas* é a *Shakti*. O *Bindu* é a lua e o *Rajas* é o sol. Quando a união dos dois é alcançada, o *Yoguin* atinge o Elevado Estado, o *Samâdhi.* Quando *Rajas,* induzido pelo poder da *Kundalinî*, juntamente com o *Prâna*, realiza a união com o *Bindu* o *Yoguin* será Divino, se confundirá com a Divindade. Quem conhece o poder oriundo dessa mistura, é o conhecedor do *Yoga.*

65-70- A purificação da rede de *Nadis* fazendo o Sol e a Lua se moverem e dirigirem-se para cima, faz desaparecer os humores malignos do corpo: isto é conhecido como *Mâhamudrâ*. Descansando o queixo no peito, pressionando os órgãos genitais durante um período bastante longo com o pé esquerdo, segurando com as duas mãos a perna direita esticada, enchendo a barriga com a respiração, segurando-a lá, deve o *Yoguin* gradualmente expulsá-lo: isto é o destruidor das doenças do ser humano e é conhecido como *Mâhamudrâ*. Praticar primeiro com a *Nâdi* lunar, deve-se praticá-lo novamente com o *Nadi* solar. Quando o número de práticas se tornam iguais, então ele deveria desistir do *Mudrâ*. Para ele, não há dieta própria ou imprópria que seja prescrita. Toda comida insípida se torna saborosa como alimento para ele. Comer muito, ou ingerir o veneno mais virulento, este é digerido como um néctar. No caso de quem pratica o *Mâhamudrâ*, os sintomas antecedentes, a lepra, a obstrução dos intestinos e do ânus, *Gulma* (distúrbios gastrintestinais), e indigestão, desaparecem. O *Mâhamudrâ*, dizem que traz grande realização para o ser humano. Ele deve ser mantido em segredo com muito esforço e não deve ser dado indiscriminadamente para qualquer pessoa.

COMENTÁRIO: O texto fala do *Mâhamudrâ*. Em seguinda, é descrito como deve ser realizado. Primeiramente, ele deve ser feito com a *Nâdi* lunar, isto é, com a narina esquerda. Depois, com a narina direita. Quando o número de práticas com cada narina se torna igual o *Yoguin*, após muitas vezes, deve parar. Ele deve ser mantido em segredo. Sobre isso, é importante citar o seguinte trecho do *Ghranda Samhitâ* (TINOCO, Carlos Alberto. 2007. **Gheranda Samhitâ**):

> III.94. Ó, *Chandra Kapali*. Assim tenho dito para ti o capítulo sobre os *Mudrâs*, os quais são amados por todos os *Yoguins*

adeptos e que anulam a decadência e a morte.

III.95. Isto não deve ser ensinado a qualquer pessoa, nem a uma pessoa maldosa nem a uma sem fé. Deve ser conservado em segredo e com grande cuidado.

Praticando-o, qualquer dieta é adequada, mesmo se for ingerido veneno, nenhum mal haverá.

71- Assumindo corretamente a postura de *Padmâsana*, mantendo o corpo e a cabeça eretos em uma linha, deve-se recitar em silêncio o Imperecível *Japa Omkara*, em um lugar isolado, com os olhos descansando bem na ponta do nariz.

COMENTÁRIO: A palavra *Omkara* é o mesmo que o *Mantra Om*. O texto indica uma postura meditativa, *Padmâsana*, que deve ser assumida pelo *Yoguin*, para cantar o referido *Mantra*, enquanto mantém o olhar fixo na ponta do nariz.

72-73- *Om (AUM)*, o eterno, o puro, o desperto, o indeterminado, o perfeito, o indescritível, aquele que não tem origem nem dissolução, o único, o *Turya*, o que permanece sempre um, através das revoluções do passado, do presente e do futuro, o indivisível sempre, o *Brahman* transcendente, implicado no *Prânava*. Dele nasceu a *Parâshakti*, a essência da luz radiante e pura. Do *Atman* foi gerado o éter. Do éter foi gerado o ar ou *Vâyu*. Do ar, *Agni* ou o fogo. Do fogo, *Âpah* ou águas. Das águas, *Prthivi* ou a terra. Desses cinco elementos, *Sadâshiva, Ishvara, Rudra, Vishnu* e *Brahma* são os cinco Senhores. Desses, *Brahma, Vishnu* e *Rudra* tem por função a criação, manutenção e dissolução, respectivamente. *Brahma* é caracterizado por *Rajas* ou mobilidade. *Vishnu* por *Sattva* ou ritmo e *Rudra* por *Tamas* ou inércia. Assim, esses três são possuidores dos *Gunas*. *Brahma* tornou-se o primeiro dentre os *Devas*. *Dhâtri* em criação, *Vishnu* em manutenção, *Rudra* em destruição e *Indra* em desfrutar tornou-se o primeiro nascido. Desses, de *Brahma*, os quatorze mundos, os *Devas*, as espécies grosseiras, o homem e os objetos inanimados tiveram suas origens. Desses o corpo do homem e as espécies inferiores são a combinação dos cinco elementos. Este *Jiva*, que mora no corpo, se compõe de elementos brutos envolvidos em *Pañcikarana* e é constituído por órgãos de percepção e de ação motora, incluindo suas funções cognoscentes, os cinco ares vitais, o *Prâna* e outros, *Manas* (a sede de cognição), *Buddhi* (a sede do intelecto), *Chitta* (a sede do pensamento) e o *Ahâmkara* (a sede de autoconsciência), é dito ser o *Sthula-Prakriti* que deleita-se no estado desperto, o *Vishva*. O *Taijasa* existe no corpo sutil, durante o estado de sonho, com os órgãos da percepção e motores, incluindo suas funções cognitivas, os cinco ares vitais, o *Prâna* e os outros, *Manas* e *Buddhi*, que é conhecido apenas como *Linga*. Este, que é possuidor dos três *Gunas* é o corpo sutil, onde o estado de *Prajña* aparece durante o estado de sono profundo. Assim, há três tipos de corpos para todos os seres. Há quatro estados de consciênca conhecidos por *Jâgrat* (vigília), *Svapna* (sonho), *Susupi* (sono profundo) e *Turya* (o quarto). Os *Purushas*, que são os controladores desses estados, são quatro em número: *Vishva, Taijasa, Prajña* e o *Atman*. O *Vishva* é desfrutado pelo corpo grosseiro; o *Taijasa* é desfrutado no desprendimento completo. Similarmente, o *Prajña* deleita-se na Graça. Para além desse, há a Total Testemunha. O *Prânava*, o *Turya* é a Testemunha Silenciosa em todos os tipos de *Jivas* que se encontram no interior do corpo grosseiro, desfrutando do seu prazer, enquanto o *Abhirâma* (o *Turya* que brilha ao redor) deve estar presente em todos os três estados (vigília, sonho e sono profundo de todos os *Jivas*), com o rosto virado para baixo.

COMENTÁRIO: Texto longo com frases confusas entre parênteses. No início, há um comentário sobre o *Mantra Om* (*AUM*), que é a representação sonora do Absoluto. Depois, há uma série de referências às origens dos três elementos. Deles, *Sadâshiva, Ishvara, Rudra, Vishnu* e *Brahma* são os cinco Senhores. *Sadâshiva* significa "O Eterno *Shiva*", também conhecido por *Panchanana* ou, o "Com Cinco Faces". É uma representação de *Shiva* com cinco faces e muitas vezes, com dez braços. Nessa forma ele representa os cinco atos cósmicos: criação, preservação, destruição, segredo e salvação. Uma variação dessa manifestação é o leão, sobre o qual ele fica de pé. *Ishvara* é conhecido nos *Yoga Sutras* como o Supremo. *Rudra* é o antigo nome de *Shiva.* Aqui, *Rudra, Vishnu* e *Brahma* são os três *Devas* que compõem a *Trimurti.* Eles representam, respectivamente, a destruição, a manutenção e a criação. Daí o texto especifica os *Gunas* associados a *Brahma, Vishnu* e *Rudra.* O primeiro dos *Devas* é *Brahma.* O texto ainda especifica mais dois *Devas,* do seguinte modo: *Dhâtri* em criação, *Vishnu* em manutenção, *Rudra* em destruição e *Indra* em desfrutar, tornou-se o primeiro nascido, ou seja, *Dhâtri* e *Indra.* De *Brahma,* se originaram os catorze mundos, os *Devas,* as diversas espécies grosseiras e o homem e os objetos inanimados. O corpo do homem e o das espécies inferiores, são formados pelos cinco elementos. A palavra *Pañcikarana* significa "quintuplicação", uma referência ao fato de os corpos físicos dos seres vivos serem formados pelos cinco elementos. Depois, vem a composição do *Jiva:* 1- órgãos da percepção (*Jñanaendryas*): visão, audição, tato, paladar, odor. 2- órgãos de ação motora (*Karmendryas*): fala, preensão, locomoção, evacuação e procriação. 3- os cinco tipos de *Prânas.* 4- *Manas* (a sede de cognição). 5- *Buddhi* (a sede do intelecto). 6- *Chitta* (a sede do pensamento) e 7- o *Ahâmkara* (a sede de autoconsciência) ou o Ego. Este pertence ao estado de *Vishva*, a vigília. O *Taijasa* pertence ao corpo sutil, no sonho. O *Prajña* aparece no estado de sono profundo. Portanto há três tipos de corpos para todos os seres vivos: o grosseiro, o sutil e o causal. Há quatro estados de consciência conhecidos por *Jâgrat:* (vigília). *Svapna* (sonho). *Susupi* (sono profundo) e *Turya* (o quarto). Depois disso, o texto diz sobre os *Purushas* controlam quatro estados de consciência: 1- *Vishva.* 2- *Taijasa.* 3- *Prajña.* 4- o *Atman.* O *Vishva* é desfrutado pelo corpo grosseiro; o *Taijasa* é desfrutado no desprendimento completo, ou seja, no sonho. Similarmente, o *Prajña* deleita-se na Graça. Para além desse, há a Testemunha Silenciosa, o Si Mesmo, que é o estado de *Turya.* Esse estado permeia ou está presente nos outros três, de forma inconsciente. O autor deste livro não conseguiu saber o que significa estar com o rosto voltado para baixo.

74-78- *Akâra, Ukâra* e *Makâra* e assim, as três *Varnas*, os três *Védas*, os três mundos, os três *Gunas*, as três letras.

Dessa maneira, brilha o *Prânava*. O *Akâsha* (éter) ou "*A*" está no estado de vigília e no olho de todas os seres. O *Ukâra* ou "*U*", está na garganta no estado de sonho e o *Makâra* ou "*M*", está no coração, no estado de sono profundo. O "*A*" é *Viraj*, o *Vishva* e o *Sthûla*. O "*U*" é *Hiraniagârbha*, o *Taijasa* e o *Sukshma*. O "*M*" é *Kârana*, o *Avyâkrita* e o *Prajña*. O "*A*" se considera *Râjasico* (móvel), vermelho na cor, *Brahma* e senciente. O "*U*" é dito ser *Sattvico* (rítmico), de cor branca e *Vishnu*. O "*M*" é dito ser *Tamásico* (inércia), de cor negra, e *Rudra*. Do *Prânava* foi gerado *Brahma*, do *Prânava* foi gerado *Hari*, do *Prânava* foi gerado *Rudra*. O *Prânava*, verdadeiramente, tornou-se o *Para* (o *Atman* transcendente). No "*A*" é dissolvido *Brahma*, no "*U*" é dissolvido *Hari*, no "*M*" é dissolvido *Rudra* – o *Prânava* é o Manifesto.

COMENTÁRIO: O texto fala sobre o *Prânava Om* (*AUM*). As palavras *Akâra, Ukâra* e *Makâra*, são as três letras *A-U-M* do *Prânava*. O número três, na literatura *védica*, é algo sagrado pois pode se referir aos três *Védas* (*Rig, Sâma* e *Yajur*), às três castas superiores (*brâhmane, kshâtrya, vaishya*), aos três mundos (terrestre, intermediário e celeste) e, às tês letras citadas. Depois há uma associação entre as três letras e os três estados de consciência. Em seguida há uma comparação dessas três letras com os três corpos do ser humano (*Sthula, Sukshma, Karana*). E por fim, há a relação dos *Gunas* com as três letras, concluindo com os *Gunas* que estão associados aos três *Devas* da *Trimurti*. Assim, o *Prânava* é o *Atman*.

79-81- O *Prânava* tenderá para cima no caso dos iluminados, enquanto no caso de ignorantes ele tenderá para baixo. Assim se situará no *Prânava.* Aquele que sabe disso, é o conhecedor do *Yoga.* No caso dos iluminados, ele irá para cima na forma de *Anâhat* (o *Brahman* ininterrupto no interior que se manifesta no éter *Anâhat* do coração). Semelhante a um fluxo ininterrupto de óleo e o longo repicar de um sino, é a ressonância do *Prânava.* O seu mais alto tom, é conhecido por *Brahman.* Aquele tom mais alto é cheio de radiância e é indescritível, mesmo com o mais agudo intelecto. Aqueles de alma elevada, O viram outrora. Aquele que sabe disso, é o conhecedor do *Véda.*

COMENTÁRIO: As almas iluminadas que cantam o *Prânava,* este as levará para o alto. Se os ignorantes que o cantam, Ele os levará para baixo. Assim é o poder do *Prânava.* Quem sabe disso, é o conhecedor do *Yoga.* Se as almas iluminadas O cantam, o *Prânava* os levará para cima até o *Chakra Anâhat* (onde o *Brahman* Supremo se encontra no éter do coração). Sua ressonância se assemelha ao longo repicar de um sino ou a um fluxo ininterrupto de óleo. Seu tom mais alto é o próprio Absoluto. Esse tom é cheio de radiância, sendo impossível de ser descrito, mesmo pelo mais agudo intelecto. Na antiguidade os de alma elevada, O viram. Quem sabe disso é considerado como o conhecedor do *Véda.*

82-84- No estado de vigília, entre os dois olhos, está manifestado o *Hamsa* (o *ParamAtman,* ininterrupto no interior). O *"Sa"* (o *Khecharî Bija*) é conhecido como *Khecharî* e tem sido tomado para indicar o *Tvam-padârtha.* O *"Ha"* é o *Paramesha* (o *ParamAtman,* e indica conclusivamente este estado, a Suprema Consciência). Quanto ao *"Sa"*, o *Jiva* medita sobre o *ParamAtman* com a atitude mental: "Eu sou Ele, o *ParamAtman*". Assim ele certamente, torna-se o *"Ha"*, que também significa o *ParamAtman* e assim o *ParamAtman*, de acordo com as escrituras *Srutis:* "Aquele que conhece *Brahman*, torna-se *Brahman*". O *Jiva* é subjugado e mantido em cativeiro pelos órgãos dos sentidos, enquanto o *Atman* não está a eles amarrado. No caso do primeiro, há espaço para o surgimento da concepção falsa de "Eu" e "meu ", com referência ao corpo, enquanto que no caso deste último, isso não acontece. O *Jiva* é afetado pelo sentido de "meu", enquanto o Absoluto (*Atman*), permanece inafetado pelo sentido de "meu".

COMENTÁRIO: Aqui há uma referência ao *Mantra* do cisne, *Hamsa*. Entre as sobrancelhas, está o *Âjña Chakra,* onde se diz estar situado o "Olho de *Shiva*". Ali está o *Hamsa,* o *ParamAtman*. O *Sa* é conhecido como *Kechari,* que significa o estado de *Shiva* ou aquele que se move no coração de todos os seres, o *Avyâkrita,* que é o *Tvam-padârtha* (o Tu substancial, a consciência mais interna). O autor não sabe o que significa "virado para fora". O *Ha* também é o *ParamAtman.* Quanto ao *Sa,* onde o *Yoguin* assume a atitude mental: "Eu sou Ele, o *ParamAtman"*, é idêntico ao *Ha*. De acordo com as escrituras do hinduísmo, "Aquele que conhece *Brahman,* se torna *Brahman*". Quem prende o *Jiva* ao corpo, são os órgãos dos sentidos. O mesmo não acontece com o *Atman*. Preso ao corpo, o *Jiva* se ilude, com concepções falsas como "Eu" e "meu". O *Atman,* não sofre dessa ilusão.

85-88- *Bhur, Bhurvar, Svar,* essas palavras têm, como as deidades que as presidem, *Soma, Sûrya* e *Âgni*. Dentre essas sílabas, fica estabelecido que *"AUM"* é a radiância transcendente. Onde (as três *Shaktis*) *Icchâ* (desejo), *Kriya* (ação) e também *Jñana* (conhecimento) a ela inerentes, cujas sílabas juntas, formam uma palavra de forma tríplice, pertence a *Brahma, Rudra* e *Vishnu,* é o *"AUM",* o resplendor transcendente. Deve-se pronunciar diariamente, com palavras, deve-se praticar isso com o corpo, deve-se pronunciar mentalmente todos os dias – que *"AUM"* é o resplendor transcendente. Se em estado puro ou impuro, ele profere o *Prânava,* não ficará manchado com o pecado, assim como a folha de lótus será purificada pela água.

COMENTÁRIO: As palavras *Bhur, Bhuvar* e *Svar,* significam, respectivamente, terra, ar e éter. Segundo o texto, cada uma delas possui uma deidade: *Soma* (deidade associada à bebida alucinogênica tomada pelos sacerdotes da Índia antiga durante rituais). *Surya* (o sol). *Âgni* (o fogo). Dentre elas, o *Om* (*AUM*) é a radiância transcendente. Em seguida, o texto se refere às três *Shaktis: Icchâna, Kriya* e *Jñana*. A elas pertence a palavra formada por três letras: *AUM*. Cada uma dessas letras pertence a *Brahma, Rudra* e *Vishnu*. O *Mantra AUM* deve ser cantado ou praticado diariamente, com o corpo e com palavras. Esse *Prânava* limpa do pecado, àquele que o pronuncia, assim como o lótus é limpo pela água.

89-92- Quando o ar vital (*Prâna*) se move, o *Bindu* também se move. Quando o primeiro é imóvel, este último também é imóvel. Quando o *Yoguin* adquire total imobilidade como se fosse um tronco de madeira, ele deve controlar o ar vital. Esse ar vital permanece no corpo, até que o *Jiva* o deixe. Quando o *Jiva* abandona o corpo, este morre. Portanto, o *Yoguin* deve controlar o ar vital. Enquanto o ar vital estiver no corpo, o *Jiva* não o abandona. Enquanto o olhar estiver fixado entre as sobrancelhas, por que deveria haver medo da morte? Com desprezo pelo medo da morte, mesmo *Brahman* teria a intenção de controlar a respiração. Por essa razão, o *Yoguin* e os Sábios devem controlar os ares vitais.

COMENTÁRIO: Aqui, há uma referência ao fato de haver uma relação entre o *Prâna* e o sémen (*Bindu*). Quando o primeiro está parado, o sêmen também está. Ficando imóvel, o *Yoguin* deve controlar seu *Prâna.* Este, permanece no corpo, até que o *Jiva* o abandone. Quando o *Jiva* sai do corpo, este morre. Daí a importância do *Prâna* para a vida. Por essa razão, o *Yoguin* deve controlá-lo. Enquanto se mantiver o olhar fixado entre as sobrancelhas no *Ajña Chakra,* desaparece o medo da morte. É tão importante controlar o ar vital que mesmo *Brahman* deveria controlar sua respiração. Por esse motivo, *Yoguins* Sábios devem controlar seus ares vitais.

93-94- O *Hamsa* (o *Prâna*) caminha para fora, uma distância de 26 dígitos de comprimentos, pelos caminhos da direita e da esquerda, através das vias das *Nadis Idâ* e *Pingalâ*. Por isso é recomendado o controle da respiração. Quando o sistema de *Nadis* que está cheio de impurezas é purificado então por si só o *Yoguin* se torna apto a controlar o ar vital, por meio *de Kevala Kumbhaka*.

COMENTÁRIO: O *Prâna* sai do corpo, com uma distância de 26 dígitos, através das *Nadis Idâ* e *Pingalâ*. Por isso é recomendado o controle da respiração. Há uma correlação entre o *Prâna* que se encontra no ar e a respiração. Respiração ofegante, *Prâna* agitado e vice-versa. Quando as *Nadis* estão cheias de impurezas, deve-se praticar o *Kevala Kumbhaka*.

95-97- Assumindo a postura *Padmâsana*, ele deve sentir o ar vital através da *Nadi* lunar, mantendo isso tanto quanto possa e novamente, expelindo-o através da *Nâdi* solar. Meditando sobre o disco lunar, assemelhando-se ao oceano de néctar branco como leite de vaca, durante a prática do *Prânâyâma*, o *Yoguin* se sente confortavelmente. Meditando no disco solar adorável como a Radiância da Existência, sentado com o coração pulsando e radiante durante o *Prânâyâma*, o *Yoguin* sente conforto.

COMENTÁRIO: Trata-se de uma técnica de respiração polarizada, chamada *Nadi Chodam Prânâyâma*. Deve-se fazê-lo, meditando nos discos lunar e solar, alternadamente.

98-99- Através de *Idâ*, deve o *Yoguin* manter o ar vital como foi prescrito e novamente, expeli-lo através da outra *Nâdi*. Então através de *Pingalâ*, mantendo o ar vital ele deve expeli-lo pela *Nâdi* da esquerda. O sistema de *Nadis* do *Yoguin*, cheio de poder e de controle, meditando nos dois discos (*Bindus*) do sol e da lua, como foi prescrito nesta regra, se purificará no decorrer de pouco mais de dois meses. A manutenção do ar vital tanto quanto é desejado, os gravetos são para o fogo, a manifestação distinta dos sons *Nâda* e boa saúde, são produzidos pela purificação das *Nadis*.

COMENTÁRIO: Novamente uma referência à respiração polarizada. Realizando-a, o *Yoguin* terá as suas *Nadis* purificadas em pouco mais de dois meses. Manter o ar vital tanto quanto se deseje, faz aparecer os sons místicos *Nâda*, e a boa saúde. Isso se consegue pela purificação das *Nadis*. O autor não entendeu a referência aos gravetos para fogo.

100-108- Tanto quanto o *Prâna* permanece no corpo, o *Yoguin* deve regular o *Apâna*. *Mâtrâ* (a unidade de medida da respiração) é o tempo empregado por uma simples (inspiração e expiração, de modo normal) realizado pelo *Gagana* ou *Âkasha*, para cima e para baixo. O *Rechaka*, o *Pûraka* e o *Kumbhaka*, são da natureza do *Prânava*. De acordo com essa contagem, o *Prânâyâma* é realizado em 12 *Mâtrâs*. O sol e a lua (caminhando através das suas respectivas *Nadis*) por um período de 12 *Mâtrâs* de duração, através dos dias e das noites, sem descanso, deve ser claramente compreendido belo *Yoguin*. Então ele deve realizar *Pûraka* por um período de tempo de 12 *Mâtrâs*. *Kûmbhaka* deve ter a duração de 16 *Mâtrâs*, *Rechaka* de 10 *Mâtrâs* e *Omkâra* de 10 *Mâtrâs*. Isto é conhecido como *Prânâyâma*. A prática do tipo inferior de *Prânâyâma* é de 12 *Mâtrâs* de duração. O do tipo médio é considerado ser de duas vezes ou mais. O tipo superior, se diz ser o triplo ou mais. Dessa maneira, fica determinado o tipo de *Prânâyâma*. No tipo inferior, ocorre profusa transpiração generalizada; no tipo médio, há a experiência do tremor; no do tipo superior, o *Yoguin* atinge a posição correta. Portanto, deve-se controlar o ar vital. O *Yoguin,* assumindo a postura *Padmâsana* e saudando seu *Guru* e *Shiva,* deve praticar *Prânâyâma* só, com os seus olhos fixados no ponta do nariz. Tendo conseguido o controle dos nove orifícios, tendo realizado o domínio da respiração movendo o *Prâna* junto com o poder *Kundalinî,* ele conduz o *Apâna* através dos seis centros de energia, o *Muladhâra* e outros em ordem, enquanto medita no *Atman,* firmemente fixando o *TuryAtman* de milhares de pétalas no topo da cabeça, de acordo com as regras. Assim, não haverá necessidade da companhia dos grandes seres para ele. Desse modo, o *Prânâyâna* se torna o fogo que alimenta a destruição dos pecados e é declarado ser a ponte que atravessa o oceano da existência mundana do *Yoguin.*

COMENTÁRIO: O texto fala de uma medida de tempo para a respiração, denominada *Mâtrâ.* Ele corresponde ao tempo de uma inspiração e uma expiração normal. A *Yogatattva* Upanishad, no verso 100, define *Mâtrâ* como o intervalo de tempo necessário para se estalar os dedos, rodeando o joelho direito com a mão. O *Rechaka,* o *Pûraka* e o *Kumbhaka,* significa inspirar, expirar e reter a respiração. Eles possuem a natureza do *Prânava,* do Absoluto. Em seguida, o texto ensina uma técnica de *Prânâyâma* onde está incluído o *Omkara,* que é o *Mantra Om.* Depois o texto explica sobre os três tipos de *Prânâyâmas,* inferior, médio e superior, definindo o que acontece com o praticante em cada um deles. Há uma técnica de conduzir o *Apâna* através dos seis *Chakras,* começando com o *Muladhâra,* enquanto se medita no *Atman,* fixando a atenção no *Chakra Sahasrara,* aqui chamado de *TuryAtman,* situado no topo da cabeça.

Ao proceder assim, o *Yoguin* não necessitará da companhia dos grandes seres. E assim, o *Prânâyâma* se torna como uma ponte que atravessa o oceano na existência mundana do *Yoguin*.

109-113- O *Yoguin* destrói doenças por meio das posturas, pecados por meio do *Prânâyâma* e realiza transformações mentais, retraindo a mente (*Pratyahara*). Por meio de *Dhâranâ* (fixação firme da mente) ele alcança força mental e no *Samâdhi*, adquire maravilhosa consciência e com a renúncia das observâncias, auspiciosas e inauspiciosas, alcança a Libertação Espiritual. Com 24 *Pratyaharas*, é gerada uma auspiciosa *Dhâranâ*. 12 *Dhâranâs* são ditas para constituírem uma *Dhyâna* por aqueles bem versados no *Yoga*. Composto por 12 *Dhyânas*, é o que se chama *Samâdhi*. No *Samâdhi* há um brilho requintado, sem fim e permeando todos os lados. Quando isso é visto o *Yoguin* perde todas as suas dúvidas e como tal, não há mais preocupações relativas ao cumprimento das observâncias para ele.

COMENTÁRIO: O *Yoguin* destrói doenças pela realização das posturas, os pecados, pelos *Prânâyâmas* e mudanças mentais, pelo *Pratyahara* que é a retração da mente. Pela meditação (*Dhâranâ*) o *Yoguin* alcança força mental e poder de concentração. No *Samâdhi* ele adquire maravilhosa consciência. Com a renúncia das observâncias, auspiciosas ou não, alcança Libertação Espiritual. As observâncias, segundo *Patañjali*, são os *Nyâmas*. Renunciando a elas se alcança a Libertação Espiritual. 24 *Pratyâharas* equivalem a uma *Dhâranâ*. Doze *Dhâranâs*, são uma *Dhyâna*. 12 *Dhyâ-*

nas constituem um *Samâdhi.* Quando este ocorre, aparece um brilho requintado e sem fim, permeando todos os lados. Quando ele observa isso, ele perde suas dúvidas, não havendo mais preocupações quanto ao cumprimento das observâncias.

114-115- Assumindo a postura de *Siddhasana* com os genitais entre o par de calcanhares, fechando os orifícios dos ouvidos, olhos e narinas, com os dedos sentindo o ar vital através da boca e segurando-o no peito, juntamente com *Apâna* ali dirigido pelo esforço frequente e com os três tipos de *Bandhas*, deve-se fixar a mente (*Dhâranâ*) no *Turya, TuryAtman* ou *Sahasrara* no topo da cabeça. Fazendo assim o *Yoguin*, com a sua mente dirigida ao Supremo *Tattva*, alcança equanimidade com Ele. Quando o ar vital alcança o *Avyâkrita Gagana* ou *Akâsha* do coração, um grande som é produzido como um sino e outros instrumentos musicais. Isso é conhecido como a realização do som *Nâda*.

COMENTÁRIO: Aqui trata-se de uma técnica meditativa associada a uma postura e a um *Prânâyâma*. Em *Siddhasana* o *Yoguin* deve fechar os orifícios da cabeça, enquanto respira pela boca, retendo o ar, fazendo os três *Bandhas.* Fixando o olhar no *Chakra Sahasrara* e elevando a mente ao Supremo, ele alcança a equanimidade. Quando o *Apâna* alcança o coração o *Yoguin* escuta um som, semelhante ao repique de sinos ou outros instrumentos musicais. São os sons *Nada.* Sobre eles, assim diz o *Gheranda Samhitâ* (TINOCO, Carlos Alberto 2007. **Gheranda Samhitâ**, pág. 89):

    6. *Brahmari* (o *Kumbhaka* do zumbido do escaravelho)

V.78. Após a meia noite, em um local onde não se possa ouvir os ruídos dos animais ou nenhum outro, o *Yoguin* deve realizar *Puraka* e *Kumbhaka,* fechando os ouvidos com as mãos.

V.79-80. Então, o *Yoguin* escutará vários sons internos em seu ouvido direito. O primeiro será como flauta. Depois, como trovão, címbalos, abelhas, sino, gongo, trompete, tambor simples, tambor duplo, nessa ordem.

V.81-82. Assim, ele consegue perceber diversos sons durante sua prática diária. Por trás de todos eles, se pode perceber o som *Anahat,* oriundo do coração. Deste som se origina uma ressonância na qual está uma luz. Nela a mente deve submergir. Estando a mente concentrada, atinge primeiro o domínio de *Vishnu* (*Paramapada*). Pelo domínio deste *Brahmari,* se alcança sucesso no *Samâdhi.*

116-119- Para ele que domina o *Prânâyâma,* haverá a destruição das doenças. Para aqueles que não realizam o *Prânâyâma,* haverá a geração de várias doenças. Soluço, bronquite, asma, doenças da cabeça, ouvidos e olhos e vários outros tipos de doenças, são geradas pelo mal uso do ar vital. Como o leão, o elefante e o tigre são domesticados por etapas lentamente, assim é o ar vital, até estar bem regulado. Caso contrário, ele mata o praticante. Deve-se enviar o ar vital de acordo com o que é exigido; deve-se preencher o corpo de acordo com o que é exigido; deve-se mantê-lo no corpo, de acordo com as exigências e fazendo assim, ele vai finalmente conseguir sucesso.

COMENTÁRIO: A prática regular de *Prânâyâma*, cura enfermidades. Aqueles que não o praticam, adoecem. Sua prática cura principalmente, as doenças respiratórias e da cabeça, tais como, soluço, bronquite, asma, doenças dos olhos, ouvidos etc. Assim como o leão, o elefante e o tigre são domesticados lentamente, o ar vital será dominado após demorada prática de *Prânâyâma*. Se não for assim, o *Prânâyâma* pode matar ou causar desequilíbrios psíquicos. Inspirar, reter e expelir o ar vital são coisas que devem ser feitas de acordo com regras, com exigências e não aleatoriamente.

120-121- Quando os olhos e outros órgãos dos sentidos buscam descontroladamente a gratificação dos prazeres sensuais, peculiares a cada um deles e a sua retirada deles, é o que se chama *Pratyahara*. Assim como o sol retira o seu brilho no começo do terceiro quarto do dia, o *Yoguin* deve retirar todas as transformações mentais, permanecendo separado no terceiro estágio da sua vida (*Vanaprashta*). E assim com pleno conhecimento oriundo da negação de tudo, conhece *Brahman*, a não diferenciada essência, tornando-se *Brahman*. Assim é a *Upanishad*.

COMENTÁRIO: O texto fala de *Pratyahara,* uma técnica especificada por *Patañjali,* nos seus *Yoga Sutras. Pratyahara* é a retração dos sentidos ou a inversão dos sentidos, quando o praticante imagina sentir mentalmente, toques, sabores, odores e sons, visões de objetos ou fatos, invertendo o fluxo normal dos sentidos, ou seja, de dentro para fora. Assim como o sol retira seus raios no terceiro quarto do dia, o *Yoguin* deve mudar sua mente, quando chegar à terceira fase da sua vida, a de *Vanaprashta*. Assim termina esta *Upanishad*.

BIBLIOGRAFIA

TINOCO, Carlos Alberto (2009). *Siva Samhitâ*. São Paulo, Madras Editora, pág. 88.

IDEM. (2007). *Gheranda Samhitâ*. Limeira-SP, Conhecimento Editorial Ltda, págs. 71 e 72.

IBIDEM. **Ibidem**. pág. 89.

6. Yogashikka Upanishad

A palavra "*Yogashika*" significa "Cume do *Yoga*". Assim *Yogashikka Upanishad* significa "*Upanishad* do Cume do *Yoga*" ou, "*Upanishad* do Elevado Ponto de Meditação *Yóguica*". Ela pertence ao *Krishna Yajur-Véda* ou *Yajur-Véda* Negro, sendo a de número 73 na relação das 108, tratando também do *Jñana Yoga*. A tradução aqui apresentada foi extraída de Deussen e *Goswami Kriyananda*, combinadas, pertencendo a tradição do Norte da Índia.

A seguir, a tradução comentada da *Yogashikka Upanishad*.

1- Eu irei proclamar o pico do *Yoga*,
O qual é o mais elevado dos conhecimentos,
Aquele que medita na palavra sagrada[1],
Nunca sentirá seus membros tremerem.

---
1. A sílaba *Om*.

COMENTÁRIO: O autor anônimo desta *Upanishad*, fazendo o papel de narrador, informa ao leitor que vai proclamar o pico, o cume do *Yoga*, que é a mais elevada forma de conhecimento. Aquele que medita na sílaba *Om* nunca sentirá tremor nos membros.

Um Breve Relato da Meditação *Yóguica*.

2- Escolhendo uma postura do tipo lótus,
Ou qualquer outra que possa agradá-lo,
Fixando o olhar na ponta do nariz,
Com as mãos e os pés pressionando próximos,

COMENTÁRIO: O verso indica o início de uma prática do Yoga.

3- Controlando a mente em todos os sentidos,
O Sábio meditará,
Continuamente sobre a sílaba *Om*,
Consagrando o Elevado Supremo no coração.

COMENTÁRIO: Após sentar-se em postura meditativa, controlando a mente o *Yoguin* meditará continuamente sobre a sílaba *Om*, consagrando no seu coração, o Supremo Ser.

Penetrando no Supremo e Voando Até Ele, Após a Morte

4- Sobre o pilar[1], há três potes[2],
Com nove portas[3], tendo cinco *Devas*[4],
Guardando o templo, ele é o corpo,
E nele, deve procurar o Supremo.

COMENTÁRIO: O verso diz que no alto da coluna vertebral, estão três *Nadis* citadas ou ali terminando. Depois se refere ao corpo de nove aberturas e com cinco órgãos dos sentidos. Esse corpo, deve ser considerado como um templo e nele deve-se procurar o Supremo. Para o autor anônimo desta *Upanishad,* o Supremo deve ser buscado no corpo. Sobre a valorização do corpo, assim diz o *Kula-Arnava-Tantra*, I, 18-21 (FEUESTEIN, Georg 2001. ***Tantra*-Sexualidade e Espiritualidade**, pág. 69*):*

> Como pode alguém vir a conhecer o propósito da vida humana sem possuir um corpo humano? Por essa razão, tendo obtido a dádiva de um corpo humano, poderia realizar feitos meritórios.
>
> Aldeia, casa, terra, dinheiro, até mesmo um *Karma* auspicioso e inauspicioso podem ser obtidos vezes sem conta, mas não um corpo humano
>
> As pessoas sempre fazem um esforço para proteger o corpo. Elas não desejam abandonar o corpo mesmo quando acometidas de lepra e outras doenças.
>
> Pelo propósito de alcançar conhecimento, a pessoa virtuosa deveria preservar o corpo com esforço. O conhecimento é adquirido pelo *Yoga* da meditação. Ele (o *Yoguin*), será libertado rapidamente".

---

1. A coluna vertebral
2. As *Nadis, Idâ, Pingalâ* e *Sushumna* ou, os três *Gunas.*
3. As nove aberturas do corpo: dois olhos, dois ouvidos, duas narinas, a boca, o ânus e a uretra.
4. Os cinco órgãos dos sentidos

O mesmo pensamento pode ser encontrado no *Yoga--Vasishtha* (IV, 23, 18-24) (FEUERSTEIN, Georg 2001. **Idem**, pág. 73):

> Para a pessoa ignorante este corpo é a fonte de sofrimento sem fim, mas para a pessoa sábia este corpo é a fonte do prazer infinito.
>
> Para a pessoa sábia, o corpo serve como um veículo que pode transportá-la com rapidez neste mundo, e é conhecido como uma carruagem para alcançar a libertação e o deleite sem fim.

Portanto, o corpo é o veículo para se alcançar a Libertação Espiritual, devendo ser bem cuidado.

5- Nele brilha o sol,
Com chamas semelhantes a raios rodeados,
Em seu meio por fogo,
Que arde como o pavio de uma lamparina.

COMENTÁRIO: No corpo, brilha o sol, o *Atman,* com chamas semelhantes a raios rodeados no centro por fogo, que arde como o pavio de uma lamparina.

6- Tão grande quanto a chama indicada,
O Supremo ali também é Grande.
Praticando o *Yoga* repetidamente,
O *Yoguin* penetra naquele sol,

COMENTÁRIO: O Supremo que está no corpo, é tão

grande quanto a chama ali existente, tão grande quanto o *Atman*. Se o *Yoguin* pratica *Yoga* repetidamente, penetra no Supremo.

7- Em seguida, ele sobe em zig-zag,

Através da porta brilhante da *Sushumna*.

Rompendo a cúpula cerebral,

Ele finalmente, vê o Elevado Supremo.

COMENTÁRIO: Quem sobe em zig-zag é a energia *Kundalinî*, penetrando na entrada da *Nâdi Sushumna* que é brilhante. Através dessa *Nâdi*, ela sobe até alcançar o topo do crânio, quando então o *Yoguin* percebe o Supremo, ou seja, ele realiza a união *Shiva-Shakti*.

Um Substituto para o Yoga

8- Sim, ainda que desatento e preguiçoso,

Não veja uma maneira de meditar,

Ele pode penetrar no elevado local,

Se ele recitar três vezes por dia.

COMENTÁRIO: Mesmo que o *Yoguin* seja desatento e preguiçoso e não veja uma maneira de meditar, ele pode penetrar no elevado lugar o *Atman,* caso recite três vezes por dia, o *Mantra Om*.

9- A pura fala que eu proclamei,
Após praticar o *Yoga*,
Após encontrar, Aquele que deve ser conhecido,
É o Gracioso e Elevado Supremo.

COMENTÁRIO: O narrador diz agora, o que foi por ele proclamado é que, após praticar *Yoga* e encontrar Aquele que deve ser conhecido, descobre-se que Ele é o Supremo.

10- Quem, através de milhares de nascimentos,
Não extingue as dívidas dos seus erros,
Contempla finalmente através *Yoga*,
A dissolução do *Samsara* nesta vida.

COMENTÁRIO: Aquele que nascendo milhares de vezes, não consegue extinguir as dívidas *Kármicas* dos seus erros, pela prática do *Yoga* consegue extinguir essas dívidas, libertando-se da roda do *Samsara*.

BIBLIOGRAFIA

FEUESTEIN, Georg 2001. ***Tantra*-Sexualidade e Espiritualidade**. pág. 69, Rio de Janeiro-RJ, Editora Nova Era.

IDEM. **Idem.** pág. 73.

7. Varaha Upanishad

A palavra *Varaha* significa "Javali". *Varaha Upanishad* é, portanto, a *"Upanishad* do Javali". A tradução comentada que será aqui apresentada, é a de *K. Nârayanaswâmi Aiyar*, pertencente à tradição do Sul da índia, a mais recente. É a de número 98, na relação das 108, pertencendo ao *Krishna Yajur-Véda* ou, *Yajur-Véda* Negro. Contém uma exposição do *Jñana Yoga*.

A seguir, a tradução comentada da *Varaha Upanishad*.

INVOCAÇÃO

Om! Que Ele possa proteger-nos, a ambos, juntos.
Que Ele possa nutrir-nos, a ambos, juntos.
Que nós possamos trabalhar conjuntamente com grande energia,
Que nosso estudo seja vigoroso e efetivo.
Que nós não possamos disputar mutuamente
(ou não odiarmos ninguém).
Om! Deixe haver Paz em mim!
Deixe haver Paz em meu ambiente!
Deixe haver Paz nas forças que atuam em mim!

CAPÍTULO I
Os 96 Tattvas

O grande Sábio *Ribhu*, realizou penitência por doze anos aos *Devas* e o Senhor apareceu diante dele na forma de um javali. Ele disse: "Levante, levante e escolha a sua bênção". O Sábio levantou-se e prostrando-se diante dele, disse: "Oh! Senhor, eu não quero, em meu sonho, desejar de Ti aquelas coisas que são desejadas pelos mundanos. Todos os *Védas, Shatras, Itihasas* e todas as outras ciências, bem como *Brahma* e os outros *Devas*, falam da emancipação como resultante de um conhecimento de Tua natureza. Assim, conceda-me aquela ciência de *Brahman* que trata da Tua natureza". Então, *Bhagavan* (Senhor), na forma de um javali, disse:

COMENTÁRIO: O Senhor em forma de Javali, é uma das encarnações de *Vishnu*. Os *Avatares* ou encarnações de *Vishnu* são dez. Desses dez *Avatares*, os quatro primeiros são não humanos (teriomórficos) e correspondem à idade de ouro (*Krita Yuga*). 1- *Matsya* é o deus-peixe que resgata o legislador *Manû* do dilúvio, entregando-lhe os *Védas*, o conhecimento sagrado. 2- Como *Kúrma, Vishnu* assume a forma de uma tartaruga, que serve de pivô no episódio da batida do oceano de leite, em que *Devas* e *Asuras* (demônios) unem seus esforços para bater o mar (*Samudramánthana*), do qual surgirão o *Amrita*, elixir da imortalidade, os tesouros submersos, as *Apsaras*, ninfas celestiais e finalmente, *Lakshmí*, a deusa da beleza e da fortuna, com quem *Vishnu* se casará. 3- *Varáha* é o javali que resgata a terra do fundo do oceano primordial, dividindo-a posteriormente em sete continentes e outorgando-lhe a vida. 4- *Narasimha* é o homem-leão matador do demônio *Hiranyakâshipu*, que torturava seu próprio filho, devoto de *Vishnu*. Este demônio havia obtido de *Brahma* o privilégio de não poder ser morto por *Deva*, homem ou animal algum, nem de dia nem de noite, nem dentro nem fora do seu palácio. *Vishnu* transforma-se então numa criatura híbrida (nem homem, nem animal) e o ataca na hora do crepúsculo (nem dia, nem noite) na soleira da porta do palácio (nem dentro, nem fora), arrancando suas vísceras. 5- Na idade de prata (*Treta Yuga*), *Vishnu* encarna como *Vamana*, *Parashuráma* e *Râma*. A quinta encarnação, *Vamana*, é o anão que resgata o universo das mãos do demônio *Bali*, que o havia subjugado. *Vamana* aparece perante *Bali* e lhe pede humildemente a terra que possa cobrir com três passos. Concedido o desejo, o anão aumenta repentinamente de tamanho, cobrindo com o primeiro passo a totalidade do mundo terrenal, os céus com o segundo e sepultando o demônio no mundo subterrâneo com o terceiro. 6- *Parashuráma* ("Rama com o machado") é o restaurador das castas na disputa entre *brâhmanes* e *kshatriyas*, sacerdotes e guerreiros. 7- *Râma* (o Encantador) é o rei de *Ayodhya*, modelo exemplar do legislador. Ele é o herói do *Râmâyana*, um dos épicos do hinduísmo onde se narram as mil aventuras que viveu para resgatar a sua esposa *Sítâ* das mãos do demônio *Râvana*, seu raptor. *Sítâ* e *Râma* são o paradigma perfeito dos amantes. 8- *Krishna*, a oitava encarnação, surge na idade de bronze (*Dvapara Yuga*), aparecendo na *Bhagavad Gítâ* como o cocheiro de *Arjuna*, jovem príncipe a quem ensina a viver em harmonia com o *Karma*, tendo como pano de fundo a batalha fratricida de *Kurukshetra*, que representa a dinâmica da própria vida. 9- Na idade de ferro (*Kali Yuga*, "era do conflito") ele encarna como *Buddha* e 10- *Kalki*. *Buddha*, o nono *Avatar*, é uma tentativa de integrar a heterodoxia *budista* no hinduísmo que demonstra a abertura, pluralidade e tolerância da religião hindu. Finalmente *Kalki*, o homem-cavalo que construirá uma nova era de ouro sobre as cinzas da atual era de ferro. No meio do caos surgirá este *Avatar* para restabelecer a ordem do *Dharma*, a lei da justiça. Esta encarnação é representada como um homem com cabeça de cavalo e quatro braços, ou ainda pelo próprio *Vishnu*, rodeado dos seus atributos usuais, empunhando uma espada e montado num cavalo branco.

1- Alguns oponentes afirmam que existem vinte e quatro *Tattvas* (princípios), e alguns trinta e seis, enquanto outros sustentam que existem noventa e seis.

COMENTÁRIO: A palavra *Tattva*, que significa "Princípio", vem do *Samkhya*. Há controvérsias quanto ao seu número, dependendo do texto.

2- Vou relacioná-los em sua ordem. Ouça com uma mente atenta. Os órgãos dos sentidos são cinco, ou seja, ouvidos, pele, olhos e outros.

COMENTÁRIO: Aqui começa a relação dos *Tattvas*.

3- Os órgãos da ação são cinco, ou seja, boca, mãos, pernas e outros. Os *Prânas* (ares vitais) são cinco; som e outros (ou seja, princípios rudimentares) são cinco.

4- *Manas, Buddhi, Chitta e Ahankâra* são quatro; assim aqueles que conhecem *Brahman* sabem que esses são os 24 *Tattvas*.

5- Além destes, o Sábio mantém os elementos quintuplicados para ser cinco, ou seja, terra, água, fogo, *Vâyu* (ar) e *Akâsha* (éter).

6- Os corpos são três, ou seja, o grosseiro, o sutil e o *Karana*, ou causal; os estados de consciência são três, ou seja, vigília, sonho e sono sem sonho.

7-8- Os *Munis* sabem que a coleção total de *Tattvas* são 36 (juntamente com *Jiva*). Como esses *Tattvas*, existem seis mudanças, ou seja, existência, nascimento, crescimento, transformação, decadência e destruição.

9- Fome, sede, dor, desilusão, velhice e morte são as seis enfermidades.

10- Pele, sangue, carne, gordura, medula e ossos são os seis invólucros. Paixão, raiva, avareza, ilusão, orgulho e maldade são os seis tipos de inimigos.

11- *Vishva, Taijasa* e *Prajña* são os três aspectos de *Jiva*. *Sattva, Rajas* e *Tamas* são os três *Gunas* (qualidades).

12- *Prarabdha, Sanchita* e *Agami* são os três *Karmas*. Falar, levantar, andar, excretar e apreciar são as cinco ações (dos órgãos da ação).

COMENTÁRIO: Segundo *Shankaracharya* (*Sankara* 1992. ***Viveka-Chûdâmani***, pág. 47):

> 454- *Prârabdha* (*Karma* já contraído numa prévia encarnação) é muito poderoso. No Sábio ele é exaurido (experienciado seus frutos) com uma alegre paciência. O *Karma* contraído durante a presente encarnação (*Samchita*) e o *Karma* futuro (*Âgâmî*) são destruídos pelo fogo do perfeito conhecimento. Aqueles que realizam a identidade do *Atman* com *Brahman* sempre permanecem nessa união e nunca são afetados pelas três espécies de *Karma* (*Prârâbdha, Samchita* e *Âgâmî*), pois eles tornaram-se *Brahman* sem atributos.

13- Existem também o pensamento, a certeza, egoísmo, compaixão, memória (funções de *Manas* etc.), complacência, simpatia e indiferença.

14- *Dik* (os quadrantes), *Vâyu, Sol, Varuna, Ashvini Devas, Agni, Indra, Upendra* e *Mrityu* (morte); e, então, a lua, as quatro faces de *Brahma, Rudra, Kshetrajna* e *Ishvara*.

15-16- Assim, esses são os noventa e seis *Tattvas*. Aqueles que adoram, com devoção a Mim, como da forma de um javali, que Sou diferente do agregado desses *Tattvas* e Sou sem decadência, são liberados de *Ajnana* e de seus efeitos, e tornam-se *Jivamuktas*.

COMENTÁRIO: O *Srimad-Bhagavatam* ou, o *Bhagavata Purana* descreve numerosos fatos passados onde o Senhor, manifestado como o *Avatar Matsya* (peixe) ou *Hayagriva*, mata o demônio que roubou os *Védas*. *Matsya* e *Hayagriva* são ditos autores da morte do demônio *Ajnana*. Quem adora o Senhor, sob a forma de javali, são liberados da ação do demônio *Ajnana*, tornando-se *Jivamuktas,* ou seja, libertos em vida.

17- Aqueles que conhecem esses noventa e seis *Tattvas* alcançarão a salvação em qualquer forma de vida que eles possam ter, quer eles tenham os cabelos emaranhados (seguidores de *Shiva*), ou a cabeça raspada, ou (somente) um tufo de cabelo (seguidores de *Vishnu*). Não há dúvida disso.

COMENTÁRIO: O verso é autoexplicativo. Quem conhece os 96 *Tattvas*, alcançará a salvação em qualquer forma de vida que se possa ter, quer seja seguidor de *Shiva* ou de *Vishnu*.

CAPÍTULO II

1- O grande *Ribhu* novamente, dirigiu-se ao Senhor de *Lakshmi*, na forma de um Javali, assim:

"Oh, Senhor, por favor, inicia-me no supremo *Brahman-Vidy*â, ou na ciência de *Brahman*".

COMENTÁRIO: Aqui é feito um pedido para que o Javali ensine a *Ribhu*, a ciência de *Brahman*.

2-3- Então, o Senhor que remove as misérias de seus devotos, sendo assim questionado, respondeu assim: "Através da correta observância dos deveres de alguém de sua própria casta e da ordem da vida, através das austeridades religiosas, e através da amabilidade do *Guru*, surgem quatro pessoas, *Vairagya* etc. Esses são as discriminações do eterno e do não-eterno; indiferença aos prazeres deste e dos outros mundos.

COMENTÁRIO: Aqui o Senhor *Vishnu*, na forma de javali, respondeu a *Ribhu*, que desejava conhecer a ciência de *Brahman:* Aquele que deseja conhecer essa ciência, deve observar os deveres de alguém da sua própria casta e da ordem da vida (as quatro fases da vida do homem), as austeridades religiosas e pela amabilidade do seu *Guru*, surgem as quatro castas, a renúncia (*Vairagya*), etc. Isso representa a discriminação entre o que eterno e o que não é eterno e a indiferença aos prazeres deste e de outros mundos.

4-5(a)- A aquisição das seis virtudes, *Sama*, etc., e depois o desejo de liberação. Esses devem ser praticados. Tendo subjugado os órgãos dos sentidos, tendo se despojado da ideia de "meu" em todos os objetos, você deve colocar sua consciência de "Eu" em Mim, que sou a testemunha *Chaitanya* (consciência).

COMENTÁRIO: As Seis Perfeições ou Virtudes consistem de:

1. Caridade - Inclui todas as formas de doar e compartilhar o Dharma.

2. Moralidade - Elimina todas as paixões maléficas através da prática dos preceitos de não matar, não roubar, não ter conduta sexual inadequada, não mentir, não usar tóxicos, não usar palavras ásperas ou caluniosas, não cobiçar, não praticar o ódio e nem ter visões incorretas.

3. Paciência - Pratica a abstenção para prevenir o surgimento de raiva por causa de atos cometidos por pessoas ignorantes.

4. Perseverança - Desenvolve esforço vigoroso e persistente na prática do *Dharma*.

5. Meditação - Reduz a confusão da mente e leva à paz e à felicidade.

6. Sabedoria - Desenvolve o poder de discernir realidade e verdade.

Diz o verso que elas devem ser praticadas, juntamente com o desejo de Libertação Espiritual. Despojando-se da ideia de "meu", deve-se colocar no Supremo, a consciência de "Eu", Ele que é a Consciência Testemunha (*Chaitanya*)

5(b)-7(a)- Para nascer como um ser humano é difícil - mais difícil é nascer como um ser do sexo masculino – e mais ainda é ter nascido como um *brâhmane*. Mesmo assim, se o tolo não compreende através do ouvido e do *Vedanta*, a verdadeira natureza de *Sat-Chit-Ananda*, que é todo permeante e que está além de todas as castas e ordens da vida, quando ele irá obter *Moksha*?

COMENTÁRIO: Versos machistas. O hinduísmo e o *budismo* reconhecem que nascer como ser humano, é difícil. Mas, por qual razão nascer como homem é mais difícil? Haverá algum mérito especial para isso? Certamente que não! Outra coisa: Por que nascer como *brâhmane* é um privilégio? Será por causa do fato de ser a casta superior? Será um privilégio nascer rico? Ou, nascer muito culto? O sistema de castas, aos olhos do pensamento ocidental, é o flagelo da Índia. Se o incauto não compreende pelo *Vedanta*, a verdadeira natureza de *Sat-Chit-Ananda* do *Atman* ou de *Brahman*, não poderá obter *Moksha*, a Libertação Espiritual. A expressão *Sat-Chit-Ananda* significa "Uma Consciência Verdadeira e Real, Cheia de Bem-aventurança". Essa é a natureza do *Atman*.

7(b)-8- Eu sozinho sou felicidade. Não há nenhum outro. Se se diz que existe outro, então ele não é felicidade. Não há coisas como o amor, exceto em minha conta. O amor que está por Minha conta não é natural para Mim. Assim como eu sou o assento do supremo amor, aquele "Eu não sou", não é.

COMENTÁRIO: Verso obscuro ou mal traduzido. Aqui, é o Javali-*Vishnu* falando. Ele é a felicidade e mais ninguém. Não há nenhum outro assim. Se houver outro, ele não é a felicidade. Ele é o supremo assento do amor. Aquele que diz "Eu não sou Ele", não é o Supremo, é o Ego.

9- Quem é procurado por todos, dizendo "Eu devo tornar-me assim", é Meu Eu, o todo permeante. Como pode a obscuridade, afetar o *Atman*, o auto brilhante, que não é outro senão aquele onde se originam as palavras: "Eu sou luz"?

COMENTÁRIO: Aquele que procura por todos, dizendo "Eu devo tornar-me assim", ou seja, tornar-me igual ao Supremo é o Eu Superior do que fala, o *Atman,* todo permeante. A escuridão não afeta o *Atman,* que possui luz própria, de onde se originam as palavras: "Eu sou Luz".

10-12(a)- É a minha firme convicção saber ao certo que o *Atman*, que é auto brilhante e é sem descanso, é um dos *Vijñana*. O universo, *Jiva, Ishvara, Mâyâ* e outros não existem realmente, exceto meu pleno *Atman*.

COMENTÁRIO: Aqui, o Javali-*Vishnu* se refere ao seu *Atman,* que possui luz própria e não descansa, é o Conhecimento, o *Vijñana.* O universo, os *Devas,* o *Jiva* e a ilusão *Mâyâ,* não existem, exceto o *Atman* ou *Brahman*. A ideia de que o universo e os *Devas* são uma ilusão, é uma concepção central do *Vedanta.*

12(b)-13(a)- Eu não tenho as suas características, *Karma, Dhâranâ* e outros atributos, e é da forma da escuridão, e *Ajnana* não pode tocar-Me (ou afetar-Me), que sou *Atman*, o auto resplandecente.

COMENTÁRIO: O Javali-*Vishnu* diz a *Ribhu,* não possuir as suas características inferiores, como *Karma,* a capacidade humana de se concentrar (*Dhâranâ*) e outras, características da inferioridade humana, a escuridão. O demônio *Aja-*

na não pode afetá-lo, uma vez que Ele é idêntico ao *Atman*, o auto luminoso.

13(b)-14(a)- Aquele homem que vê (seu) *Atman*, que é a testemunha plena, e está além de todas as castas e ordens da vida, como da natureza de *Brahman*, torna-se *Brahman*.

COMENTÁRIO: Quem percebe o *Atman* como igual a *Brahman*, torna-se igual a *Brahman*. Sobre isso, assim diz a *Mundaka Upanishsd* (TINOCO. Carlos Alberto 1996. **As Upanishads**, pág.205):

> Aquele que conhece o Supremo *Brahman* verdadeiramente, torna-se *Brahman*. Na sua família, ninguém nasce ignorando *Brahman*. Ele torna-se livre da aflição, ele torna-se livre da maldade; libertando-se dos grilhões do coração, ele torna-se Imortal. (*Mundaka Upanishad*, III, 2, 9).

14(b)-15(a)- Quem vê, através da evidência do *Vedanta*, esse universo visível como o Supremo Assento que é da forma da luz, alcança *Moksha* de uma vez.

COMENTÁRIO: Aquele que percebe, mediante o estudo do *Vedanta*, esse universo visível como sendo o Supremo Assento, que é a Luz, alcança a Libertação Espiritual, *Moksha*.

15(b)-16(a)- Quando aquele conhecimento que dissipa a ideia de que esse corpo é o *Atman*, surge firmemente em uma mente, então essa pessoa, mesmo que não deseje *Moksha*, recebe-o.

COMENTÁRIO: Quando se percebe que o corpo físico não é o *Atman*, essa pessoa alcança *Moksha*, mesmo que não o deseje.

16(b)-17(a)- Portanto, como pode uma pessoa não afetada pelo *Karma*, que sempre desfruta da bem-aventurança de *Brahman*, que tem as características de *Sat-Chit-Ananda*, ser igual a *Ajñana*?

COMENTÁRIO: Uma pessoa não afetada pelo *Karma*, conhece *Sat-Chit-Ananda* e desfruta da Bem-aventurança de *Brahman* é uma pessoa liberta. Assim, é diferente do demônio *Ajana*.

17(b)-18- As pessoas com olhos espirituais, veem *Brahman*, que é a testemunha dos três estados, que tem as características do ser, sabedoria e bem-aventurança, que é o significado subjacente das palavras "Tu" (*Tvam*) e "Eu" (*Aham*), é intocado por todas as máculas.

COMENTÁRIO: As pessoas que possuem olhar espiritual, ou seja, que têm fortes inclinações espirituais, podem ver o Absoluto, que é a Testemunha Silenciosa dos três estados de consciência: vigília, sonho e sono profundo. Ele possui as características do Ser Supremo, a sabedoria e a Bem-aventurança, que é o significado subjacente de Tu e Eu, ou seja, o *Atman*. Este, é intocado pelas máculas.

19- Como um homem cego não vê o sol que brilha, assim uma pessoa ignorante não vê *Brahman*. *Prajñana* é

Brahman. Ele tem a verdade e *Prajñana* como Suas características.

COMENTÁRIO: Um homem cego não vê o sol. Do mesmo modo, uma pessoa ignorante não vê o Absoluto. O Absoluto é *Prajñana,* ou seja, Ele é o conhecimento que se obtém no *Prajña,* um estado de consciência superior. As características do Absoluto são a Verdade e *Prajñana.*

20- Por assim conhecer bem *Brahman,* uma pessoa se torna imortal. Quem conhece seu próprio *Atman* como *Brahman,* que é a Bem-aventurança, sem dualidade, sem *Gunas* (qualidades), e que é a verdade e a consciência absoluta, não tem medo de nada.

COMENTÁRIO: Verso auto explicativo. Quem conhece o Absoluto, se torna idêntico a Ele, que não é afetado pelos *Gunas,* que é a Bem-aventurança, a Verdade e a Consciência Absoluta.

21- O que é a consciência, que é toda permeante, que é eterna, que é toda plena, que é da forma da bem-aventurança, e que é indestrutível, é o único e verdadeiro *Brahman.*

22-23(a)- Ele é a determinação firme de *Brahman-Jñanis,* nada há mais além disso. Assim como o mundo parece escuro para os cegos, e brilhante para os que têm bons olhos, assim esse mundo parece pleno de múltiplas misérias ao ignorante, e pleno de felicidade ao Sábio.

COMENTÁRIO: Os *Brahman-Jñanis* são os que seguem a linha da adoração amorosa do Supremo, da linha do *Bhakti-Yoga*. Para eles, nada há além do Supremo. Assim como este mundo parece escuro aos cegos, e brilhante aos que enxergam, este mundo parece ser cheio de misérias e dores para o ignorante e cheio de felicidade para o Sábio liberto, que vê *Brahman* em tudo.

23(b)-24(a)- Em Mim, da forma de um Javali, que sou infinito e a Bem-aventurança da absoluta Consciência, se existe a concepção do não dualismo, onde então está a escravidão? E onde está a emancipação?

COMENTÁRIO: Para o Javali-*Krishna*, que é a Bem-aventurança da Consciência Absoluta, se existe a concepção da não dualidade, ou seja, de que tudo é o Absoluto então, onde está a escravidão? E onde está a emancipação? Para quem está liberto, não há mais escravidão nem emancipação.

24(b)-25(a)- A natureza real de todos os objetos corporificados é sempre a Consciência Absoluta. Como o pote visto pelos olhos, o corpo e seus agregados não existem realmente.

COMENTÁRIO: A natureza real de tudo que existe, é o Absoluto *Brahman*. Em outras palavras, tudo é *Brahman*. Como um pote ou como qualquer outro objeto visto, o corpo e seus agregados, não existem, são apenas ilusão.

25(b)-26- Sabendo que todos os mundos formados por coisas móveis e imóveis, que brilham como o *Atman*, parecem com o próprio *Atman*, deve-se meditar neles como "Eu sou o *Atman*". Tal pessoa então, desfruta de sua natureza real. Não existe outro para ser desfrutado além do único e Verdadeiro Eu (*Atman*).

COMENTÁRIO: Todos os mundos, formados por coisas móveis e imóveis, brilham como o *Atman*. Deve-se meditar sobre tudo, como se fosse o *Atman*. Assim procedendo, quem o faz, percebe que tudo é o *Atman*.

27- Nada existe separado do *Atman*. Se existe algo, isso é *Brahman*. Quem é perfeito em *Brahman-Jñana*, embora sempre veja o universo conhecido, não vê outro além de seu *Atman*.

COMENTÁRIO: Como tudo é o *Atman* ou *Brahman*, nada está separado Dele. Quem é versado na Ciência ou no Conhecimento de *Brahman*, nada vê além Dele.

28-30- Pela compreensão clara de Minha forma, não se é algemado pelo *Karma*. E assim, se torna uma pessoa destemida que, pela sua própria experiência compreende como sendo sua própria e real natureza todo o (universo e *Brahman*), que é sem o corpo e sem os órgãos dos sentidos - Aquele é a testemunha de tudo - Aquele é o *Vijñana*, aquele é o *Atman* bem-aventurado, diferente do *Jiva*, que é o eu inferior. Aquele é o auto resplandecente. Ele é aquele que deve ser conhecido como "Eu" (a Mim mesmo). Oh, *Ribhu*, que tu possas se tornar Ele.

COMENTÁRIO: Ao se perceber o Absoluto, tornamo-nos idêntico a Ele. Assim, fica-se liberto do *Karma,* tornando-se pessoa sem temores, compreendendo que tudo é *Brahman,* que é sem corpo e sem órgãos dos sentidos. Ele é a Testemunha Silenciosa de tudo, o *Vijñana* (o Conhecimento), o *Atman* Bem-aventurado, diferente do *Jiva,* que é o eu inferior. O *Atman* é auto resplandecente, sendo Aquele que deve ser conhecido como "Eu" ou, "Eu Sou".

31- Depois disso, nunca existirá qualquer experiência do mundo. Haverá sempre a experiência da sabedoria de sua própria natureza verdadeira. Quem tem esse conhecimento pleno do *Atman*, não terá, nem emancipação nem escravidão.

COMENTÁRIO: Após se conhecer ou se identificar com o *Atman,* nenhuma experiência sensorial do mundo pode ser considerada importante. Depois de conhecê-Lo, existirá a experiência da sabedoria, ao se conhecer a nossa verdadeira natureza. Para quem conhece o *Atman,* não há escravidão à matéria nem Libertação.

32- Quem medita Nele mesmo por um *Muhurta* (48 minutos), através da compreensão de sua própria forma real, se torna a testemunha de tudo, é liberado de toda a escravidão.

COMENTÁRIO: Quem medita no *Atman* por 48 minutos apenas, compreendendo a sua verdadeira forma, se torna a Testemunha Silenciosa, a testemunha de tudo e assim, se liberta de todos os grilhões.

33- Prostrações - prostrações a Mim devem ser realizadas, pois estou em todos os elementos, que sou o *ChidAtman* (ou seja, *Atman*, da natureza da sabedoria) que sou eterno e livre, e que sou o *PratyagAtman*.

COMENTÁRIO: Prostrações devem ser feitas ao Absoluto, ao *Atman*, aqui denominado por *ChidAtman* e *PratyAtman*.

34-35- Oh, *Devata*, você sou Eu. Eu sou você. Prostrações para Mim e para si mesmo, que somos infinitos e que somos *ChidAtman*, o ser supremo *Isha* (Senhor) e seu ser o *Shiva*. O que devo fazer? Onde devo ir? O que devo rejeitar?

COMENTÁRIO: Aqui, há uma identificação entre *Ribhu* e o *Javali-Krishna*. Como foi dito no verso anterior, prostrações devem ser feitas ao *Atman*. Como o *Javali-Krishna* aqui representa o Absoluto, prostrações devem ser feitas para ambos, o *Javali-Krisna* (o Absoluto) e *Ribhu*, idêntico ao primeiro. Ambos são *ChidAtman*. O verso termina com três indagações.

36- O universo é preenchido por Mim, como as águas no dilúvio universal. Similarmente, quem dá amor externo, amor interno, e amor ao seu próprio Ser, desiste de todas as ligações mundanas e está imerso em Mim. Não existe dúvida sobre isso.

COMENTÁRIO: O universo é preenchido por *Brahman*, como as águas do dilúvio universal preencheram o mundo. Quem dá amor externo e interno e amor ao *Atman*, desiste das ligações mundanas, permanecendo ligado a Ele.

37- Aquele *Paramahamsa* (asceta) que, embora vivendo no mundo, mantém-se afastado da sociedade humana como a serpente e que considera uma bela mulher como um cadáver, os objetos dos sentidos como veneno, e que abandonou todas as paixões e é indiferente para com todos os objetos do mundo, não é diferente de *Vasudeva,* ou seja, Eu mesmo.

COMENTÁRIO: Quem se afasta da sociedade como uma serpente, que considera uma bela mulher como um cadáver, os objetos sensíveis como veneno e tendo abandonado todas as paixões é idêntico ao Supremo, aqui chamado de *Vasudeva,* ou seja, um Liberto.

38- Esse é *Satya* (Verdade). Esse não é senão a Verdade. Eu sou a Verdade, o Transcendente *Brahman* e fora de mim, nada existe. Não há nada mais senão Eu.

COMENTÁRIO: Aqui, o Absoluto é dito ser idêntico a Verdade, ou seja, idêntico a *Satya.* Ele é a Verdade. Ele é *Brahman*, a Verdade, nada existindo senão Ele.

39- O que pode ser conhecido por *Upavâsa* (morar junto), significa habitar junto do *JivAtman* e do *ParamAtman* e não as observâncias religiosas, aceitas pelas pessoas mundanas como a emancipação do corpo através de jejuns.

COMENTÁRIO: O *JivAtman* e o *ParamAtman* (*Atman*), estão ou habitam juntos, no mesmo corpo. Isto é conhecido como *Upavâsa* e não deve ser confundido com as observâncias religiosas aceitas pelas pessoas mundanas, como emancipar o corpo pelos jejuns.

40- Para o ignorante, o que significam as práticas do mero esgotamento do corpo? Ao bater sobre o buraco de uma cova, podemos dizer que matamos a cobra grande lá dentro?

COMENTÁRIO: Para as pessoas ignorantes, o que significam as práticas que objetivam punir o corpo? Deveriam nada significar, pois não são fundamentais para o crescimento espiritual de ninguém. Do mesmo modo que não se mata uma cobra, apenas batendo no buraco onde ela habita, não se faz uma pessoa evoluir espiritualmente, apenas realizando práticas de mortificação do corpo.

41- Diz-se que um homem alcança *Paroksha* (sabedoria) quando ele sabe que é *Brahman*; mas diz-se que ele alcançou *Sakshatkara* (compreensão direta), quando ele conhece (ou percebeu) que ele é próprio é *Brahman*.

COMENTÁRIO: Ao se alcançar a sabedoria, se alcança o Absoluto. Por outro lado, ao se alcançar a compreensão direta da Verdade, se alcança *Brahman*.

42- Quando um *Yoguin* conhece seu *Atman* como sendo o Absoluto, então ele se torna um *Jivamukti*.

COMENTÁRIO: Quando o praticante reconhece que seu *Atman* é *Brahman*, ele se torna um Liberto Vivo, um *Jivamukti*.

43- Para os *Mahâtmas*, que estão sempre no estado "Eu sou *Brahman*", isso conduz à sua salvação. Existem duas palavras para escravidão e *Moksha*. Elas são "Meu" e "Não Meu".

COMENTÁRIO: Os *Mahâtmas* ou as Grandes Almas, estão sempre percebendo que são o Absoluto. Há duas palavras para a escravidão e a Libertação Espiritual: "Meu" e "Não Meu". O "Meu", indica o sentimento de posse, uma postura egocêntrica. O "Não Meu", indica o desapego.

44- O homem é escravizado por "Meu", mas ele é libertado por "Não Meu". Ele deve abandonar todos os pensamentos relacionados aos eventos externos e assim também, com referência aos internos. Oh, *Ribhu*, tendo desistido de todos os pensamentos, ele deve repousar, sempre satisfeito, em seu *Atman*.

COMENTÁRIO: Novamente, uma repetição dos significados de "Meu" e de "Não Meu". Deve-se abandonar os pensamentos ligados aos fatos externos e internos. Ligar-se aos fatos externos é egoísmo. Ligar-se aos fatos internos, como as próprias ideias, é demonstração de egoísmo. O *Javali-Krishna* conclui dizendo a *Ribhu*, que se deve desistir de todos os pensamentos egoístas e assim repousar, finalmente, no *Atman*.

45- O universo inteiro é gerado através de *Sankâlpa* ou, determinação. É somente através de *Sankâlpa* que o universo se manifesta. Tendo abandonado o universo, que é da forma do *Sankâlpa*, e tendo fixado sua mente no *Nirvikâlpa*, deve-se meditar em Minha morada em seu coração.

COMENTÁRIO: Todo o universo foi gerado pelo *Sankâlpa* ou, determinação do Supremo. Deve-se abandonar tudo e fixar a mente em *Nirvikalpa Samâdhi,* meditando na Morada do Absoluto, que se encontra no coração de todos.

46- Oh!, o mais inteligente ser, passar seu tempo em meditação em Mim, glorificando-Me em canções, falando sobre Mim um ao outro e, assim devotando-se inteiramente a Mim como o Supremo.

COMENTÁRIO: O Ser Supremo, que aqui é o Javali-*Krishna,* diz a *Ribhu* que o mais inteligente dentre os seres, deve meditar sempre Nele, glorificando-O através de canções, falando sobre Ele para outras pessoas, devotando-se inteiramente a Ele.

47- Tudo o que existe no universo, contém consciência *Chit.* Este universo é *Chit*, somente. Você é *Chit.* Eu sou *Chit*; todos os mundos também são *Chit.*

COMENTÁRIO: Tudo é *Brahman,* que é a Consciência Silenciosa, *Chit.* Você, eu, tudo, é *Chit,* assim como todos os mundos. A palavra *Chit* significa uma Consciência Transpessoal, o Absoluto. É diferente de *Chitta,* que é a consciência individual, o Ego. Sobre o universo ser consciência, vale citar a *Aitareya Upanishad* (TINOCO, Carlos Alberto (1996. **As Upanishads**, pág. 264): Tudo isso é guiado pala Consciência (*Prajñanam*), é suportado pela Consciência. A base do universo é Consciência. Consciência é *Brahman".* (*Aitareya Upanishad,* III, 1, 3)

48-49(a)- Anule seus desejos. Sempre esteja sem nenhuma mácula. Como então, pode a lâmpada brilhante do conhecimento do *Atman Vijñana*, tendo sua origem nos *Védas*, ser afetada pelo *Karma* que surge da ignorância, do autor e do agente?

COMENTÁRIO: Vários dentre os versos desta *Upanishad* são diferentes dos mesmos versos que se encontram na tradução de *Ayyangar*. São semelhantes, mas diferentes quanto à forma, não quanto ao conteúdo. É o que acontece com este verso. Aqui está uma indagação: Como pode a luz do *Atman Vijñana* (Conhecimento), que tem sua origem nos *Védas*, ser afetado pelo *Karma* que surge da ignorância de quem pratica a ação e do seu agente, o *Jiva* encarnado?

49(b)-50(a)- Desistindo do estado de *AnAtman*, mantendo-se não afetado pela condição do mundo fenomenal, com singeleza de propósito, ele tem a intenção de perceber *Brahman* permanente, no âmago de tudo.

COMENTÁRIO: O estado de *AnAtman*, é o estado de ignorância. Desistindo-se desse estado, optando-se pelo Conhecimento, mantendo-se não afetado pelos fenômenos materiais, tendo simplicidade de propósitos, se está em condições de perceber *Brahman*, que está em tudo.

50(b)-51(a)- Como o *Akâsha* do pote e aquele do monastério, estão ambos localizados no todo permeante *Akâsha*. Assim, os *Jivas* e *Ishvara* evoluíram de Mim, o *Chidakâsha*.

COMENTÁRIO: Este autor não descobriu o que seja o *Akâsha* do monastério. O do pote é o que está no corpo. Ambos pertencem ao permanente *Akâsha,* o Absoluto. Todos os *Jivas* e *Ishvara* evoluíram a partir do Supremo, que é o *Chidakâsha,* o *Akâsha* da Consciência Universal.

51(b)-52(a)- Assim, o que não existia antes de Mim, o *Atman,* é o que desaparece no fim (ou seja, no dilúvio universal), e é chamado de *Mâyâ* pelos *Brahman-Jñanis* através de seus discernimentos.

COMENTÁRIO: Aqui, o *Atman* não existia antes Dele, o Supremo *Javali-Krishna.* O *Atman,* no dilúvio universal, desaparecerá. Pelo discernimento dos *Brahma-Jñanis,* isso é chamado de *Mâyâ.* Não se sabe como, sendo o *Atman* idêntico ao Absoluto, pode desaparecer após o dilúvio universal. Depois que *Brahma* cria o universo, ele permanece em existência por um dia de *Brahma,* que vem a ser aproximadamente 4.320.000.000 anos em termos de calendário hindu. Quando *Brahma* vai dormir, após o fim do dia, o mundo e tudo que nele existe é consumido pelo fogo. Quando ele acorda de novo, ele recria toda a criação e assim sucessivamente, até que se completem 100 anos de *Brahma.* Quando esse dia chegar, *Brahma* vai deixar de existir, e todos os outros deuses e todo o universo vão ser dissolvidos de volta para seus elementos constituintes. *Brahma* é representado com quatro faces, mas originalmente, era representado com cinco. Isso justificaria o desaparecimento do *Atman,* no fim de um ciclo de 100 anos de *Brahma*? Se o *Atman* é *Brahman,* como pode desaparecer após o dilúvio?

52(b)-53(a)- Se *Mâyâ* e os seus descendentes (o universo) forem aniquilados, não haverá nem o Senhor *Ishvara*, nem haverá a existência do *Jiva*. Purificado pela radiância, Eu sou a Suprema Consciência, semelhante ao *Akâsha* (éter). Eu sou o imaculado e *Chit*.

COMENTÁRIO: Quando a ilusão (*Mâyâ*) e os seus descendentes (o universo) forem aniquilados após os 100 anos de *Brahma*, não haverá nem o Senhor *Ishvara* nem o *Jiva*. O *Javali-Krishna*, purificado pela sua própria luminosidade, é a Suprema Consciência, *Chit*.

53(b)-54- A criação, começada com o início da reflexão e terminando com a entrada no *Brahman* é o trabalho de *Ishvara*. Existência mundana, com início a partir do acordar e terminando com a Libertação Espiritual, é o trabalho do *Jiva*.

COMENTÁRIO: Aqui, *Ishvara*, o Supremo, é responsável pela criação iniciada na reflexão e terminada na união com *Brahman*. A existência mundana, que se inicia logo após o acordar e terminando com a Libertação Espiritual, é trabalho do *Jiva*. Versos obscuros, uma vez que a entrada em *Brahman* e a Libertação Espiritual são a mesma coisa. Como pode uma ser trabalho de *Ishvara* e a outra ser trabalho do *Jiva*? É o *Jiva* que reencarna, dando origem à existência mundana.

55- Assim os *Karmas* do sacrifício chamado *Trinâchaka* (*Nachiketas* da *Katha Upanishad*) ter aprendido *Yoga*, são dependentes da ilusão de *Ishvara*; enquanto o sistema *Lokâyata* (sistema ateu), é o para *Samkhya* como descansar na ilusão do *Jiva*.

55(a)- Práticas iniciadas com o voto de *Trinâchiketa* e terminado com o *Yoga*, são baseadas na ilusão sobre *Ishvara*. Escolas de pensamento iniciadas com o *Lokâyata* (materialista) e baseada na ilusão sobre o *Samkhya*, são baseadas na ilusão do *Jiva*.

COMENTÁRIO: A palavra *Trinâchiketa*, é oriunda de *Naciketas*, o imortal menino que dialoga com *Yama*, o *Deva* da Morte, na *Katha Upanishad*. Ele fez votos diante de *Yama*. O que *Yama* ensinou a *Naciketas*, foi o *Yoga*, o Conhecimento Superior. Por que essas práticas aqui referidas são baseadas na ilusão de *Ishvara*? A escola materialista da Índia antiga denominada *Carvaka*, é também chamada de *Lokâyata*. Tanto a escola *Lokâyata* quanto o *Samkhya*, são ateias. Por que, ambas, são baseadas na ilusão do *Jiva*? O autor deste livro não sabe a resposta a essas indagações.

56- Portanto, os aspirantes após a salvação, nunca devem deixar sua mente entrar no campo da controvérsia sobre *Jiva* e *Ishvara*. Mas com uma mente tranquila, os *Tattvas* de *Brahman* devem ser investigados.

COMENTÁRIO: Os aspirantes à Libertação Espiritual, nunca devem voltar suas mentes para a controvérsia sobre *Jiva* e *Ishvara*. Entretanto, devem ter suas mentes tranquilas na investigação sobre os *Tattvas*.

57- Aqueles que não compreendem os *Tattvas* de *Brahman* sem segundo, são todas pessoas iludidas. De onde, então, vem salvação deles? De onde, então, vem a felicidade para eles, nesse universo?

COMENTÁRIO: Quem não compreende os *Tattvas*, são pessoas iludidas, confusas quanto às suas verdadeiras naturezas. Nesse caso, de onde vem a salvação para elas? De onde vem a felicidade para elas?

58- Para eles (os iludidos), deve haver a noção da superioridade (de *Ishvara*) e inferioridade (de *Jiva*), e o que resultaria daí? Será que a soberania e a mendicância experimentadas por uma pessoa no estado de sonho, afeta-a em seu estado de vigília? Para o Sábio, isso é conhecido como sono.

COMENTÁRIO: Para os ignorantes ou iludidos, deve haver uma diferença entre as noções de superioridade e inferioridade (consciências de *Ishvara* e de *Jiva*). O que resulta disso? Como se trata de pessoa iludida, não existe diferença. Do mesmo modo não existe diferença, após despertar, entre sonhar que se é um mendigo ou um rei.

59- Como pode ele estar dormindo para mim, em quem a ignorância foi dissolvida? Para o intelecto, isso é conhecido pelo estado de vigília.

COMENTÁRIO: Para o *Javali-Krishna,* em quem a ignorância foi dissolvida, não há mudanças. Portanto, não há sono, sonho ou vigília, uma vez que Ele é a Testemunha Silenciosa, o Absoluto.

60- O estado desperto não existe para Mim, em razão de que eu sou desprovido de mudança e coisas do gênero.

COMENTÁRIO: Para Ele, não há vigília, sonho ou sono. Ele apenas É.

61- A travessia do intelecto através das *Nadis* sutis, dá origem a um sonho. Não há sonho em Mim, que não possuo movimentos de nenhum tipo.

COMENTÁRIO: O caminhar do *Jiva* ou do intelecto, através das *Nadis* sutis, dá origem ao sonho.

62- Durante o sonho, quando tudo está em repouso e envolto em trevas, o dorminhoco destituído do poder da visão, desfruta do seu *Atman*, que é só êxtase sublime. Ele que vê todas as coisas como formas não diferenciadas, devido à sua estreita relação com a Consciência Suprema, só ele é o homem capaz de possuir o real conhecimento de *Brahman*, pois ele é *Shiva*, ele é *Hari* e também *Brahman*.

COMENTÁRIO: Durante o sonho, quando todas as coisas materiais estão em repouso, estando envolto em trevas, aquele que dorme está destituído do poder da visão com os olhos físicos. Ele pode desfrutar do seu *Atman*, que é o êxtase sublime. Nesse sublime estado, ele vê tudo como formas unas, não diferenciadas, uma vez que está próximo do *Atman*. Assim ele é a pessoa capaz de ser o possuidor do conhecimento do Absoluto, pois ele é *Shiva, Hari* e também o próprio *Brahman*.

63- Se ele vê todas as coisas como *Chit*, sem qualquer diferença, ele sozinho é um *Vijñana*. Ele é *Shiva*. Ele é *Hari*. Ele é *Brahman*.

COMENTÁRIO: Se ele vê tudo como a Consciência Suprema, ele se torna *Shiva*, se torna *Hari*, e se torna *Brahman*.

64- Esta existência mundana que é um oceano de tristeza, não é nada senão um sonho de longa duração, ou uma ilusão da mente, ou a construção de castelo no ar. Do surgimento do sono, até ir para a cama, ele deve refletir sobre *Brahman*.

COMENTÁRIO: Esta existência mundana é um oceano de tristezas, um sonho de longa duração, uma ilusão da mente ou como construir castelos no ar. Desde quando se sente sono até ir para a cama, deve-se refletir sobre *Brahman*, a única coisa realmente importante.

65- A dissolução do mundo fenomenal, é o resultado de ignorância da mente profundamente envolvida nele. Ela participa da Minha natureza, ou seja, assume a Minha Forma, que é *Brahman*. Tendo vencido os seis inimigos através da graça do *Guru*, o *Atman* torna-se o "Supremo Um" sem segundo, feliz como um elefante animado e muito contente.

COMENTÁRIO: Aqui, o verso diz haver uma relação entre a mente e o universo. Modernamente, a Mecânica Quântica, no que se refere ao chamado "Problema da Medida", aponta que é a mente quem cria a realidade. Em outras palavras, quando o observador realiza uma medida no mundo subatômico, aquilo que foi medido é determinado pelo observador. Se este realiza um experimento para captar o elétron como partícula, esta aparece como partícula. Se o experimento for realizado para observar o elétron como onda, este será observado como onda. Portanto, é o observador quem determina a realidade. Esta *Upanishad* se antecipou a isso. Assim, a mente está profundamente envolvida com o mundo fenomenal. Como tudo é *Brahman*, a mente participa da natureza Dele. O verso não diz quem são esses seis inimigos, vencidos pela graça do *Guru*. Após vencê-los, o seu *Atman* se identifica com *Brahman*, o Supremo Um Sem Segundo, sentindo alegria como o elefante feliz.

66- Quer o corpo pereça agora ou depois, como um dia, perecerão a lua e as estrelas, o que me importa ter *Chit* como meu corpo? O que importa o *Akâsha* no pote, se ele (o pote) é destruído agora, ou permanece por longo tempo?

COMENTÁRIO: O *Akâsha* aqui, é o *Atman, Chit,* que está no corpo e em tudo. O que importa, se o corpo vai perecer agora ou depois, como perecerão a lua e as estrelas? O importante é ter *Chit* no corpo. O pote aqui, é o corpo. Se o corpo vai ser destruído agora ou depois, o importante é ter o *Akâsha* nele, no pote.

67- Enquanto no pântano uma serpente está abandonada inerte em seu buraco, ela não apresenta qualquer emoção nesse sentido.

COMENTÁRIO: Abandonada no seu buraco no pântano, a serpente não parece se importar com isso.

68- Da mesma forma, o Sábio não se identifica com os seus corpos, denso e sutil. Se o conhecimento ilusório (de que o universo é real) e sua causa, devem ser destruídos pelo fogo do *Atman-Jñana*, o homem Sábio se torna imortal, através da ideia "Ele (*Brahman*) não é isso; Ele não é isso".

COMENTÁRIO: Assim como a serpente no seu buraco no pântano é indiferente a isso, da mesma forma, o Sábio não se identifica nem com o seu corpo físico nem com o seu corpo sutil, uma vez que sabe que a sua verdadeira natureza é o *Atman* Imortal. Se o conhecimento ilusório de que este mundo é real e a sua causa, devem ser destruídos pelo fogo do *Atman-Jñana*, ou seja, do conhecimento do *Atman*, de igual modo, o Sábio se torna imortal, ao pronunciar a frese: "Ele (*Brahman*) não é isso, Ele não é isso". Essa frase significa que *Brahman* não é nada daquilo que se possa imaginar.

69- A percepção da ilusão do mundo fenomênico como real, perecerá como resultado do estudo dos *Shatras*, e assim, *Brahman* passa a ser a Única Existência Real, nada havendo separado Dele. Esse Conhecimento, que é *Jñana, Vijñana* e *Tattvajña*, mantém a verdade de que além de *Brahman, Mâyâ* nada é, e a ilusão dos três tipos de *Karmas--Ârjita, Prârabdha* e *Âgâmi*, e as várias impressões deixadas por eles, perecem. E assim, o conhecedor, depois, se torna *Brahman* sem corpo.

COMENTÁRIO: O estudo dos textos sagrados do hinduísmo, os *Sastras*, dá a quem os estuda, a convicção de que a percepção do mundo fenomênico, é uma ilusão. Com isso, se percebe que *Brahman* é a Única Existência Real. Esse conhecimento, aqui chamado por *Jñana, Vijñana, Tattvajñana,* representa a Verdade ou seja, além de Dele, *Mâyâ* nada é. Com isso, os três tipos de *Karmas* citados, juntamente com as várias impressões por eles deixadas, perecerão. E assim, aquele que conhece, ou seja, o *Yoguin,* se identifica com *Brahman* sem corpo.

70- O *Jñana* (conhecimento) recolhido de livros amadurece em *Vijñana,* através da experiência da sabedoria direta perece, qualquer que seja a relação com o mundo de *Mâya.* Se para o *Yoguin,* nenhuma identificação do *Jiva* com *Brahman* ocorre, o estado de separatividade do *Jiva* não desaparece. Se *Brahman* não-dual for verdadeiramente discernido então, todas as ligações com os objetos, cessam.

COMENTÁRIO: O verso faz uma referência a dois tipos de conhecimento: o inferior, aqui chamado por *Jñana,* adquirido através da leitura, e o superior, adquirido através da experiência, aqui denominado *Vijñana.* Se para o *Yoguin,* não ocorre a identificação do *Jiva* com *Brahman,* a percepção daquele como algo separado, não desaparece. Se *Brahman* for percebido, desaparecerão todas as ligações com os objetos do mundo.

71- Então, mesmo o *Prarâbdha Karma*, que não é outro senão *Mâyâ*, também desaparece. Com o desaparecimento do *Prarâbdha Karma*, em virtude da cessação dos apegos, ocorre também o desaparecimento da capacidade da percepção errônea sobre espiritualidade. Assim, dessas três maneiras, perece *Mâyâ* relativa ao *Atman*.

COMENTÁRIO: O *Prarâbdha Karma* é provocado pela ilusão, por *Mâyâ*. Ele desaparece quando se adquire *Vijñana*, o conhecimento superior. Pela cessação dos apegos, desaparece o *Prarâbdha Karma*. Desses três modos, perece a ilusão sobre *Mâyâ*.

72- Assim, quando a negação da ilusão relativa à existência ou não existência de *Brahman* torna-se completamente desfeita, isso é equivalente a estado de perfeito conhecimento da Verdade. Assim, o *Yoguin* é possuídor do conhecimento de que *Brahman* é o *Atman*. O *Atman* reune-se com *Brahman*, o mesmo não ocorre com o *Jiva*. Quando a Verdade é percebida como o estado de não dualidade, *Vâsanâ* (impressões deixadas pelo *Karma* passado) recua para o fundo da existência e desaparece. Com o término de *Ârabdha Karma* (*Karma* iniciado neste nascimento) aparece a libertação do corpo. Todas as ilusões resultantes ao intenso apego ao corpo, definham dessa maneira.

COMENTÁRIO: O conhecimento da Verdade é equivalente à negação da ilusão sobre a existência ou da não existência de *Brahman*. Assim, o *Yoguin* fica possuidor do conhecimento sobre a equivalência entre *Atman* e *Brahman*. O *Atman*, igual a *Brahman*, a Ele se une. O mesmo não acontece com *Jiva*, que é também ilusão. Quando se percebe que a Verdade é o estado de não dualidade, de Unidade, as impressões do *Karma* passado, desaparecem. Com o desaparecimento do *Prarabdha Karma*, iniciado neste nascimento, o *Yoguin* liberta-se das limitações do seu corpo.

73- Quando a palavra *Asti*, ("há"), é pronunciada, o Universo se torna a essência da existência, *Brahman*. Quando a palavra *Bhâti* ("brilho") é pronunciada, o universo inteiro se torna a manifestação do Absoluto *Brahman*. Para dizer como a *Sruti*: "Estas são as cinco características essenciais, ou seja, *Asti* (há), *Bhâti* (brilho), *Preya* (o que agrada), *Rûpa* (forma) e *Nâman* (nome)". Os primeiros três são da forma de *Brahman*. Os dois restantes, possuem as características do mundo fenomênico. Toda a água no deserto é água no deserto e apenas isto. Esta tríade de mundos é toda a Consciência, quando investigados sob o ponto de vista do *Atman*.

COMENTÁRIO: Verso obscuro ou mal traduzido. Cinco palavras dos *Sastras* são citadas: *Asti, Bhâti, Preya, Rûpa* e *Nâman*, cujos significados foram explicados no verso. As três primeiras, estão relacionadas a *Brahman*. As duas últimas, estão relacionadas ao mundo material. As três primeiras, estão relacionadas à Consciência Superior, quando investigadas sob o ponto de vista do *Atman*. Não foi possível saber o que significa a referência à água no deserto.

74- A ignorância está associada ao mundo fenomênico, tendo nele a sua raiz. Assim, a possibilidade do mundo ser merecedor de alcançar, cada vez mais, uma melhor condição está longe de ocorrer. Em um local longe de vilas e cidades, onde não há controvérsias sobre *Jiva*, *Isha* e o *Guru*, deleitando-se no *Atman*, que é todo Essência da Consciência Suprema, percebe-se que se é completamente cheio de *Brahman*, o Absoluto. Quando a figura da Lua Cheia da Consciência alcança o seu esplendor por *Râhu* da ilusão, austeridades, como abluções e ritos sacrificiais, só são em vão até o fim de um eclipse.

COMENTÁRIO: A ignorância da nossa verdadeira natureza espiritual, surge a partir da falsa interpretação das sensações, oriundas do mundo fenomênico. Por isso aqui, o mundo físico é depreciado, estando longe de poder alcançar uma melhor condição. Longe de vilas e cidades, longe de discussões inúteis sobre *Jiva, Isha* e o *Guru,* pode-se deleitar no *Atman,* que é a Essência da Consciência Suprema, o Absoluto. *Râhu* na astrologia hindu, é o responsável pelo eclipse do sol. É representado com um tigre ou leão ao seu lado e também é representado segurando em uma de suas mãos um cajado (*gada*) e em outra mão uma flor de lótus e uma cobra enrolada em suas pernas. Joseph Campbell, tanto em seu livro "As Máscaras de Deus – mitologia oriental" quanto em sua edição para a obra de Heinrich Zimmer "Mitos e símbolos na arte e civilização da Índia", relata que *Râhu* é um *Rakshasa* em forma de serpente, que se esconde em um canto quando os *Devas* e *Asuras* se unem para bater, conjuntamente, o *Amrita*, elixir da imortalidade, a partir do Oceano Lácteo de *Vishnu*. Delatado por um dos *Devas*, *Râhu* começara a engolir o elixir, que estava em sua garganta. Sua cabeça foi cortada, mas tinha se tornado imortal, de modo que a cabeça de *Râhu* continua vorazmente a tentar engolir o Sol e a Lua, ocasionando eclipses. *Râhu* corresponde na astronomia, ao nodo lunar Norte ascendente, quando a órbita da Lua cruza a eclíptica ao se dirigir esta para o Norte. A outra parte do corpo de *Râhu*, a cauda, é *Ketu*, que corresponde ao nodo lunar Sul. Quando desponta em nós, a Consciência da Lua Cheia – a Consciência Superior – em virtude de *Râhu* cortar a ilusão, as austeridades, abluções e ritos devem ser realizados, fora do tempo em que ocorrem os eclipses.

75- Como a pedra de sal dissolvida em água torna-se una com a água, assim, a Unidade do *Atman* e da mente (*Manas*) é alcançada pela prática do *Yoga*. Essa Unidade é conhecida por *Samâdhi*.

COMENTÁRIO: Aqui é feita uma analogia entre a pedra de sal que se dissolve na água, tornando-se una com ela, e a união do *Atman* com a mente. É a prática do *Yoga* que realiza a união do *Atman* com a mente. Quando isso ocorre, o Ego se contrai, fazendo emergir Aquilo que está além dele, o *Atman*. Isso é o *Samâdhi*.

76- Sem a graça de um (perfeito) *Guru*, o abandono dos objetos sensuais é muito difícil de alcançar; assim também, a percepção da Verdade Divina e a realização de um estado verdadeiro, também são difíceis de alcançar.

COMENTÁRIO: Aqui fica claro a importância do *Guru*, para que o discípulo alcance o desapego aos objetos sensórios. Quando consegue isso, ele alcança a percepção da Verdade Divina, realizando em si, um estado verdadeiro.

77- O estado de *Samâdhi* se manifesta pela própria vontade em um *Yoguin* que realizou o poder da *Kundalinî*, pela prática do *Yoga*, auxiliado por seu conhecimento do *Atman* e por quem conseguiu abandonar, completamente, os três tipos de *Karmas*.

COMENTÁRIO: Quando o *Yoguin* alcança o domínio do poder da *Kundalinî*, se torna capaz de conseguir para si, o *Samâdhi*, quando assim desejar. Isso é possível pela prática do *Yoga*, que proporciona o Conhecimento do *Atman*. Isso também é possível para quem se livrou dos três tipos de *Karmas* (*Âjita, Prârabdha* e *Âgami*).

78- A propriedade da flutuação é natural ao mercúrio e à mente. Se ambos, o mercúrio for consolidado ou a mente for controlada, o que então, nesse mundo mundano, não pode ser realizado?

COMENTÁRIO: Ter o controle da mente, dos pensamentos e das emoções é o principal objetivo do *Yoga*. As flutuações são propriedades da mente e do mercúrio, nos termômetros. Para quem controla a mente, o que ele não pode realizar neste mundo mundano?

79- Quando calcinada com enxofre, a prata afasta as doenças; quando alguém está morto, ela faz com que lhe seja restaurada a vida; quando transformada em um sólido, carrega consigo o poder psíquico de locomoção através do espaço etéreo.

COMENTÁRIO: Calcinada com enxofre, a prata cura doenças; quando alguém morre e a ingere, retorna à vida. Quando volta a ser sólida, a prata dá ao *Yoguin* o poder de levitar, movendo-se no espaço etéreo. O verso não explica como isso ocorre.

80- No coração do mercúrio, se encontra *Brahman*. Ele é o Senhor dos órgãos dos sentidos. Ele é o Senhor da mente e dos *Prânas*. O Senhor dos *Prânas* é a dissolução final (em *Brahman*). Ao serem dissolvidos em *Brahman*, os *Yoguins* vivem para sempre, imóveis, sem mudanças, sem vontade e desprovidos de qualquer atitude.

COMENTÁRIO: Como o mercúrio proporciona essas mudanças na prata, fazendo-a curar doenças e restaurar a vida aos mortos, diz o verso que nela, se encontra *Brahman*. Ele é o Senhor dos órgãos dos sentidos, da mente, dos *Prânas*. Nele no final, tudo se dissolve. Ao se dissolverem Nele, os *Yoguins* viverão para sempre.

81- Como uma dançarina, embora dançando em harmonia, a música, escutando os címbalos e outros instrumentos musicais, tem em mente a preocupação de proteger o pote sobre sua cabeça, de igual modo, o *Yoguin*, embora atento às multidões de objetos em sua volta, nunca deixa de ter em mente a contemplação de *Brahman*.

COMENTÁRIO: A dançarina, atenta à harmonia da música e aos címbalos e outros instrumentos, tem em mente o equilíbrio do pote sobre a sua cabeça. De modo semelhante o *Yoguin*, mesmo cercado por muitos objetos, está sempre atento em *Brahman*.

82- A pessoa que deseja toda a riqueza do *Yoga* deve, depois de ter desistido de todos os pensamentos praticar, com a mente controlada, a concentração no som *Nâda*, sozinho.

COMENTÁRIO: Quem deseja obter os conhecimentos do *Yoga*, que são a sua riqueza, após desistir de todos os seus pensamentos e ideias, tendo a mente controlada, deve se concentrar no som *Nâda*, o som místico já mencionado.

CAPÍTULO III

1- O Princípio Único não pode a qualquer tempo, tornar-se múltiplas formas. Como Eu sou sem partes, não há outro além de Mim.

COMENTÁRIO: Aqui, é o Javali-*Krishna* quem fala sobre Si mesmo. Ele que é o Princípio Único, não pode em qualquer momento, se tornar múltiplo. Ele é sem partes e não há outro como Ele.

2- Tudo o que é visto e tudo o que é ouvido não é outro a não *Brahman*. Eu sou aquele *Para-Brahman*, que é o eterno, o imaculado, o livre, o único, a Bem-aventurança indivisível, o não-dual, a Verdade, a sabedoria e o infinito.

COMENTÁRIO: O *Javali-Krishna*, o Absoluto, continua falando sobre Si mesmo.

3- Eu sou da natureza da Graça; Eu sou sabedoria indivisível; Eu sou o Supremo do Supremo; Eu sou a Consciência Absolutamente Resplandecente. Como as nuvens não tocam o *Akâsha*, assim as misérias presentes da existência humana não Me afetam.

COMENTÁRIO: Idem.

4- Saiba que tudo é felicidade através da aniquilação da tristeza e tudo é da natureza de *Sat* (o Supremo), através da aniquilação de *Asat*. A natureza de *Chittta* está associada com o universo visível. Eu Sou sem partes.

COMENTÁRIO: Tudo o que existe é *Brahman,* a eterna felicidade, que é *Sat.* Com a aniquilação de *Asat* (ignorância), aparece *Sat,* Aquilo que é Real. *Chitta,* a mente inferior, está associada ao universo material, que a formou. Ele, o Absoluto, é sem partes.

5- Para um *Yoguin* elevado, não há nascimento, nem morte, nem ida para outras esferas e nem retorno à terra; não há mácula ou pureza, ou conhecimento, mas o universo brilha para ele como Consciência Absoluta.

COMENTÁRIO: Para o *Yoguin* que conquistou a Libertação Espiritual, não há nascimento nem morte, nem idas nem vindas deste plano para outros, não há máculas nem pureza ou conhecimento pois, para ele, tudo é o Eterno Presente.

6- Praticar sempre silenciosamente, dizendo mentalmente: "Eu sou *Para-Brahman*", que é a Verdade e a Consciência Absoluta, que é indivisível e não-dual, que é imaculado, que é puro, que é sem segundo e que é beneficente.

COMENTÁRIO: Deve-se meditar sempre, dizendo mentalmente: "Eu sou *Brahman*", ou, Eu sou *Para-Brahman*". Eu sou a Verdade, a Consciência Absoluta, que é indivisível, não-dual, imaculado, puro, sem segundo e beneficente.

7- Assumindo atitude silenciosa sobre a crença: "Eu sou sempre *Brahman*, que é desprovido de nascimento e morte, felicidade e miséria, que se mantém a uma distância muito grande das questões relativas à raça, clã e que é a principal causa deste mundo do redemoinho da consciência".

8- Assumindo a atitude de silêncio com a resolução: "Eu sou sempre Aquele Completo, não dual, a Consciência Indivisível, desprovido de diferenciações como os estados de *Vishva, Taijasa, Prajña* e assim por diante, tendo o aspecto do transcendente, do Uno sem Segundo e sem partes".

COMENTÁRIO: Outra frase para se meditar. Os estados de consciência citados, ainda são inferiores. Daí, serem aqui considerados como cheios de diferenciações.

9- Sem ser afetado por nenhuma forma de diferenciação, qualquer que seja ela, há um estado de permanecer na mesma forma, durante as três durações (passado, presente e futuro). Esta é a forma da minha existência.

COMENTÁRIO: Ele, o Absoluto, está sempre no Eterno Presente, não sendo afetado pelo passado, presente e futuro.

10- O que existe, assumindo a forma de Graça durante o sono, transcendendo todo tipo de felicidade, que é eterno, porque não tem nenhuma causa anterior, este é o estado de Bem-aventurança, sempre meu.

COMENTÁRIO: Durante o sono profundo ou sem sonhos, se está próximo da consciência *Âtmica*. Esse estado de consciência transcende a todo tipo de felicidade, pois é eterna, sem causa. Esse é o estado da Bem-aventurança de *Brahman*.

11- A escuridão da noite muito espessa é dissipada de uma só vez pelos raios do sol. A escuridão muito densa da ignorância, que é causada pelo apego à existência mundana, é dissipada pelo esplendor do sol de *Hari*, e não o contrário. O homem fica inteiramente liberado da sua escuridão interna, por sempre lembrar de adorar meus pés.

COMENTÁRIO: A escuridão da noite é dissipada pela aurora. A escuridão da ignorância, mais densa, é dissipada pelo esplendor de *Hari*, de *Vishnu*, não de outra forma. Adorando os pés de *Vishnu*, o homem se libera da escuridão da sua ignorância.

12- Além da adoração dos meus pés, não há nada que provoque a destruição da morte e do nascimento. Assim como um homem pobre ardentemente elogia um homem rico, com o desejo de ficar em suas mãos, o que ele deve fazer a mim, que sou o Criador do Universo?

COMENTÁRIO: Nada provoca a destruição da morte e

do nascimento, a não ser a adoração dos pés de *Vishnu*. Assim como um homem pobre elogia um homem rico, desejando ser por ele protegido, ele deve fazer o mesmo por Ele, o Criador do Universo.

13- Que homem não seria liberado, portanto, da escravidão (da ilusão provocada por esta existência irreal, no mundo)?

COMENTÁRIO: Dessa forma, adorando os pés de *Vishnu*, quem não consegue se liberar espiritualmente?

14- O mundo material se torna ativo apenas com a presença do sol. Assim também, é só na Minha presença que todo o mundo pulsa com a vida. A pérola da concha da ostra e a prata são criadas por *Mâyâ*. Assim, o mundo que está em Mim, também foi criado por *Mâyâ*, a partir de *Mahattatva*.

COMENTÁRIO: É o sol quem faz o mundo funcionar. Somente pela presença Dele, o Supremo, o mundo pulsa com vida. Tanto a ostra quanto a prata, foram criadas por *Mâyâ*, a ilusão. Assim, todo o mundo que está Nele, também o foram, a partir de *Mahattatva*, o Grande Princípio.

15- Enquanto outros estão dispostos a diferenciar entre o corpo de um *Candâla* (fora de casta), as diferentes ordens da criação, do animal até mineral, e o corpo de *Brahman*, eu não estou inclinado a fazê-lo.

COMENTÁRIO: Na antiga Índia e moderna, ainda há o

sistema de castas. Os que nasceram de relações sexuais entre castas ou nasceram fora do sistema de castas, são chamados *Candâla*. O verso diz que algumas pessoas estudam a diferença entre o corpo de um *Candâla* e as diferentes ordens da criação, seja mineral ou animal. Uma atitude muito depreciativa para com os *Candâlas*. Entretanto o Javali- -*Krishna*, o Supremo, diz que não está inclinado a fazê-lo. Isso porque, para Ele, não há diferenças essenciais entre os seres humanos.

16- O mundo não é nem o corpo nem o *Prâna* dos *Indriyas*, nem *Manas*, nem *Buddhi* (o intelecto), nem a autoconsciência, nem *Chitta* (mente pensante), nem *Mâyâ* nem o *Akâsha*.

COMENTÁRIO: O mundo material, não é nem corpo nem o *Prâna* dos *Indriyas*. *Indriya*, literalmente, significa "pertencente ou agradável a *Indra*". Também significa a força física ou a habilidade em geral, ou ainda, os cinco sentidos, mais especificamente. Portanto, o mundo material não é o *Prâna* associado aos cinco sentidos, nem a mente *(Manas)*, nem o intelecto (*Buddhi*), nem a autoconsciência (*Atman*), nem a mente pensante (*Chitta*). Em várias *Upanishads* os *Prânas* são associados aos cinco sentidos.

17- Também não é criador, nem o desfrutador, nem também o que causa prazer em outros.

COMENTÁRIO: O mundo material não é o criador do universo, nem aquilo que causa prazer nos outros. Aqui está dito que a matéria não responde pela criação do universo. Existe portanto, uma causa imaterial para tanto. O corpo também não causa prazer nos outros. Quem causa prazer, é o *Atman*, que é cheio de Bem-aventurança.

18-19- Eu sou o Absoluto *Brahman*, que é Consciências Pura, Existência e Graça, o *Janârdana* (o controlador do mundo).

COMENTÁRIO: Aqui mais uma vez, o Javali-*Krishna* se auto denomina o Absoluto *Brahman*, a Consciência Pura e a Graça, o que controla o mundo.

20- Por causa da agitação da superfície da água, o reflexo do sol é ondulado, assim também é a agitação do *Atman*, que ocorre através da mistura da autoconsciência. O trabalho na existência mundana, é devido à mente.

COMENTÁRIO: Está claro que o reflexo da luz solar na água fica ondulado se esta se agita. Não fica claro o que seja a agitação do *Atman*, uma vez que Ele é imutável. A mistura da auto consciência pode ser aqui interpretada como a mistura, a agitação da mente. Essa agitação afetaria o *Atman*, uma vez que Ele quando encarnado, se confunde com os pensamentos. A vida mundana, as encarnações dos seres vivos, se devem à suas mentes, pois é nelas que ocorrem os fatores que desencadeiam o *Karma*.

21- Portanto, deve purificá-la com grande esforço. Aí, que tipo de fé é esta em Ti, ante a grandeza da mente?

COMENTÁRIO: É na mente que ocorre a grande transformação espiritual do ser humano. O *Atman* em nós, está pronto, devendo ser percebido quando a mente cessa a sua atividade. Portanto, é na mente que ocorre a transformação espiritual do ser humano. Daí a sua importância. Entretanto, ela é purificada com muita prática de meditação e também, do *Hatha Yoga*. Por isso, ela é purificada com grande esforço, por parte do *Yoguin*. Também por isso, ela é considerada grande, maior que a fé.

22- Ai de mim, onde está toda a riqueza dos reis? Onde estão os *brâhmanes*? Onde estão os mundos? Todos as coisas velhas se foram. Coisas do passado nunca mais retornam.

COMENTÁRIO: Aqui o *Javali-Krishna* se lamenta, indagando onde está a riqueza dos reis, onde estão os *brâhmanes* e onde estão os mundos. Trata-se de uma alusão às coisas efêmeras. Com o passar do tempo, onde estão elas? Se destroem com o tempo, nunca mais retornando.

23- Vários tipos de coisas criadas tiveram o mesmo destino. Muitas Criações de *Brahma* já passaram. Muitos reis desapareceram, como partículas de poeira. O equívoco relativo ao *Atman* é devido à ilusão da mente, resultante das tendências demoníacas, até mesmo para o conhecedor do *Atman* (o que só contribuirá para a sua ruína). Caso essa tendência demoníaca também exista no homem Sábio, seu conhecimento da verdade se torna infrutífero.

COMENTÁRIO: Várias são as coisas criadas que tiveram o mesmo destino, ou seja, desapareceram com o tempo. Muitas coisas criadas por *Brahma*, o Criador, também desapareceram. Muitos reis desapareceram como poeira. O equívoco em relação ao *Atman*, ou seja, o desconhecimento da nossa verdadeira natureza espiritual, se deve à ilusão, à ignorância da mente, resultante das tendências demoníacas do ser humano. Isso também ocorre naqueles que conhecem o *Atman*. Essas tendências demoníacas, caso existam no homem Sábio, seu conhecimento da verdade é desprezível, se torna infrutífero. Portanto nem todos aqueles que conhecem o *Atman* são, verdadeiramente, iluminados.

24- Se a paixão (*Rajas*) e outros, gerados em nós, forem queimados pelo fogo da sabedoria divina discriminativa, como eles podem germinar novamente?

COMENTÁRIO: A paixão (*Rajas*), a ligação emocional com objetos e pessoas, são destruídos pela sabedoria discriminativa, ou seja, pelo conhecimento do *Atman*. Desse modo, como podem eles germinar e nascer novamente?

25- Assim como uma pessoa muito inteligente se delicia com as deficiências de outros, e descobre seus próprios defeitos e os corrige, como não ser liberado da escravidão?

COMENTÁRIO: Pessoas inteligentes são capazes de observar, atentamente, os defeitos alheios. Se essa pessoa descobre os seus próprios defeitos e os corrige, será liberto da escravidão dos seus erros.

26- Oh, Senhor dos *Munis*, somente quem não tem Âtma-*Jñana* (conhecimento do *Atman*) e que não é uma pessoa emancipada, anseia pelos *Siddhis* (poderes paranormais). Ele, Ó melhor dentre os Sábios, alcança assim os *Siddhis* através da saúde, do cantar *Mantras*, das obras religiosas, do tempo e das suas habilidades.

COMENTÁRIO: *Patañjali,* nos seus *Yoga Sutras,* se posiciona contra a aquisição de poderes paranormais, ao dizer: "III.38. Esses poderes (*Siddhis*) são prejudiciais à União (*Samâdhi*) em uma pessoa difusa".

Em outras palavras, a aquisição de *Siddhis* prejudica a chegada do *Samâdhi* em pessoas que possuírem a mente difusa, irrequieta.

Sobre as maneiras de se adquirir poderes paranornais, assim escreveu *Patañjali:* "IV.1. As perfeições (*Siddhis*) são obtidas pelo nascimento, por plantas, por *Mantras,* pelo ascetismo e pelo *Samâdhi*".

Ou seja, os poderes paranormais podem ser adquiridos por fatores genéticos, sendo assim, hereditário, pela ingestão de plantas enteógenas, pelo cantar de *Mantras,* pelas práticas ascéticas e pelo *Samâdhi.* Portanto somente uma pessoa que não conseguiu se emancipar espiritualmente, deseja adquirir poderes psíquicos. Em seguida, o verso explica as maneiras de se adquirir tais poderes, acrescentando, em relação a *Patañjali,* a saúde, o tempo e através das habilidades não explicadas do *Yoguin.* Talvez, essas habilidades incluam a sua capacidade de concentração, de meditar, etc.

27- Aos olhos de um *Âtma-Jñani*, esses *Siddhis* não têm importância. Quem se tornou um *Âtma-Jñani*, quem tem sua visão apenas no *Atman* e quem está contente com o *Atman*, através Dele, nunca é afetado por *Avidyâ* (ignorância).

COMENTÁRIO: Aos olhos daquele que é o Conhecedor do *Atman*, os poderes psíquicos são sem importância. Quem se tornou um Conhecedor do *Atman*, que tem inclinação apenas para Ele, quem está contente com Ele, através Dele, nunca será atingido pela ignorância, por *Avidyâ*.

28- Tudo o que existe nesse mundo, o Sábio conhece como sendo da natureza de *Avidyâ*. Como, então um Âtma-Jñani, que renunciou *Avidyâ*, pode ser afetado por ela?

COMENTÁRIO: *Avidyâ* significa "Ignorância dos valores espirituais" e *Vidyâ* significa "Conhecimento dos valores espirituais". São palavras que possuem significados contrários. Diz o verso que tudo o que se encontra neste mundo, o *Yoguin* elevado reconhece como sendo da natureza de *Avidyâ*. Nesse caso, como pode aquele que conhece o *Atman* e que renunciou à *Avidyâ*, ser afetado por ela?

29- Embora a saúde, os *Mantras*, trabalhos religiosos, tempo auspicioso e habilidades levem ao desenvolvimento de *Siddhis*, ainda assim eles não podem, de forma alguma, ajudá-lo a alcançar o estado de *ParamAtman*.

COMENTÁRIO: Tudo o que foi citado no verso, pode produzir poderes psíquicos. Mas, esses poderes não conduzem à Libertação Espiritual, à descoberta de *ParamAtman*.

30- Como então, aquele que é um *Atman-Jñani* e que está destituído de sua mente, dizer que deseja os *Siddhis*, enquanto todas as ações de seus desejos estão controladas?

COMENTÁRIO: O verso fala sobre "estar destituído de sua mente". Não se deve pensar aqui, que aquele que conhece o *Atman*, o *Atman-Jñani*, perde sua mente ou seu Ego, ao alcançá-Lo. Quando isso ocorre, o Ego, a mente, fica em segundo plano, passando o *Atman* a ter primazia. Como pode uma pessoa assim, com a mente domada, controlada, desejar poderes psíquicos?

CAPÍTULO IV
Brâhmana

1-3- Em outra ocasião, *Nidâgha* pediu ao Senhor *Ribhu* para iluminá-lo, para que se tornasse um *Jivamukti*. Então, *Ribhu* respondeu afirmativamente e disse o seguinte: "Em sete *Bhumikas* (ou estágios de desenvolvimento da sabedoria) existem quatro tipos de *Jivamuktis*. Desses sete, o primeiro estágio é *Subhechcha* (bons desejos); o segundo é *Vicharana* (desejo de investigar); o terceiro é *Tanumanasi* (ou relacionado com a mente refinada); o quarto é *Sattvapatti* (a realização de *Sattva*); o quinto é *Asamsakti* (não apego); o sexto é o *Padartha-Bhavana* (concepção correta da natureza de *Brahman*), e o sétimo é o *Turya* (quarto estágio, ou final).

COMENTÁRIO: *Nidâgha* pediu ao Senhor *Ribhu* para iluminá-lo para que se tornasse um *Jivamukti*. Ele concordou com o pedido, explicando para *Ribhu* que dentre os sete estágios do desenvolvimento da sabedoria, há quatro tipos de *Jivamukti*. Em seguida, relaciona cada um desses sete.

4-5- O *Bhumika* que é da forma do *Prânava* (*Om*) é formado de (ou é dividido em) *Akara* - "A", *Ukara* - "U", *Makara* - "M" e *Ardha-Matra*. *Akara* e outros são de quatro tipos, sendo diferenciado como *Sthula* (grosseiro), *Sûkshma* (sutil), *Bija* (semente ou causalidade) e *Sakshi* (testemunha).

COMENTÁRIO: Agora, uma explicação sobre *Bhumika* e a sua constituição.

6-10- Seus estados são quatro: vigília, sonho, sono sem sonho e *Turya* (quarto estado). O estado de *Vishva* é a parte grosseira de *Akâra*. Aquele que está no estado de sonho (ou a entidade que se identifica com o estado de sonho) na essência grosseira de *Ukâra*, é *Vishva*; na essência sutil, ele é denominado *Taijasa*; na essência de *Bija* é *Prajña*; e na essência de *Sakshi* é *Turya*. Aquele que está no estado de *Sushupti*, na essência grosseira de *Makâra* é denominado *Vishva*; na essência sutil, *Taijasa*; na essência de *Bija* é *Prajña*; e na essência de *Sakshi*, é *Turya*. Aquele que está no estado de *Turya*, na essência grosseira de *Ardha-Matra*, é denominado *Turya-Vishva*. No sutil, é denominado *Taijasa*. na essência de *Bija* é denominado *Prajña;* e na essência de *Sakshi*, é denominado *Turya-Turya*.

COMENTÁRIO: Verso muito obscuro. É feita uma comparação entre os quatro estado de consciência e as três sílabas do *Mantra Om* (*AUM*).

11- A essência *Turya* de *Akâra* é (ou abrange) a primeira, segunda e a terceira (*Bhumikas*, ou estágios dos sete). A essência *Turya* de *Ukâra* abrange o quarto *Bhumika*. A essência *Turya* de *Makâra* abrange o quinto *Bhumika*. A essência *Turya* de *Ardha-Matra* é o sexto estágio. Além disso, está o sétimo estágio.

COMENTÁRIO: Verso obscuro. Fala dos estados de consciência e das sílabas *A, U, M.*

12- Aquele que vaga entre os três primeiros estágios, torna-se um buscador após ser liberado (*Mumukshu*). Vagando através dos quatro, ele se torna um conhecedor de *Brahman* (*Brahmavit*). Vagando através do quinto estágio, ele se torna um Grande Conhecedor de *Brahman* (*Brahmavidvara*). Vagando através do sexto estágio, ele se torna o Muito Exaltado Conhecedor de *Brahman* (*Brahmavidvariya*). Errando através do sétimo estágio, ele se torna o Mais Exaltado Conhecedor de *Brahman* (*Brahmavidvarishtha*).

COMENTÁRIO: O verso explica o que sejam os sete estágios especificados, de forma obscura.

Mantra

1-2- Com referência a isso, existem os *Slokas*. Eles são: a) O primeiro estágio de conhecimento, é bem dito ser o dos desejos virtuosos (*Subhechcha*). b) o segundo, é o da investigação (*Vicharana*). c) o terceiro, é o do refinado funcionamento da mente (*Tanumanasi*). d) o quarto é o do alcance do estado rítmico (*Sattvapatti*). e) o quinto é o que se chama desapego (*Asamsakti*). f) o sexto é a concepção correta da sustância de *Brahman* (*Padartha-Bhavana*). g) o sétimo, é a realização de *Turya*.

COMENTÁRIO: Os versos explicam sobre os sete estágios para se alcançar o conhecimento do Absoluto.

3- Por que eu permaneço como um ignorante? Vou ser visto com os *Shastras* e Sábios ou vou estudar os livros e estar com os Sábios – isso é denominado pelo Sábio como *Subhechcha*.

COMENTÁRIO: Por que apesar de muito praticar, eu ainda sou um ignorante? É o que foi indagado ao Javali-*Krishna*. Ele faz uma afirmação: Ele vai ser visto com os *Shastras*, as escrituras sagradas e com os Sábios, ou vai estudar essas escrituras e estar com eles. Ambas as atitudes são chamadas de *Subhechcha*, pelos Sábios. A palavra *Subhechcha* significa "bons desejos", "desejos virtuosos", como já foi dito. Ele é o primeiro estágio já especificado.

4- A companhia dos Sábios, o estudo dos *Shastras*, o caminho correto e prática do desapego (*Vairagya*), é denominado investigação (*Vicharana*), o segundo estágio.

COMENTÁRIO: Aqui, está explicado o que representa o segundo estágio.

5- O desejo sensual pelos objetos de prazer, como resultado da investigação e dos desejos virtuosos, é chamado de funcionamento da mente refinada. Isso é dito ser *Tanumanasi*. Isso é o terceiro estágio.

COMENTÁRIO: Idem, do terceiro estágio.

6- Quando a mente se situa no Puro *Atman*, possuindo qualidades rítmicas através do exercício nos três estágios acima citados, isso é o quarto estágio, denominado *Sattvapatti*.

COMENTÁRIO: Idem, o quarto estágio.

7- O estágio onde a admiração pelo Ritmo do *Atman* permanece enraizado e gerou o desapego, como fruto a prática dos quatro estágios mencionados, é denominado desapego, ou *Asamsakti* (*Asamshakti*).

COMENTÁRIO: Idem, sobre o quinto estágio.

8-9- Aquele estágio conhecido como a correta concentração na substância de *Brahman*, resultante da concentração da mente por um longo tempo, em direção a *Brahman,* devido à cessação de concepções sobre as coisas interna e externas, devida à experiência do próprio *Atman;* isso resulta da prática dos cinco estágios citados. Isso é denominado *Padartha-Bhavana*, o sexto estágio.

COMENTÁRIO: Aqui, o comentário é sobre o sexto estágio.

10- O estágio em que após a prática excessivamente longa nos seis estágios acima, se torna constante, ao se contemplar o *Atman,* é o sétimo estágio, chamado *Turya.*

COMENTÁRIO: Aqui, o comentário sobre o sétimo estágio.

11- Os três estágios começam com os desejos virtuosos e são conhecidos como os estágios com e sem distinções.

COMENTÁRIO: Os três estágios já citados, se iniciam com os desejos virtuosos. São conhecidos como os estágios que têm e que não têm distinções.

12- Quando a mente está firmemente estabelecida no Único não-dual e a concepção da dualidade é extinta então ele vê este universo como um sonho, embora esteja unido ao quarto estágio.

COMENTÁRIO: Quando a concentração está firmemente dirigida ou firmada em *Brahman* e a percepção da realidade como uma Unidade aparece, então o *Yoguin* percebe que esse universo é um sonho, como algo irreal. Assim, ele está no quarto estágio. A concepção do universo como algo irreal, tem origem, principalmente, no *Vedanta*.

13- Quando a fé é estabelecida na não dualidade e os conceitos errôneos sobre dualidade são extintos, os *Yoguins* veem, como em um sonho, este mundo se assemelhar a um sonho, assim como as nuvens outonais dispersadas, desaparecem. Assim, ele permanece no Supremo. Oh *Nidâgha*, esteja convencido sobre isso!

COMENTÁRIO: Quando pela prática do *Yoga*, o *Yoguin* adquire fé na existência da não-dualidade, ele vê este mundo como se fosse um sonho, do mesmo modo que as nuvens outonais dispersadas, desaparecem.

14- Então, tendo ascendido ao quinto estágio chamado *Sushuptipada*, sede do sono sem sonhos, ele permanece simplesmente no estado de não-dualidade, estando livre das diversas diferenças.

COMENTÁRIO: Estando no estado de sono sem sonho, o sono profundo, ele, o *Yoguin*, permanece no estado onde não há dualidade, fica livre das diferenças, uma vez que se encontra na Unidade.

15-16(a)- Estando sempre introspectivo, embora sempre participando das ações externas, aqueles que estão engajados na prática desse sexto estágio são vistos como pessoas adormecidas ou fatigada, livres de todas as ligações com o mundo.

COMENTÁRIO: Quem pratica *Yoga*, se torna uma pessoa introspectiva, como se fosse adormecida ou fatigada, embora ainda participe do mundo e das ações externas. Assim, fica liberta de toda ligação com o mundo, embora participe dele.

16(b)- Finalmente, o sétimo estágio, o qual é o mais antigo, e que é chamado de *Gudhasupti*, é alcançado.

COMENTÁRIO: Finalmente, ele alcança o sétimo estágio, chamado *Gudhasupti*.

17- Então ele permanece naquele estado de não dualidade em *Brahman,* sem medo e com sua mente quieta, onde não há nem *Sat* e nem *Asa*t, nem eu, nem não-eu.

COMENTÁRIO: Ao alcançar o sétimo estágio, ele está no estado de não-dualidade, unido a *Brahman* estando livre do medo e com a mente domada, onde não há o Ser nem o Não Ser, ou seja, onde não há nem *Sat* nem *Asat,* nem Ego nem não Eu, o estado do mais elevado *Samâdhi,* denominado por *Patañjali* de *Dharma Mega Samâdhi.*

18- Como um pote vazio imerso no oceano do espaço etérico (*Akâsha*) é vazio tanto dentro quanto fora; como um pote preenchido com água no meio do oceano, está cheio tanto dentro quanto fora...

COMENTÁRIO: O verso aqui faz uma analogia entre um pote imerso no oceano do espaço etérico, que está cheio de éter por dentro e por fora e como um pote mergulhado no oceano, fica cheio por fora e por dentro, com o que veremos nos versos seguintes.

19- Não se torna nem conhecedor ou conhecido. Você pode se tornar a Realidade que permanece após todos os pensamentos extintos e não se reduz às várias concepções criadas pela mente, nem se torna reduzido à mente, que conhece.

COMENTÁRIO: Um pote cheio de espaço etéreo vazio por dentro e por fora, não pode ser reduzido às concepções criadas pela mente, nem se reduz à mente que o percebe. Isto porque o pote não é a mente que o percebe, nem é o objeto percebido. Aqui o verso estabelece a dificuldade de compreender a correta relação entre a mente que percebe e o objeto percebido.

20- Tendo descartado todas as distinções entre o observador e o que é observado, meditando exclusivamente no *Atman*, que brilha como a Luz suprema....

COMENTÁRIO: Desapegando-se das distinções entre sujeito, o ato de observar e o objeto percebido, meditando no *Atman*...

21- ...ele se torna um *Jivamukti* (pessoa emancipada)

que, embora participando das preocupações materiais do mundo para ele, o universo é visto como o *Akasha* invisível.

COMENTÁRIO: Ele, o *Yoguin*, se torna uma pessoa Liberta Espiritualmente. Embora ele ainda participe das preocupações materiais, para ele, o universo é visto como se fosse o invisível *Akâsha*.

22- Diz-se que ele é um *Jivamukti*, cuja radiância mental não surge nem desaparece com a felicidade ou com a miséria e cuja condição é como se fosse sempre a mesma. Ele não pretende mudar o que acontece com ele, tanto para diminuir sua miséria ou aumentar a sua felicidade.

COMENTÁRIO: O brilho mental de um *Jivamukti*, não surge nem desaparece quando sente felicidade ou infelicidade. Ele é sempre o mesmo, imutável. Esse liberto em vida não deseja mudar o que lhe acontece, seja felicidade ou infelicidade.

23- Ele que está desperto enquanto permanece adormecido, ele que sabe não estar acordado, ele cujo estado de alerta mental se deve à concentração, ele é conhecido como um *Jivamukti.*

COMENTÁRIO: O *Jivamukti* está sempre em estado de alerta, esteja dormindo ou acordado. O sono não lhe tira a capacidade de estar desperto, com a mente focada, alerta. É como se estivesse em estado de sono acordado, possuindo uma consciência expandida, que abrange, simultaneamente, o sono e a vigília.

24- Aquele que, embora agindo de acordo com paixão, ódio, medo e outras influências, tem uma mente tão clara como o éter interno, é conhecido como um *Jivamukti*.

COMENTÁRIO: O *Jivamukti*, apesar de ser um Liberto, pode agir sob a influência da paixão, do ódio e do medo, embora possa controlá-los. Ele tem a mente clara como o éter interno, existente no coração. Por isso, é um *Jivamukti*.

25- Ele cuja atitude mental não é afetada pelo Ego, cujo intelecto nunca é prejudicado, seja ele ativo ou passivo, é conhecido como um *Jivamukti*.

COMENTÁRIO: Outras características do *Jivamukti*.

26- Ele que não tem medo do mundo e que não se afasta também do mundo, que é liberado da raiva, alegria e sem medo, é conhecido como um *Jivamukti*.

COMENTÁRIO: O *Jivamukti* não tem medo do mundo, não se afastando dele. Por ser um *Jivamukti*, ele está livre da ira, da alegria e do medo.

27- Ele que embora seja indulgente para com todas as armadilhas, como os objetos do prazer sensual, ainda permanece indiferente, se dedicando totalmente a questões relacionadas com o *Paramâtman*, é conhecido como um *Jivamukti*.

COMENTÁRIO: O *Jivamukti* é capaz de perdoar a quem não supera os desejos por prazeres sensuais. Ele permanece indiferente a todos os erros, dedicando-se totalmente às questões relativas ao Absoluto. Por isso, é conhecido como um *Jivamukti*.

28- Quando alguém, tendo prazer em Mim, que abraço tudo, desiste, Ó Sábio, de todos os desejos do seu coração, ele é conhecido como um *Jivamukti*.

COMENTÁRIO: Quando uma pessoa, tendo prazer apenas Nele, o Absoluto que a tudo abrange, desiste de realizar os desejos do seu do seu coração é conhecido como um *Jivamukti*. O verso fala sobre a renúncia.

29- Ele cuja mente não é agitada e que tem o seu descanso quando está nesse estado de consciência mais sagrada e Absoluta e é desprovido de toda agitação mental, é conhecido como um *Jivamukti*.

COMENTÁRIO: Outras características do *Jivamukti*.

30- Ele em cuja mente a noção deste mundo, do Eu, do Ele, desaparece como um conjunto de fenômenos falsos, não se emocionando com eles, é conhecido como um *Jivamukti*.

COMENTÁRIO: Para o *Jivamukti*, não existe mais as noções de "Eu" e de "Ele", pois nada mais são que um conjunto de fenômenos falsos. Ele não se emociona com mais nada, possuindo uma mente estável, sem emoções.

31- Para ele fica estabelecido a sua convicção no Absoluto, após penetrar Nele, que é a plenitude do estado de existência, que é permanente, abundante, pleno e desprovido de todo erro, seguindo através do caminho indicado pelo *Âchârya*, e pelos *Shastras*.

COMENTÁRIO: Para o Liberto, após penetrar em *Brahman*, fica estabelecida a sua convicção de ter seguido o caminho correto, indicado pelo *Âchârya* e pelos textos sagrados. *Âchârya* é um tipo de mestre espiritual, dentre outros que são, segundo Feuerstein (FEUERSTEIN. Georg 2002. **A tradição do *Yoga***, pág. 44), todos da casta dos *brâhmanes*.

- *Guru*.

- *Âchârya* (preceptor) que realiza a cerimônia da investidura do cordão sagrado (*Upanâya-ana*), usado pelos que "nasceram duas vezes".

- *Upâdhyâya* (tutor) o que ensina uma parte dos textos sagrados em troca de pagamento.

- *Adhvanka* (mentor). Vem de *Adhvan*, que significa estrada ou viagem.

- *Prâcârya* (preceptor sênior).

- *Râja-Guru* (*Guru* Real).

- *Loka-Guru* (*Guru* do Mundo). Cada um deles tem um status determinado e uma função de ensino. Há um termo genérico para designar os diversos tipos de mestres: *Pravaktri* (Comunicador).

- *Sat-Guru* (Mestre do Real ou, Verdadeiro Mestre)

32- O *Guru* é *Shiva*, os *Védas* são *Shiva*, a deidade é *Shiva*, o Senhor é *Shiva*, Eu sou *Shiva*, tudo é *Shiva* e, não existe outro senão *Shiva*.

COMENTÁRIO: Aqui, o verso diz que *Shiva* é os *Védas*, a deidade, o Senhor e, tudo. Sobre isso, vale a pena citar o verso 5 do hino de autoria de *Shankaracharya*, denominado *Nirvânasasatkan:*

> Não possuo morte ou medo.
>
> Não pertenço a nenhuma casta.
>
> Não tenho pai, nem mãe - eu jamais nasci.
>
> Não tenho amigos nem companheiro, nem discípulo, nem *Guru*.
>
> Eu sou consciência e unidade eterna.
>
> Eu sou *Shiva*! Eu sou *Shiva*!

33- Conhecendo-O corretamente, o *brâhmane* corajoso deve adquirir sabedoria e não apenas memorizar um grande número de palavras. Isto, certamente é cansativo para o órgão vocal.

COMENTÁRIO: Conhecendo *Shiva* corretamente, o corajoso *brâhmane* deve adquirir sabedoria e não apenas memorizar os *Shastras*, os textos sagrados e sim, incorporá-los ao seu patrimônio espiritual para ajudar outras pessoas.

34- Aquele que adota o caminho seguido pelas aves (*Shuka*) alcança a libertação, como também, aquele que adota o caminho da formiga (*Vâmadeva*).

COMENTÁRIO: O verso aponta dois caminhos: o das aves (*Shuka*) e o das formigas (*Vâmadeva*). A palavra *Shuka*, tem os seguintes significados:

- *Shuka (Shuka Deva)*, o Sábio hindu.

- *Shuka* (instrumento de corda).

A palavra *Vâmadeva* no hinduísmo, é o nome do aspecto preservador de *Shiva,* um dos cinco aspectos do universo que ele incorpora.

Portanto quem segue o caminho do Sábio *Shuka,* o das aves, alcança a Libertação Espiritual. Por outro lado, quem segue o caminho de *Vâmadeva,* o das formigas, alcança a mesma coisa.

35- Além destes dois tipos, não existem outros para se alcançar a Libertação Espiritual. Aqueles que prosseguem com coragem o curso adotado por *Shuka*, tornam-se *Satyamuktis* (aqueles que são imediatamente liberados), mesmo mantendo-se neste mundo.

COMENTÁRIO: O autor anônimo desta *Upanishad* afirma aqui que não existem caminhos, além do de *Shuka* e o de *Vâmadeva.* Aqueles que seguem por *Shuka*, tornam-se *Satyamukti* (os imediatamente Libertos), mesmo estando neste mundo.

36- Aqueles que seguem o caminho de *Vâmadeva* após morrerem e nascerem, umas e outras vezes neste mundo, tornam-se *Kramamuktis* (aqueles que alcançaram a Libertação Espiritual, gradualmente) recorrendo a ações devocionais, de acordo com as escolas de pensamento *Yoga* e *Samkhya*.

COMENTÁRIO: Quem segue o caminho de *Vâmadeva*, após morrerem e renascerem várias vezes neste mundo, tornam-se *Kramamuktis*, ou seja, aqueles que alcançaram a Libertação Espiritual, gradualmente, praticando ações devocionais de acordo com o *Yoga* e o *Samkhya*. Este autor desconhece quais são as ações devocionais prescritas pelo *Samkhya*, uma vez que se trata de escola de pensamento ateística, embora aceite a existência de espíritos, os inúmeros *Purushas*.

37- *Shuka* e *Vâmadeva* são os dois caminhos criado por deuses. *Shuka* é dito ser o da ave, enquanto *Vâmadeva* é dito ser o da formiga.

COMENTÁRIO: Os dois caminhos citados foram criados pelos deuses. *Shuka* é o do pássaro e o *Vâmadeva* é o da formiga. O primeiro proporciona efeitos mais rápidos, enquanto o segundo proporciona efeitos mais lentos.

38- Os buscadores sem pecado atingem através do caminho de *Shuka*, o estado mais elevado, após conhecer a forma real de seus próprios *Atmans*, recorrendo ao *Samâdhi* do tipo *Asamprajñta*, quer através do *Samâdhi* do tipo *Samkhya--Yoga*, ou pela investigação da real importância de um grande texto ou diretamente da boca do criador ou adotando o método da exclusão, através da frase: "Nem isso, nem isso".

COMENTÁRIO: Através do caminho de *Shuka*, os verdadeiros buscadores alcançam o mais elevado estado de consciência, após conhecer seus *Atmans*. Isso acontece pelo *Samâdhi* tipo *Asamprajñata*, que significa "sem apoio", citado por *Patañjali*. Isso também é conseguido através do *Samâdhi* dos tipos descritos pelas escolas *Yoga* e *Samkhya*, pela investigação de um importante texto sagrado através da boca do Criador, ou seja, pela intuição divina ou recitando a frase: "Não é isso, Não é isso", já referida.

39- Ele que, em virtude de não ter alcançado os frutos do sucesso, neste nascimento, mesmo possuindo o poder psíquico de *Animâ* sob seu comando, tendo destruído os vários obstáculos devido à repetida prática de *Hatha Yoga*, que inclui as posturas, liberta-se da dor e da angústia, como resultado do autocontrole (*Yâma*) e assim, nascerá novamente em uma grande família onde se pratica o *Yoga*.

COMENTÁRIO: Aquele que pratica *Yoga* e não conquista a Libertação Espiritual neste nascimento e mesmo possuindo poderes psíquicos como *Animâ*, nascerá novamente em uma família de grande elevação espiritual na qual se pratica *Yoga*. Aqui, aparece a palavra *Animâ*. É um dos poderes psíquicos que surgem com a prática do *Yoga*. Sobre isso, vamos transcrever aqui, um pequeno texto deste autor, que se encontra na sua tradução do *Shiva Samhitâ* (TINOCO, Carlos Alberto 2009. **Shiva Samhitâ**, págs.147-8):

> *Siddhi* ("Perfeição"). Significa também "poderes paranormais", adquiridos com a prática do *Yoga*. Com a prática dos *Prânâyâmas*, aparecem os oito *Siddhis* seguintes: 1- *Animâ*

(tornar-se diminuto). 2- *Mahiman* (poder de se expandir até a infinitude). 3- *Laghimân* (perda de peso). 4- *Garimân* (poder de aumentar o peso). 5- *Prâkâmya* (controle sobre os sentidos). 6- *Îsittva* (supremacia, autoridade). 7- *Kâmâvasâya* (controle total dos sentidos). 8- *Vashittva* (fascinação ou capacidade hipnótica). Ver *Shiva Samhitâ,* nota ao verso 59. O *Shiva Samhitâ* refere-se a outros *Siddhis* como: 1- *Vâkhya Siddhi* (profecia). 2- *Kãmachâri* (transportar a si mesmo para todos os lugares, pela vontade). 3- *Duradristhi* (clarividência). 4- *Durasruti* (clariaudiência). 5- *Suksma Dristhi* (perceber sinais sutis). 6- *Parakâyapravesana* (entrar em outros corpos). 7- Transmutar metais em ouro, ao friccioná-los com excremento. 8- poder de tornar-se invisível. 9- poder de mover-se em pleno ar. (*Shiva Samhtâ,* III, 61-62). Ainda se refere a outros poderes, como: *Buchari* (poder de saltar como uma rã). *Vâyu Siddhi* (poder de flutuar no ar). (III. 53 e III. 49-50).

40- Devido à impressão deixada por suas práticas anteriores, ele obtém a Libertação Espiritual que é o mais elevado estado de *Vishnu*, apenas através do caminho de *Vâmadeva*. Isso ocorre após vários nascimentos, durante os quais se praticou *Yoga*.

COMENTÁRIO: Tudo o que fazemos com emoção, de alegria ou de tristeza ou tudo o que fazemos visando obter recompensa, gera *Karma*. Assim se transporta de uma vida para outra. Diz o verso que devido à impressão gerada pela pratica do *Yoga* realizada em vidas anteriores, se obtém a Libertacão Espiritual que é o mais elevado estado de Consciência de *Vishnu*. Isso se consegue seguindo o caminho de *Vâmadeva*, após vários nascimentos.

41- Ambos os caminhos são igualmente auspiciosas e conduzem à realização de *Brahman*.

COMENTÁRIO: Os dois caminhos citados são o de *Vâmadeva* e o de *Shuka*. Ambos levam à realização de *Brahman*.

42- Um é capaz de conferir a Libertação Espiritual, imediatamente, enquanto o outro, é capaz de conferir a Libertação no devido tempo.

COMENTÁRIO: Aqui, há uma referência ao fato de que um dos caminhos é o mais importante, pois confere a Libertação Espiritual imediatamente, ou seja, o do pássaro ou o de *Shuka*. O outro, o caminho da formiga ou de *Vâmadeva*, confere a Libertação no tempo devido.

43- O que é ilusão e o que é tristeza para ele, que vê Nele a unidade e cujo intelecto por sua experiência, volta-se em direção à Verdade?

COMENTÁRIO: Para aquele que vê no Absoluto, a Unidade, cuja mente se volta em direção à Verdade, o que é ilusão e o que é tristeza? Para o liberto, não há mais tristeza, ilusão, medo, ou qualquer outro sentimento negativo.

44- Todos os que caem dentro da faixa de sua visão, são libertos de todos os enganos. Todos os que atravessam o etéreo bem como regiões terrestres, abrangidas pelo alcance da visão do conhecedor de *Brahman*, são libertos neste exato momento dos pecados, acumulados através das várias de encarnações anteriores.

COMENTÁRIO: Os que alcançaram a Libertação Espiritual, adquirem o poder de Libertar todas as pessoas que caem na faixa do seu olhar. Todos aqueles que adquiriram poderes psíquicos de levitar nos espaços etéreos ou regiões terrestres, serão libertos por aquele que conhecem o Absoluto no exato momento dos seus erros acumulados em várias encarnações anteriores. O verso deixa claro que aqueles que adquiriram poderes, ainda não são libertos.

CAPÍTULO V

1-2- Então, *Nidâgha* indagou ao Senhor *Ribhu:* "Por favor, informe-me as regras relativas às práticas do *Yoga*". "Assim será", disse Ele. O corpo é feito de cinco elementos e é preenchido com as cinco regiões. Tudo o que é duro, é terra e o que é natureza fluída, é água. O calor do corpo é o elemento fogo. O movimento é característico do ar. O éter é essencialmente, o corpo inteiro. Isso deve ser entendido pelo aspirante de *Yoga*.

COMENTÁRIO: Aqui está um ensinamento do Senhor *Ribhu,* sobre a composição do corpo pelos cinco elementos: Tudo o que é duro nele, é formado por terra. Aquilo que possui natureza fluída, é água. O calor do corpo é feito de fogo. Os movimentos corporais representam o elemento ar. E o éter, representa todo o corpo.

3- O corpo recebe o ar em 21.600 respirações, durante um dia e uma noite.

COMENTÁRIO: Em um dia e uma noite, o ser humano inspira e expira 21.600 vezes, aproximadamente.

4- Quando a região de terra do corpo definha, as rugas aparecem nos seres humanos. Da mesma forma, com o definhamento da região aquosa, os cabelos gradualmente ficam cinza. Com a diminuição e o desperdício de elemento fogo, fome e a graciosa forma corporal, começam a desaparecer.

COMENTÁRIO: O verso explica o que ocorre com o corpo, quando os elementos citados definham.

5- Com a diminuição e o desperdício de ar, haverá tremores corporais diários. Com o desaparecimento e o desperdício da substância etérea, o éter, haverá interrupção da vida por completo. Desta forma, com o desperdício dos elementos constitutivos do corpo, este se desgasta. Assim para que a vida exista, as substâncias dos elementos devem ser mantidas.

COMENTÁRIO: Idem. Para que a vida corporal exista, os elementos corporais devem ser mantidos nos corpos dos seres vivos.

6- O *Prâna*, que possui esses elementos, não encontra lugar para descansar no corpo, devido à redução desses elementos, que surgem como os pássaros voando no ar.

COMENTÁRIO: Com a diminuição desses elementos corporais, o *Prâna* que os possui não encontra lugar no corpo para descansar, uma vez que a redução de tais elementos surge como pássaros voando no ar.

7- É por esta razão que o grande pássaro realiza *Uddyâna Bandha*, voando alto sem fadiga. Por isso mesmo deve haver a prática *Uddhyâna.* É daí que *Uddhiyana* deriva o seu nome. *Uddhiâna Bandha* é verdadeiramente, o Leão que destrói o Elefante da Morte.

COMENTÁRIO: O grande pássaro é o *Yoguin,* que deve realizar *Uddhyâna Bandha* (o que voa alto sem fadiga), para evitar o esgotamento dos elementos corporais que causam a velhice e a morte. Esse poderoso *Bandha* é aqui considerado como o Leão que Mata o Elefante da Morte.

8- A Libertação Espiritual depende da virilidade e do vigor do corpo. O *Bandha* aqui descrito é difícil de ser realizado. Quando o fogo da região do estômago é perturbado, intensa dor é produzida.

COMENTÁRIO: A Libertação Espiritual, depende do vigor do corpo. *Buddha,* debilitado após muitas austeridades, muitos jejuns, decide caminhar, seguir a senda espiritual por ele denominada "Caminho do Meio", onde as austeridades rigorosas foram eliminadas. Ele percebeu que com o seu corpo debilitado, não chegaria à meta final. Após abandonar as rigorosas austeridades, conseguiu a iluminação, pouco depois. O *Uddhyâna Bandha* aqui referido é difícil de ser realizado, segundo o verso. Quando o fogo gástrico é perturbado, dores aparecem. Sobre *Uddhiâna Bandha*, assim diz o *Gheranda Samhitâ* (TINOCO, Carlos Alberto. 2007. **Gheranda Samhitâ,** pág. 57):

> **III.10.** Contrair o abdômen acima e abaixo do umbigo, de modo que as vísceras abdominais toquem as costas. Aquele que pratica sem cessar este *Uddhiâna Bandha*, dominará a morte. Graças a esta prática, o ar vital é impelido para cima dentro da *Sushumna,* ali se movendo continuamente.
>
> **III.11.** De todos os *Bandhas,* este é o melhor. A prática completa deste *Bandha*, facilita a Libertação Espiritual.

9- Portanto, esse *Uddyâna Bandha* não deve ser praticado por quem está com fome, ou por quem está com enfermidades urinárias ou diarréia. Ele deve praticar muitas vezes, em pequenas quantidades, apropriadamente, e alimentar-se moderadamente, por diversas vezes.

COMENTÁRIO: O *Uddhyâna Bandha* não deve ser praticado por quem sofre de doenças abdominais e urinárias, pois a sua prática contrai o abdômen. Deve ser praticado por poucas vezes, em pequena quantidade e de forma apropriada. O praticante deve se alimentar pouco e várias vezes.

10- Dos três, o *Laya Yoga,* o suave, o *Hatha Yoga*, o do meio e o *Mantra Yoga,* o místico, deve-se saber em ordem, o *Mantra* (meditação sobre o *Nâda*), o *Laya* (o repouso em *Nâda*) o *Hatha* (são os meios para atingir o *Laya*). Assim, os *Yogas* são três, *Laya Yoga*, *Mantra Yoga* e *Hatha Yoga*. O *Yoga* é constituído por oito subdivisões.

COMENTÁRIO: O autor anônimo desta *Upanishad* considera que existem apenas três tipos de *Yoga: Laya Yoga,* que é suave, o *Hatha Yoga,* o do meio e o *Mantra Yoga,* o místico. O *Hatha* e o *Mantra Yoga* são os meios para se atingir o *Laya Yoga*. O verso diz ainda que há outras subdivisões no *Yoga*.

11-12(a)- Eles são, *Yâma, Niyâma,* Âsana, *Prânâyâma, Pratyahara, Dhãrana, Dhyâna* e *Samadhi.*

COMENTÁRIO: O autor anônimo desta *Upanishad* fala sobre os oito membros ou subdivisões do *Yoga*, seguindo as ideias de *Patañjali,* nos seus *Yoga Sutras.*

12(b)-13(a)- Desses, *Yâma* é de dez tipos. Eles são, não-ferir, veracidade, não-cobiçar, castidade, compaixão, simplicidade, paciência, coragem, moderação na alimentação e pureza do corpo e da mente.

COMENTÁRIO: Aqui, o autor anônimo comenta sobre as partes integrantes de *Yâma*. Ele amplia o número deles em relação a *Pantañjali,* que enumera apenas cinco.

13(b)-14- *Nyâma* é de dez tipos. Eles são, *Tapas* (austeridades religiosas), contentamento, crença na existência do Senhor ou dos *Védas*, caridade, adoração a *Ishvara* ou o Senhor, ouvir as exposições das doutrinas religiosas, modéstia, um bom intelecto, *Japa* (repetição de orações) e *Vrata*, ou observâncias religiosas.

COMENTÁRIO: Aqui, o referido autor anônimo enumera dez tipos de *Nyâmas*, enquanto *Patañjali* enumera cinco.

15-16- Há onze posturas, iniciando com *Chakra: Chakra, Padma, Kurma, Mayura, Kukkuta, Vira, Svastika, Bhadra, Simha, Mukta* e *Gomukha* são as posturas enumeradas pelos conhecedores do *Yoga*.

COMENTÁRIO: Existem inúmeras posturas ou *Âsanas*. As mais importantes são 84. Aqui, o verso cita apenas onze delas.

17- Colocando o tornozelo esquerdo na coxa direita e o tornozelo direito na coxa esquerda, e mantendo o corpo ereto enquanto sentado, é a postura *"Chakra"*.

COMENTÁRIO: Uma descrição de *Chakrâsana*.

18- *Prânâyâma* deve ser praticado repetidas vezes, na seguinte ordem, ou seja, inspiração (*Pûraka*), restrição do alento (*Kumbhaka*) e expiração (*Rechaka*). O *Prânâyâma* é feito através das *Nadis* apropriadas. Assim, falaremos sobre elas, na sequência.

COMENTÁRIO: Aqui está uma técnica de *Prânâyâma* que inclui a inspiração, a retenção e a expiração. Deve ser feito através das *Nadis* apropriadas. Em seguida, falaremos sobre elas.

19- O corpo de cada ser consciente tem noventa e seis dedos de comprimento. No meio do corpo, dois dedos acima do ânus e dois dedos abaixo do órgão sexual, está localizado o centro do corpo.

COMENTÁRIO: Aqui se refere ao tamanho do corpo humano, em média. Está especificado também a localização do meio do corpo.

20-21- Nove dedos abaixo dos genitais existe o *Kanda*, origem das *Nadis*, que possui forma oval, quatro dedos de comprimento e quatro dedos de largura. Ele está envolto por gordura, carne, osso e sangue.

COMENTÁRIO: O *Kanda* é de onde partem as *Nadis*. Este verso especifica as suas dimensões e a sua localização.

22- Nele está situado uma *Nadi Chakra* (roda de *Nadis*) tendo doze raios. *Kundalinî* pela qual esse corpo está suportado, está lá.

COMENTÁRIO: O grupo de *Nadis* que partem do *Kanda* é aqui denominado *Nadi Chakra*, possuindo doze raios. A *Kundalinî*, que suporta o corpo, está ali. Aqui há uma referência à localização da *Kundalinî* no *Kanda*. Entretanto a *Kundalini* está no *Muladhâra Chakra*.

23- Ela está cobrindo com sua face, o *Brahmarândhra* (ou seja, o buraco de *Brahma*) na entrada de *Sushumna*. Pelos lados de *Sushumna* habitam as *Nadis Alambus*â e *Kuhû*.

COMENTÁRIO: A *Kundalinî* é representada na tradição tântrica, por uma serpente com três voltas e meia, enrolada em um *Lingan*. Sua face está fechando o orifício do *Brahmarandvara*, localizado na entrada da *Nâdi Sushumna*, não do *Brahmarâdhra*, que está no topo do crânio. Pelos seus lados se localizam as *Nadis Alambusâ* e *Kuhû*.

24- Nos próximos dois raios, estão *Vâruna* e *Yashasvinî*. No lado direito da *Sushumna* está em curso irregular, *Pingalâ*.

COMENTÁRIO: Referência a duas *Nadis*, *Vâruna* e *Yashasvinî*. À direita da *Sushumna*, sobe, serpenteando, a *Nadi Pingalâ*.

25- Nos próximos dois raios, estão *Pûsha* e *Payasvinî*. No raio do esquerdo de *Sushumna*, está a *Nadi* chamada *Sarasvati*.

COMENTÁRIO: Localização das *Nadis*, *Pûshâ*, *Payasvinî* e *Sarasvati*.

26- Nos próximos dois raios estão *Sankhini* e *Gandhari*. Ao Norte da *Sushumna* habita *Idâ*.

COMENTÁRIO: Localização das *Nadis*, *Sankhini*, *Gandhari* e *Idâ*.

27-28- No raio posterior da *Sushumna*, está *Hastijihva*.no seguinte esta *Visvodarî*. Nesses raios da roda, as doze *Nadis* carregam os dez *Vâyus*, da esquerda para a direita, para as diferentes partes do corpo. As *Nadis* são como tecidos. Diz-se que têm diferentes cores.

COMENTÁRIO: Localização das *Nadis, Hastajihva* e *Visvodarî*. As doze *Nadis* que saem do *Kanda,* conduzem os dez ares vitais, da esquerda para a direita, para levá-los às diferentes partes do corpo. As *Nadis* são como tecidos, possuindo diferentes cores.

29-30- A porção central do tecido, é chamada de *Nabhi Chakra* (*Chakra* do umbigo). *Jvalantî, Nâdarûpinî, Pararandhrâ* e *Sushumna* são chamados *Nâdadhâra,* os suportes do *Nâda*. Estas quatro *Nadis* são da cor do rubi. A porção central de *Brahmarândhra* está, repetidas vezes, fechada pela *Kundalinî*.

COMENTÁRIO: *Patañjali* se refere ao *Chakra* do umbigo, o *Nabhi Chakra*, assim: "III.30. Concentre-se na roda do umbigo (*Nabhi Chakra*) e obterá o conhecimento do corpo".

Na parte central do corpo, está o *Chakra* do umbigo, o *Manipura Chakra.* Daí, o verso especifica a denominação das *Nadis, Jvalantî, Nâdarûpinî* e *Sushumna,* chamadas *Nâdadhâra,* os suportes dos sons *Nada.* As *Nadis* citadas são de cor vermelha como rubi. A *Kundalinî* fecha, repetidas vezes, a entrada do *Brahmadvâra*.

31-33(a)- Assim os dez *Prânas* movem-se nestas *Nadis*. Um homem Sábio que compreende o curso das *Nadis* e dos *Prânas* deve, depois de manter seu pescoço e corpo ereto, com sua boca fechada, contemplar imovelmente a ponta de seu nariz, o centro de seu coração e no meio do *Bindu* no *Chakra Sahasrara*, o *Turyaka* (*Atman*) e deve ver com uma mente tranquila, através dos olhos, mentalmente, o néctar fluindo lá.

COMENTÁRIO: Aqui, é descrita uma técnica de meditação. Os dez *Prânas,* movem-se nessas *Nadis.* Um homem Sábio, que percebe o curso por onde seguem as *Nadis* e o dos *Prânas,* deve permanecer com a cabeça e o corpo em linha reta, sentado em postura meditativa, olhando a ponta do seu nariz, em *Nasagra Dristi,* concentrando-se no centro do seu coração e no centro do *Bindu,* localizado no *Chakra Sahasrara,* perceber a presença do *Atman* e com a mente tranquilizada, ver o néctar que jorra do *Bindu.* Em alguns textos do *Hatha Yoga,* há referência ao néctar que é produzido pelos *Chakras* localizados na cabeça, e que pinga na garganta. Sobre isto, assim diz o *Gheranda Samitâ* (TINOCO, Carlos Alberto 2007. ***Gheranda Samhitâ,*** pág. 65):

> "III,62. Com a boca fechada, mover a ponta da língua até o palato e saborear lentamente, o néctar (que desce do *Chakra Sahasrara*). Este é *Mandukimudrâ*".

33(b)-34- Contraindo o ânus e puxado o *Apâna,* fazendo-o se elevar através da repetição do *Prânava Om,* ele deve completar esse trabalho, com *Sri Bija.* Ele deve contemplar seu *Atman* como *Sri* (ou *Parashakti*), que é a Libertação, como sendo banhado pelo néctar.

COMENTÁRIO: Aqui está a descrição do *Mula Bandha.* Deve-se fazê-lo, cantando o *Mantra Om,* que é o *Sri Bija.* O *Yoguin* deve contemplar seu *Atman* como se fosse o *Parashakti,* banhado pelo néctar.

35- Isso é dito como sendo importante *Kâlavanchâna* (ilusão da vida) ou, *Âyuh-Stambhana* (interrompendo o fluxo da duração da vida). Diz-se que é o mais importante de todos. Pela aquisição do seu poder, tudo o que é pensado pela mente, é realizado pela própria mente.

COMENTÁRIO: Esta técnica, o *Mula Bandha* é chamado o importante *Kâlavanchâna*, ou seja, a ilusão da vida. É também chamado *Âyuh-Stambhana* que significa, interrompendo o fluxo da duração da vida. Ele é o mais importante. Daí o verso termina, dizendo que pela aquisição do poder dessa técnica, tudo o que é pensando pala mente, é realizado pela própria mente. O *Gheranda Samhitâ,* no verso III-14-15, denomina o *Mula Badha* de "o destruidor da decadência". Por que ele é aqui chamado de *Âyuh-Stambhana* ou seja, o que interrompe o fluxo da duração da vida?

36- Pelas chamas de fogo na água, brotos e ramos, verdadeiramente, brotam. Então, tudo o que for proferido pela métrica *Jagati* por ele, e as ações por ele realizadas, não trazem más consequências pois, não são em vão.

COMENTÁRIO: O que são as chamas de fogo na água? Não foi possível saber do que se trata. Quando isso acontece, brotos e ramos brotam. Tudo o que for proferido pela métrica *Jagati,* uma métrica para se cantar versos *védicos* e as ações por ele realizadas (pelo *Yoguin*), não acarretam más consequências, não sendo proferidas em vão.

37- Tendo fixado bem o *Bindu* (a mente) no alto do

caminho da *Sushumna* e pela constrição do *Jivana* (*Muladhâra*), fazendo com que o ar vital brilhe ali, dirigindo para cima o humor, o corpo do *Yoguin* torna-se robusto.

COMENTÁRIO: Fixando a mente no canal da *Sushumna* e contraindo o *Muladhâra* (o ânus), fazendo o *Prâna* brilhar ali, o corpo do *Yoguin* torna-se forte. Trata-se de uma técnica para a aquisição de saúde e vigor. Fazer a água secar é uma referência ao desenvolvimento do calor do corpo, provocado pela técnica descrita é o que faz a água secar.

38- Tendo contraído simultaneamente, o ânus e os órgãos genitais, ele deve erguer o *Apâna*, unido com o *Samâna*.

COMENTÁRIO: Contraindo o ânus e os órgãos genitais, o *Yoguin* deve erguer o *Apâna*, misturado ao *Samâna*. Trata-se de uma técnica que tem por objetivo erguer a *Kundalinî*.

39- Ele precisa contemplar o seu *Atman* como se fosse *Shiva* e então, banhado pelo néctar, deve começar a prática de *Kumbhaka* tanto quanto o permitam suas forças, concentrando-se na porta da entrada da *Sushumna*.

COMENTÁRIO: Contemplando seu *Atman* como se fosse o próprio *Shiva*, banhando-se no néctar, deve iniciar a prática de *Kumbhaka*, tanto quanto suas forças permitam. Assim fazendo, o *Yoguin* deve concentrar-se na porta de entrada da *Sushumna*. A continuação da técnica para erguer a *Kundalinî*.

40- Então a partir da mistura completa de *Prâna* e *Apâna*, ele deve conceber o *Prâna* juntamente com *Udâna*, visando a ascensão de ambos. Esse *Yoga* superior indica no corpo, o caminho para a aquisição de poderes especiais, quando se alcança *Brahmaloka.*

COMENTÁRIO: Após experimentar a ascensão do *Prâna* misturado com o *Apâna*, o *Yoguin* deve conceber agora a ascensão do *Prâna* misturado ao *Udâna*. Diz o verso que isso é um *Yoga* Superior, que aponta o caminho para a aquisição de poderes especiais ou psíquicos, quando ele alcança *Bramâloka*, ou seja, o Lugar de *Brahma*.

41- Assim como toda represa forma um obstáculo aos cursos d'água, a aura, permeando o corpo, deve sempre ser bem compreendida pelos *Yoguins.*

COMENTÁRIO: Toda represa é um obstáculo aos rios, detendo-os. Do mesmo modo, a aura, permeando o corpo, serve como uma barragem obstruindo a radiância do fluxo externo da Consciência. Isso deve ser bem compreendido pelos *Yoguins.*

42- Esse *Bandha* tem sido prescrito para todas as *Nadis*. Através da graça desse *Bandha*, a *Devata* (Consciência interna), torna-se claramente manifesta.

COMENTÁRIO: O *Mula Bandha* é recomendado para todas as *Nadis*, afetando-as benevolamente. Através da graça deste *Mula Bandha*, a Consciência interna, o *Atman*, torna-se manifesto.

43- Esse *Bandha* de quatro pés (de *Catuspatha*), abre um caminho, através do qual os *Siddhas* atingem os seus objetivos, a aquisição de poderes psíquicos.

COMENTÁRIO: *Bandha* de quatro pés é o *Mula Bandha*, que abrange ou afeta as *Nadis, Sushumna, Idâ, Pingalâ* e *Kuhû*. Ao se praticá-lo, isso faz abrir um caminho através do qual os *Siddhas* adquirem poderes psíquicos.

44- Se com o *Prâna*, faz se elevar rapidamente *Udâna*, esse *Bandha* controla todas as *Nadis*, fazendo os ares vitais seguirem para cima.

Com a ajuda do *Prâna*, se pode erguer o *Apâna*, rapidamente. O *Mula Bandha* controla todas as *Nadis*, fazendo os ares vitais caminharem para cima.

45- Isso é chamado *Samputa Yoga* ou *Mula Bandha*. Através da pratica desse *Yoga*, os três *Bandhas* são sucessivamente, aperfeiçoados.

COMENTÁRIO: *Samputa Yoga* é um termo técnico que aparece nos escritos de *Abhinavagupta*. Indica a perfeita ausência de repressão da Realidade Última, denominada *Shiva*. Este termo também se refere à prática do *samputî-kârana*, que consiste em "rodear" um *Mantra* principal com outro *Mantra*. A prática de *Mula Bandha* é chamada de *Samputa Yoga*. Através da sua prática, os três *Bandhas* são aperfeiçoados.

46- Ao praticar dia e noite, interminavelmente, ou a qualquer tempo conveniente o ar vital ficará sob seu controle.

COMENTÁRIO: Ao praticar dia e noite, sem parar, o *Mula Bandha* o ar vital ficará sob o controle do *Yoguin*.

47- Com o controle de *Vâyu*, o ar vital, *Agni* (o fogo gástrico) no corpo é aumentado diariamente. Com o aumento de *Agni*, o alimento e os líquidos ingeridos, serão facilmente digeridos.

COMENTÁRIO: Controlando os ares vitais, o fogo gástrico no centro do corpo é aumentado diariamente. Com isso, o alimento e os líquidos ingeridos são facilmente digeridos.

48- Se o alimento for digerido adequadamente ocorre aumento de *Rasa* (essência de alimento). Como o aumento diário de *Rasa*, ocorre o aumento dos *Dhatus* (substância espiritual).

COMENTÁRIO: Com a correta digestão dos alimentos, ocorre o aumento de *Rasa*, que é a essência dos alimentos. Com o incremento diário de *Rasa*, ocorre o aumento de *Dhatus*, que é a substância espiritual contida nos alimentos.

49- Com o aumento dos *Dhatus*, ocorre o aumento da sabedoria no corpo. Assim todos os pecados acumulados por muitos nascimentos, são queimados.

COMENTÁRIO: Com o incremento dos *Dhatus*, ocorre

o aumento da Consciência corporal, da sabedoria do corpo. Quando isso acontece, todos os erros cometidos em vidas anteriores, desaparecem.

50- O *Muladhâra* situado entre o ânus e os genitais, é de forma triangular Ele é o lugar onde se manifesta *Shiva* com a forma do *Bindu,* onde está *Parashakti,* conhecida por *Kundalinî.*

COMENTÁRIO: Aqui, o verso situa corretamente a *Kundalinî,* no *Chakra Muladhâra.* Este possui a forma triangular. Nele está o local onde se manifesta *Shiva,* com a forma de *Bindu. Kundalinî* aqui, é denominada *Parashakti.*

51-52- Na *Kundalinî* é onde o ar vital tem sua origem e se acende o fogo gástrico. Onde é gerado o *Bindu* e onde é amplificado o som *Nâda,* é onde se originou o *Hamsa* é onde a mente brota.

COMENTÁRIO: Na *Kundalinî* se origina o som místico *Nâda,* é onde o fogo gástrico é aceso, onde é gerado o *Bindu,* é onde se originou o *Hamsa,* o som que representa o Absoluto e é onde a mente tem sua origem.

53- Os seis *Chakras,* os quais, como o *Muladhâra* e os outros, são os assentos de *Shakti.* Do pescoço para o topo da cabeça, está o assento de *Sambhu* (*Shiva*).

COMENTÁRIO: O verso faz referência a seis *Chakras,* enquanto muitos textos citam sete principais. Do *Muladhâra* até o pescoço, está o assento de *Shakti*. Do pescoço para cima, até o topo da cabeça, está assento de *Shiva*. A tradição *tântrica* fala da união *Shiva-Shakti*, ou seja, a subida da *Kundalinî* (*Shakti*), até o *Chakra Sahasrara*, no topo da cabeça.

54- O corpo é a morada das *Nadis*.as *Nadis* são a morada *Prâna;* o *Prâna* é a morada do *Jiva;* o *Jiva* por sua vez, é a morada do *Hamsa* (o *Atman*).

COMENTÁRIO: As *Nadis* não estão no corpo físico e sim, no corpo *Prâna*, o *Prânanmâyâ Kosha*. Portanto, elas estão em um corpo. Nas *Nadis*, caminham os *Prânas*. O *Prâna* é a morada do *Jiva* porque é através dos *Prânas* que o *Jiva* se liga ao corpo físico. É no *Jiva* que habita o *Atman*. Certamente o *Atman* que está em tudo, habita o *Jiva* e tudo o que existe.

55- *Hamsa* é o local onde repousa a *Shakti*. Este mundo é composto por animadas e inanimadas ordens de criaturas, enquanto o *Atman* que é manifesto, é desprovido de distinção.

COMENTÁRIO: É no *Atman* (*Hamsa*), onde está *Shakti*. O *Atman* manifesto não possui distinção, como este mundo cheio de criaturas, animadas e inanimadas.

55(a)- O buscador com a mente calma, deve praticar *Prânâyâma*.

COMENTÁRIO: Somente com a mente calma, se deve praticar *Prãnâyâmas*.

56- Mesmo uma pessoa que está bem qualificada na prática dos três *Bandhas*, deve sempre tentar compreender com um coração verdadeiro, aquele Princípio (*Brahman*), o qual deve ser conhecido e que é a causa de todos os objetos e seus atributos.

COMENTÁRIO: Quem está qualificado pela prática dos três *Bandhas* deve compreender, com o coração puro, o Absoluto *Brahman,* que é a causa de tudo.

57- Ele deve realizar *Rechaka* ou expelir o ar, e *Pûraka* ou inspirando o fôlego e no meio, *Kumbhaka ou retenção*.

COMENTÁRIO: Uma técnica respiratória que inclui a inspiração, a retenção e a expiração.

58- Diz-se que todos os objetos externos são *Rechaka* (expiração). Diz-se que a aquisição de conhecimento espiritual dos *Shastras*, é *Pûraka* (inspiração) e se diz que manter em si mesmo tal conhecimento, é *Kumbhaka* (ou contenção do alento).

COMENTÁRIO: Aqui são feitas comparações: 1- os objetos externos, são *Rechaka*. 2- a aquisição de conhecimentos espirituais dos *Shastras*, é *Pûraka*. 3- manter em si, esses conhecimentos, é *Kumbhaka*.

59- Sua mente deve ser propensa a prática de *Kevala Kumbhaka* deste tipo e assim, ele será liberado, sem dúvida. Sempre fazendo com que o ar suba por meio deste tipo de

Kumbhaka, ela, a mente, deve cessar suas atividades, através desse *Kumbhaka*.

COMENTÁRIO: O verso fala de um tipo de *Kumbhaka*, o *Kevala*. O *Gheranda Samhitâ*, V.45, fala de oito tipos de *Kumbhaka*: 1- Sahita. 2- Surya-Bheda. 3- Ujay. 4- Shitali. 5- Hastrika. 6- Brahmari. 7- Murcha. 8- Kevali. Este último, é assim descrito (TINOCO, Carlos Alberto 2007. **Gheranda Samhitâ**, págs.90 e 91):

> 8. *Kevali*
>
> V.84. Quando uma pessoa respira, o ar que sai pelas narinas produz o som *Sah*. Ao entrar, produz o som *Ham*. Estes dois sons formam o *So Ham* ("Eu sou Ele"), ou melhor, *Hamsa* (o cisne). Ao longo de um dia e uma noite, ocorrem 21.600 respirações. Todo ser vivo realiza incessantemente, esse *Mantra, Ham So,* que é denominado por *Ajapa Gayatri*.

Portanto, se o *Prâna* permanece no corpo, a morte não acontece. Quando o *Prâna* está espontaneamente confinado no corpo, sem que nada escape, o resultado é *Kevali Kumbhaka*.

O verso diz que quem o pratica, será Liberto, sem dúvida. Elevando o ar vital por meio desse *Kumbhaka*, a mente é domada.

60-61- Ele deve estabilizar seu *Kumbhaka* (seu corpo), por meio deste tipo de *Kumbhaka*. Permanecendo o ar no interior do corpo, ele torna-se o Absoluto *Brahman* auspicioso. Assim sua mente nunca se confunde. Se o *Prâna*, junto com sua comitiva, sai no ato de realizar *Kumbhaka*, então ele deveria praticar com determinação, mais uma vez, com a ajuda do *Jalandhara Bandha*, fazendo os ares vitais caminharem para cima e para baixo, enquanto realiza *Pûraka* e *Kumbhaka*.

COMENTÁRIO: O *Yoguin* estabiliza seu corpo pela prática desse tipo de *Kumbhaka*. Retendo o ar no interior do seu corpo, ele torna-se idêntico ao Absoluto e Auspicioso *Brahman*. E com isso, sua mente nunca fica confusa, nunca se perde. Se o Prâna, junto com os outros ares vitais, sai do corpo quando ele realiza *Kumbhaka*, ele deve praticar mais uma vez com determinação, realizando *Jâlandhra Bandha*, empurrando os *Prânas* para cima e para baixo ao longo da *Nâdi Sushumna*, enquanto realiza *Pûraka* e *Kumbhaka*. Sobre o *Jalandhara Bandha*, assim diz o *Gheranda Samhitâ* (TINOCO, Carlos Alberto 2007. **Gheranda Samhitâ**, pág. 57): "III.12. Contrair a garganta e colocar o queixo sobre o peito. Quando se pratica *Jalandhara*, os dezesseis *Adharas* se controlam. Pela prática desse *Mudrâ*, se conquista a morte"

O verso fala de *Adharas*. *Adharas* são os pontos do corpo onde o *Yoguin* deve concentrar a sua mente para controlar as energias psicoespirituais.

62- Assumindo a postura *Padmâsana* no nível do chão no seu monastério, permanecendo imóvel com o seu par de mãos e seu par de pernas bem posicionadas, o *Yoguin* deve, por meio do *Prâna* ao longo da *Sushumna*, perfurar os três nós de *Brahma*, *Vishnu* e *Rudra*. Assim por meio do *Yoga*, tendo atingido as quatro *Pîthas*, percorrendo através dos seis centros de energias o *Muladhâra* e outros, juntamente com seus acessórios (o *Prâna*, a *Kundalinî*, a mente introspectiva e fogo) ele deve seguir completamente absorto, meditando em *Chaitanya Turya*, cujo assento está no *Chakra Sahasrara*, conhecido como *Mahameru*.

COMENTÁRIO: Verso longo. Sentado em *Padmâsana* no seu monastério, o *Yoguin* deve perfurar com o *Prâna* colocado na *Nâdi Sushumna*, os três nós ou *Granthys*, denominados *Brahma Granthy, Vishnu Granthy* e *Rudra Granthy*, localizados acima do *Muladhâra*, abaixo do *Vishudha* e acima do *Ajña Chakras*, respectivamente. Por meio do *Yoga*, ele alcança os quatro *Pithas*. Os quatro *Pithas* são locais de adoração consagrados às Deusas, *Shakti, Parvati, Sati e Durga*, as principais Deusas do hinduísmo, sendo também as principais deidades femininas da seita do *Shaktismo*. Quando o *Prâna* percorre os seis *Chakras*, o *Yoguin* deve permanecer absorto na Consciência Suprema, o *Chaitanya Turya*, existente no *Chakra Sahasrara*, também chamado *Mahameru*.

63-64- Então devido à conjunção da Lua, do Sol e do fogo (acima do meio das sobrancelhas), quando o *Prâna* absorvendo o néctar reunido nos dois recipientes (da Lua e do Sol, no *Chakra Âjña* e do fogo da *Kundalinî* no *Muladhâra*) de repente começa a latejar, então o *Yoguin* deve saber que o piscar do *Prâna* e seus acompanhantes em sua mente, conduz à imortalidade. Através do movimento do monte *Meru*, os *Devas*, (*Vishva, Viraj e Brahma*) que habitam no centro de *Meru*, movem-se.

COMENTÁRIO: A conjunção da Lua e do Sol e do fogo,

se refere à *Kundalinî* que alcançou o *Sahasrara*, fazendo o *Âjña Chakra* vibrar ou latejar. Então o *Prâna* absorve o néctar que se encontra nos recipientes das *Nadis Idâ* e *Pingalâ* e também do *Chakra Âjña*. Esse latejar ou piscar do *Prâna* e seus acompanhantes (os outros quatro *Prânas*) na mente do *Yoguin* conduz à imortalidade, à Libertação Espiritual. O monte *Meru* ou "Excelente *Meru*", *Sumeru* ou *Maha Meru* (Grande *Meru*) é considerada a montanha sagrada das cosmologias do hinduísmo e do *budismo*, bem como da mitologia do *jainismo*. É considerada o centro dos universos físico, metafísico e espiritual. É a morada de *Brahma* e outros *Devas*. Se diz que a montanha tem 84.000 *Yojanas* de altura (1.082.000 Km ou, 85 vezes o diâmetro da terra. Através do seu movimento, os *Devas* que habitam o seu centro, também se movem.

65- Primeiramente o *Yoguin*, rapidamente perfura o *Brahma Granthy*, abrindo ali uma passagem. Então tendo perfurado *Brahma Granthy*, ele perfura o *Vishnu Granthi* (o segundo nó na garganta).em seguida ele perfura *Rudra Granthy* (o terceiro nó em *Âjña*).

COMENTÁRIO: Aqui há uma descrição da sequência dos *Granthys* perfurados pela subida da *Kundalinî*.

66- Após perfurar o *Rudra Granthy* e destruir o lixo da ilusão como resultado da influência de ações meritórias acumulada através de várias encarnações anteriores e a graça de seu *Gurudeva* e da prática de *Yoga* depois disso, há para o *Yoguin,* a realização do *Vedhaka Yoga* (*Yoga* da Perfuração).

COMENTÁRIO: Após perfurar o último *Granthy,* o *Rudra Granthy* e de destruir as ilusões materiais como resultado de atos meritórios de vidas anteriores a da graça do seu *Guru,* o *Yoguin* conquista o *Vedhaka Yoga,* o *Yoga* capaz de realizar a perfuração dos *Granthys.*

67(b)-68- Na região da *Nâdi Sushumna,* brilhante em toda a sua glória entre *Pingalâ* e *Idâ,* praticando o *Mudrâ* e o *Bandha* (falados acima), o *Yoguin* deve empurrar para cima o ar vital e provocar a perfuração dos nós, como descrito acima.

COMENTÁRIO: O *Yoguin* praticando o *Mudrâ* e o *Bandha* acima descritos, deve forçar o *Prâna* para cima, provocando a perfuração dos *Granthys,* como foi relatado acima.

69-70- O *Prânava* curto de uma sílaba queima os pecados, o *Prânava* longo de três sílabas ou, o propalado *Prânava* de três sílabas ou o propalado *Prânava* de quatro sílabas confere Libertação Espiritual, enquanto o *Âpyâyana* (*Prânava* de duas sílabas) confere plenitude. Ao pronunciar o *Prânava Japa* dos três modos, o *Yoguin* alcança os frutos referidos para cada um. Como o fluxo ininterrupto de óleo e o contínuo repicar de um sino, a nota mais alta do *Prânava* não pode ser proferida.

COMENTÁRIO: O *Prânava* é o *Mantra Om,* formado por três sílabas, *A, U, M.* O *Prânava* curto de uma sílaba, o *Prâ-*

nava longo de três sílabas ou o propalado *Prânava* de três sílabas ou o propalado *Prânava* de quatro sílabas, conferem a Libertação Espiritual. Essa quarta sílaba é o *Bindu,* o ponto situado acima da palavra *Om,* em Sânscrito. É também chamada de meia sílaba. O *Prânava* de duas sílabas, chamado *Âpyâyana* confere plenitude, o encontro com o Absoluto. Pronunciando o *Prânava* dos três primeiros modos, o *Yoguin* alcança os frutos citados. Assim como o fluxo ininterrupto de óleo e o contínuo tocar de um sino a nota mais alta do *Prânava* não pode ser proferida. O verso não explica a razão disso.

71-72- Aquele que sabe disso, é o Conhecedor dos *Védas.* O *Prânava* curto, chega até o *Bindu* (o coração). O longo, vai tão longe quanto o *Brahmarândhra* (no topo do crânio), enquanto o propalado *Prânava* alcança tão longe quanto o *Dvâdashânta* (além do *Brahmarândhra*). O *Prânava* confere graça e é frutífero. Assim o *Prânava* remove todos os obstáculos e destrói todos os defeitos.

COMENTÁRIO: Quem sabe sobre o que foi exposto, é o Conhecedor dos *Védas,* um Sábio, um *Rishi.* Depois o verso explica o alcance de cada um dos *Prânavas,* o curto e o longo. O *Prânava* de quatro sílabas alcança além do *Brahmarândhra,* o *Dvâdashânta.* Eles conferem graça e são frutíferos, destruindo todos os obstáculos.

73-75- Os estágios do *Yoga* são ditos ser quádruplos: *Ârambha, Ghata, Parichaya* e *Nishpatti. Ârambha* é aquele estágio no qual se abandonou os *Karmas* externos, executados pelos três órgãos (mente, fala e corpo). *Ghata* é aquele no qual o ar vital após preencher o corpo, através do caminho inferior da *Sushumna* e perfurando os três *Granthys* firmemente, ali se estabelece. *Parichaya* é quando o ar vital que não está morto e nem vivo, fica imóvel, fixando-se no éter do corpo. *Nishpatti* é quando o *Yoguin* depois de realizar as funções de criação e dissolução, através do *Atman*, alcança o estado de *Jivamukti* no curso natural da sua vida e realiza o *Asamprajñata Samâdhi*, apropriado para tal estado, ou seja, atinge os estados de êxtase inconsciente.

COMENTÁRIO: A explicação do que sejam os quatro tipos de *Yoga* está aqui, de modo obscuro. O mais elevado deles é o de *Nishpatti*, quando o *Yoguin* atinge o *Asamprajñta Samâdhi*, segundo o verso, um estado inconsciente.

76-77- Aquele que estuda esta *Upanishad* se torna santificado pelo fogo do *Kundalinî*. Ele torna-se puro pelo contato do ar vital com o *Sahasrara* e assim, é libertado de todos os pecados. Ao alcançar o ouro de *Hiranyagrabha* situado além do *Brahmarândhra*, ele se torna um santificado. Ele se torna um *Jivamukti*. Isso é corroborado pelos versos *Ric*: "O *Suris* (Sábio) vê sempre o transcendente estado de *Vishnu*, com os olhos voltados para fora, em todas as direções como o Sol, que é o olho do céu. Situado longe, naquele estado, desejoso de glorificá-lo, bem acordado, desperta o fogo sacrificial. Isso é conhecido, como o estado transcendente de *Vishnu*" – Esta é a *Upanishad*.

COMENTÁRIO: Aquele que lê ou estuda esta *Upanishad*,

se torna santificado pelo fogo da *Kundalinî*, tornando-se puro ao realizar o contato do *Prâna* com o *Chakra Sahasrara,* libertando-se de todos os erros. Quando atinge o ouro de *Hiranyagrabha,* situado além do *Brahmarândhra,* ou seja, situado no *Sahasrara* o *Yoguin* se santifica. Assim, torna-se um *Jivamukti*. Tudo isso é corroborado pelo seguinte verso do *Rig-Véda:* "Os Sábios veem sempre o transcendente estado de *Vishnu,* com os olhos abertos, voltados para fora como o sol, que é o olho do céu. Situado longe, nesse estado, desejoso de glorificá-lo, ele desperta o fogo sacrificial. Isso é conhecido como o estado transcendente de *Vishnu*". Aqui, há uma referência ao fogo sacrificial dos *Védas*. Um desses sacrifícios é o *Agnihotra,* o ritual do fogo, muito respeitado. O estado transcendente de *Vishnu* é o estado do Liberto espiritualmente.

INVOCAÇÃO

Om! Que Ele possa proteger-nos, a ambos, juntos.
Que Ele possa nutrir-nos, a ambos, juntos.
Que nós possamos trabalhar conjuntamente, com a grande energia.
Que nosso estudo seja vigoroso e efetivo.
Que nós não possamos disputar, mutuamente.
Om! Que haja Paz em mim!
Que haja Paz em meu ambiente!
Que haja Paz nas forças que atuam em mim!

BIBLIOGRAFIA

FEUERSTEIN. Georg 2002. **A tradição do *Yoga***. São Paulo-SP, Editora Pensamento, pág. 44.

TINOCO, Carlos Alberto (1996). **As *Upanishads***. São Paulo-SP, Ibrasa, pág. 163.

IDEM. **Idem**. págs. 211 e 212.

IBIDEM. **Ibidem**. págs. 228 a 231.

S'ANKARA 1992. ***Viveka-Chûdâmani***. Brasília, Editora Teosofica.

TINOCO. Carlos Albeto (1996). **As *Upanishads***. São Paulo-SP, Ibrasa, pág. 205.

TINOCO, Carlos Alberto 2009. ***Shiva Samhitâ***. São Paulo-SP, Madras Editora, págs. 147-8.

TINOCO, Carlos Alberto. 2007. ***Gheranda Samhitâ***. Limeira-SP, Conhecimento Editorial Ltda. pág. 57.

TINOCO, Carlos Alberto 2007. ***Gheranda Samhitâ***. Limeira-SP, Conhecimento Editorial Ltda, pág. 65.

IDEM. ***Idem***, pág. 90.

IBIDEM. ***Ibidem***. pág. 57.

CAPÍTULO VI
Upanishad que Expõe o Samkhya

Georg Feuersrtein não classifica a *Cûlikâ Upanishad*. Por esta razão, incluímos mais uma categoria, que é esta, a VI.

5. Tradução comentada da Cûlikâ Upanishad

A palavra *Culikâ* vem de *Cûlâ*, que significa "a ponta" ou "apontar o topo de um pilar". A palavra "pilar" pode significar a Filosofia *Samkhya*. Portanto *Cûlikâ Upanishad* significa "*Upanishad* que aponta para o Pilar" ou "*Upanishad* da Filosofia *Samkhya*". Também é conhecida por *Mantrikâ Upanishad*. Ruff (p.197) a traduz por "*Upanishad* dos Ensinamentos Secretos do Cume das Joias". Pertence ao *Athâva-Véda*. Foi escrita entre os séculos IX e XI d.C., sendo uma das mais antigas das *Upanishads* do *Yoga*. A versão que apresentamos abaixo, pertence à tradição do Norte da Índia, a mais antiga, cujos textos foram escritos entre os séculos VII e XIII d.C. Portanto, foi extraída de Deussen e *Kriyanada*.

Abaixo, a *Cûlikâ Upanishad,* comentada e extraída de Deussen e *Kriyanada*.

1- O pássaro, radiante ilumina as oito regiões do céu.

Três trançados, joia, eterna.
Tendo chamas de fogo, vagando de dois modos.
Todas as pessoas o vêem e não o vêem.

COMENTÁRIO: Verso obscuro. Se refere ao pássaro-sol, que é o *Atman*. Não há explicação sobre as oito regiões do céu, iluminadas pelo pássaro. Os três traçados deve ser uma referência aos três *Gunas*. A última frase do verso, pode significar que as pessoas o vêm como o pássaro-sol e outras, o vêm como o *Atman*.

2- Quando, no momento de ilusão das criaturas.
A escuridão ao redor do Supremo, é destruída.
Então Ele é visto na caverna dos *Gunas*.
E em *Sattva*, por aquele sem atributos.

COMENTÁRIO: Verso obscuro. O que seria o momento de ilusão das criaturas? Pode ser o seguinte: Quando as criaturas estão iludidas e enredadas neste mundo de ilusões, a escuridão que existe por não perceber o Supremo é destruída. Depois disso, Ele passa a ser visto através dos três *Gunas*, pelo *Yoguin* que conquistou a Libertação, portanto, sem atributos.

3- O pássaro, como sol, não deve ser visto
como uma criança que é alimentada por
Mâyâ, a mãe de todos e torna-se
firme, eterno e de forma óctupla.

COMENTÁRIO: O pássaro-sol, ou seja, o *Atman*, não deve

ser observado pela ilusão, como uma criança, ou seja, como os homens não libertos são iludidos por *Mâyâ*. Ela é a mãe de todos porque todas as criaturas estão envoltas no seu manto de ilusão. Após a Libertação Espiritual, quando o véu de *Mâyâ* desaparece, a criança, ou o homem agora Liberto, torna-se firme eterno, como *Mâyâ*, que tem oito aspectos. Os oito aspectos de *Mâyâ* seriam as oito formas assumidas por *Shiva*, segundo a mitologia hindú (Deussen, pág. 679).

4- Deitado ele (*Purusha*) suga em seu peito,

e novamente ela se torna animada e ampla,

e traz à tona o *Purusha*.

Por quem antes, estava coberta.

COMENTÁRIO: A *Prakritî* é coberta por *Purusha* que suga seu peito. Com isso, se torna animada e cresce, trazendo-o à tona ele, que a cobria antes. Trata-se de uma citação, segundo Deusse (pág. 679): "Ela (a *Prakritî*) está deitada e, em cima, é sugada por ele (*Purusha*). No *tantrismo*, talvez uma cópia do *Samkhya* há uma imagem de *Shiva* coberto por *Shakti*, que o pisoteia. Seria aqui uma imagem inversa a do *tantrismo*, onde *Purusha*, o espírito, está acima da matéria *(Prakritî)*.

5- Quando a vaca se abaixa,

ela cultiva as três qualidades (*Gunas*):

a preta, a branca e a vermelha.

E ela alimenta somente o mestre.

COMENTÁRIO: Verso obscuro. Quem é e o que é essa vaca? O verso nada esclarece sobre isso. As três cores citadas são os três *Gunas:* Preta = *Tamas;* Vermelha = *Rajas;* Branca = *Sattvas.* Quem é o mestre? Seria a vaca, o discípulo que alimenta o mestre? O verso nada diz sobre isso.

6- Contudo, inúmeras são as crianças que bebem

do mundo dos sentidos, mas apenas

alguém como o Supremo, livremente seguindo sua

própria vontade, é alimentado por ela.

COMENTÁRIO: O verso compara os seres humanos não Libertos, a crianças que bebem leite, o leite da ilusão do mundo dos sentidos. Entretanto, somente o Absoluto seguindo sua própria Vontade, é alimentado pela vaca.

7- Através de seu pensamento e ação,

ele desfruta primeiro, do Supremo santo,

que a todos concede leite de vaca,

e que é adorado por todos os sacrificadores.

COMENTÁRIO: Através do pensamento e da ação do *Yoguin,* ou seja, através da sua boa conduta e da sua prática de *Yoga* ele realiza o Absoluto e Santo *Brahman,* que a todos dá o leite de vaca ou seja, tudo de que necessitam. O leite de vaca é um elemento essencial nos rituais *védicos.* Daí o verso se referir ao fato de que o leite é adorado por todos os sacerdotes que realizam rituais. Além disso, o leite de vaca era considerado sagrado na Índia antiga.

8- Nela, eles vêm o Grande Ser
como pássaro que come a fruta,
embora seja eternamente sem movimento.
Renuncia aos deveres de senhores do lar ou
dos sacerdotes.

COMENTÁRIO: Na vaca que doa leite, os *Yoguins* vêm o Grande Ser, o Absoluto. Aqui há uma referência à metáfora dos dois pássaros do *Athârva-Véda*. Ele também se encontra da *Mundaka Upanishad,* do seguinte modo (TINOCO, Carlos Alberto 1996. **As *Upanishads***, pág. 201):

> Como dois inseparáveis companheiros, dois pássaros de plumagem dourada
>
> estão empoleirados numa árvore. O primeiro representa o eu individual (Ego) e o
>
> segundo representa o Eu imortal (*Atman*). O primeiro prova os frutos doces e
>
> amargos da árvore e o outro, apenas observa. (*Mundaka Upanishad,* III,1,1)

O pássaro que apenas observa é o Si Mesmo, silencioso e sem movimento, o *Atman* idêntico a *Brahman*. O *Atman* é o próprio Supremo que renuncia a tudo, incluindo-se os deveres de senhor do lar e dos sacerdotes.

9- Os cantores do *Rig-Véda,* cantando e repetindo,
Versados na tradição, do *Rathamtaram* e de *Brhat,*
repetem e utilizam suas canções,
de sete formas.

COMENTÁRIO: Aqui o verso diz que os cantores do *Rig-Véda* repetem e usam suas canções, de sete formas ou sete tipos de hinos de louvor. O Verso aqui se refere a *Rathamtaram* e *Brhat*, que são duas formas de *Stomas* ou hinos de louvor dos *Sâmans*, ou cantores do *Sâma-Véda*. Também se refere aos cantores do *Rig-Véda*, os *Hotri*.

10- Em uma série de sons exotéricos (*Mantras*),
o *Atharvân* proclama o pássaro como o filho superior de *Bhrigu*.
Assim como Realidade está no saber
Esotérico da santa vibração do som (*Mantra*).

COMENTÁRIO: O *Maharishi Bhrigu* foi um dos sete grandes Sábios dentre os *Saptarshis* na Índia antiga, criados por *Brahma*, o criador e também o possível compilador da astrologia *védica* e autor do *Bhrigu Samhitâ*. Assim o verso diz que o sacerdote do *Atharva-Véda*, o *Atharvân*, proclama ser o pássaro (o *Atman*), o filho superior de *Bhrigu*. Então a Realidade, o Absoluto *Brahman*, está no saber esotérico da vibração do som *Om*, que é a representação sonora do Absoluto.

11- O texto do Sábio *Bhrigu* anuncia,
que Ele é o estudante *Brahmacharin*, o andarilho.
O que se veste de cinzas com a idade,
e o touro e *Rohita* (o vermelho).

COMENTÁRIO: De acordo com o dicionário Sânscrito-Inglês de Sir M. Monier-Williams, a palavra *Rohita* tem vários significados como "vermelho", "um tipo de métrica", "sangue", "cavalo vermelho", "um tipo de veado", "um tipo de árvore", "o filho de *Vapush*", "avermelhado", etc. Este verso de certa forma obscuro, diz que o texto de *Bhrigu* explica que Ele, o Supremo é tanto o estudante *Brahmacharin*, quanto o andarilho (*Samniasyn*) e o idoso que se cobre de cinzas, o touro e o vermelho. O touro é um animal associado a *Shiva*. Pelo que se pode entender do mesmo verso em *Kriyanada*, *Rohita* aqui significa o "Deus Sol", o *Atman*. Portanto, o Supremo é tudo o que foi citado.

12- O texto O explica como o tempo,
como o *Prâna*, como o *Atman*, o Excelso,
como o *Purusha*, como *Sarva*, *Bhava*
e *Rudra*, como um Deus e *Purusha* juntos.

COMENTÁRIO: O texto de *Bhrigu* explica o Absoluto como sendo o tempo, o *Prâna*, como o Excelso *Atman*, como *Purusha*, como *Sarva* (todas as coisas), *Bhava* (disposição), *Rudra*, e um *Deva* juntos.

13- O Supremo é louvado nos hinos,
juntamente nos aforismos dos *Athavâns*.
Como *Parsini* como as águas primordiais,
como Força Criadora e o Primeiro Ser.

(Verso de *Kriyananda*)

14- Como *Parshini* e como as águas primordiais,

como *Virâj* e *Prajapâti*, nas prescrições

juntamente com os aforismos dos *Atharvāns*,

o Supremo é louvado.

(Verso de Deussen)

COMENTÁRIO: O Absoluto é louvado nos hinos *védicos,* assim como nos aforismos dos sacerdotes do *Athârva-Véda,* como as águas primordiais (mar de leite) sobre as quais *Vishnu* dorme flutuando, servindo-lhe de leito a serpente *Shesha*, que se levanta em forma de um altar, com suas sete cabeças. Esse sono é o processo no qual as potencialidades desse deus vão maturando-se pouco a pouco para que, após a produção levada a cabo pelo deus *Brahma,* ele possa despertar e cumprir sua função preservadora no universo.

Também é louvado como *Viraj* (o logos hindu dos *Puranas, o Manu* masculino gerado da porção feminina do corpo de *Brahma*) e como *Prajapâti*, "O Senhor das Criaturas".

14- Muitos como as vinte e seis categorias,

e também como as vinte e sete categorias,

o *Atharvân* o conhece como a cabeça do *Samkhya*,

e como a Pessoa Sem Atributos.

COMENTÁRIO: Aqui há uma referência ao *Samkhya.* Embora este seja ateu aqui, o autor anônimo desta *Upanishad* admite que essa filosofia conhece o Supremo como a Pessoa Sem Atributos, sem *Gunas.* Sobre as vinte e seis ou vinte e sete categorias é uma referência ao verso II, 26, do

Figura 20: *Vishnu* deitado sobre as águas primordiais.

Mandukya Karikâ de *Gaudapada,* que diz: "Alguns afirmam que a realidade está constituída de vinte e cinco categorias, outros, por vinte e seis, outros por trinta e uma e finalmente, outros pensam que são inumeráveis".

15- Eles que fazem o visível *Avyaktam*.

Como *Vyaktam*, de 24 maneiras.

Conhecê-Lo como Um com e sem dualidade.

Como triplo, como quíntuplo.

COMENTÁRIO: *Avyaktam* é o Imanifesto, a Causa Primeira da criação material. Sobre isto, assim diz a *Bhagavad Gitâ:* "*Arjuna* indaga: 'Quem pode ser considerado os mais perfeitos, aqueles que estão sempre engajados no Seu serviço devocional ou aqueles que adoram o *Brahman* impessoal, o Imanifesto?" (*Bhagavad Gitâ,* XII, 1)

Eles que fazem *Avyaktam* visível, ou seja, *Saguna Brahman*. Este último é o aspecto condicionado de *Brahman* com atributos, o manifesto. Assim eles, os *Yoguins*, fazem, pela sua prática, o *Brahman* visível se tornar invisível, mais sutil. Pela prática do *Yoga*, o que é visível se torna imponderável de 24 maneiras. Assim, Ele fica Uno e sem dualidade, possuindo incontáveis aspectos.

16- Através do Olho do Conhecimento

O texto *Brâhmana* vê o Um, estender-se

por todo o conjunto da Realidade, da mais alta,

até o mundo das plantas.

COMENTÁRIO: Ao se atingir o Absoluto, se tem o Olho do Conhecimento. Por Ele os *Brâhmanas* fazem ver o Um, ou seja, *Brahman*, permeando tudo desde planos mais altos da existência, até o reino vegetal.

17- Do que é tecido este universo,

e tudo o que se move e não se move,

em *Brahman* tudo se funde,

como bolhas no oceano.

COMENTÁRIO: O verso diz que tudo o que existe, do que é tecido este universo, tudo o que se move e não se move, se funde em *Brahman*, como as bolhas se fundem nas águas dos oceanos. Um belo verso.

18- Aquele que entra em todos os objetos

do mundo, o qual se torna invisível.

No qual eles se fundem e emergem novamente,

podem ser vistos como muitas bolhas.

COMENTÁRIO: É o Absoluto que está em tudo, em todos os objetos do mundo, sendo invisível. Nele tudo se funde e dele, tudo emerge. Todos esses objetos podem ser vistos como bolhas no oceano, que nele aparecem e nele desaparecem.

19- Quem no corpo como a alma habita,

em seguida, mostra o Sábio com a razão,

que como *Brahman*, de novo e de novo,

ele muda de milhares de habitações.

COMENTÁRIO: Aquele que habita no corpo como alma, é o *Atman = Brahman*. Somente o Sábio Liberto é capaz de mostrá-Lo como *Brahman*. Ele habita milhares de corpos, um após o outro sendo esses copos, suas habitações.

20- Aquele que, como um *brâhmane* verdadeiro

na lei, ensina isso na época da refeição *Sharadda*

obtém para si e os antepassados,

alimentação e bebidas inexauríveis.

COMENTÁRIO: Um verdadeiro *brâhmane*, versado na lei ensina o que foi exposto nesta *Upanishad* durante as cerimônias de sepultamento, denominadas *Sharadda*, onde comida era distribuída. Com isso obtém comida e bebidas inexauríveis, para si e para os antepassados. Sobre *Shara-*

dda, assim diz a *Katha Upanishad* (TINOCO, Carlos Alberto 1996. **As Upanishads**, pág. 166):

"E aquele que pratica o auto controle, fala sobre o grande segredo em assembleias de estudiosos das escrituras, ou em cerimônias de sepultamento (*Shradda*) obtém assim, uma infinidade de recompensas, Sim, obtém uma infinidade de recompensas".

(*Khata Upanishad,* I, 3, 17)

21- Sim, quem seja *brâhamane* ou não, e que sabe sobre *Brahman* e seus mandamentos, desaparece e se funde Nele, assim como um rio desaparece no oceano.
Sim, como um rio que desaparece no oceano.

COMENTÁRIO: Qualquer pessoa, seja *brâhmane* ou não e que conhece sobre o Absoluto e seus mandamentos, ou seja quem se libertou da roda do *Samsara,* se funde em *Brahman*, como um rio que desaparece no oceano.

BIBLIOGRAFIA

TINOCO, Carlos Alberto 1996. **As Upanishads**. São Paulo-SP, Ibrasa, pág. 201.

IDEM. **Idem**. pág. 166.

CATÁLOGO DE LIVROS PUBLICADOS PELA IBRASA

Impressao e acabamento:

infinitygrafica.com.br/